五华年鉴

WUHUA YEARBOOK

2022

《五华年鉴》编纂委员会 编

方志出版社
Publishing House of Local Records

图书在版编目（CIP）数据

五华年鉴. 2022 / 《五华年鉴》编纂委员会编. 一北京 : 方志出版社, 2022.12
ISBN 978-7-5144-5530-4

Ⅰ. ①五… Ⅱ. ①五… Ⅲ. ①五华县－2022一年鉴 Ⅳ. ①Z526.54

中国版本图书馆 CIP 数据核字(2022)第 252613 号

责任编辑：王娜
责任校对：刘玉霞
责任印制：梅中英
出 版 者：方志出版社
地　　址：北京市朝阳区潘家园东里 9 号（国家方志馆 4 层）
邮　　编：100021
网　　址：http://www.zgfzcb.cn
发　　行：方志出版社图书营销中心（010-67110500）
印　　刷：梅州程江彩色印刷厂有限公司
开　　本：787 毫米×1092 毫米　1/16
印　　张：22.25
字　　数：509 千字
版　　次：2022 年 12 月第 1 版
印　　次：2022 年 12 月第 1 次印刷
定　　价：200.00 元

《五华年鉴》编纂委员会

顾　　问：朱少辉

主　　任：丘　炀

副 主 任：罗丽思

成　　员：谢瑞狮　陈群添　张云中　周洪杰　李文高

李定华　李文伟　张伟雄　郑遂方　田爱平

刘晓宇　翁俊峰　赖伟胜　陈宗书

《五华年鉴》编辑部

主　　编：陈宗书

副 主 编：黄培邦　钟定云

编　　务：李惠霞　李志权　曾莉娴

摄　　影：张炳锋等

编辑说明

一、《五华年鉴（2022）》（以下简称本年鉴）以马克思列宁主义、毛泽东思想、邓小平理论、“三个代表”重要思想、科学发展观、习近平新时代中国特色社会主义思想为指导，坚持辩证唯物主义和历史唯物主义的立场、观点和方法，全面、系统、准确地记述五华县2021年度自然、政治、经济、文化和社会等方面的基本情况。

二、本年鉴采用分类编辑法，设类目、分目、条目三个层次，以条目为表现内容的基本形式。类目与分目标题使用不同字体、字号，条目标题一律以黑体字加【】号。正文设特辑、大事记、县情概览、中国共产党五华县委员会、五华县人民代表大会、五华县人民政府、政协五华县委员会、五华县纪委监委、群众团体、法治、军事、综合经济管理、城乡建设·环境保护、工业·园区建设、交通运输、邮政·通信、农业·林业·水利·气象、商贸、财政·税务、金融·保险、教育、社会科学、文化·旅游·体育、卫生·医疗、社会生活、各镇概况、名录等，约51万字，彩插12页。

三、本年鉴采用的文稿均由五华县各有关单位专人撰写或提供资料，并经单位主要领导审定。而后由年鉴编辑部人员编纂，主编负责总纂，修改后形成征求意见稿，反馈给各单位修改、补充。

四、本年鉴中数字、标点符号运用等，一律按国家有关规定执行。统计数据采用法定计量单位，主要统计数据经供稿单位与统计部门核对。有些对应指标数据在上年出版后做了调整的，本年鉴不再说明，且由于统计口径不一，个别数据可能不一致，使用时应以五华县统计局《五华县统计年鉴（2021）》为准。

2021年1月19日，梅州市市委副书记、市长张爱军（中）到五华县，就深入学习贯彻习近平总书记关于安全生产和疫情防控的重要指示精神，进一步做好疫情防控和安全生产、消防及森林防灭火工作进行督导检查　　（张炳锋 摄）

2021年3月12日上午，县委书记吴晖（中）、县长朱少辉（右一）到河东镇天云岭森林公园开展义务植树活动　　（张炳锋 摄）

2021年6月25日，梅州市市委副书记、市长张爱军（前排中）到五华县，深入乡村和企业，督导检查安全生产、项目建设和防汛备汛及农村集中供水工作

（张炳锋 摄）

2021年7月7日，广东省自然资源厅原二级巡视员、省国土空间生态修复协会首席专家李永洁（右一）率省调研组一行到五华县，就生态修复工作进行实地调研

（张炳锋 摄）

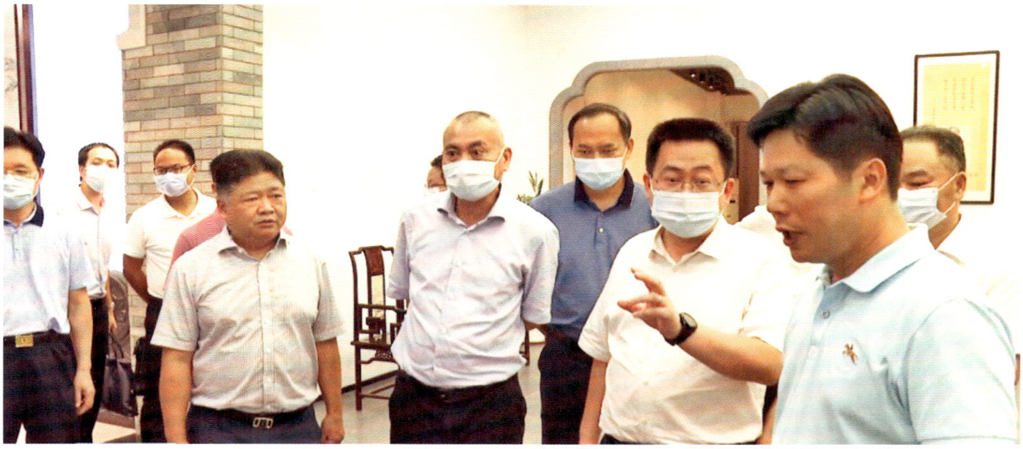

2021年8月5日，国家林草局驻广州专员办专员关进敏（前排左二）一行到五华督导检查森林生态保护工作　　（张炳锋 摄）

2021年9月22日下午，县委书记朱少辉（右二）率队深入到文艺院团、文明实践中心示范点、县委宣传部、县融媒体中心新闻舆论采编一线等地，就文艺文化创作、精神文明创建、新闻宣传舆论引导、意识形态管控、理论中心组学习等工作深入调研，看望鼓舞广大宣传思想文化战线的干部职工

（张炳锋 摄）

2021年10月25日，中国共产党五华县第十四次代表大会召开　（张炳锋 摄）

2021年10月28日，县委书记朱少辉（前排中）陪同省党史学习教育巡回指导组调研工作　（张炳锋 摄）

2021年6月17日，梅州市五华县支援广州抗疫物资出发场面　　（张炳锋 摄）

2021年12月18日，梅州市五华县乡村振兴共同富裕基金会成立　（张炳锋 摄）

2021年12月28日，安流镇举办首批“乡村振兴共同富裕”带头人擂台赛

（张炳锋 摄）

2021年9月9日，五华县小都学校举行交钥匙仪式（张炳锋 摄）

2021年4月8日，梅蓄电站水库下闸蓄水正式启动仪式　　（张炳锋 摄）

2021年11月30日，梅蓄电站项目一期投产发电

（钟小丰 摄）

2021年，五华县足球文化公园体育场馆工程获评鲁班奖　　（张荣华 摄）

2021年12月22日，梅州市客家足球队冲超成功　　（张炳锋 摄）

2021年7月16日，五华县足球队代表广东省参加第十四届全运会五人制足球赛获得亚军　　（张炳锋 摄）

2021年1月16日，元坑遗址景区开园仪式举行　　（张炳锋 摄）

目 录

特 辑

大 事 记

县 情 概 览

中国共产党五华县委员会

五华县人民代表大会

五华县人民政府

政协五华县委员会

五华县纪委监委

群 众 团 体

法 治

军　事

综合经济管理

城乡建设·环境保护

工业·园区建设

交 通 运 输

邮政·通信

农业·林业·水利·气象

商　贸

财政·税务

金融·保险

教　育

社会科学

文化·旅游·体育

卫生·医疗

社会生活

各镇概况

名　录

特 辑

狠抓发展 攻坚进位
奋力推动五华苏区全面振兴共同富裕

——在县委十四届二次全会上的报告

中共五华县委书记 朱少辉

（2022 年 1 月 29 日）

这次全会的主要任务是，坚持以习近平新时代中国特色社会主义思想为指导，深入学习贯彻中共十九届六中全会和中央经济工作会议精神，认真学习贯彻落实省委十二届十五次全会和市第八次党代会、市委八届二次全会以及县第十四次党代会精神，总结2021 年工作，部署 2022 年工作，动员全县上下坚定信心、拼搏奋进，加快打造业兴人和、长治民乐的“工匠之乡 · 宜居五华”，以扎实工作成效迎接党的二十大胜利召开。

一、迎难而上、意义非凡的 2021 年

2021 年是党和国家历史上具有里程碑意义的一年。这一年，我们隆重庆祝党的百年华诞，同全国一道胜利打赢脱贫攻坚战，如期全面建成小康社会，以新气象新担当开启全面建设社会主义现代化国家新征程。一年来，县委深入学习贯彻习近平新时代中国特色社会主义思想和总书记对广东重要讲话、重要指示批示精神，按照省委“1+1+9”工作部署和市委工作要求，实现“十四五”良好开局。县委主要抓了三件大事：一是深入开展党史学习教育，圆满完成庆祝中国共产党成立 100 周年系列活动，扎实开展“我为群众办实事”实践活动。二是科学谋划“十四五”经济社会发展。三是召开县第十四次党代会，选出了新一届县委，提出高质量构建“一城两带四区”发展新格局，打造业兴人和、长治民乐的“工匠之乡 · 宜居五华”

发展定位，作出实施“551”工作举措。主要工作成效有五个方面。

（一）经济发展稳中有进。全县生产总值 175.84 亿元，同比增长 5.1%；一般公共预算收入 12.16 亿元，同比增长 15.2%，总量和增速均排全市第二。省重点项目超额完成年度投资计划，市重点项目年度投资进度率排名全市第一。智能矿山机械产业基地、景田矿泉水项目等加快建设。梅蓄电站（首台机组）、跨境说粤东总部、三顺矿机等项目建成投产。华润绿色新型建材产业园正式落地。全年签约项目 16 个，计划投资总额 87.8 亿元。21 家企业入库科技型中小企业名单，规模以上企业设立研发机构比例达到 28.2%。五华足球文化公园体育场馆工程获评“鲁班奖”，成功举办第四届广东（五华）“南粤工匠”高峰论坛，建筑施工总产值达 83.93 亿元，创税约 5.04 亿元。新增各类市场主体 1.21 万户，总量突破 7 万户，居全市第一。

（二）乡村振兴成效更实。巩固脱贫攻坚成果同乡村振兴有效衔接，驻镇帮镇扶村工作全面启动，创新开展县直机关“挂镇联村”工作机制。建成全市首家县级乡村振兴人才驿站和镇级人才驿站，建立乡村振兴人才库。成立全省首个发展乡村振兴共同富裕基金会，以安流镇为试点开展首批“乡村振兴共同富裕”带头人擂台赛。农业产业成效明显，新种水果 2.1 万亩、茶叶 5000 多亩，完成复耕复种近 2 万亩，粮食种植面积 84.1 万亩、总产量 34.52 万吨，2020 年度粮食安全责任考核获评“优秀”等次。新增蔬菜省级农业产业园。粤港澳大湾区“菜篮子”产品梅州配送中心运营效果逐步显现。乡村建设和农村人居环境整治深入推进，启动 12 个特色精品村创建。新建成农村生活污水处理设施 100 座，无害化卫生户厕全面普及，完成农村集中供水攻坚任务，工作得到省水利厅充分肯定。金融助力乡村振兴取得扎实成效，一批乡村风貌加快提升。

（三）城乡环境不断改善。县城提质工程和圩镇改造工程扎实推进，中心城区和琴江新城基础设施优化完善，一批老旧小区提升改造，创建全国文明城市、国家森林城市、全域创卫步伐更快，实现“广东省卫生乡镇”全覆盖，综合承载能力持续增强。五华（番禺）大湾区经贸发展中心和招商中心挂牌运营。丰华高速（五华段）建成通车，梅龙高铁（五华段）加快推进，高铁经济产业园配套基础设施建设有序实施。成功争取增设兴华高速转水和锡坑出入口。Y138 工南线被交通运输部评为“平安绿色放心路”。县城污水处理厂（三期）扩建工程、华城水厂至县城供水管网工程贯通运行。梅州首座智能变电站 110 千伏河东变电站正式投产。新型城镇化配电网示范区建设稳步推进，中心城区和重点工业区域实现 5G 网络全覆盖。积极推进山水林田湖草沙一体化保护和修复工程，污染防治攻坚战深入推进，河长制、林长制全面落实，9 个村入选“广东省森林乡村”。节能减排任务全面完成，实施全域禁燃禁放烟花爆竹，抓好中央环保督察整改，生态环境质量持续改善。

（四）民生福祉成色更足。脱贫攻坚成果更加巩固。前三季度居民人均可支配收入 15316 元，同比增长 11.8%。深入实施“三项工程”，城镇新增就业 4253 人，城镇失业登记率 2.29%。县技工学校升格为省重点技工学校，人力资源服务产业园获评首批省级人力资源服务产业园。县教师发展中心加快推进。完成小都实验学校扩建，在全市首创“交钥匙工程”；完成五华中学运动场等一批教育重点工程。慎终如始抓好常态化疫情防控，坚决果断处置突如其来的疫情。暨南大学附属第一医院全面托管县人民医院工作有序推进。县社会心理服务示范中心挂牌成立。确定为首批全国足球典型，夺得第十四届全运会足球比赛“一金一银”佳绩；梅州客家队成功冲超，成为中超历史上首个县级球队。新增2家国家AAA级旅游景区。扫黑除恶实现常态化制度化。基层社会治理提质增效。安全生产、消防、信访等形势稳定，在全省率先建成五级联动“一体化”应急指挥平台，华城镇西区社区被授予“2020年全国综合减灾示范社区”。道路交通事故死亡人数同比下降15.8%。2020年度平安梅州建设考核获评“优秀”等次。省双拥模范县实现“四连冠”。

（五）从严治党持续深入。实施新一轮基层党建三年行动计划，圆满完成县镇村集中换届，严格执行省委落实“两个维护”十项制度机制。以学习党的十九届六中全会和习近平总书记“七一”重要讲话精神为重点，深入推进党史学习教育，开展大学习大培训，不断提高党员干部政治判断力、政治领悟力、政治执行力，进一步增强“四个意识”、坚定“四个自信”、做到“两个维护”。意识形态工作责任制有效落实。出台激励干部担当作为和容错纠错机制，激发干部内生动力。加强党风廉政建设和反腐败斗争，持续巩固肃清李嘉、万庆良恶劣影响成果，抓好巡视巡察“后半篇文章”，完成政法队伍教育整顿任务，政治生态更加风清气正。全县纪检监察机关共立案303件303人，结案324件324人，给予党纪处分303人，政务处分48人，其中涉及科级干部及以上62人，挽回经济损失2800万元。加强对人大、政府、政协、法院、检察院、群团等各方面工作的领导，扎实做好新时代党管武装工作，确保总书记、党中央决策部署和省委、市委工作要求落地落实。

二、深入学习贯彻党的十九届六中全会精神

党的十九届六中全会是在重大历史关头召开的一次具有重大历史意义的会议。全会通过的百年党史上第三个历史决议，是一篇马克思主义纲领性文献，是新时代中国共产党人牢记初心、坚持和发展中国特色社会主义的政治宣言，是以史为鉴、开创未来，实现中华民族伟大复兴的行动指南。全会闭幕以来，全党上下迅速掀起学习宣传贯彻热潮。省委十二届十五次全会专门审议通过了《中共广东省委关于深入学习党的十九届六中全会精神的决定》，对全省的学习贯彻工作作了进一步部署。市委又专门召开八届二次全会对各项工作进行了具体部署。根据省委、市委的要求，县委对标对表，组织开展了一系列学习宣传贯彻活动。下一步，我们要持续深入开展“大学习、深调研、真落实”，用全会精神统一思想、统一意志、统一行动，咬定目标、真抓实干、振奋精神，为实现第二个百年奋斗目标不懈奋斗。

一要在思想上跟进跟紧。要深入领会“两个确立”的决定性意义，深刻把握习近平新时代中国特色社会主义思想的真理性，深刻把握党的百年奋斗的初心使命、重大成就，深刻把握党的百年奋斗的历史意义和历史经验，深刻把握总书记、党中央面向全党发出的以史为鉴、开创未来的伟大号召，带着真挚感情深学细悟、学懂弄通，更加坚定历史自信、保持历史定力、掌握发展主动，拥护“两个确立”、增强“四个意识”、坚定“四个自信”、做到“两个维护”。

二要在行动上落实落地。要心怀“国之大者”，从政治上把总书记、党中央的精神领会透，坚决按照总书记重要指示批示要求办，做到党中央提倡的坚决响应、党中央决定的坚决执行、党中央禁止的坚决不做。要掌握好总书记教给的世界观、方法论，继续坚持、不断完善“深调研”，进一步深化对县情、镇情、村情的认识，形成切合五华实际的工作举措，创造性落实好习近平新时代中国特色社会主义思想，推动振兴发展、共同富裕。

三要在成效上出新出彩。要坚持在学中干、干中学，树立正确政绩观，厚植人民情怀，把群众拥护不拥护、支持不支持、满意不满意作为一切工作的出发点和落脚点，真正做到老百姓关心什么、期待什么，我们就抓住什么、推进什么，以硬的肩膀、实的作风、铁的执行，解决好难点堵点，做出亮点，用群众看得见、摸得着的结果说话。

三、埋头苦干、勇毅前行的 2022 年

今年将召开党的二十大，这是党和国家政治生活中的一件大事，要保持平稳健康的经济环境、国泰民安的社会环境、风清气正的政治环境，全县的工作都要围绕这个大局来开展。县第十四次党代会对五华今后面临的形势和任务、未来的工作重点，作了深入分析和全面部署，我们要深化认识、准确把握，一锤接着一锤敲，努力推动各项措施落实见效。

今年工作的总体要求是：以习近平新时代中国特色社会主义思想为指导，全面贯彻落实党的十九大和十九届历次全会及中央经济工作会议精神，深入贯彻习近平总书记对广东系列重要讲话和重要指示批示精神，按照习近平总书记赋予广东的使命任务要求，弘扬伟大建党精神，加强党的全面领导和党的建设，坚持稳中求进工作总基调，完整、准确、全面贯彻新发展理念，积极参与打造新发展格局战略支点，全面深化改革开放，坚持创新驱动发展，推动高质量发展，认真落实省委“1+1+9”工作部署，按照市委“狠抓发展第一要务、全面激活内生动力，推动梅州苏区加快振兴共同富裕”的工作要求，牢固树立“产业兴县、制造强县”理念，抢抓老区苏区等政策机遇，深入实施“551”工作举措，统筹疫情防控和经济社会发展，统筹发展和安全，继续做好“六稳”“六保”工作，保持稳定的经济和社会环境，以优异成绩迎接党的二十大胜利召开。

今年全县发展目标是：地区生产总值增长6%左右，一般公共预算收入增长8%左右，全体居民人均可支配收入增速高于经济增速，全面完成节能降耗任务。这些经济指标经县委常委会研究，认为符合上级要求，有利于引导预期。我们要坚定信心、自力更生、攻坚克难，少说空话、多干实事，把工作任务一项一项落实到位。重点抓好六方面工作。

（一）立足全局谋发展，加强对经济工作的领导。深入贯彻落实中央经济工作会议精神，坚持“第一力度”抓“第一要务”，正确认识和把握实现共同富裕的战略目标和实践途径、资本的特性和行为规律、初级产品供给保障、防范化解重大风险、碳达峰碳中和等 5 个方面重大问题。深入领会总书记对当前经济发展面临“三重压力”的重大判断，结合五华实际，系统分析研判，坚持稳字当头、稳中求进，坚持“从严控制、规模适度、防范风险、注重效益”的原则，划清政府与市场的边界，优化财政支出，提高固定资产投资效益，推动全县经济社会发展始终沿着总书记、党中央指明的方向行稳致远。要充分认识实现共同富裕的长期性和紧迫性，按照中央顶层设计积极探索，市委八届二次全会也提出，五华要加快建设面向大湾区的西关门户，这是市委赋予的新定位。我们要正确认识定位内涵，充分发挥资源、区位等优势，抓住各种政策机遇，树立大抓工业发展理念，做大经济总量。特别是要结合实施“551”工作举措，在“谁去攻坚”“怎样去攻坚”“怎样去进位”上下功夫，脚踏实地、久久为功，争取更多“单打冠军”和“团体冠军”，稳步朝着共同富裕迈进。

（二）重中之重兴产业，不断壮大实体经济。把实体经济作为主攻方向，加快建设五华河、琴江沿线绿色产业集聚带，实现“产业兴县、制造强县”。一要培育龙头企业。集中要素资源支持一批税收大、就业多、成长性好的项目，加快华润绿色新型建材产业园、高铁经济产业园、智能矿山机械产业基地建设，力促景田矿泉水、金西湖等10个项目建成投产，落地开工鸿耀实业、胜工矿机总部等5个项目。推动电子信息、五金机电、智能家电、制酒制药、家居建材等产业增资扩产、数字赋能。对接梅州综保区，加快智慧物流产业建设。大抓建筑产业发展。借力对口帮扶，探索融入大湾区产业共建新模式，瞄准央企、大型国企、上市公司、头部企业等开展招商，紧盯先进制造业、绿色低碳新兴产业，着力引进总部经济企业和“链主”企业，力争引进工业企业项目10个以上，计划总投资15亿元以上。做旺商贸经济，拓展消费新场景，激发消费新热点，加快“跨境电商集聚区”建设步伐，推进五华县直播电商基地发展。二要提升平台质量。强化园区规划和“双控”刚性约束，加大园区建设力度和要素保障，盘活闲置资源，提高项目亩均效益，加快建设绿色、环保、适宜生产生活的现代园区。三要增强创新能力。突出企业创新主体作用，鼓励企业加大研发投入，深化产学研合作，力争年内新增国家高新技术企业1家以上、技改企业5家以上，推动一批企业申报市级以上工程技术研究中心，培育更多“专精特新”企业。四要优化营商环境。以更大力度推进“放管服”改革，继续推进工程审批制度改革，学习借鉴先进地区推广信任审批、派驻干部驻企业帮助筹建等方面的做法，打造懂企业、懂市场的阳光政府。落实减负纾困政策，提振信心，培育发展更多市场主体。

（三）坚持不懈打基础，适度超前布局基础设施。积极融入“双区”和两个合作区建设，用好老区苏区振兴发展等政策，为经济社会高质量发展注入新动能。一要完善交通路网。对接融入省“12312”出行交通圈，保障梅龙高铁（五华段）无障碍施工，争取2022年底动工建设兴华高速转水和锡坑出入口，积极谋划兴华高速延长线五华至惠东段、大丰华高速延长线五华至东源段高速公路列入省级规划，争取在广梅汕铁路龙川站至岐岭镇王化段新增铁路专线。启动建设S223线梅县区南口至水寨大坝段、转水五星至华城万子段、S228线兴宁茂兴至五华布美段、S238线龙村金龙至黄田段等工程。加快推进G238线县城段改线工程等5个项目前期工作和丰华高速两条连接线改建工程等9个项目建设。推动农村公路提档升级，稳步提高建制村通双车道四级公路比例，争创“四好农村路”全国示范县。二要注重系统治水。持续推进城乡一体化供水、中小河流治理、碧道建设和水库除险加固；积极推进益塘水库水资源配置工程、三渡水水库扩建工程、镇级污水处理设施（二期）工程等一批项目前期工作。三要强化能源保障。加快新型城镇化配电网示范区、500千伏五华输变电工程建设，抓好220千伏华城、110千伏长乐、35千伏小都、双华、新桥输变电工程前期工作。尽快动工梅蓄电站二期，加快推进三渡水抽水蓄能项目，争创“绿色能源示范县”。四要突出新型基建。谋划建设智慧停车场，推进5G网络建设，积极争取建设粤东智慧能源数字产业基地。

（四）集中力量抓关键，全面推进乡村振兴。全面调动各方力量，推进产业振兴，牵引乡村全面振兴。一要聚焦产业振兴。抓住新一轮省级现代农业产业园建设契机，实施“三品一标”行动，积极申报创建省级现代产业园。坚定发展“一村一品、一镇一业”，成片成带成规模发展特色农业，发展农产品精深加工，促进一、二、三产业融合。全面铺开乡村振兴共同富裕擂台赛，挖掘共同富裕带头人，建立乡村振兴人才库、项目库，充分发挥共同富裕带头人联农益农效应，探索乡村产业发展新模式。更大力度推进垦造水田，全面拓展发展空间。抓实撂荒地复耕复种、高标准农田建设等工作，提高农机装备水平，增强农业综合生产能力，确保今年粮食播种面积稳定在83万亩以上，完成撂荒复耕面积2万亩以上，加快形成古镇与良田共存、产业与乡村共兴的乡村新貌。二要巩固脱贫成果。健全防止返贫动态监测和帮扶机制，坚决守住不发生规模性返贫底线。用好县发展乡村振兴共同富裕基金。深化“万企兴万村”，力争年内90%的村实现与企业结对。三要建设美丽乡村。实施乡村建设行动，深入推进“九大攻坚”，开展农村人居环境整治提升五年行动，推进农房管控和风貌提升，到年底全县60%以上的行政村达到美丽宜居村标准，农村生活污水治理率达55%以上。建成使用乡村振兴培训学院。发挥驻镇帮镇扶村、乡村振兴人才驿站和县直机关“挂镇联村”等力量作用，引导人才回户籍地、回工作地、回感情地参与家乡建设，更好实现镇村同建同治同美。四要加大农村改革。推动农村土地规范有序流转，盘活利用集体资产，增加村集体经济和农民收入，确保到年底70%以上的村集体经济年收入达10万元以上。

（五）统筹兼顾促融合，持续优化城乡环境。以巩固“国家卫生县城”成果和实施“全域创卫”为抓手，以更精准措施推进以人为核心的新型城镇化。一要高质量建好“一城”。深入实施县城品质提升工程，分步推进园新片、华贸片、华景新城片、大坝片和机关宿舍片等43个老旧小区改造，推动公共服务配套增量提质。下足绣花功夫强化城市承载功能，加快智慧城市建设，深刻汲取广州市大规模迁移砍伐城市树木问题教训，敬畏历史、敬畏文化、敬畏生态，坚决防止出现急功近利、大拆大建等破坏性“建设”问题。有序开发琴江新城，集中力量突破一批市政道路等基础设施建设瓶颈。二要高标准打造“四区”。各镇要按照县第十四次党代会提出的发展定位，各展所长、差异化发展。统筹资金支持各镇开展美丽圩镇攻坚，完善基本公共服务配套。抓好华城镇城乡融合发展和数字乡村省级试点工作。

强化动力传导，发挥人口大镇、中心镇集聚辐射作用，带动周边镇发展。三要高水平保护生态。执行“三线一单”生态环境分区管控要求，严守生态保护红线，以创建国家森林城市为抓手，全面落实林长制，扎实开展“绿美五华”八大工程，加快推进山水林田湖草沙一体化保护和修复工程。严格落实森林防灭火十项硬措施，加快推进“一网三行动”，保护好森林资源。抓住“双碳”机遇，推进国家储备林建设，积极发展林业产业，促生态优势为发展优势。打好水、气、土壤污染防治攻坚战，狠抓中央环保督察整改，建设“无废城市”和清洁乡村，积极倡导绿色低碳生产生活方式。

（六）尽力而为办实事，稳步推进共同富裕。坚持以人民为中心，常态化开展“我为群众办实事”实践活动，量力而行解决群众“急难愁盼”。一是坚持就业优先。推进“粤菜师傅”“广东技工”“南粤家政”三项工程标准化品牌化，打造省级南粤家政产业园。加强职业技能培训，全年新增城镇就业4351人、城镇登记失业率控制在3%以内。二是深化教育改革。巩固完善“县管校聘”改革，深入实施集团化办学。落实“双减”政策，建成县教师发展中心，加快县第八小学教学楼、黄狮小学教学楼等项目建设。借鉴先进地区经验做法，借智借力牵引教育振兴。发展社区教育、老年教育，建强继续教育平台。三是改善就医条件。深化健康五华建设，毫不放松抓好常态化疫情防控，织密织牢防控网；推动暨南大学附属第一医院托管县人民医院等医联体建设取得实质性成效。推进安流、华城中心卫生院创“二甲”。完成县妇幼保健计生服务中心大楼、谷城医院综合大楼建设，启动县精神卫生中心门急诊大楼、郭田镇卫生院迁建等项目建设。四是健全社保体系。抓好社保扩面征缴。全面做好华城镇城乡医保普通门诊“镇村一体化”试点工作。加快建立“一老一小”养老托幼服务体系，抓实社会救助、儿童保障、社会福利、慈善事业、拥军优属和退役军人优抚安置等工作。五是丰富文化供给。坚持物质文明与精神文明两手抓，把落实“东亚文化之都”要求与创建全国文明城市和全域旅游示范县结合起来，推动文化、旅游、体育等资源深度融合、联动提升。深入实施精神文明创建九大行动。开展机关“无信访”创建活动，提升文明素养。加强文化遗产、红色资源等历史文化保护利用，优化公共文化服务供给。以实施第二个足球振兴十年规划为抓手，充分利用资源优势、加强运营管理，综合发挥梅州客家队冲超成功的广告效应、文化效应、体育效应、产业效应，促进足球文化发展，擦亮“球王故里·足球之乡·常来长乐”城市名片。深化志愿服务，弘扬时代新风。六是加强社会治理。全面贯彻总体国家安全观，以建设平安五华、法治五华为统领，更好统筹发展和安全。紧扣中共二十大安保维稳主线，下先手棋、打主动仗，扎实开展维护政治安全8个专项行动、社会矛盾专项治理等。推动扫黑除恶长效常治，强化社会面防控，持续高压打击电信网络诈骗、盗抢等各类刑事犯罪，提升社会治理效能。落实安全生产责任制，常态化开展安全生产排查整治，抓好食品药品监管，坚决防范和遏制重特大事故发生。

四、加强党的全面领导和党的建设

大力弘扬伟大建党精神，永葆自我革命的精神，全面落实新时代党的建设总要求和新时代党的组织路线，把各级党组织锻造得更加坚强有力。

（一）狠抓政治建设不放松。把党的政治建设摆在首位，严格执行省委落实“两个维护”十项制度机制，教育引导全县党员干部不断增强“四个意识”、坚定“四个自信”、做到“两个维护”。严守政治纪律和政治规矩，持续巩固肃清李嘉、万庆良恶劣影响成果，严实细抓好巡视巡察整改，营造风清气正政治生态。加强对党忠诚教育，锤炼坚强党性，发扬斗争精神、增强斗争本领，不断提高政治判断力、政治领悟力、政治执行力。

（二）强化理论武装不动摇。坚持第一议题制度，持续深入学习贯彻习近平新时代中国特色社会主义思想，巩固深化党史学习教育成果，认真学习党的十九届六中全会精神，传承弘扬苏区精神，自觉用总书记思想武装头脑、指导实践、推动工作。以迎接党的二十大胜利召开为主线，严格落实意识形态工作责任，加强对舆情的监测和引导，注重宗教和文化等阵地管控，健全敏感信息闭环反馈机制，防范化解各类意识形态风险。要抓好宣传引导，讲好五华故事，营造良好舆论环境。

（三）夯实基层组织不懈怠。以实施新一轮加强党的基层组织建设三年行动计划为抓手，一体推进各层级各领域党组织建设，持续推动基层党组织标准化规范化建设，精准整顿软弱涣散党组织，深化模范机关创建，推动党的组织和党的工作全面有效覆盖，切实把各级党组织打造成坚强战斗堡垒。抓好回乡联村、挂镇联村、党员“双报到”等工作，深入推进“头雁”工程、南粤党员先锋工程，不断提升基层治理实效。

（四）建强干部队伍不松劲。坚持党管干部原则，抓好后继有人这个根本大计，注重从乡村振兴、产业发展、项目建设等一线岗位锻炼培养干部，打造忠诚干净担当的高素质专业化干部队伍。加强日常教育管理，引导党员干部坚定信仰、历练本领。用好干部激励机制和容错纠错机制，为担当者负责，让履职者尽责。落实中央和省委、市委人才工作会议精神，坚持“一把手”抓“第一资源”，强化结果导向、实绩导向，全面做好“引育用留”文章，最大限度激发人才创新创造活力。

（五）正风肃纪反腐不手软。增强全面从严治党永远在路上的政治自觉，坚定不移推进党风廉政建设和反腐败斗争，严格执行中央八项规定精神，坚决反对形式主义、官僚主义。强化党内监督特别是政治监督，精准运用监督执纪“四种形态”，加强对“一把手”和领导班子的监督，敢于亮剑、常敲警钟。一体推进不敢腐、不能腐、不想腐，织密立体监督网，为改革发展提供坚强纪律保障。

同志们，不以事艰而无为，只因奋进而前行。让我们更加紧密地团结在以习近平总书记为核心的党中央周围，在市委的正确领导下，坚定历史自信，以史为鉴、开创未来，埋头苦干、勇毅前行，为高质量构建“一城两带四区”发展新格局，打造业兴人和、长治民乐的“工匠之乡·宜居五华”而努力奋斗，以优异成绩迎接党的二十大胜利召开！

政府工作报告

——在五华县第十六届人民代表大会第二次会议上

五华县人民政府县长 丘炀

2022年2月23日

2021年工作回顾

一年来，我们坚持以习近平新时代中国特色社会主义思想为指导，深入学习贯彻习近平总书记对广东系列重要讲话和重要指示批示精神，按照省委“1+1+9”工作部署和市委“狠抓发展第一要务、全面激活内生动力，推动梅州苏区加快振兴共同富裕”的工作要求，在县委的坚强领导下，在县人大和县政协的监督支持下，完整、准确、全面贯彻新发展理念，用好“大学习、深调研、真落实”工作方法，凝心聚力、真抓实干、攻坚克难、奋勇争先，坚定不移推动高质量发展，经济社会各项事业迈出新步伐、取得新成效，顺利实现“十四五”良好开局。全年实现地区生产总值175.84亿元、同比增长5.1%，两年平均增长3.7%；一般公共预算收入12.16亿元、同比增长15.2%，两年平均增长10.04%，总量和增速均居全市第二；社会消费品零售总额85.40亿元、同比增长4.5%，增速居全市第一；固定资产投资完成96.08亿元，总量居全市第二；年末城镇登记失业率2.29%、低于全市平均水平；一、二、三产业比重为24.5：21.9：53.6。

一、坚持抓项目、兴产业，实体经济稳健发展。始终把加快项目建设、推动产业发展作为拉动实体经济发展的重要引擎，坚持不懈建平台、保要素、育龙头、强实体、增实效。全年累计向上争取各类项目资金55.87亿元，完成年度目标任务的108.7%；23个省、市重点项目完成投资40.3亿元，占年度投资计划的103%，投资进度综合排名全市第一。梅龙高铁（五华段）等重点项目加快建设，梅蓄电站项目（首台机组）建成投产，华润绿色新型建材产业园落地建设，三渡水抽水蓄能电站项目建设前期工作扎实推进，梅州首座智能变电站110千伏河东变电站投产运行。丰华高速（五华段）建成通车，成功争取兴华高速增设转水、锡坑出入口。G238线等一批国省县乡道路升级改造扎实推进。实施岩前水库除险加固工程等22宗水利重点项目。梅州五华（番禺）大湾区经贸发展中心挂牌成立。广州番禺（五华）产业转移园、河东工业园标准化建设水平不断提高。全年签约项目16个，计划投资总额

87.8亿元，三顺矿机、广悦鞋业等6个项目建成投产，实现规模以上工业增加值6.44亿元，同比增长4.6%。足球文化公园体育场馆荣获中国建筑工程“鲁班奖”，建筑施工总产值83.93亿元，创税5.04亿元。农林牧渔业实现总产值70.73亿元、同比增长9.8%，增速居全市第二。新增AAA景区2个，全年旅游接待578.9万人次，实现旅游总收入46亿元，分别同比增长3.4%、8%。

二、坚持强统筹、重管理，城乡环境持续改善。以创建“全国县级文明城市”“国家卫生镇”工作和巩固“国家卫生县城”创建成果为抓手，突出精心规划、精致建设、精细管理，不断改善城乡环境。县城公园片、迎福片等20个老旧小区改造基本完成，华城金山市场、前和市场等一批农贸市场升级改造有序推进。大力开展车辆违停、占道经营等违法行为集中整治，有序推进生活垃圾分类。琴江新城综合管廊控制服务中心基本建成，安置区建设扎实推进。圩镇改造工程全面推进，华阳、梅林等圩镇改造成效明显。岐岭、长布等7个镇成功创建“广东省卫生镇”，实现“广东省卫生镇”全覆盖。中心城区和重点工业区域实现5G网络全覆盖。强力推进卫片执法整改，拆除各类违建71宗、面积1万多平方米。扎实开展农村乱占耕地建房问题排查整治工作，坚决遏制耕地“非农化”“非粮化”。

三、坚持补短板、强弱项，乡村振兴扎实推进。以巩固脱贫成果、促进农民增收致富为根本，突出产业振兴，补齐农村发展短板，加快农业农村现代化步伐。19879户65157个建档立卡贫困人口脱贫成果得到有效巩固，16支驻镇帮镇扶村工作队完成进驻，统筹帮扶资金扶持63个集体经济薄弱村发展光伏发电等产业项目。完成高标准农田建设4.6万亩，垦造水田490亩，完成撂荒地复耕复种近2万亩。25个“一村一品、一镇一业”项目得到有效实施，茶叶省级现代农业产业园建设顺利通过验收，丝苗米省级现代农业产业园建设扎实推进，新增蔬菜省级现代农业产业园，新种植梅州柚1.974万亩，新种植茶叶5050亩。“三清三拆三整治”任务基本完成；农村集中供水全覆盖攻坚任务全面完成，得到省水利厅的充分肯定；建成100座农村生活污水处理设施，无害化卫生户厕普及率达100%；完成2万座（面积32万平方米）农房风貌提升任务，启动12个特色精品村创建，乡村建设行动有序推进。成立全省首个发展乡村振兴共同富裕基金会，募集资金达2000万元；以安流镇为试点，成功举办“乡村振兴共同富裕”带头人擂台赛，乡村振兴步伐不断加快。

四、坚持重管护、严治理，生态底色愈加靓丽。坚持开发与保护并重、建设与治理并举，严守生态保护红线，全面改善生态环境。全年完成新造林1.14万亩，森林抚育6.33万亩，9个村成功入选“广东省森林乡村”，“国家森林城市”创建工作有序推进。林长制工作深入实施，森林防灭火工作和森林资源管护水平明显提升，全县森林覆盖率达69.21%。河长制工作稳步推进，河湖“清四乱”“清漂”工作常态化开展，累计清理河流535.27千米、水域面积26.42平方千米，铁腕整治非法采砂。加快推进大都河生态小流域治理、五华河转水段和河口段碧道、益塘水库饮用水源及周边水环境综合整治工程等项目。成功入选全国第一批山水林田湖草沙一体化保护和修复工程项目名单。办结中央环保督察交办案件91宗，办结率达95%。强力抓好大气污染防治、扬尘污染治理、烟花爆竹禁放等工作。常态化开展重点环境问题专项整治工作，排查整治31宗重点环境问题。开展入河排污口摸排整治，摸排河流湖库长度1652.7千米。全年省、市考核断面年平均水质优良率达100%，县城空气质量优良率达99.4%，生态环境持续改善。

五、坚持抓重点、促改革，发展动能充分激发。数字政府建设和“放管服”改革不断深化，1887项县级政务服务事项99.95%“最多跑一次”，86.76%可“不见面办理”，行政审批事项承诺时限压缩71.3%，519项县级行政执法职权调整由乡镇行使，489项政务服务事项下放镇级受理，47项政务服务事项下放村级受理；实现“粤智助”政府服务自助机县镇村三级服务中心全覆盖。稳步推进行政复议体制改革，持续加大法律援助力度，公共法律服务效能不断提升。五华县公共服务中心荣获“广东省区县级标杆培育大厅”称号。营商环境得到进一步优化，新增各类市场主体1.21万户，总量突破7万户、居全市第一。医药卫生体制改革深入推进，医保普通门诊“镇村一体化”试点范围继续扩大，让更多老百姓在家门口就近享受医保报销待遇。五华城镇城乡融合发展和数字乡村建设省级试点工作任务扎实推进。全面铺开农村集体产权制度改革，全县413个村8114个经济组织完成登记赋码颁证。乡镇体制改革、财税体制改革、国有企业改革等不断深入，发展活力持续激发。

六、坚持惠民生、保稳定，社会事业全面进步。坚持每年八成以上财力用于民生事业，高质量办好“十件民生实事”。小都实验学校等一批学校完成改扩建任务，教育基础设施不断完善；教育改革深入推进，义务教育“大班额”问题得到有效缓解，教育教学质量稳步提升。县人民医院创“三甲”、县中医医院创“三级”和安流、华城镇中心卫生院创“二甲”工作大力推进，暨南大学附属第一医院托管县人民医院工作有序推进，卫生健康事业稳步发展。常态化疫情防控工作有效落实，疫苗接种工作扎实推进，建成一批发热门诊、集中隔离场所、核酸检测实验室等项目，“外防输入，内防反弹”工作成效明显。城乡居民医疗保险参保人数超过111万，对困难群众实施医疗救助达到7.27万人次。落实就业优先政策，城镇新增就业4253人。县技工学校获评“广东省重点技工学校”。县人力资源服务产业园获评首批“省级人力资源服务产业园”。梅州客家足球队成功冲超，成为中超历史上首个县级球队；被确定为首批全国县域足球典型；代表省参加十四届全运会获“一金一银”。完成曾国华故居、黄国梁故居等6处文物保护单位修缮和布展工作。成功获评“广东省民间文化艺术之乡”。县档案馆新馆建成投入使用。国家安全工作体系不断完善，安全生产、消防、信访、扫黑除恶等工作有效开展；在全省率先建成五级联动“一体化”应急指挥平台，华城镇西区社区被授予“2020年全国综合减灾示范社区”荣誉称号，基层应急管理经验在全省推广。顺利完成第七次全国人口普查。国防动员体系不断完善，兵役征集和民兵后备力量建设成效明显；退役军人政策全面落实，县退役军人服务中心获评“全国退役军人服务保障先进单位”，为全市唯一获评单位。宗教、民族、外事侨务、妇女儿童、残疾人、档案、地方志、气象等工作取得新成绩。

七、坚持转作风、树形象，政府建设不断加强。扎实开展党史学习教育，深刻领悟“两个确立”的决定性意义，严格执行省委坚决落实“两个维护”十项制度机制，增强“四个意识”、坚定“四个自信”、做到“两个维护”，不断提高政治判断力、政治领悟力、政治执行力。坚持向县委、县人大及其常委会报告工作，向县政协通报情况，高质高效办好建议、提案。坚持依法行政，持续深化法治政府建设，成功入围第一批拟命名的广东省法治政府建设示范创建地区。严格落实中央八项规定及其实施细则精神，大力推进政府系统作风建设，切实为基层减负，驰而不息纠“四风”、树新风。坚持抓实抓好巡视巡察问题整改落实工作，强化审计监督和整改。稳妥有效防范和化解政府性债务风险，完成政府隐性债务余额清零任务。坚持树立用户思维，深化“不为‘不办’找理由、只为‘办好’想方法”的服务理念，努力打造懂企业、懂市场的政府。

今年以来，我县先后经历了“1·15”和“1·31”两次较大的新冠肺炎疫情防控考验。在疫情大战大考面前，我们深入学习贯彻习近平总书记关于疫情防控的重要指示精神，在省委省政府、市委市政府和县委的坚强领导下，科学防控、精准施策，快速阻断疫情传播途径，遏制疫情扩散和蔓延，取得了疫情防控阶段性胜利，得到省、市的充分肯定，为全市疫情防控乃至粤东西北农村地区疫情防控工作提供了借鉴和参考。

成绩来之不易，过程蕴含艰辛。这些成绩的取得，是习近平总书记掌舵领航和习近平新时代中国特色社会主义思想科学指引的结果，是党中央国务院、省委省政府、市委市政府科学决策、关怀指导的结果，是县委团结带领全县上下齐心协力、砥砺奋进的结果，是县人大、县政协和社会各界有效监督、鼎力支持的结果，是全县人民攻坚克难、奋力拼搏的结果。在此，我代表县人民政府，向全县人民，向各民主党派、工商联、无党派人士、各人民团体和各界人士，向人大代表、政协委员，向离退休老同志，向中央、省、市属驻五华单位、驻五华部队、武警官兵和消防救援队伍指战员，向所有关心支持五华振兴发展的港澳台同胞、海外侨胞和社会各界朋友，表示衷心的感谢并致以崇高的敬意！

在看到成绩的同时，我们也要清醒地正视困难和问题，主要是：国内外经济下行压力和新冠肺炎疫情的叠加影响对经济发展带来更大冲击，主导产业不突出、科技创新能力弱，第二产业发展短板明显尤其是制造业对经济增长的贡献率偏低，财政收支矛盾突出，招商引资和营商环境建设还需加力，民生保障水平与群众需求相比还有差距，服务企业发展意识不强，抓落实“最后一公里”还存在堵点，等等。

当前，五华振兴发展正处在政策叠加乘势而上的机遇期、爬坡过坎转型升级的攻坚期、矛盾累积风险交织的凸显期、激发潜力振兴发展的关键期。党中央国务院、省委省政府持续加大对老区苏区的支持力度，市委市政府赋予五华“要加快建设面向大湾区西关门户”的新定位，为我县加快产业发展、扩大有效投资、发展壮大实体经济、夯实高质量发展基础带来难得机遇。我们要保持战略定力，聚精会神抓经济建设，以发展促振兴、以发展破难题、以发展增福祉，走好五华老区苏区振兴发展之路。

2022 年工作安排

2022 年是党的二十大召开之年，做好今年经济社会发展工作意义重大。今年政府工作的总体要求是：坚持以习近平新时代中国特色社会主义思想为指导，全面贯彻落实党的十九大和十九届历次全会及中央经济工作会议精神，深入贯彻习近平总书记对广东系列重要讲话和重要指示批示精神，按照习近平总书记赋予广东的使命任务要求，弘扬伟大建党精神，坚持稳中求进工作总基调，完整、准确、全面贯彻新发展理念，积极参与打造新发展格局战略支点，全面深化改革开放，坚持创新驱动发展，推动高质量发展，认真落实省委“1+1+9”工作部署，按照市委“狠抓发展第一要务、全面激活内生动力，推动梅州苏区加快振兴共同富裕”的工作要求和县委“551”工作举措，牢固树立“产业兴县、制造强县”理念，抢抓老区苏区等政策机遇，统筹疫情防控和经济社会发展，统筹发展和安全，重实体、兴实业，扎实做好“六稳”“六保”工作，保持稳定的经济和社会环境，以优异成绩迎接党的二十大胜利召开。

全县经济社会发展主要预期目标是：地区生产总值增长 6%左右，一般公共预算收入增长 8%左右，固定资产投资额与上年基本持平，社会消费品零售总额增长 3.2%，外贸进出口总额增长 3%，规模以上工业增加值增长 10%，城镇新增就业 4351 人，城镇登记失业率控制在 3%以内，全体居民人均可支配收入增速高于经济增速，全面完成节能降耗任务。

实现上述目标，要重点抓好以下八个方面工作：

一、以更实举措壮大实体经济，全力构筑现代产业新支撑

增强产业平台功能。统筹推进园区建设发展，推动 4 个工业园区提质增效。落实好园区土地节约利用和项目退出机制，提升园区发展质量。广州番禺（五华）产业转移园重点加强三坑移民安置区周边污水管网、智能矿山机械产业基地“两横三纵”首期道路建设。河东工业园着力推进标准厂房、职工宿舍、水质净化厂和起步区首期道路工程等基础设施建设，加快土地征拆平整。安流工业园重点做好征地、规划、基础设施建设等工作，引进项目落户。华城工业园聚焦引进商贸物流等新兴产业同高铁经济产业园一体谋划建设。

培育壮大产业集群。汇聚要素资源，着力解决企业用地难、用工难、融资难等问题，推动电子信息、五金机电、智能家电、制酒制药、家居建材等传统产业增资扩产、数字化改造。大力发展以先进制造业为主体的实体经济，扶持税收大、就业多、成长性好的企业项目增资扩产、转型升级、做大做强。加大“小升规”培育工作力度，新增规模以上工业企业 7 家以上。积极推动先进材料产业发展。以谋划建设智能矿山机械产业基地为抓手，紧盯意向投资企业，推动更多矿山机械类产业项目落户，引导机械产业集聚发展，补齐机械产业链条，打造特色主导产业。抓好先进装备制造、电子信息、生物制药和医疗用品、农副产品深加工等产业的培育。抓实商贸物流、摄影器材、智慧家电等产业项目引进和建设。加快谋划建设高铁经济产业园和龙村清洁能源产业园。

强化科技创新引领。围绕推动数字经济和实体经济融合发展，着力打造一批“专精

特新”科技型企业。鼓励支持企业科技创新，积极引导企业争创政府质量奖。强化企业创新主体地位，力争新增国家高新技术企业1家以上、技改企业5家以上。深化“政校企”“产学研”合作，增强科技企业孵化器、众创空间等服务平台的人才“吸附”效应，加强对中青年技术骨干的交流培训，提升创新能力。不断强化知识产权保护，为创新主体提供有力的法治保障。

高效精准招商选资。拓宽招商思路，创新招商模式，提高招商质效，引进更多“打粮食”项目。突出比较优势和产业链条，瞄准重点企业、潜力企业、头部企业等，实施强链补链延链强产业行动，完成市下达我县的70亿元招商引资任务，其中引进计划投资27亿元以上工业项目。深入实施“乡贤回归投资兴业工程”，促进客商回归、以商引商。鼓励一批建筑企业总部回迁、资质增项晋级，全面提升建筑行业综合竞争力。用好梅州五华（番禺）大湾区经贸发展中心平台，探索“飞地招商”，至少引进15家有生产销售实体的“四上”企业进驻经贸发展中心。

二、以更大力度强化项目建设，聚力点燃经济发展新引擎

抓好产业项目建设。下大力气抓好产业项目建设，以大项目引领县域经济大发展。全力确保梅蓄项目一期（4台）机组6月底前全部实现投产运营，加快启动项目二期建设；集中力量做好三渡水蓄能电站项目落地建设前期工作。落地开工鸿耀实业、胜工矿机总部等5个项目，加快推进华润绿色新型建材产业园和高铁经济产业园配套基础设施工程项目建设，力促景田矿泉水、金西湖等10个项目建成投产。做旺商贸经济，拓展消费新场景，激发消费新热点，加快“跨境电商集聚区”建设步伐，推进县直播电商基地发展。

加快基础设施建设。扎实推进年度总投资49.5亿元的59个基础设施重点项目建设。全力保障梅龙高铁（五华段）无障碍施工，完成G355线油田至横陂段新改建工程、S120线长布至华城段改扩建工程等5个交通公路项目前期工作，推进丰华高速（五华段）两条连接线、G238线县城段改线工程等13个国省县道项目建设，力争年底前动工建设兴华高速转水和锡坑出入口。争取在广梅汕铁路龙川站至岐岭镇王化段新增铁路专线，谋划五华至惠东、五华至东源高速和汕尾至梅州高铁并在五华设站。争创“四好农村路”全国示范县。抓好水利、能源项目建设，加快益塘水库水资源配置工程、三渡水水库饮用水库容扩建等项目前期工作，完成县城七都涝区治理和岩前水库除险加固等在建水利重点项目建设任务；持续推进城乡供水一体化、中小河流治理和小型水库除险加固。协调推进500千伏五华输变电、220千伏华城输变电、110千伏长乐输变电等电力工程建设，加快推进水寨新型城镇化配电网示范区建设。扎实推进县融媒体制播技术中心项目建设。

加强各项要素保障。坚持用经济思维发展产业，算好“经济账”，集中土地、资金、能源等要素用在“打粮食”项目上，全面激活实体经济内生动力。落实自然资源支持实体经济发展各项政策措施，确保不低于50%的县级新增建设用地计划指标用于产业项目。依法依规加大土地收储和园区闲置厂房、闲置土地清理清查力度，提高土地利用效率。优化金融服务，用好“应急转贷”资

金和中小微企业信贷风险补偿基金，适当加大信贷投放力度，更好地服务实体经济发展和项目建设；全力支持五华农商行畅通对接政府、乡村和产业，持续推动科技创新，丰富金融服务内涵，打造“政务+金融”农村普惠金融大平台，推动普惠金融“户户通”工作落地见效。加强重大项目储备，用好用足老区苏区振兴发展、对口帮扶等政策，统筹5000万元以上资金做好项目前期工作，提高项目成熟度；力争向上争取中央预算内投资、政府债券、政策性银行贷款等资金不少于51亿元。

三、以更高标准促进乡村振兴，奋力开创农业农村新局面

巩固拓展脱贫成果。用好驻镇帮镇扶村、县直机关挂镇联村、回乡联村、发展乡村振兴共同富裕基金等帮扶资源，健全防止返贫动态监测和帮扶机制，实现巩固拓展脱贫成果同乡村振兴有效衔接，确保323户1173个防返贫监测对象达到“消除风险”目标。开展好“千企帮千镇、万企兴万村”行动，力争年内90%的行政村有企业结对帮扶。有效盘活村级土地资产，大力增加村集体经济和农民收入，确保到年底全县70%以上的村集体经济年收入达10万元以上。

稳步发展现代农业。全面铺开乡村振兴共同富裕擂台赛，挖掘共同富裕带头人，建立乡村振兴人才库、项目库，充分发挥共同富裕带头人联农带农益农效应，探索乡村产业发展新模式。完成丝苗米省级现代农业产业园建设任务，稳步推进蔬菜省级现代农业产业园建设工作，积极申报创建南药省级现代农业产业园。加快梅州柚产业集群项目建设，完成1.5万亩梅州柚扩种任务。深入实施“一村一品、一镇一业”项目，实施“品种、品质、品牌”提升工程，大力发展农产品精深加工，实现一、二、三产业有机融合。充分发挥粤港澳大湾区“菜篮子”产品梅州配送中心作用，拓宽农产品销售渠道。坚决遏制耕地“非农化”“非粮化”，完成撂荒复耕面积2万亩以上，确保粮食播种面积稳定在83万亩以上。大力推进垦造水田工作，兑现上一轮2978.27亩历史承诺，完成市下达的新一轮700亩垦造水田任务。落实粮食安全和“菜篮子”责任制，确保重要农产品稳产保供。

建设美丽宜居乡村。高质量编制乡村振兴规划，实施农村人居环境整治提升五年行动和乡村建设“九大攻坚行动”，完善农村基础设施和公共服务供给，探索乡村振兴项目长效管护机制，推进美丽乡村提档升级。完成2000户农村削坡建房风险点整治和69处中小型地质灾害隐患点整治。规范农村宅基地管理，抓好农房管控和乡村风貌提升，重点打造河东油田片区大嵩河沿线农房外立面风貌示范带。力争到年底全县60%以上的行政村达到美丽宜居村标准，农村生活污水治理率达55%以上。

四、以更高水平提升城市品位，倾力打造宜居宜业新福地

提升中心城区功能。正确处理发展与保护、建设与管理的关系，推动中心城区空间结构优化和品质提升。完成华景新城、大坝片、机关宿舍片、华贸片4个老旧小区改造项目，加快推进华园市场、大坝市场等农贸市场升级改造。扎实推进琴江新城安置区和地下综合管廊等基础设施建设，力争完成黄井安置区6栋安置楼和联增大桥主体工程，加快在建污水管网（西外环路、琴江大道）、汽车站周边部分道路和周边板块土石方工程等项目进度。集中力量突破一批市政道路等基础设施建设瓶颈。高效推进土地收储和出让工作。

加快城镇建设步伐。巩固提升圩镇规范化建设成果，实施美丽圩镇建设攻坚行动，全面完成圩镇人居环境整治，所有圩镇达到“宜居圩镇”标准，华城镇、梅林镇、转水镇等3个圩镇达到“示范圩镇”标准。华城镇重点抓好城乡融合发展和数字乡村省级试点建设工作，发挥辐射带动作用，打造城乡融合发展示范区。河东镇、横陂镇、转水镇依托河东绿色工业园、横陂足球小镇及转水丰富的旅游资源优势，立足交通毗邻中心城区区位优势，全力打造城乡融合发展拓展区。完善城镇基本公共服务配套设施，推进城镇基本公共服务常住人口全覆盖，促进农村人口就近就地城镇化。完成水寨镇政府、益塘水库旅游景区等11个新能源公用充电桩项目建设，力争年底前实现乡镇圩镇5G信号全覆盖。

提高精细管理水平。持续开展“两美”行动，扎实推进“全国县级文明城市”和华城、转水、周江等5个镇“国家卫生镇”创建工作以及巩固“国家卫生县城”创建成果。启动五华城区华兴北路智慧停车场项目建设。推进城市供水旧城管网改造和分区计量工程项目建设。有序推进生活垃圾分类，加快垃圾减量化、资源化、无害化处置。加快智慧城市建设，完善信息化设施和平台，创新城市治理体制机制，提升城市治理水平。

五、以更严要求守住生态底线，致力筑牢绿色发展新基石

全面筑牢生态屏障。扎实推进“国家森林城市”创建工作，开展“绿美五华”八大工程，完成造林2.92万亩、森林抚育3245亩任务。加快推进山水林田湖草沙一体化保护和修复工程。严格落实森林防灭火十项硬措施，抓好“一网三行动”森林防灭火水平提升工作，推进森林防火隔离带建设、森林火灾隐患排查和以水灭火演练，保护森林资源。抓住“双碳”机遇，推进国家储备林建设，积极发展林业产业，实现“绿水青山”与“金山银山”的价值转化。

严抓生态环境治理。狠抓中央环保督察反馈意见整改落实和交办案件办结工作，打好蓝天碧水净土保卫战，巩固提升生态环境质量。深入实施河长制，加大集中式饮用水源保护和河道非法采砂、涉河违建打击力度。全力抓好工业源头、移动源、面源污染综合治理和城市扬尘管控。强力推进卫片执法检查、农村占耕建房和“两违”建筑专项整治。因地制宜建设镇村生活污水处理设施，提升生活污水处理效能。建设“无废城市”和清洁乡村。

坚持绿色低碳发展。落实好领导干部自然资源资产离任审计、生态环境损害赔偿等制度。科学制定实施碳达峰行动方案，推进重点领域、重点行业节能降碳，坚决遏制“两高”项目盲目发展。用好新增可再生能源和原料用能不纳入能源消费总量控制的政策，推动能耗“双控”向碳排放总量和强度“双控”转变。加快产业绿色化、园区循环化改造，发展节能环保和清洁能源产业。深入开展绿色生活创建行动，推广绿色建筑、绿色出行，推动形成绿色低碳生活方式。

六、以更深层次推进改革创新，努力实现改革攻坚新突破

深化国有企业改革。全面理顺县属国有企业行业管理与国资部门的关系，健全完善企业自身管理架构，采用“增、减、强、给、优”五大举措，增强企业实力，剥离企业债务，提升企业资质和能力，倾斜公建业务，建立现代企业管理制度，做强做优做大国有企业，不断增强活力、影响力、抗风险能力，实现国有资产保值增值。

推进财税体制改革。牢固树立长期过“紧日子”思想，全面压减无效、低效支出和“三公”经费，严禁超预算或无预算安排支出。把防范化解政府性债务风险摆在重要位置，通过对举债项目压减工程量、筹集资金提前偿还、跟进PPP项目申报入库等方式，不断减少政府债务存量。坚持政府投入量力而行、分步实施，通过依法解除政府担保协议、妥善处置政府举债工程项目，以及规范PPP模式和转化政府购买工程建设项目等方式，切实遏制新的政府性债务出现。同时，科学预测税源动态，依法依规做好税收征管工作。

持续优化营商环境。完善县镇村三级公共服务体系，大力推进“放管服”改革，加快建设“数字政府”。推行“零跑动”“网上办”“掌上办”，推出不少于20项套餐服务“一件事一次办”；规划建设五华政务24小时自助服务区，提高群众办事便利度。完善数据共享交换平台五华节点，促进跨部门、跨层级数据共享和业务系统互联互通。积极推进智慧政务指挥中心、数字五华大数据平台、住房信息查询等项目落地建设，不断提升政务服务水平和管理能力。持续推进工程审批制度改革。学习借鉴广州开发区等先进地区在推广信任审批、派驻干部进驻企业帮助筹建等方面的经验做法，优化营商环境。落实减负纾困政策，提振市场主体信心。

七、以更优质量保障改善民生，竭力满足人民群众新期盼

用心推进“暖民心”工程。坚持办好“十件民生实事”，常态化开展“我为群众办实事”实践活动。完成县教师发展中心项目建设任务，加快县第八小学、黄狮小学教学楼和碧桂园凤凰城小学等项目建设；加快义务教育寄宿制学校和乡村薄弱学校建设，扎实推进52所公立幼儿园及学前教育点提质工程项目。完成县人民医院门急诊医技住院大楼建设、深圳大楼改造以及县妇幼保健计生服务中心大楼建设，推动县第六人民医院建设、县精神卫生门急诊综合大楼建设、郭田镇卫生院迁建等项目动工。加快推进璢公祠文旅项目建设。加强文化遗产、红色资源等历史文化保护利用，完成中山大学农学院办学旧址保护修缮和活化利用工作。推进县救助服务站、未成年人保护中心和军休活动中心项目建设，有序推进敬老院、光荣院适老化改造。加快县档案馆信息应用平台建设，筹建县第二、第三残疾人综合服务中心。

用心推进“惠民生”事业。持续实施教师培训和学历提升工程，打造骨干教师队伍。办好开放教育、老年教育、社区教育。启动实施新一轮“县管校聘”工作。全面落实“双减”政策，减轻学生学业负担，加强学生心理健康教育。深化公立医院改革，实现县人民医院正式移交暨南大学附属第一医院管理，全力提升中医药工作水平；推进安流、华城中心卫生院创“二甲”；做好华城镇城乡医保普通门诊“镇村一体化”试点工作。发挥“粤菜师傅”“广东技工”“南粤家政”三项工程品牌效应，打造省级南粤家政产业园。依托县技工学校开展职业技能竞赛和技术能手评选，奖励高技能人才。健全完善多层次社会救助体系。统筹做好养老服务、双拥优抚、儿童保障、社会福利、慈善事业等工作。推进长乐谷全民国防教育中心建设。发挥好梅州客家足球队冲超效应，促进足球文化体育产业发展，擦亮“球王故里·足球之乡·常来长乐”城市名片。

用心推进“保民安”治理。慎终如始抓好常态化疫情防控工作，坚持“外防输入、内防反弹”总体策略，压实“四方”责任，落实“四早”要求，健全完善重大疫情防控体制机制，提升应急保障和处置能力；全面推进疫苗接种，加快构筑全民免疫屏障。加强安全生产管理，抓好食品药品监管，坚决防止较大以上安全事故发生。加快五华县应急救援培训中心项目建设，健全应急管理体系，提升应急救援能力。健全立体化信息化社会治安防控体系，持续高压打击电信网络诈骗、盗抢等各类违法犯罪，常态化推进扫黑除恶斗争。强力推进信访问题源头治理和信访积案化解，开展“机关无信访”创建，营造和谐稳定的社会环境。

八、以更强决心加强自身建设，着力提升服务发展新效能

筑牢忠诚坚定之魂。坚决把政治建设摆在首位。坚决拥护“两个确立”，增强“四个意识”、坚定“四个自信”、做到“两个维护”，自觉在思想上政治上行动上同以习近平总书记为核心的党中央保持高度一致，始终牢记“国之大者”，提高政治判断力、政治领悟力、政治执行力，确保习近平总书记重要讲话重要指示批示精神和党中央决策部署在五华落地生根、见到实效。

夯实依法行政之基。全面贯彻习近平法治思想，加强法治政府建设，坚持用法治思维和法治方式推进工作，构建职责明确、依法行政的政府治理体系，提高依法决策质量和水平，持续营造法治化环境，严格规范公正文明执法，加大行政执法协调监督力度，强化乡镇综合行政执法工作，建立公正权威、统一高效的行政复议工作体制，提供优质高效的公共法律服务，助推法治社会建设。依法接受人大及其常委会法律监督，自觉接受政协民主监督，主动接受监察监督、社会和舆论监督，强化审计监督、统计监督，始终让权力在阳光下运行。巩固好“广东省法治政府建设示范县”创建成果。

弘扬担当务实之风。树立崇尚担当、鼓励实干的鲜明导向，完善正向激励和反向问责机制；激发公职人员真抓实干、担当作为的精气神；倡导勇担当、快节奏、高质量的工作作风，使担当务实成为政府工作的鲜明特质，为担当务实者担当，用沉甸甸的成绩单兑现对全县人民的承诺。

永葆清正廉洁之心。坚持全面从严治党，扎实推进政府系统党风廉政建设和反腐败斗争工作，驰而不息纠治“四风”，力戒形式主义、官僚主义，持续精文减会，为基层减负。强力抓好巡视巡察问题整改落实工作。坚持节用裕民，加强财政支出绩效评价，真正把钱花在促进发展的关键处、为民办事的急需处、增进福祉的紧要处。

各位代表，征程万里风正劲，重任千钧再出发。让我们更加紧密地团结在以习近平同志为核心的党中央周围，坚持以习近平新时代中国特色社会主义思想为指导，在县委的坚强领导下，振志气、鼓士气、扬锐气，担起时代重托、不负人民期盼，勇于担当、争先进位、真抓实干、久久为功，为高质量构建“一城两带四区”发展新格局，打造业兴人和、长治民乐的“工匠之乡·宜居五华”而努力奋斗，以优异成绩迎接党的二十大胜利召开！

名 词 解 释

1.“551”工作举措：第一个“5”是指全力开展“五大”攻坚，即创新驱动攻坚、产业基础攻坚、重点改革攻坚、生态建设攻坚、社会治理攻坚；第二个“5”是指奋力推动“五个”进位，即基础设施进位、绿色产业进位、城乡融合进位、乡村振兴进位、民生保障进位；“1”是指扎实打牢“一新”工程，即坚定不移推进党的建设新的伟大工程。

2.一城两带四区：“一城”即县城，包括老城区和琴江新城，目标是聚焦产城联动、业兴人和，打造成“宜居五华”的展示窗口。“两带”即统筹打造五华河沿线和琴江沿线绿色产业集聚带，推动重点产业园区提质增效，不断提升产业发展水平。“四区”即水寨镇、华城镇发挥新老县城优势、双城互动，打造城乡融合发展示范区；河东镇、横陂镇、转水镇依托毗邻县城的优势，立足县域副中心定位，打造最美后花园、城乡融合发展拓展区；安流镇、龙村镇发挥中心镇的辐射带动作用，大胆实践探索，推进产业、资源、人口等各类要素集聚，打造强镇富民先行区；郭田、双华、棉洋、梅林、华阳、周江、长布、岐岭、潭下等9个镇依托绿色生态、红色文化、特色产业等资源，错位发展，打造各具特色的乡村振兴样板区。

3.飞地招商：是指发达地区与欠发达地区双方政府打破行政区划限制，把“飞出地”的资金和项目放到行政上互不隶属的“飞入地”的工业园区，通过规划、建设、管理和税收分配等合作机制，从而实现互利共赢的持续或跨越发展的招商模式。

4.“四上”企业：是指规模以上工业企业、资质等级建筑业企业、限额以上批零住餐企业、国家重点服务业企业等这四类规模以上企业的统称。

5.双碳：即碳达峰与碳中和的简称，中国力争2030年前实现碳达峰，2060年前实现碳中和。

6.一网三行动：“一网”即落实森林资源网格化管理；“三行动”即开展“一清二建三练”行动，“清”即清除隐患、“建”即建设森林防火隔离带、“练”即加强以水灭火演练。

7.无废城市：是以创新、协调、绿色、开放、共享的新发展理念为引领，通过推动形成绿色发展方式和生活方式，持续推进固体废物源头减量和资源化利用，最大限度减少填埋量，将固体废物环境影响降至最低的城市发展模式，也是一种先进的城市管理理念。

8.“县管校聘”政策：是指全体公办义务教育学校教师和校长全部实行县级政府统一管理，特别是统一定期强制流动到县域内的义务教育学校，从而将教师和校长从过去的某学校的“学校人”改变为县义务教育系统的“系统人”。

9.“双减”政策：指要有效减轻义务教育阶段学生过重作业负担和校外培训负担。

大事记

1月

1日，以“新发现 心体验”为主题的“广东人自驾游五华”首发仪式在五华奥林匹克体育中心举行。

同日，由梅州日报社联合华城镇人民政府主办的“游客家第一镇”首届华城镇文化旅游节暨2021年元旦嘉年华系列活动在五华县华城镇举办。

4日，由市应急管理局、市工商业联合会、市消防救援支队、市卫生健康局、市教育局等多部门联合主办，梅州华普医院承办的主题为“文明健康·有你有我”梅州市基础医疗应急防护培训暨守望健康客都大型公益行·进乡村首场活动在五华县河东镇举行。

5日，五华县首次举办的笼式足球赛——“中国·元坑杯”在县体校训练场落下帷幕。12支球队经过12天34场比赛的激烈角逐，最终实力强劲的忠诚铁艺2队登上最高领奖台，获得冠军。

9日，五华县在长乐公园举办庆祝首个“中国人民警察节”系列活动暨2021年“迎新春·保平安”誓师大会。

13日，广东省五华商会常务副会长兼秘书长、广州得利达集团董事长魏如清一行代表广东省五华商会，到五华县开展慰问百岁老人活动，为当地百岁老人每人发放2000元慰问金，共计发放23.6万元，向他们送上慰问品和诚挚的问候。

15日，县新的社会阶层人士联合会台港澳侨人士联谊室正式挂牌成立，并拓展成为五华统战工作全新阵地，这标志着县台港澳侨交流工作全面提档升级。

16日，中国内地现代足球发源地梅州五华·元坑遗址景区（位于五华县长布镇源潭村元坑片）正式对外开放，迎来了第一批游客。

19日，中山大学博物馆（校史馆）馆长徐俊忠率队到五华县岐岭镇，就中山大学农学院旧址研学基地项目规划情况开展工作调研。

25—26日，中山大学农学院直属党支部书记程月华率队到五华县，就中山大学农学院旧址项目建设及农业产业发展情况开展工作调研。

26日，广东省省级人力资源服务产业园评定结果出炉，五华县人力资源服务产业园获评广东首批省级人力资源服务产业园，享受省级就业专项资金100万元奖补，全省仅

5家产业园获得该称号。五华县人力资源服务产业园是全省唯一一个由县级创建的省级人力资源服务产业园，定名“广东五华人力资源服务产业园”。

同日，广东生态工程职业学院博士工作站揭牌仪式在长布镇太平村举行。

27日，为推动广东运动足球发展和校企深度合作，暨南大学体育学院牵手梅州客家足球俱乐部在五华横陂足球小镇合作共建实习基地。

2月

3日，中国人民政治协商会议广东省五华县第十届委员会第六次会议，在县党政大楼大会堂开幕。

4日，县政协十届六次会议完成各项议程，在县党政大楼大会堂闭幕。

同日，五华县第十五届人民代表大会第六次会议在县党政大楼大会堂开幕。人大常委会主任、大会主席团常务主席邓伯锦主持开幕大会。县委副书记、县长朱少辉向大会作《政府工作报告》。

5日，县第十五届人大六次会议在大会堂举行第三次全体会议，在完成各项议程后胜利闭幕。

同日，五华县派往广州白云机场口岸开展新冠病毒检测现场采样工作的10名采样队员平安返回五华。县政府、县总工会在县卫生健康局举行隆重仪式，欢迎英雄们不辱使命，载誉归来。

8日，国家税务总局广东省税务局局长吴紫骊到五华县转水镇里塘村调研精准扶贫工作。

9日，广州市红十字会医院“组团式”帮扶医院暨心血管医学部五华分中心在五华县人民医院正式挂牌揭幕，标志着上级公立医院与五华县建立“组团式”帮扶工作的上下联动机制全面顺利接轨。

18日，五华县益塘水库至县城引水工程项目建设取得重大进展，华城自来水厂至五华红木产业园段全面贯通，并成功试通水。

24日起，五华县华康供水有限公司正式启用益塘水库水源（华城水厂）向县城供水，日供水量约4万立方米，可解决县城50%的用水量。

20日，由县非遗保护中心组织的2021年五华石雕工艺培训班在五华石雕传习所顺利举办。

22日，国家开发银行广东省分行党委书记、行长刘浩率调研组到五华县，就国家储备林项目进行实地调研。

23日，省应急管理厅党委委员、副厅长杨胜强率督导组一行深入五华县各乡镇，就森林防灭火工作开展督导检查。

25日中午，市农林科学院党组书记、院长卓国宁率学院科研管理部、科技合作部、林业所、果树所、茶叶所、粮油所、植保所等10余名科技专家组成的考察团到五华县，就深化院地合作，共促乡村振兴开展合作交流对接。

3月

1日，是日起，五华县正式施行五华县2021年琴江、五华河禁渔期制度，禁渔期为4个月。

3日，广东省互联网协会乡村振兴工作组组长、协会秘书长魏志兴率考察组一行到五华县，就互联网助力乡村振兴工作进行座谈交流，共寻商机、寻求合作。

3日至4日，国家林草局广州专员办贾培峰副专员率督查组到五华县开展森林防火督查工作。

5日，五华县肢残人协会举行了肢残人协会志愿者活动启动仪式。

同日，五华县在长乐公园书卷活动广场举行“全民志愿行 共创文明城”为主题的学雷锋志愿服务月活动启动仪式暨先进典型表彰大会。

同日，广东省扶贫基金会副理事长翁永卫率队到五华县，就农村污水处理设施项目开展验收工作。

5—6日，副省长陈良贤到五华县就深入贯彻落实习近平总书记重要讲话和重要指示批示精神，进一步做好梅州交通基础设施建设和供销合作社、检验检测机构工作等进行调研。

6日，省政协副主席薛晓峰、省政协理论研究会会长刘日知率队到五华县开展“加强广东省地热资源综合开发利用情况”回头看视察活动。

同日，市委书记陈敏到五华县，深入项目建设现场、名人故居、文物保护单位等地调研，强调要深入学习贯彻习近平总书记重要讲话和重要指示批示精神，认真落实“1+1+9”工作部署，抓住苏区振兴发展有利时机，大力推进项目建设和重点工作，不断培育高质量发展的竞争力。

8日，梅州五华（番禺）经贸发展中心、五华县大湾区招商中心正式挂牌揭幕。这是五华老区苏区主动融入粤港澳大湾区的重要举措，翻开了对口帮扶新的一页，以新姿态踏上对口帮扶新征程，以新面貌迎接中国共产党成立100周年。

9日，省人社厅二级巡视员张广立率队到五华县，就“广东技工”“粤菜师傅”“南粤家政”三大工程工作和人力资源产业园建设工作开展情况进行调研。

10日，全县党史学习教育动员大会召开，认真学习贯彻习近平总书记在党史学习教育动员大会上的重要讲话精神，党中央相关通知和全省、全市党史学习教育动员大会精神，动员部署全县开展党史学习教育活动。

同日，五华召开全县政法队伍教育整顿动员部署会议，传达学习全国、全省和全市政法队伍教育整顿系列会议精神，对全县政法队伍教育整顿工作进行全面动员部署。

12日，县委书记吴晖、县长朱少辉和县委、县人大、县政府、县政协全体领导等到河东镇天云岭森林公园开展义务植树活动，以实际行动号召全县广大干部群众深入践行习近平生态文明思想，迅速掀起造林绿化新高潮，推动全县生态文明建设，吹响全县争创全国森林城市的号角。

13日，2021酒业广东论坛暨“粤樽奖”颁奖典礼在佛山市举行，活动公布了评选历时近三个月的“粤樽奖”结果，超百家酒类企业、品牌及个人获得荣誉。梅州市共有5名企业家（五华县2名）、四种产品（五华县1种）获奖。其中，五华县客属酒业有限公司的宋伟东、广东长乐烧酒业股份有限公司的魏锋被评为“粤樽奖”2020年度优秀企业家，五华县客属酒业有限公司的客属牌客属娘酒获评“粤樽奖”2020年度消费者欢迎产品。

16日，五华农商银行在河东镇高车塘村举行五华县首个信用村挂牌仪式。

17日，省委政法委专职委员刘永庆率队到五华县调研省级“维稳工作示范点”创建工作。

18日，五华县召开全域创建广东省卫生镇工作推进会。

19日，五华县在工业大厦举行了五华商会总部大厦项目合作框架协议签约仪式。

同日，五华县在水寨镇、华城镇、安流镇举行了首批镇级消防所试点挂牌启动仪式。

23日，国家减灾委员会、应急管理部、中国气象局、中国地震局决定命名全国999个社区为2020年度全国综合减灾示范社区。其中，五华县华城镇西区社区榜上有名。

同日，全县政法队伍教育整顿政治轮训暨廉政教育专题报告会召开，县委书记、县委政法队伍教育整顿工作领导小组组长吴晖为全县政法队伍讲授了题为《激浊扬清 铸魂扬威 打造信得过靠得住能放心的政法铁军》的专题党课。

24日，《中国扶贫》杂志社总编文炜率调研组一行到五华县，就五华脱贫攻坚与乡村振兴工作进行实地调研和采访。

25日，总投资2.3亿元的中共五华县委党校迁建项目正式落成启用，标志着五华县党的建设事业迈上新台阶、干部教育事业迈出新步伐。

同日，五华县举行第一季度重点项目集中签约、动工、竣工活动，项目涉及工业、仓储物流、文旅、教育、公共设施、民生工程等领域共13个，总投资额30.95亿元。

26日，县人大常委会组织部分省、市、县人大代表对五华县非物质文化遗产传承保护工作进行了视察。

30日，上午8时，由中铁二十五局承建的梅龙高铁IV标公王祠隧道顺利贯通，这也是梅龙高铁五华段贯通的首条隧道。

同日，五华县梅蓄电站项目上、下库工程蓄水验收顺利通过终验。

4月

1日，副县长赖俊香在足球小镇会见了到梅州五华考察2021中甲联赛梅州赛区中足协负责人杨鹏飞一行，双方就加强疫情防控、场地安排及落实中国足协各项措施等事宜进行座谈交流。

3日，五华县举行“数字政府”公共财政综合管理平台系统上线启动仪式，并成功完成首笔资金拨付，标志着五华县财政“放管服”改革取得新突破，财政信息化建设水平迈上新台阶。

9日，中共五华县第十三届纪委六次全会召开。

10日，在五华足球小镇举行“华南理工大学教学实习基地”“华南理工大学体育后备人才培养基地”揭牌仪式。

12日，五华县在县技工学校组织举办的首届以“铸南粤匠心 展家政风采”为主题的“南粤家政”技能大赛顺利闭幕。最终，12名家政精英脱颖而出，获评“五华县技术能手”称号。

15日，五华县青少年宫（含五华县志愿服务总站）正式揭牌启用。

同日，广东省木偶皮影艺术学会2019—2021年度工作年会在五华县举行。

同日，广东省司法厅党委委员、副厅长林楚明带领政法队伍教育整顿督导组一行到五华县司法局调研督导政法队伍教育整顿工作推进情况。

16—17日，省教育研究院党委书记、院长傅湘龙率队到五华县，就基础教育和教研基地发展情况开展调研帮扶工作。

20日，广州中医药大学第一附属医院治未病科主任医师陈瑞芳教授及广东省中医院二沙岛医院中医体质辨识科主任韦芳宁教授受邀到县中医院开展义诊及讲座活动。

同日，县委副书记、县长朱少辉率队到横陂足球小镇调研中甲联赛梅州五华赛区筹备情况。

24日，“森林城市·绿美广东”暨梅州市建设高质量国家森林城市主题宣传活动在五华县长乐公园举行。

26日，赣州市人大常委会副主任欧阳世麟率赣州市人大常委会考察组到五华县考察客家围龙屋保护工作。

同日，南部战区总医院肝胆外科主任医师、首席专家霍枫率专家医疗队一行到五华县走访与举办器官捐献交流培训活动，

27日，番禺区村（社区）党组织书记革命传统教育培训班在五华县委党校开班。

5月

4日，由中铁二十五局承建的油岭坝3号隧道顺利贯通，为梅龙高铁早日通车打下坚实基础。

8日，团县委组织开展了以“弘扬五四精神传承红色基因”为主题的社会主义核心价值观教育实践活动。

9日，由县委统战部机关支部、县新阶联主办的“建党百年·琴音向党”青少年钢琴大赛活动在五华县技工学校报告厅激情上演，通过奏响红色时代主旋律，庆祝中国共产党成立100周年。

10日，五华县召开《五华县数字乡村项目建设方案》专家论证会议，《五华县数字乡村项目建设方案》通过专家一致评审，将以华城镇作为试点运行。

同日，五华县消费扶贫专馆举行开馆仪式。该馆的建成运营，是五华实现脱贫攻坚向乡村振兴有效衔接做出的实际举措，标志着五华县“三专”建设迈出了坚实一步，对推动五华县扶贫产品向好向优发展、打造自身品牌具有重要意义。

12日，在全县推动先进制造业高质量发展暨招商引资大会上，五华县集中签约10个项目，涵盖五金机电、新能源、传统乐器、农业、汽车服务、酒店等领域，将进一步推动五华加快形成绿色工业“1+3”产业体系，打造产业集群。

同日，广东开放大学副校长孙平率领规划与体系建设处、招生与合作处、财务处有关负责人到五华开放大学就体系建设工作进行调研并召开座谈会。

13日，五华县在五华提线木偶传习所举行五华县广东汉剧协会成立暨第一届会员代表大会。国家一级演奏员、广东汉剧作曲家、省级传承人钟礼俊、县文广旅体局等相关单位负责人等参加活动，并为五华县广东汉剧协会揭牌。

14日，县残联在长乐公园广场举行第三十一次“全国助残日”活动。

17日，中国扶贫基金会灾害救援与项目管理部主任朱一存一行到五华县开展“知行书屋”项目调研。

同日，五华县在益塘水库开展为期一周的应急抢险演练暨省轻舟机动五大队五华分队集训。县委常委、县武装部政委周长山参加了集训启动仪式。省轻舟五大队五华分队、县消防救援大队、县武装部防汛抗洪民兵排水务局分队、五华应急救援协会等8个

单位共计100多人参加集训。

18日，财政部预算评审中心干部吕航率调研组一行到五华，就基本药物制度补助资金绩效评价开展现场调研活动。

21日，“客家炒绿进湾区，产业振兴促发展——梅州嘉应茶文化推广”暨五华春茶专场展销活动在广州市增城区新安服务区开幕。

24日，湖北省孝感市副市长张志敏率考察组到五华考察体教融合、足球工作。

27日，五华召开全县安全生产委员会会议，深入学习贯彻习近平总书记关于安全生产的重要指示批示精神，听取全县近期安全生产有关情况汇报，研究部署全县安全生产工作。

28日，全县常态化开展扫黑除恶斗争巩固专项斗争成果工作会议召开，深入学习贯彻以习近平关于常态化开展扫黑除恶斗争的重要指示，传达学习全国扫黑除恶专项斗争总结表彰大会、全国扫黑除恶办公室主任会议等精神，对五华常态化开展扫黑除恶工作进行详细部署。

同日，广东汉剧（汉乐）活动驿站五华站在县综合性传习中心举行挂牌揭幕仪式。标志着广东汉剧这一国家级非物质文化遗产在五华县落地生根，为打造非遗活动基地，推动广东汉剧的传承和发展，带动五华县非物质文化遗产传承保护工作，起到很好的带动作用。

30日，由县妇儿工委主办，县纪委监委、县妇联、县教育局协办，五华县长曦艺苑艺术培训中心承办的庆“六一”暨“童心绘廉洁 执笔书清风”亲子书画创作活动在五华县第五小学举办，20多组家庭以书言志，以画传情，将心中的中国梦和清廉用手中的笔墨表达出来。

31日，五华县举行了敏捷锦绣华府小区配套幼儿园移交仪式，这是五华首个由企业建成后直接无偿移交给政府的学前教育学校。

6月

2日，梅州市副市长、市公安局局长宁惠军到五华县检查督导校园安全防范、全民反诈宣传和全市统一清查打击整治行动等公安工作。

4日，梅州市长乐谷全民国防教育中心项目投资签约仪式在五华举行，标志着五华国防教育基地建设迈出关键一步。

11日，县人民检察院党组书记、检察长温汉珍在县人民检察院会议室向来自全县科教系统、建设系统、财税系统及检察院等近60名党政干部，宣讲了防止干预司法“三个规定”相关内容。

14日下午，五华县召开安全生产工作会议，深入学习贯彻习近平总书记关于安全生产的重要指示批示精神，对做好安全生产工作进行再部署、再落实。

16日，五华县开展党史学习教育工作会议召开，市委党史学习教育第八巡回指导组组长到会指导并讲话。县委书记、县委党史学习教育领导小组组长吴晖主持会议并作表态发言。县长、县委党史学习教育领导小组副组长朱少辉出席会议并汇报全县党史学习教育开展情况。

同日，梅州市副市长曾尚忠率商务、海关部门深入五华县外贸企业调研，并开展产业招商项目落地双月巡查工作。

17日，梅州市委、市政府在粤港澳大湾区“菜篮子”产品梅州配送中心（五华县河东镇工业园）举行支援广州同心抗疫捐赠发车仪式，全市捐赠价值2000多万元的物资统一发往广州。

24日，县委副书记、县长朱少辉率队调研山水林田湖草沙一体化保护和修复工程项目建设情况。

28日，大丰华高速丰顺至五华段正式通车。项目东连“温泉之城”丰顺县，西接“球王故里”五华县，通车后，从珠三角地区、五华县到丰顺县的车程均可节省约40分钟。

29日，五华县2021年“广东扶贫济困日”活动启动暨捐款仪式在五华县党政大楼大会堂启动，广泛动员社会各界力量为巩固五华县脱贫攻坚成果，全面推进乡村振兴添柴加火，鼓劲加油。

同日，五华县河东镇再新村村民和五华县华康供水有限公司相关领导干部共同见证了该村农村集中供水工程正式通水的激动人心时刻。

7月

1日，上午8时，庆祝中国共产党成立100周年大会在北京天安门广场隆重举行，中共中央总书记、国家主席、中央军委主席习近平发表重要讲话。五华县组织收听收看大会现场直播盛况。

同日，县政协联合五华县书法家协会、五华县美术家协会举办“庆祝中国共产党成立100周年书画联谊活动”。

2日，五华县政法队伍教育整顿工作总结大会召开。

同日，省文联专职副主席吴华钦到五华县龙村镇，就开展乡村振兴驻镇帮镇扶村组团结对帮扶工作进行实地调研。

同日，县委书记吴晖到县奥体中心威光体育馆看望备战第14届全国运动会的运动员和教练员，并鼓励他们刻苦训练，积极备战，以良好的状态赛出五华人的风采。

5日，县市场监管局在奥园广场开展了2021年“安全生产月”“安全五华行”暨电梯应急救援演练。

同日，五华县召开学习贯彻习近平总书记在庆祝中国共产党成立100周年大会上重要讲话精神干部动员大会，传达学习习近平总书记重要讲话精神，落实省、市部署要求，对全县学习宣传贯彻工作进行全面动员部署。

同日，番禺区·五华县乡村振兴驻镇帮镇扶村工作对接会议召开。

6日，五华县消费帮扶龙村馆开馆，扶贫产品展销会同时启动，琳琅满目的扶贫产品，吸引络绎不绝的市民前来选购。消费帮扶龙村馆的建成运营，标志着五华县“三专”建设迈出了坚实一步，对推动全县扶贫产品向好、向优发展、树立打响自身品牌具有重要意义。

同日，省退役军人事务厅党组成员、副厅长胡海运率队到五华县实地调研退役军人工作，走访慰问“全国最美退役军人”钟汉清，并通过钟汉清向全县退役军人致以诚挚问候。

同日，梅州五华足球队代表广东省参加第十四届全运会群众比赛出征仪式，在五华县奥体中心惠堂体育场新闻发布厅举行，这也是梅州首次组队代表广东省参加全运会。广东省足球协会主席叶细权，市领导张晨，县领导赖俊香及相关负责人参加出征仪式。

7日，五华县第二农产品初加工和商品化预处理中心在五华中农批举行竣工揭牌仪式，正式投入运营，标志着五华县国家级电子商务进农村综合示范县项目的全面完成。

8日，广东省悯农农业科技有限公司揭牌仪式，在梅林镇福新村举行。

同日，五华在双华镇竹山村举行了《五华县革命老区发展史》《广东中央苏区五华革命简史》首发式暨第二批梅州市中共党史教育基地、党员教育基地授牌仪式，以更加丰富的载体走深走实全县党史学习教育。

9日，市妇联党组书记、主席曾碧玉率队到五华县开展妇联工作专题调研。

11日，广州美术学院党委书记谢昌晶一行到五华梅林镇开展巩固拓展脱贫攻坚成果工作调研，并参加大楼赠送仪式。

12日，中国文化新经济发展基金管理委员会主任赵迪率考察团一行到五华县调研考察特色产业发展和县域经济社会发展。

同日，省应急管理厅党组书记、厅长王中丙率队深入五华县华城镇，就基层应急管理能力建设工作开展调研。

13日，五华县召开乡村振兴廉情信息员聘任暨动员会议。

14日，五华县召开全面推行河长制工作领导小组会议，深入学习贯彻习近平生态文明思想，传达2021年全市河长制与水利重大项目建设总指挥部工作会议精神，总结2020年及2021年上半年五华县全面推行河长制工作情况，研究部署下一阶段工作。

同日，县人武部联合相关部门在五华长乐公园举行了一场线下征兵宣传活动。

15—16日，省建筑业协会会长梁剑明率省初评组一行到五华开展2020—2021年度第二批中国建设工程“鲁班奖”初评工作。

19日，省自然资源厅派驻工作专班到五华县指导垦造水田工作，就垦造水田兑现承诺的进展进行详细研究讨论，对下一步工作进行具体部署。

同日，第十四届全国运动会群众比赛足球项目五人制足球男子甲组乡镇组总决赛，在内蒙古自治区呼和浩特市举行。广东队由梅州五华组队而成，首次组队参赛即进入决赛，超额完成省目标任务。

21日，五华县召开庆祝中国共产党成立100周年座谈会，进一步深入学习贯彻习近平总书记“七一”重要讲话精神，坚决响应总书记、党中央的伟大号召，统一思想、统一行动，立足新起点、把握新要求、担当新使命、实现新作为，推动五华苏区新时代高质量发展。

21—22日，广东省文联党组副书记、专职副主席、机关党委书记吴华钦，羊城晚报报业集团党委委员、副社长、副总编向欣率队到五华龙村镇开展调研，就如何做好乡村振兴驻镇帮镇扶村组团结对帮扶工作进行部署。

22日，提线木偶剧《少年李惠堂》在五华县提线木偶传习所举行首演活动。

23日，五华县召开县、镇两级人大换届选举工作会，进一步动员和部署五华县县镇两级人大换届选举工作。

同日，广东电网梅州五华供电局新时代文明实践所挂牌启动，为五华县落实新时代文明实践站（所）建设工作注入了新活力，增添了新内涵。

25日，梅州市市委常委、市政府党组副书记陈金銮率队到五华县，就生态修复治理工作进行实地督导调研。

26日，五华县召开新冠肺炎防控物资保障二组应急处置演练。

同日，广州大学师生在暑期社会实践中走访龙村镇湖中村后，制作的扶贫纪录片

《分红啦！湖中村》在“羊城红讲台”微视频评选活动中荣获三等奖。

同日，广东省第一届“南粤家政”技能大赛总决赛在肇庆市新区体育中心正式拉开帷幕。来自梅州五华的李彩红、古云娟分获育婴员和医疗护理员项目三等奖。

29日，县委书记吴晖率队到梅州市军分区开展“八一”慰问活动，为人民子弟兵送上节日祝福。

29—30日，番禺区委宣传部牵头组织中新社、南方日报、羊城晚报、南方都市报、广州电视台等广东省、广州市以及在粤央媒体一行，到五华开展乡村振兴新闻采访活动。

31日，2021年广东省青少年校园足球夏令营（高中营）开营仪式在五华横陂足球小镇举行。

8月

1日，深圳市宝安区社会拥军联谊会到五华县人武部开展慰问活动，向驻队官兵致以节日的问候和良好的祝愿。

同日，省委农办专职副主任、省农业农村厅党组成员、省乡村振兴局专职副局长梁健率调研组到五华县调研乡村振兴工作。

2日，五华县2021年暑假青年技能培训班在五华县技工学校开班。

3日，6月水环境质量综合指数“梅指数”各县（市、区）排名发布，五华县国考、省考、市考断面水质指数均排名第一。

4—5日，省应急管理厅副厅长钟友国一行到五华县开展基层应急管理能力建设调研。

9日，羊城晚报报业集团党委委员，副社长李时平到龙村镇调研乡村振兴驻镇帮镇扶村组团结对帮扶工作。

同日，梅州市市委副书记、代市长马正勇到五华县，就深入学习贯彻习近平总书记“七一”重要讲话精神，加快构建现代产业体系、抓好农业现代化发展和乡村振兴等工作进行调研。

10日，省公路事务中心一级巡视员吴有必率省核查组一行到五华县华城镇，就广东省“十大最美农村路”推选宣传活动开展现场核查工作。

12日，2021年“梅州茶王”评鉴暨嘉应茶品牌推介活动专家评审会在梅州举行，五华昌源茶叶发展专业合作社送评的绿茶获评绿茶类“梅州茶王”。

14日，梅州市第十二届香港“摘星计划”励志助学新生座谈会在五华县召开。

19日，县卫健局召开医疗卫生机构哨点监测业务培训会，各镇村以视频方式参与培训会，广东省新冠肺炎防控指挥办哨点检测工作专班第五组组长、省卫生健康委基层卫生健康处三级调研员刘乐斌，卫健系统各单位、民营医院、医疗机构等负责人参加会议。

20日，2021南国书香节五华分会场暨书香五华第三届读书月书展在五华新华书店启动。

同日，五华组队代表广东省勇夺第十四届全运会五人制足球冠亚军总结座谈会在五华召开。

24日，2021年南国书香节暨书香五华第三届读书月书展走进安流镇。

同日，五华县组织举办了新修订《中华人民共和国行政处罚法》专题培训班，各镇以视频形式参与培训班。

25日，转水镇蛇塘村、里塘村村民期盼

已久的“同心桥”正式建成通车，通车后不仅对疏通车流、人流，方便周边村民生产生活起到重要作用，而且对进一步完善转水镇基础设施建设，提升承载力具有重要的意义。

同日，梅州市市人大常委会副主任伍德凤率执法检查组一行到五华开展《宗教事务条例》《广东省宗教事务条例》实施情况执法检查。

26日，五华县组织开展“以水灭火”培训会，会议邀请了广州市应急管理局火灾防治管理处作“以水灭火”专题培训。

27日，老河道公园音乐喷泉交接仪式在老河道公园举行，标志着音乐喷泉开启新的运营维护和管理阶段。

同日，五华县举行五华县中医医院、广东省葛洪中医药研究院中医医共体合作意向签约仪式，合作共建五华县中医医共体，推动五华县中医医院建设成为国家级、省级紧密型县域医共体示范单位。

31日，县委书记、县长朱少辉率队到梅林镇专项督导中央环保督察交办案件整改工作落实。

9月

2日，华城镇在状元公园举办全员核酸检测应急演练。

6日，全县疫情防控工作会议召开，就做好当前疫情防控各项工作和下一步工作进行研究部署。

7日，南药专家、广药集团一行到五华县双华镇走访考察企业，就如何促进南药全产业链发展、做强广东南药产业展开考察。

同日，五华县召开精神文明建设表彰大会暨创建全国县级文明城市工作推进会。

8日，中国共产党五华县第十三届委员会第十六次全体会议在五华县党政大楼大会堂召开。

11日，以“金秋‘柚’到丰收时，喜迎乡村振兴期”为主题、为期2天的2021五华县龙村镇第三届金柚丰收节开幕，以“甜蜜柚惑”助推乡村振兴再上新台阶。

13日，中铁六局承建的梅龙铁路三标段传来喜讯，首榀预制箱梁在五华制梁场浇筑成功，标志着预制梁场已经具备正常生产条件，同时也为后期箱梁认证和批量生产创造了有利条件，为全线顺利开通奠定了坚实的基础。

14日 县委书记朱少辉，县委副书记、代县长丘炀率队到华城镇调研高铁经济产业园建设推进情况，看望慰问基层党员干部和一线施工人员，协调解决项目建设中遇到的困难和问题。

15日，县委书记朱少辉，县委副书记、代县长丘炀率队调研创文工作，对新一轮创建工作和迎接年度测评再动员再部署。

同日，中国建筑业协会鲁班奖复查组组长赵正嘉，省建筑业协会会长梁剑明一行到五华，就五华县足球文化公园体育场馆（第一期、第二期）总承包工程申报鲁班奖项目开展复查工作。

18日，广州市盛洲德威粮油食品有限公司、广州市禺山肉类食品有限公司与番禺区外派梅州市五华县、贵州毕节赫章县和威宁县的几十名干部座谈交流，向他们致以节日的问候和崇高的敬意。

20日，县委全面依法治县工作会议暨全县扫黑除恶专项斗争、平安五华建设总结表彰大会召开。

23日，五华县聚焦“庆丰收、感党恩”

主题，举行“琴江稻米香、球王故里美”五华县庆祝2021年中国农民丰收节活动，加快推进五华县丝苗米省级现代农业产业园建设。

27日，平远县政协党组书记姚永波率政协考察团到五华，就新农村建设、圩镇升级改造建设等方面的好经验、好做法进行学习交流借鉴。

同日，五华县召开垦造水田工作推进会，强调要深入贯彻落实习近平生态文明思想和习近平总书记关于耕地保护的重要指示批示精神，做到心往一处想、劲往一处使，形成强大的工作合力，推动五华垦造水田工作如期完成。

同日，梅州市副市长、市公安局局长詹星调研五华公安工作时要求，五华公安要充分发挥 “硬打硬”精神，全力以赴防风险、保平安、护稳定、战疫情，确保社会大局持续平安稳定。

同日，广东省卫生健康委职业健康处处长刘建清带队到五华县人民医院开展放射诊疗管理和放射卫生技术服务工作情况调研。

同日，五华县委网络安全和信息化委员会召开会议，听取五华县网络安全和信息化工作开展情况汇报，安排部署下一步工作，进一步推动五华网信事业高质量发展。

28日，五华县在县党政大楼大会堂举办系统学习贯彻习近平总书记“七一”重要讲话精神专题宣讲报告会。

29日，县委副书记、代县长丘炀主持召开国庆假期安全防范暨森林防灭火工作会议，传达学习贯彻国家、省、市秋冬季森林草原防灭火工作电视电话会议精神，总结去冬今春森林防灭火工作，部署国庆假期安全防范及2021年秋冬明春森林防灭火工作。

同日，五华县举办2021年广东省公共文化服务“三百工程”服务进基层讲座。

30日，五华县在水寨镇蒲丽顶森林公园五华县革命烈士纪念碑前举行烈士纪念日公祭活动，深切缅怀革命先烈的丰功伟绩，传承革命精神，赓续红色血脉，鼓舞迈向新时代、奋进新征程的精气神。

10月

1日，五华县应急管理局、林业局组织综合应急队伍在蒲丽顶森林公园举行森林防灭火驻防演练活动。

2日，省文联一级巡视员李仙花率队到五华县调研文联和文艺发展工作。

8日，省委依法治省办成员、省司法厅一级巡视员张荣辉率省委依法治省办第五督导组到五华调研法治政府建设示范创建工作。

同日，广东省交通厅公布2021年度广东省“十大最美普通国省干线公路”“十大最美农村路”名单，梅州市五华县华城镇乡道Y138线（工南线）入选2021年度广东省“十大最美农村路提名路线”名单。

10日，由市科学技术协会、市教育局主办，市青少年科技教育协会承办的2021年梅州市“弘扬科学精神、提升科学素质”科普进社区活动在五华举行。

13日，省交通运输厅一级巡视员王富民率队到五华调研高速公路出入口建设情况。

14日，梅州市委书记陈敏到五华县调研，强调要认真学习贯彻习近平总书记“七一”重要讲话精神，扎实开展党史学习教育，以“硬打硬”精神高标准推进各项工作，确保完成全年目标任务。

15 日，五华县副县长丘武秋到位于番禺区万博商务区的梅州五华（番禺）大湾区经贸发展中心调研，了解中心运行情况，推动五华与番禺经贸合作上新台阶。

19 日，省社科联评选认定了一批广东省人文社会科学普及基地，梅州市 14 个基地榜上有名。其中，五华县竹山阻击战纪念园亦名列其中。

20 日上午，五华县"广东兜底民生服务社会工作双百工程"镇级社会工作服务站挂牌仪式在转水镇社会工作服务站举行，转水镇社会工作服务站的挂牌成立，标志着五华民政社会工作踏上了新征程。

21 日，五华县退役军人事务局联合县就业服务中心举办 2021 年度退役军人专场招聘会，为退役军人与用人单位搭建了就业招聘的交流平台。

同日，梅州市公路事务中心主任王忠率队到五华，就国省道重点项目建设推进情况开展工作督导。

27 日，中共五华县第十四届纪律检查委员会召开第一次全体会议，选举产生新一届县纪委领导班子，并将提请五华县委十四届一次全会通过。

28 日，五华县召开第十五届人大常委会第五十次会议。

同日，省卫健委二级巡视员李建中率调研组一行到五华，就医疗卫生服务体系建设和强基工程项目工作进行实地调研。

同日，梅州（五华）抽水蓄能电站首台机组已基本安装调试完成。

同日，省水利厅党组成员、副厅长孟帆一行到五华县，就农村供水工程运行管护工作进行实地调研。

11 月

4 日，省应急管理厅副厅长钟友国率调研组一行到五华调研检查全省基层应急管理能力建设现场会准备工作。

5 日，五华县城被选为新型城镇化配电网示范区，为梅州市唯一，亦是广东省全省仅有的三个示范区之一。

同日，政协五华县第十届委员会召开第十七次常委会会议，审议通过县政协十一届一次会议相关事项。

6 日，梅州市残盟汇服务中心在水寨镇揭幕，各项服务项目及工作正式启动。

7 日，在梅州公安"团圆行动"的帮助下，棉洋镇的谢堂夫妇与被拐失散了 22 年的儿子重新团聚。

8 日，省自然资源厅党组成员、副厅长洪伟东率省自然资源厅、中铁建发展集团一行到五华县，就乡村振兴各项工作情况开展调研。

9 日，县残联在安流镇文葵片长江村和华城镇铁炉村开展了一场主题为"康复护航奔向健康"的主题活动。

同日，2021 年梅州市"市长杯"青少年校园足球联赛（初中组）市级决赛暨"满天星"训练营联赛，在五华横陂足球小镇落下帷幕。五华县兴华中学、梅江区嘉应中学分获初中男子、女子组第一名，兴华中学代表队还获得初中男子组第二名的好成绩。

同日，广东省应急管理厅党委书记、厅长王中丙率队深入梅州市五华县，抽查在建项目工地和非煤矿山安全生产工作落实情况。

同日，南方医科大学党委书记陈敏生率队到五华县河东镇，就乡村振兴各项工作情况开展调研。

11 日，暨南大学附属第一医院托管五华县人民医院签约仪式在五华县党政大楼五楼 1 号会议室举行，暨南大学医学部副主任、暨大附一院院长徐安定，暨大附一院党委书记闭思成，梅州市政府副秘书长黄伟华，梅州市卫生健康局局长林雨兰，五华县委书记朱少辉，县委副书记、代县长丘炀等参加签约仪式。

12 日，广州市人大常委会原主任陈建华率广州市部分全国人大代表到五华调研足球事业发展。

15 日，省政协人口资源环境委员会主任凌锋率省政协调研组到五华开展“打好农村生活污水治理攻坚战”民主监督调研。

同日，中国人民政治协商会议广东省五华县第十一届委员会第一次会议，在县党政大楼大会堂开幕。17 日上午，中国人民政治协商会议广东省五华县第十一届委员会第一次会议完成各项议程，在县党政大楼大会堂闭幕。

18 日，省体育局局长王禹平率调研组一行到五华调研驻镇帮镇扶村和足球改革工作。

同日，五华县市场监管局在五华循环经济产业园举行 2021 年农村假冒伪劣食品集中销毁仪式，公开销毁了一批假劣食品。

22 日，第三届广东省森林文化周暨五华县创建国家森林城市主题宣传活动在长乐公园举行。

同日，省消防救援总队总队长张明灿到五华县，实地调研指导五华消防工作。

同日，水利部珠江水利委员会副主任、一级巡视员胥加仕率队到五华调研抗旱保供水工作。

23 日，由省中医药局主办，南方医科大学中西医结合医院承办，五华县卫健局协办的 2021 年广东省中医药文化传播活动（梅州五华站）暨五华县中医医院专科联盟签约揭牌仪式在县中医医院举行。南方医科大学中西医结合医院院长李爱民，县领导邝逸平、刘锐锋等参加活动。

同日，由番禺区融媒体中心、民政局、慈善会、敏捷集团及学生代表等组成的交流团一行到五华，组织开展了以“以诗为马 逐梦远方”为主题的中小学生诗词文化交流公益行活动。

24 日，五华县乡村振兴人才驿站揭牌仪式在五华县创业孵化园举行，这也标志着五华县乡村人才培育引进工作迈上新征程。

同日，梅州市博士基层行活动暨全市乡村振兴人才驿站工作推进会走进五华。

25 日，五华县举行绿色新型建材产业园项目投资签约仪式。

26 日，五华县安流镇等 3 个镇高标准农田建设项目在棉洋镇群星村高砂片顺利开工，标志着 2021 年五华县高标准农田建设施工正式启动。

同日，五华县政务服务数据管理局和五华县农村商业银行在水寨镇黄井村党群服务中心成功安装运行“粤智助”政府服务自助机，旨在推动“政务+金融”服务向基层延伸，打通政务、金融服务“最后一公里”。

30 日　24 时，南方电网调峰调频梅州抽水蓄能电站（简称梅蓄电站）首台机组正式投产，成为“十四五”开局之年南方电网服务区域内首台投运的抽水蓄能机组。

12 月

1 日，五华县在田家炳中学开展第 34 个

"世界艾滋病日"主题宣传活动，向广大师生普及禁毒及预防艾滋病的知识。

2 日，晚 23 时 23 分，中央电视广播总台大型纪录片《中国影像方志》广东卷五华篇在央视科教频道首播。

3 日，五华县在长乐公园书卷舞台举行 2021 年五华县"12·4"国家宪法日集中宣传活动。

6 日　上午，2021 年广东省"省长杯"青少年校园足球联赛（高中、中职组）全省总决赛开幕式，在五华县高级中学运动场举行。比赛由广东省教育厅、广东省体育局主办，五华县人民政府承办，共有 68 支球队参赛。

同日，五华县贯彻全国文明城市创建工作培训班精神暨创建工作培训会议召开，深入学习中共十九届六中全会精神，全面贯彻全国文明城市创建工作培训班精神，动员全县上下振奋精神，担当作为，推动五华县全国县级文明城市创建工作取得实效。

7 日，中建南方投资有限公司、中建四局集团有限公司、中建安装集团有限公司、华为技术有限公司四家企业到五华考察调研，就智慧交通、智慧养护、智慧停车、5G 通信等新基建工作进行考察调研。

同日，五华县森林防灭火暨"一网三行动"工作现场推进会召开，动员全县上下进一步提高思想认识，加快推进"一网三行动"工作，提升森林防灭火工作水平，切实守住五华绿水青山。

12 日，"一起来粤有爱"弘扬红色精神志愿服务活动在蒲丽顶森林文化公园举行。

13 日，国家林草局防火司司长周鸿升率队到五华指导森林防火工作。

14 日，五华县丝苗米协会第一届第一次会员大会暨成立大会在县农业农村局召开，五华县丝苗米协会在河东镇丝苗米产业园揭牌成立。

16 日，省退役军人事务厅厅长陈小山率队到五华调研烈士纪念设施建设工作。

同日，"人与自然和谐共生"新时代文明实践活动在五华县新时代文明实践中心举行。

同日，省财政厅及广东电视台、《南方日报》新闻媒体的记者到五华开展乡村振兴新闻采访活动。

17 日，南方电网调峰调频公司在梅州（五华）抽水蓄能电站举行首台机组移交生产见证会，标志着该机组正式投入广东电网调度使用，在粤港澳大湾区供电服务中发挥重要作用。

18 日，梅州市五华县发展乡村振兴共同富裕基金会成立大会在五华县小都实验学校举办。

20 日，2021 广州"健康直通车"关爱志愿服务乡村振兴行动走进岐岭，开展义诊服务和卫生健康课程。广州医科大学附属第一医院还赠送了粤抗凉茶 30 箱、抗病毒口服液 20 箱、口罩 20 箱。

21 日，广东省文联文艺工作者挂点联系新时代文明实践中心活动"翰墨龙村"书法作品展在龙村镇举办。

22 日，梅州客家冲超成功，全国首支县级中超球队由此诞生，足球之乡梅州历史上有了首支中超球队。

同日，省人大常委会农业农村委副主任委员林进雄，省人大代表、省人大农业农村委原主任委员温捷香率省人大调研组一行到五华县龙村镇，就农村集中供水全覆盖等工作进行实地调研。省人大调研组一行还到梅蓄项目现场，了解梅蓄项目建设进展。

24 日，由广州对口帮扶梅州指挥部、梅州市农业农村局、中共五华县委、五华县人民政府主办，五华县农业农村局、梅州市风行菜篮子产业有限公司承办的“立足梅州联动湾区 · 穗梅共促乡村振兴”粤港澳大湾区“菜篮子”产品梅州配送中心签约仪式暨短视频与主播带货大赛启动仪式在菜篮子梅州配送中心顺利举行。

25 日，2021 第四届广东（五华）“南粤工匠”高峰论坛在五华举行。其间，现场宣读了一份喜报，五华县足球文化公园体育场馆（第一期、第二期）工程通过审定，并完成 2020—2021 年度第二批中国建设工程鲁班奖（国家优质工程）公示，获评“鲁班奖”。这是五华本地企业在本土创建的首个“鲁班奖”。

28 日，五华县安流镇首批“乡村振兴共同富裕”带头人擂台赛决赛举行，大赛全面贯彻落实市第八次党代会精神和县第十四次党代会精神。

29 日，五华县文明办、县教育局、团县委在县第五小学举行了“金色十岁 健康成长”为主题的成长仪式活动，为孩子们的童年生活留下值得珍藏的美好记忆。

30 日，在五华县高级中学，举行了“省长杯”青少年校园足球联赛高中女子组全省总决赛及颁奖仪式。经过 11 天的激烈角逐，五华县高级中学凭借稳定的发挥勇夺高中女子组冠军。至此，2021 年广东省“省长杯”青少年校园足球联赛（高中、中职组）全省总决赛已圆满结束。

31 日，五华县森林消防大队举行挂牌和授旗仪式。

同日，五华县社会心理服务示范中心成立。

县情概览

基本地情

【位置面积】 五华县地处广东省东部、韩江上游，位于北纬23° 23′—24° 12′、东经115° 18′—116° 02′。县域版图略呈三角形。东南界丰顺、揭西、陆河，西南接东源、紫金，西北邻龙川，东北连兴宁。县境东起郭田照月岭，西止长布鸡心石，南起龙村登畲香炉山，北止华城新桥洋塘尾。东西宽71.59千米，南北长87.99千米，总面积3237.8平方千米。

【地质、地形、地貌】 五华地质较复杂，主要有侵入岩、喷出岩、砂质岩、石灰岩、花岗岩五大类岩石构成山地、丘陵、盆地三大地貌类型。全县山地占49.1%，丘陵占41.3%，河谷冲积平原占5.4%，盆地占4.2%。

盆地　西南东三面群峰矗立，地势逐渐由西南向东北倾斜。地形分为西部山地盆地区（北起玳瑁山，南至南琴江，西自白云嶂、七目嶂，东止马凹，包括潭下、长布、周江、华阳、横陂西部和岐岭、华城、转水的南部，横陂、安流的西部，龙村、梅林的北部）；东南山地丘陵区（梅江河谷平原以南，琴江谷地以东，包括棉洋、双华、郭田和龙村、梅林、安流、河东的一部分）；北部丘陵区（梅江和五华河谷地北部，包括岐岭和华城、转水、水寨的一部分）和中部河谷平原区（包括琴江、五华河沿岸狭长的河谷地带和梅江五华县境河谷平原。琴江河谷平原南起梅林北部，北至河东河口，包括梅林、安流、横陂、河东、水寨大坝的一部分；五华河谷地西起蓝关，东止水寨大坝，包括岐岭、华城、转水、水寨大坝的沿河两岸；在琴江和五华河汇合处，是面积较大的水寨平原）。

山脉　境内山脉多属东北至西南走向，主要有莲花山脉、西部山峰和北部低山组成。全县有海拔千米以上的山峰31座，其中最高山峰为县西部的七目嶂（1318米）。

河流　县内河流属韩江流域琴江水系，集雨面积在10平方千米以上大小河流98条。主要河流有琴江河（古名右别溪），集雨面积2871平方千米，五华河（古曰兴宁江、县前河），集雨面积1832平方千米。两河在水寨河口相汇，东流出境经兴宁、梅县，至大埔三河坝汇合，注入韩江。

【建置沿革】 五华史称长乐。北宋熙宁四年（1071年）置县，称长乐县，县治长乐镇

（今华城），归广南东路循州管辖。宋绍兴十九年（1149 年）迁县治于七都九龙冈（今水寨镇七都村）。元世祖至元二十九年（1292 年）复县治于长乐镇。明洪武属惠州，清雍正属嘉应州。民国 3 年（1914 年）易名五华，县治长乐镇改称华城，属潮循道。1949 年中华人民共和国成立，属兴梅专区；1952 年属粤东行政区，1954 年始，县治从华城迁至水寨至今。1956 年属汕头专区；1965 年属梅县地区；1988 年后属梅州市。

【行政区划】　五华县辖水寨、河东、转水、华城、岐岭、潭下、长布、周江、横陂、郭田、双华、安流、棉洋、梅林、华阳、龙村 16 个镇，415 个村民委员会，34 个居民委员会。

【气候、物候】　五华地处粤东丘陵地带，北回归线横跨县境南端，属亚热带季风性湿润气候，雨水丰富，夏秋温热多雨，冬季较短，开春较早，日照时间长，光能充足，农作物生长期长，一年三熟，四季宜耕。主要气象灾害有洪涝、干旱、低温霜冻、寒露风、倒春寒等。

2021 年气候特点是：气温偏高，降水偏少，日照正常。年平均气温 22.9℃，比历年平均气温偏高 1.5℃；年降水量 941.7 毫米，较历年平均偏少 39%；年日照时数 2385.8 小时，比历年平均偏多 28%。

【水土资源】　五华县地下水全靠降雨下渗积存而成，地下水常年为 5.29 亿立方米。过境年径流量 13.03 亿立方米。每平方公里土地水资源量为 80.5 万立方米，每亩耕地占有水量 5212.54 立方米。全县可利用水量为 8.67 亿立方米，其中蓄水 2.68 亿立方米、引水 5.39 亿立方米、提水 0.6 亿立方米。需水量 5.22 亿立方米，其中农业需水 4.56 亿立方米，工业需水 0.02 亿立方米，人、畜、生活需水 0.64 亿立方米。水力资源丰富，理论蕴藏量 13.81 万千瓦，可开发量 9.94 万千瓦。

【矿产资源】　五华矿物资源品种多。境内有各类金属矿物 34 种，其中含有色金属 12 种（钨、锡、铋、钼、铜、铅、锌、铝、钴、钛、锰、铁），贵重金属 2 种（金、银），稀有金属 20 种（镧、铈、镨、钕、钐、铕、钇、钆、铽、镝、钬、铒、铥、镱、镥、钽、铌、铍、锆、铷）；还有非金属矿物 19 种（石灰石、重晶石、萤石、水晶石、独居石、电气石、钾长石、云母、石墨、耐火石、石英石、玻璃石、方解石、蛭石、石棉、瓷土、稀土、煤、大理石），矿点 97 处。其中钨矿、钼矿达国家标准一级一类；萤石矿属世界一级品；钾长石储量和质量均居全省首位；瓷土含铝多，含铁少，储量大，质量上乘，其中尤以郭田、河东油田为最；油田矿泉水单日井涌量 1662.68 吨，其游离二氧化碳、偏硅酸、锶和锂含量以及矿化度均达国家《饮用天然矿泉水》（GB 8537-87）标准；全县温泉有 4 处，开发利用 3 处，其中转水维龙汤湖热矿泥，经专家鉴定含有人体所需的 60 多种微量元素，被誉为“天下第一奇”。

【动植物资源】　五华动植物种类繁多。境内有各种兽类 20 多种，禽类 100 多种，两栖爬行类 50 多种，各种植物 1000 多种。珍稀动物有国家一级保护动物云豹、蟒蛇、五爪金龙、黄腹角雉、白颈长尾雉、鹰和国家二级保护动物穿山甲、小灵猫、大灵猫、白鹂等。珍贵树种有泡桐、水松、穗花杉、油椤树、落羽杉、观光木、刺桫椤、吊皮椎、山桐子、将军树、三尖杉、南方红豆杉、粘木、红椿、伯乐树、野龙眼等，其中有国家一级保护植物——桫椤，分布在省级自然保护区七目嶂区内粗石坑，群落面积较大，数量可观，有大小近百棵，其中一株高 9.1 米，冠幅近 20 多平方米，誉称“桫椤王”。优良树种主要有杉树（面积 1.02 万公顷，蓄积量 28.92 万立方米）、湿地松（面积 0.65 万亩，蓄积量 22.42 万立方米）。果树主要有妃子笑、黑叶、桂味、糯米糍品种荔枝，茶亭岗沙田柚，大田果合柿，双华板栗，棉洋桃驳果、全和杨桃、转水水晶柚、中兴冬蜜梨等。野生药材颇丰，有 255 个品种，经专家学者鉴定有 237 种，其中列为国家重点普查的 143 种，药用价值较高的 129 种。

【旅游资源】 五华历史悠久，人文积淀厚重，是世界球王李惠堂的故乡，也是原中央苏区县。境内文物古迹众多，有全国重点文物保护单位狮雄山遗址，有长乐学宫、狮雄山塔、李威光故居、双华英烈庙、横陂李惠堂故居、转水荣槐楼、安流镇兰芳楼省级文物保护单位 7 处，市级文物保护单位 11 处，县级文物保护单位 68 处。其中，狮雄山秦汉遗址被列为广东省“八大遗址”之一。民间艺术斑斓，主要有木偶戏、采茶戏、竹马舞、春牛舞、花朝戏、民歌、狮舞、龙舞、八音乐班、杂耍等近 20 个群众喜闻乐见的传统文艺品种。其中提线木偶被列入全国优秀非物质文化遗产，竹马舞、石雕、采茶戏、锣花舞、长乐烧制酒工艺和下坝迎灯 6 项被省政府列入全省非物质文化遗产保护项目，列入市级非物质文化遗产保护项目 7 项、县级非物质文化遗产保护项目 44 项。五华土特产丰富，极具市场优势。岐岭长乐烧酒，被评为国优产品，畅销省内外；华城细核荔枝、大田柿花、棉洋桃驳果、转水红柚，历为名品；绿茶、板栗、老红酒、巴戟酒、三黄鸡、酿豆腐、特级豉油、白芒坝花生、新桥腐竹、龙村腊蔗、双华巴戟、益塘荔枝、长布土茯、茶亭冈沙田柚，以其独特的风味和功用，为世人所称道。五华还被省列为水果、南药、紫胶、烤烟生产基地，产量、质量均居全省前列。素有“工匠之乡”的美誉，造型美观的金木雕、小巧精致的竹编工艺、雄浑古典的石雕，久负盛名。五华交通便利，国道 205 线、广梅汕铁路穿梭而过，建成的高速公路有梅河高速、汕湛高速五华段、兴华高速和大丰华高速，规划建设的有兴汕高速五华段，全县“四横两纵”的“两高”交通建设架构，外联内畅的综合交通体系正在加快形成。

【民族、人口】 县人多属汉族，还有蒙古族、壮族、回族、满族、瑶族、藏族、苗族、彝族、布依族、维吾尔族、侗族、土家族、白族、朝鲜族、佤族、高山族、塔吉克族等少数民族。旅居海外华侨 13 万多人，港澳台同胞 29 万多人。2021 年末，全县总人口为 1523442 人。其中，城镇人口 530891 人，乡村人口 992551 人。常住人口为 921912 人。

2021年年末五华县行政区划一览表

表1 单位：个

镇名称	村民委员会名称	村委会	居委会
水寨	员瑾、河尾、罗湖、犁滩、协和、良美、黄井、大岭、大布、上坝、坝美、大沙、高车、善坑、平湖、中洞、榕树、岗阳、坝心、澄湖、大湖、七都、莲洞、黄狮新村	24	4
河东	走马、增塘、苑河、苑堂、澄塘、东溪、太和、沙渴、宝瑞、下村、下一、高榕、下二、黄湖、河口、牛石、赛洞、布头、礤坑、三田、桂田、蝉塘、桂岭、罗塘、林石、枫林、联岭、平东、黎塘、黄坑、平西、黄泥寨、油新、下陶、浮湖、礤新、洋坑、万华、油田、化裕、和民、大嵩、高车塘	43	3
转水	畲维、维龙、益塘、新丰、畲荷、黄梅、青西、下潭、五星、青塘、长源、流洞、蛇塘、新华、新民、三源、黄龙、矮车、里塘、旱塘、枫林塘	21	1
华城	满堂、红星、高华、南方、兴一、城镇、董源、铁炉、葵富、兴中、新兴、高竹、万子、齐乐、维新、维西、湖田、西林、观源、塔岗、城东、黄埔、黄金、河子口、河亭、新二、新建、新四、民主、新一、新五、华安、新亭、洋田	34	3
岐岭	罗经、朝阳、皇华、北源、荣贵、合水、凤凰、荣福、黄福、龙寨、联安、清溪、孔目、王化、鲁占、黄塔、塔星、龙岭、华源、荷梅、龙水、大蒲、双山、礤下、赤水	25	2
潭下	杞水、南华、文里、福灵、模石、竹梅、龙田、乐道、品畲、汶水、上围、光华、新田、柏洋、布坪、锡坪、大玉、百安、中村、金石、文安	21	1
长布	石础、蓝塘、长生、长安、琴塘、栋岭、横江、粘坑、金华、北洋、栋新、太平、源潭、梅塘、红旗、嶂下、大客、大径、大坑、福兴、高礤、五彩、樟村、青岗、中心	25	2
周江	新良、甘茶、龙堵、狮潭、兰鱼、黄华、冰坎、早成、蓝坑、联太、黄布、溪口、良宁、崀头、红源、增洞、利洋、桂子、龙洞、三河、利河、中兴	22	2

续表 1

镇名称	村民委员会名称	村委会	居委会
横 陂	东山、新联、石下、章联、西湖、横陂、崇文、江南、超群、杨恩、红光、联长、华阁、夏阜、新寨、叶湖、近江、湖塘、长塘、增华、坑口、兴华、坝头、老楼、罗陂、东升、田布、长兴、安全、斑鱼、桐树、双联、贵人、增大、小都	35	3
郭 田	湖华、磜下、硿南、龙潭、横塘、三坑、石团、布美、双光、郭田、坪上、蕉州	12	1
双 华	黄径、禾沙、大陂、军营、冰塘、苏区、华拔、华南、竹山、虎石、福全、华东、公平、双华、矮畲、富美	16	1
安 流	学园、大九、双福、吉程、樟潭、龙楼、福龙、福陂、福华、完塘、三江、低坑、洑溪、东礼、福江、半径、半田、吉水、万塘、龙中、蓝田、福西、学少、青江、葵樟、五联、楼江、里江、长江、文葵、福岭、红山、联新、双径、大和、大同、联和、丰联、胜利、上布、河沿、石门	42	4
棉 洋	群星、荣华、洛阳、新光、中新、琴江、红星、美光、竹坑、罗城、福城、联西、美田、葵岭、黎洞、棉洋、阳光、平安、绿水、唐纯、桥江、溜砂、水湖、双璜、富强、大光	26	2
梅 林	新成、福新、福塘、新塘、黄沙、上磜、华光、招田、三乐、尖山、金坑、梅北、梅南、梅林、琴口、优河、梅东、宣优	18	1
华 阳	高塘、红洞、莲高、社径、太坪、叶新、小拔、坪南、华阳、华南、华新、大拔、陂坑	13	1
龙 村	梧溪、公联、杜亢、睦贤、龙村、金龙、樟华、塘湖、三湖、洞口、大坑、湖中、宫前、潭溪、石溪、柏溪、新艳、云溪、南洞、南中、水口、水南、兴民、黄洞、营田、老田、硝芳、南口、留畲、先河、吉祥、榕溪、翻新、黄狮、登畲、大梧、下滩、梅蓄新村	38	3
合 计	全县辖 16 个镇，415 个村民委员会、34 个居民委员会		

2021年社会经济发展概况

【经济发展概况】 2021年，五华县实现生产总值175.84亿元，比上年增长5.1%。其中，第一产业增加值为43.04亿元，同比增长8.6%；第二产业增加值为38.57亿元，同比下降6.9%；第三产业增加值为94.23亿元，同比增长8.9%。地方一般公共预算收入12.16亿元，同比增长15.24%。

【农业】 2021年，五华县坚持以项目为抓手，加强政策扶持，加快发展“菜篮子”“米袋子”“果盘子”“茶罐子”“水缸子”。2021年新认定县级农业龙头企业6家、县级示范农民专业合作社8家、县级示范家庭农场7家；华阳镇叶新村等16个村被认定为第二批省级“一村一品、一镇一业”专业村，累计认定专业村58个。2021年新增粤港澳大湾区“菜篮子”生产基地23个，新增“粤字号”农业品牌5个，新增绿色食品3个（分别是广东汉光超顺农业股份有限公司的苦瓜和菜心、五华县俊丰园蔬菜种植专业合作社的南瓜），累计认定省级“菜篮子”基地12个、粤港澳大湾区“菜篮子”生产基地28个，培育“粤字号”农业品牌31个、“三品一标”产品56个。入选2021年广东省特色农产品优势区名单。

种植业 2021年，全年粮食播种面积56066.67公顷，粮食总产量34.52万吨，比上年增长0.5%。其中：水稻播种面积385040公顷，同比下降0.32%，总产33.23万吨，同比增长0.5%；烟叶1807吨，比上年下降6.2%；鲜木薯3396吨，同比下降45.8%。水果面积17880公顷，同比增长8.2%，总产9.10万吨，同比增长3.4%；茶叶面积4520公顷，同比增长6.0%，总产4328吨，同比增长12.9%；蔬菜种植面积12720公顷，同比增长4.3%。

林业 全县林业用地面积233173.33公顷，占县域面积（323933.33公顷）的71.98%，有林地面积205033.33公顷，生态公益林面积136100公顷，森林覆盖率为69.21%，活立木总蓄积量790.73万立方米。全县共有自然保护区12个（其中省级自然保护区1个，市级自然保护区11个），自然保护区面积4.9万公顷；县级森林公园2个。转水镇三源村、郭田镇郭田村、华城镇铁炉村、横陂镇新联村、双华镇苏区村、长布镇青岗村、周江镇红源村、潭下镇模石村、潭下镇布坪村等9个行政村被认定为“广东省森林乡村”。

畜牧业 2021年，全县肉类总产量64742吨，同比增长26.5%，其中猪肉产量40581吨，同比增长35%。生猪年末存栏310992头，基本与上年持平；牛年末存栏46854头，同比下降0.9%。

【工业】 2021年末，全县有规模以上工业企业45家。全县完成规模以上工业增加值6.44亿元，比上年增长4.6%；完成规模以下工业增加值3.45亿元，同比增长12%。全年工业用电量3.27亿千瓦时，同比下降3.6%。全县有资质建筑业企业32家，完成建筑业总产值72.45亿元，同比下降1.7%。全年主要工业产品产量：发电量32276万千瓦时；塑料制品17227吨；中成药3425吨；涤纶纤维8111吨；水泥486015吨；家用电热烘烤器具5983535个；商品混凝土836657立方米。

【园区建设及招商引资】 2021年，五华县引进梅州市蜀芯电子有限公司、五华县百阳物流产业有限公司、梅州市恒思越科技电子有限公司、广东省印象华云数据有限公司、广东生长地实业股份有限公司、广东荣晟科技有限公司等16个项目，计划总投资87.8亿元。创建番禺（五华）大湾区经贸发展中心。

【基础设施建设】

交通建设 2021年，五华县交通网络逐步优化。高速公路建设完成投资5.64亿元，丰华高速五华段于2021年6月28日正式建成通车；优化高速公路出入口布局，成功争取增设兴华高速转水和锡坑出入口。全年投入公路建设资金1.49亿元，完成省道、农村公路共21个工程建设。建设“美丽农村路”，乡道138工南线被评为2021年梅州市“十大最美农村公路”、入选2021年度广东省“十大最美农村路”提名路线，并被交通运输部评为“平安绿色放心路”。开展绿色廊道建设工作，种植樟树等乔灌木近2万株。投入资金183万元，完成C055线等9条线路共15.23公里村道安防工程。投入资金200万元，完成省道340线宫前服务区、省道223线华新停车区的建设任务。全年公路运输完成旅客周转量7017万人公里，完成货物周转量80052万吨公里。

水利工程建设 2021年，五华县实施水利重点项目共22宗，总投资16.4亿元。完成华城水厂至县城供水管网工程管网铺设，并通水运行。基本完成2021年19.67万人农村集中供水攻坚任务。全年投入835.45万元，累计清理河流长度535.27公里，清理水域面积26.42平方公里，累计清理水面漂浮物10.35万吨。完成57座小型水库标准化建设工作并全部通过市级验收，56座历史遗留问题小型水库除险加固竣工验收任务全部完成。

供电建设 2021年1—12月五华县全社会用电量累计13.96亿千瓦时，同比增长12.47%。实现16个乡镇充电桩全覆盖；全年合计投运41个充电枪，投运枪数全市第一，为群众绿色出行提供能源保障。全年完成可量化电能替代项目60个，完成替代电量506万千瓦时，替代电量完成值全市第二；完成498户分布式光伏接入，同比增长380%，并网容量为17.78兆瓦，同比增长351%。实现110千伏河东变电站项目用地开工并取得土地不动产权证；助力110千伏河东变电站如期投产，率先实现配套2回10千伏线路同步建成投运。按期完成500千伏敬州站“三通一平”工作，春节前实现线路塔基全部交地。取得500千伏敬州站配套220千伏线路工程和35千伏小都输变电工程可研批复，完成110千伏长乐、35千伏新桥、双华输变电工程选址选线，顺利投运第3座35千伏益新台区变。总投资1.37亿元建成263个配网项目，其中小水电自供区接管项目6个、低电压台区治理项目55个、网架完善项目13个。

【生态宜居环境建设】 2021年，五华县基本完成县城公园片、迎福片等20个老旧小区改造，有序推进华城金山市场、前和市场等一批农贸市场升级改造，集中整治车辆违停、占道经营等违法行为，有序推进生活垃圾分类。基本建成琴江新城综合管廊控制服务中心，推进安置区建设。中心城区和重点工业区域实现5G网络全覆盖。圩镇改造工程全面推进，华阳、梅林等圩镇改造成效明显。岐岭、长布等7个镇成功创建“广东省卫生镇”，实现“广东省卫生镇”全覆盖。强力推进卫片执法整改，拆除各类违建71宗、面积1万多平方米。开展农村乱占耕地建房问题排查整治工作，坚决遏制耕地“非农化”“非粮化”。完成“三旧”改造任务，新增改造14.50公顷，占任务比114.45%，其中老旧小区改造（微改造）10.96公顷；完成改造8.02公顷，占任务比100.29%。收储土地50宗、138.23公顷，其中济广高速五华段收储面积40.70公顷；供应土地57宗、总面积196.16公顷，总成交价款11.99亿元。常态化开展重点环境问题专项整治工作，排查整治31宗重点环境问题。开展入河排污口摸排整治，摸排河流湖库长度1652.7公里。全年省、市考核断面年平均水质优良率100%，县城空气质量优良率99.4%。

【乡村振兴】　2021年，五华县巩固19879户65157个建档立卡贫困人口脱贫成果，16支驻镇帮镇扶村工作队完成进驻，统筹帮扶资金扶持63个集体经济薄弱村发展光伏发电等产业项目。完成高标准农田建设3066.67公顷，垦造水田32.67公顷，完成撂荒地复耕复种1333.33公顷。25个“一村一品、一镇一业”项目得到有效实施，茶叶省级现代农业产业园建设顺利通过验收，丝苗米省级现代农业产业园建设扎实推进，新增蔬菜省级现代农业产业园，新种植梅州柚1316公顷，新种植茶叶336.67公顷。“三清三拆三整治”任务基本完成；农村集中供水全覆盖攻坚任务全面完成，得到省水利厅的充分肯定；建成100座农村生活污水处理设施，无害化卫生户厕普及率100%；完成2万座（面积32万平方米）农房风貌提升任务，启动12个特色精品村创建。成立全省首个发展乡村振兴共同富裕基金会，募集资金2000万元；以安流镇为试点，成功举办“乡村振兴共同富裕”带头人擂台赛。

【文化·体育】　2021年，五华县完成五华新丰寨农业旅游发展有限公司、益塘水库、元坑3个粤书吧建设；在梅林镇宣优村、岐岭镇双头社区等11个村建立图书馆服务点，完成50个村级服务点的建设，实现全覆盖；完成五华县非物质文化遗产展示馆提升工程，组织广东长乐烧酒业股份有限公司、五华县一建工程有限公司、广东薪火文化传媒有限公司分别建立长乐烧制作工艺非遗乐园、五华石雕就业工坊、五华金木雕就业工坊，推动非遗项目产业化发展。五华县图书馆全年采购图书8842册；征集地方文献130多册；修复古籍8册920页，《通典》修复完成；开展各类活动32次，培训、讲座24场次630多人次，展览（含线上展览）18场次7199人次。在广东省第十届中青年戏剧演艺大赛中，五华取得1金1银8铜和“优秀组织奖”的佳绩。五华被国家体育总局确定为101个全国县域足球典型之一（广东3个，梅州唯一）。五华首次代表广东参加第十四届全运会，两支足球队分别获得五人制足球男子乙组冠军、五人制足球男子甲组亚军，梅州客家足球队冲超成功，成为中超历史上首支主场设在县级城市的球队，让五华成为全国唯一同时拥有男女足两支国内顶级联赛球队的县。

【电子商务】 2021年，五华县完成16个镇的16场电商学员线下培训和6场线上培训，共培训1162人。推动2018年国家电子商务进农村综合示范500万元尾款项目实施，并完成五华县第一、二、三农产品初加工和商品化预处理中心及直播带货人才培训项目的结题验收。推动农商互联完善农产品供应链“桃花缘鸭蛋产后商品化处理项目”建设，并成功进行项目验收。运用专项资金推动农商互联完善农产品供应链项目“广东汉光超顺农产品产后商品化处理设施建设”，项目完成进度95%以上，“中农批农产品冷链物流集散中心建设”有序推进。

【卫生健康】 2021年，五华县30家乡镇卫生院设置中医诊疗区或中医馆（其中五星级2家、三星级28家），90%以上行政村卫生站能够开展中医药服务。完成宫颈癌检查8565人，完成乳腺癌检查7474人，“两癌”检查完成率104.25%。县共组建家庭医生服务团队254个，完成常住人口家庭医生签约44.18万人。全县基本公共卫生服务人均经费补助标准提高至79元。2021年，五华县被省精神卫生中心授予“广东省严重精神障碍管理治疗先进县”称号。

年末全县有卫生机构638个，其中医院43家；全县拥有床位5090张，比上年增长0.92%；各类卫生技术人员5859人，其中：执业医师796人、执业助理医师1641人、其他3422人。

2021年五华县国民经济和社会发展统计公报

2021年，是五华实现“十四五”良好开局的重要一年。一年来，五华县坚持以习近平新时代中国特色社会主义思想为指导，全面贯彻中共十九大和十九届历次全会精神，深入学习贯彻习近平总书记对广东重要讲话和重要指示批示精神和党中央决策部署，认真落实省、市工作部署，围绕“551”工作举措，统筹推进疫情防控和经济社会发展，高质量构建“一城两带四区”发展新格局，打造业兴人和、长治民乐的“工匠之乡·宜居五华”，全县经济总体呈现稳定向好的态势，人民生活水平不断提高。

一、综合

根据梅州市地区生产总值统一核算结果，2021年全县实现生产总值175.84亿元，比上年增长5.1%。其中，第一产业增加值为43.04亿元，同比增长8.6%，对地区生产总值增长的贡献率为41.9%；第二产业增加值为38.57亿元，同比下降6.9%，对地区生产总值增长的贡献率为-32.7%；第三产业增加值为94.23亿元，同比增长8.9%，对地区生产总值增长的贡献率为90.8%。三次产业结构比由上年的25.8∶22.1∶52.1调整为2021年的24.5∶21.9∶53.6。全县人均地区生产总值19127元，比上年增长5.8%。

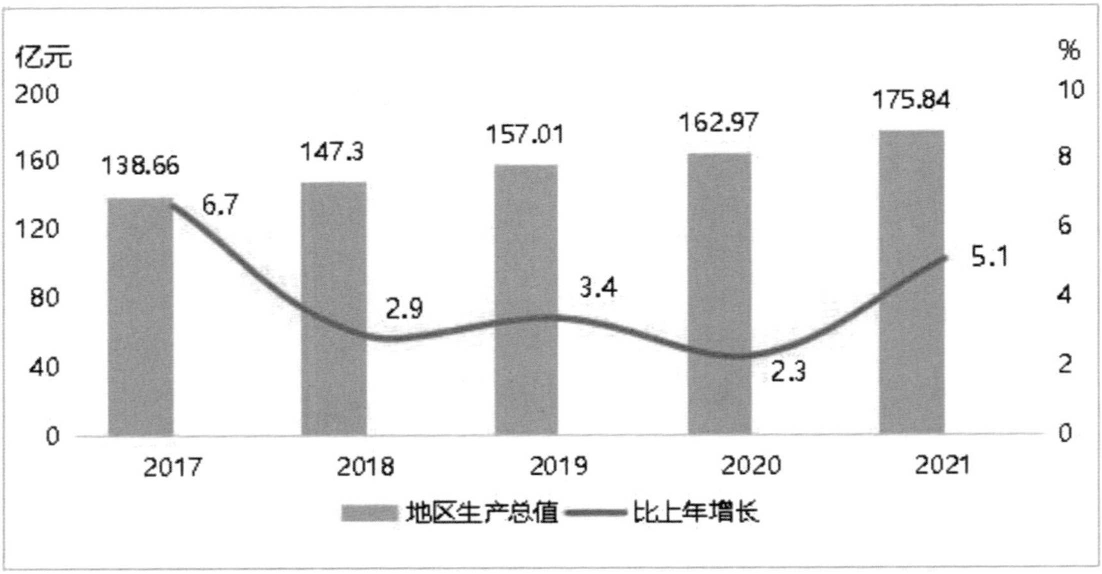

图 1　2017—2021 年地区生产总值及其增长速度图

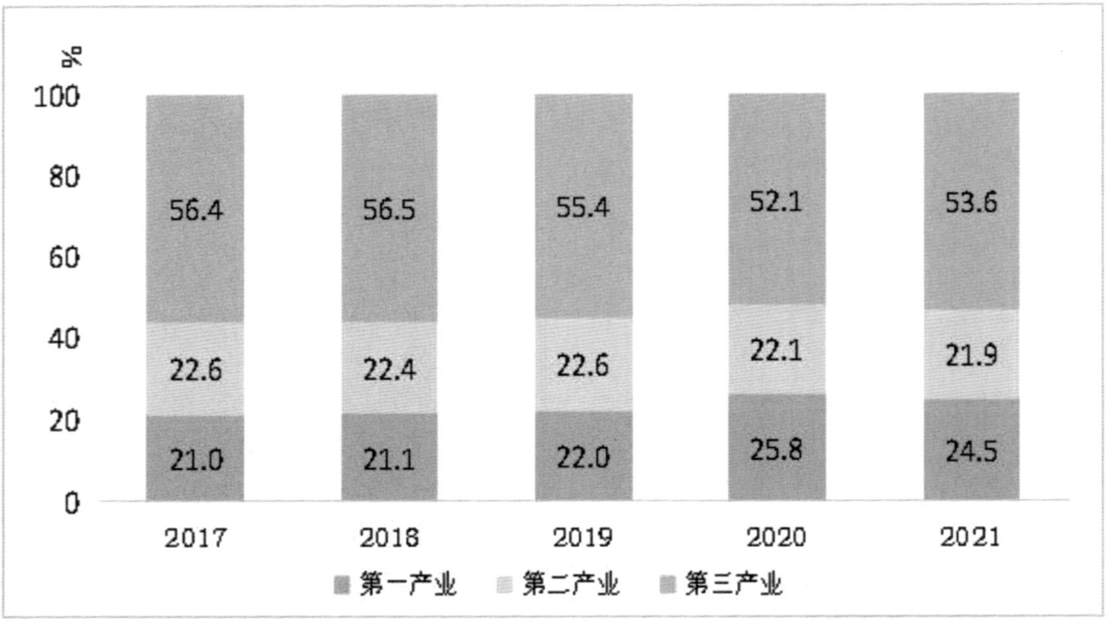

图 2　2017—2021 年三次产业结构图

2021 年末，全县户籍人口 1523442 人。其中，城镇人口 530891 人，占总人口的 34.8%；乡村人口 992551 人，占总人口的 65.2%。男性 799753 人，女性 723689 人，性别比为 110.5（以女性为 100）。常住人口 921912 人，常住人口城镇化率为 36.72%，比上年提高 0.56 个百分点。全年常住人口出生率为 9.6‰，比上年回落 1.46 个千分点；死亡率为 5.1‰，比上年回落 0.27 个千分点；自然增长率为 4.5‰，比上年回落 1.19 个千分点。

2021 年年末户籍人口数及构成情况表

表 2

指　　标	年末数（人）	比重（%）
全县总人口	1523442	100.0
其中：城镇	530891	34.8
乡村	992551	65.2
其中：男性	799753	52.5
女性	723689	47.5
其中：0—17 岁	424193	27.8
18—34 岁	441621	29.0
35—59 岁	463012	30.4
60 周岁及以上	194616	12.8

全年城镇新增就业 4351 人，其中就业困难人员实现再就业 956 人。城镇登记失业 3014 人，同比增长 7.5%，城镇登记失业率 2.29%。

据抽样调查，2021 年，梅州居民消费价格比上年上涨 0.1%。分类别看，食品烟酒类价格同比下跌 1.2%，衣着类价格同比上涨 1.5%，居住类价格持平，生活用品及服务类价格同比上涨 0.1%，交通和通信类价格同比上涨 3.4%，教育文化和娱乐类价格同比上涨 0.3%，医疗保健类价格同比上涨 0.9%，其他用品和服务类价格同比下跌 1.8%。商品零售价格同比上涨 1.8%。全市工业生产品出厂价格同比上涨 3.2%，其中，轻工业价格同比上涨 2.3%，重工业价格同比上涨 3.6%。

2021 年梅州居民消费价格指数比上年涨跌幅度情况表

表 3

指　　标	价格指数（上年=100）	比上年涨跌幅度（%）
居民消费价格	100.1	0.1
食品烟酒	98.8	–1.2
其中：食品	98.4	–1.6
粮食	101.9	1.9
畜肉类	83.2	–16.8
蛋类	111.0	11.0

续表 3

指　　标	价格指数（上年=100）	比上年涨跌幅度（%）
水产品	109.6	9.6
烟酒	101.6	1.6
在外餐饮	98.7	-1.3
衣着	101.5	1.5
居住	100.0	0.0
其中：水电燃料	105.4	5.4
生活用品及服务	100.1	0.1
交通通信	103.4	3.4
教育文化娱乐	100.3	0.3
其中：教育类	100.5	0.5
医疗保健	100.9	0.9
其他用品及服务	98.2	-1.8

2021 年末，全县有个体工商注册户 60530 户、注册资金 38.14 亿元、从业 103797 人，分别比上年增长 14.0%、12.9%和 10.1%。全年新增注册个体工商户 12321 户、注册资金 7.12 亿元、从业 17099 人，分别比上年增长 19.2%、-9.2%和 0.5%；新增私营企业 1542 家、注册资金 78.75 亿元、从业 17355 人，分别比上年增长 7.33%、-15.5%和-21.2%。

二、农业

全年粮食作物播种面积 5.607 万公顷，比上年增长 0.03%；稻谷种植面积 5.171 万公顷，同比下降 0.32%；甘蔗种植面积 0.07 万公顷，同比下降 0.94%；油料种植面积 0.287 万公顷，增长 2.3%；蔬菜种植面积 1.272 万公顷，同比增长 4.3%；园林水果种植面积 1.788 万公顷，同比增长 8.2%；茶叶种植面积 0.452 万公顷，同比增长 6.0%。全县有农业产业园 3 个，“三品一标”农产品 64 个。全县农林牧渔业总产值 66.12 亿元，同比增长 6.7%。

全年粮食产量 34.52 万吨，比上年增长 0.5%；其中稻谷 332275 吨，同比增长 0.5%。花生 8532 吨，同比增长 5.4%；大豆 1962 吨，同比增长 8.6%；甘蔗 24048 吨，同比下降 0.9%；烟叶 1807 吨，同比下降 6.2%；鲜木薯 3396 吨，同比下降 45.8%；茶叶 4328 吨，同比增长 12.9%；水果 91038 吨，同比增长 3.4%。

2021 年主要农产品、畜产品产量和牲畜存栏情况表

表 4

指　　标	单　位	产　量	比上年增减（±%）
谷物	吨	335869	0.6
其中：稻谷	吨	332275	0.5
花生	吨	8532	5.4
大豆	吨	1962	8.6
甘蔗	吨	24048	–0.9
烟叶	吨	1807	–6.2
木薯（鲜）	吨	3396	–45.8
茶叶	吨	4328	12.9
水果	吨	91038	3.4
肉类产量	吨	64742	26.5
其中：猪肉	吨	40581	35.0
生猪年末存栏头数	头	310992	0.0
牛年末存栏头数	头	46854	–0.9

三、工业和建筑业

2021 年末，全县有规模以上工业企业 45 家。全县完成规模以上工业增加值 6.44 亿元，比上年增长 4.6%；完成规模以下工业增加值 3.45 亿元，同比增长 12%。全年工业用电量 3.27 亿千瓦时，同比下降 3.6%。全县有资质建筑业企业 32 家，完成建筑业总产值 72.45 亿元，同比下降 1.7%。

2021 年工业主要产品产量情况表

表 5

产品名称	单　位	产　量
发电量	万千瓦时	32276
塑料制品	吨	17227
中成药	吨	3425

续表 5

产品名称	单　位	产　量
涤纶纤维	吨	8111
水泥	吨	486015
家用电热烘烤器具	个	5983535
商品混凝土	立方米	836657

四、固定资产投资

全县完成固定资产投资比上年下降4.5%，两年平均下降2.9%；增速比全市平均水平高10.3个百分点、居全市第五。分类型看：房地产开发投资同比增长62%，占投资总额的40.7%；工业投资同比增长13.7%，交通业投资同比下降34.4%（其中“高速公路+高铁”投资同比下降18.5%），市政等其他项目投资下降49.6%。分产业看，第一产业投资同比增长59.3%，第二产业投资同比增长13.7%，第三产业投资同比下降10.2%。

五、交通、邮电和旅游业

2021年，全县交通运输、仓储和邮政业实现增加值4.07亿元，比上年增长11.9%。完成全社会货物周转量80052万吨千米，同比增长1.2%；完成旅客周转量7017.46万人公里，下降50.4%。全县公路通车里程4084.03千米，公路密度为126.13每百平方公里；境内铁路通车里程22.5千米，境内高速公路通车里程202.84千米。有公交线路6条，公共汽车30辆，出租汽车53辆。

全县民用汽车拥有量为13.15万辆，其中个人汽车拥有量12.09万辆，比上年增长10.3%。

全县城乡固定电话装机用户37207户，比上年下降9.6%；移动电话用户103366户，同比增长16.8%；互联网宽带接入用户99231户，同比增长3.7%。

全县共接待游客578.94万人次，比上年增长3.35%；旅游业总收入46.04亿元，同比增长8.0%。

六、商业、外贸

2021年全县实现社会消费品零售总额85.40亿元，比上年增长4.5%。按经营地统计，城镇消费品零售额64.95亿元，同比增长5.0%；乡村消费品零售额20.45亿元，同比增长3.0%。按消费类型统计，商品零售额76.26亿元，同比增长4.3%；餐饮收入额9.14亿元，同比增长6.4%。

全年限额以上单位商品零售额中，粮油、食品类零售额比上年增长14.8%，化妆品类增长8.9%，家用电器和音像器材类增长4.7%。

全年外贸进出口总额17316万美元，比上年增长12.0%；其中，外贸出口总额16453万美元，进口总额863万美元。实际利用外资544万美元，比上年下降60.6%。

七、金融、财政

2021年末，全县金融机构各项本外币存款余额341.59亿元，比上年增长8.1%；其中，住户存款余额287.47亿元，同比增长11.7%。金融机构本外币贷款余额209.75亿元，同比增长10.4%。存贷比61.4%，比上年提高1.2个百分点。

全县税收收入19.57亿元，比上年增长7.09%。全县地方一般公共预算收入12.16亿元，同比增长15.24%。全县地方一般公共预算支出84.09亿元，同比增长0.54%。

八、教育、科技、文体、卫生

2021年全县教育财政拨款24.42亿元，比上年增长12%。全县有技工学校1所，在校学生4271人、同比增长10.3%。普通中学56所，在校学生73213人、同比增长4.3%；其中高中12所，在校学生24245人、同比增长6.0%。职业中学1所，在校学生1794人、同比增长40.3%。小学160所，在校学生103116人、同比增长0.36%。幼儿园222所，在校幼儿47717人、同比下降3.4%。适龄儿童入学率98.52%，比上年回落0.33个百分点；小学毕业生升学率、初中毕业生升学率、初中毕业生入学率均达100%，均与上年持平；高中毕业生升学率99.65%，比上年提高0.8个百分点。在2021年高考中，专科录取人数7587人，专科录取率90.9%；本科录取人数2776人，本科录取率33.3%。

全年获得国家专利授权580例，比上年下降11.45%。全县有各类科技人员21人，同比下降86%；专业技术人员15480人，同比下降0.6%。全县共建调频广播电台1座，卫星电视地面接收站1个，有线电视用户35022户，广播、电视人口覆盖率为20.5%。

全县有县级文化馆1个、图书馆1个、博物馆2个。图书馆现有藏书31.93万册，进馆读者21.60万人次，图书流通量25.32万册次。有镇级文化站16个，村级综合性文化服务中心448个、村（居）文化广场448个、农村文化俱乐部76个。县城文化广场演出3场次，送戏下乡演出83场次。全县有体育场馆5个，有各类注册登记体育协会23个，注册会员9200人，有社会体育指导员3544人。全年组织、协助举办大型赛事共22项，举办校园足球四级联赛697场次。

九、环境和安全生产

2021年末全县有环境监测站1个，环境监测人员16人；完成“三同时”项目环保投资12806.4万元，全年城区空气质量优良以上356天。共有污水处理厂16座（其中，镇级14座、县城1座、工业园1座），垃圾处理站72个。全县有一级饮用水源保护区23个，全年治理水土流失面积36.25平方千米。农田灌溉水有效利用系数为0.518。

全县全年完成新造林11359.60亩，全县森林面积224248.46公顷，森林覆盖率为69.23%，林木蓄积量累计达854.56万立方米。全县共有自然保护区12个，自然保护区面积48978.4公顷；县级森林公园2个，城区绿化覆盖率41.22%。

全县共发生各类生产安全事故3起，死亡人数3人；各类生产安全事故直接经济损失2万元。发生道路交通事故386宗，同比下降5.6%；交通事故死亡41人，同比下降11.4%。

十、人民生活与社会保障

据抽样调查，2021年全县居民人均可支配收入19080元，比上年增长10.2%。其中：城镇居民人均可支配收入25090元，同比增长9.7%；农村居民人均可支配收入15677元，同比增长11.0%。

全县参加城乡居民医疗保险111.59万人，比上年下降1.5%；参加职工基本医疗保险6.01万人，同比增长2.5%。全年发放医疗救助资金4277.04万元，救助81463人次。

参加农村养老保险44.94万人，比上年下降0.5%；参加社会养老保险8.94万人，同比增长0.8%；参加职工基本养老保险6.73万人，同比增长0.7%；参加失业保险4.43万人，同比增长6.9%；参加工伤保险6.29万人，同比下降0.5%。

全县有各种社会福利收养性单位19个，床位906张。年末有享受最低生活保障的困难群众32535人，其中城镇居民423人，农村居民32112人。有特困供养人员3636人，其中在院集中供养233人，分散供养3403人。

注：

1.本公报中2021年数据为初步统计数。

2.从2011年起，规模以上工业统计口径由年主营业务收入500万元调整为2000万元及以上；固定资产投资项目统计起点由计划总投资50万元提高到500万元，增速为可比口径。限额以上批发和零售业统计标准为：批发业年主营业务收入2000万元及以上；零售业年主营业务收入500万元及以上。2012年四季度，国家统计局实施了城乡一体化住户调查改革。2013年起按照新的调查口径对外发布城乡一体的居民人均可支配收入和分城镇、农村常住居民人均可支配收入数据。由于新老调查方案在调查范围、调查对象、城乡划分标准、样本抽选、计算和汇总方式、指标口径等方面变化较大，改革后新口径数据和旧口径数据存在不可比的差异。从2015年起，“地方公共财政预算收入”更名为“地方一般公共预算收入”；各项金融机构存款余额中，“单位存款”更名为“非金融企业存款”，“储蓄存款”更名为“住户存款”。

3.地区生产总值、三次产业及相关行业增加值、人均地区生产总值绝对数按现价计算，增长速度按可比价计算；地方一般公共预算收入增长速度按可比口径计算。

4.地区生产总值、社会消费品零售总额等相关历史数据已根据第四次全国经济普查结果进行修订，农业相关历史数据已根据第三次全国农业普查结果进行修订。

5.数据来源：本公报中城镇新增就业、登记失业率、社会保障数据来自县人力资源和社会保障局及县医疗保障局；人口出生率、死亡率、自然增长率、卫生数据来自县卫生健康局；户籍人口、非农人口、民用汽车、道路交通事故等数据来自县公安局；工商、科技成果、专利数据来自县市场监督管理局；农业产业园、“三品一标”农产品数据来自县农业农村局；公路、旅客和货物周转量等数据来自县交通运输局；电话用户、互联网用户、邮电业务总量等数据来自县邮政及通信部门（单位）；外贸进出口等数据来自县科工商务局；财政数据来自县财政局；税务数据来自县税务局；金融数据来自县人民银行；教育数据来自县教育局；广播电台、有线电视用户数据来自县融媒体中心、广电网络五华分公司；艺术表演团体、博物馆、公共图书馆、文化馆、体育、旅游数据来自县文化广电旅游体育局；环境监测数据来自梅州市生态环境局五华分局；污水处理、农田灌溉等数据来自县水务局；林业数据来自县林业局；城区绿化覆盖、垃圾处理站数据来自县市政中心；安全生产事故数据来自县应急管理局；医疗保障数据来自县医保局；低保、社会救助、社会组织数据来自县民政局；其他数据来自市、县统计局和国家统计局梅州调查队。

中国共产党五华县委员会

五华县委主要会议和事项

1月19日，梅州市委副书记、市长张爱军到五华县，就深入学习贯彻习近平总书记关于安全生产和疫情防控的重要指示精神，进一步做好疫情防控和安全生产、消防及森林防灭火工作进行督导检查。

2月22日下午，梅州市市委副书记、市长张爱军率队调研梅龙高铁项目建设，听取沿线征地拆迁和项目建设情况汇报，现场协调解决项目建设存在的困难和问题。市领导黄文沐，县领导吴晖、朱少辉、张少凡参加调研。

4月8日上午，全省同类电站水库容量最大、梅州史上单体投资最大的基建工程——梅州（五华）抽水蓄能电站正式下闸蓄水，这是电站重要的里程碑节点目标。市委副书记、市长张爱军，南方电网公司基建部总经理汤寿泉，南方电网调峰调频发电有限公司党委书记、董事长刘国刚，市委常委、副市长孙春明，市人大常委会副主任曾小华，市政协副主席李忠良；县委书记吴晖，县委副书记、县长朱少辉，县领导邓伯锦、叶天泉、傅国强、温志清、张裕等领导嘉宾参加仪式。

4月25日上午，县委书记吴晖率队深入五华县创业孵化园、黄狮新村等地，检查“三项工程”有关工作，强调，“三项工程”是着眼满足五华人民群众美好生活需要、支撑高质量发展部署的重大民生工程，各级各部门要高度重视，不断推进“粤菜师傅”“广东技工”“南粤家政”三项工程高质量发展。

6月7日上午，2021年全国普通高考正式开考。县委书记吴晖率队到五华中学、高级中学、水寨中学巡考。他强调，要加强协调、密切配合，高标准做好高考疫情防控各项工作，确保五华县2021年高考工作圆满顺利完成。

6月25日，市委副书记、市长张爱军到五华县，深入乡村和企业，督导检查安全生产、项目建设和防汛备汛及农村集中供水工作。市领导孙春明，县领导吴晖、朱少辉参加调研。

7月5日上午，五华县召开2021年“两优一先”表彰大会，动员和激励全县各级党组织和广大党员干部，深入学习贯彻习近平总书记在庆祝中国共产党成立100周年大会和“七一勋章”颁授仪式上的重要讲话精神，弘扬伟大建党精神，在全社会营造学习先进、崇尚先进、争当先进的浓厚氛围，奋力推动五华苏区高质量发展。

7 月 16 日下午，县委书记吴晖，县委副书记、县长朱少辉到梅龙高铁项目建设现场检查隧道施工安全生产工作时强调，要切实提高政治站位，增强责任感和紧迫感，全力以赴抓好安全生产，举一反三排查整治安全风险隐患，筑牢安全生产防线。

7 月 21 日，五华县召开 2021 年精神文明建设委员会全体会议，传达学习贯彻全国、省、市推进新时代文明实践中心建设试点工作有关会议精神，总结部署五华县创建全国文明城市和精神文明创建“九大行动”工作。

8 月 5 日，国家林草局驻广州专员办专员关进敏一行到五华督导检查森林生态保护工作，梅州市委常委、常务副市长陈金銮、县委书记吴晖、县委副书记、县长朱少辉、副县长谢国泉以及省、市、县林业局相关负责人陪同调研。

9 月 22 日下午，县委书记朱少辉率队深入到文艺院团、文明实践中心示范点创建拟选址、县委宣传部、县融媒体中心新闻舆论采编一线等地，就文艺文化创作、精神文明创建、新闻宣传舆论引导、意识形态管控、理论学习中心组学习等工作深入调研，看望鼓舞广大宣传思想文化战线的干部职工，强调要以习近平新时代中国特色社会主义思想为指引，坚持党对宣传思想文化工作的全面领导，切实承担起“举旗帜、聚民心、育新人、兴文化、展形象”的使命，坚持正确的舆论导向，持续讲述五华好故事、传播五华好声音、树立五华好形象、传递五华正能量，为五华苏区加快振兴发展营造良好的发展氛围。

11 月 19 日，县委常委会召开会议，传达学习贯彻中共十九届六中全会精神，全省传达学习贯彻中共十九届六中全会精神干部大会精神，传达学习贯彻省委常委会会议、省有关会议精神，市委常委会会议精神及市委常委会会议决定事项，研究五华贯彻落实意见。

12 月 10 日，国家林草局防火司司长周鸿升率队到五华指导森林防火工作。国家林草局湿地司二级巡视员杨锋伟、国家林草局驻广州专员办副专员贾培峰，省林业局党组成员、总工程师郑永光、县委书记朱少辉等参加调研。

12 月 14 日上午，省退役军人事务厅厅长陈小山率队到五华调研烈士纪念设施建设工作。副市长蒋鲲，县委书记朱少辉，市退役军人事务局局长伍卫华，县委副书记、县长丘炀等领导陪同调研。

12 月 26 日，市委书记马正勇到五华县，就深入学习贯彻习近平总书记系列重要讲话精神、中共十九届六中全会精神、中央经济工作会议和省委十二届十五次全会精神，抓好市第八次党代会精神贯彻落实情况进行调研。

中共五华县委 2021 年度领导名录

县委书记：吴　晖（任至 8 月）
朱少辉（8 月任职）

县委副书记：朱少辉（任至 8 月）
丘　炀（8 月任职）
宋学希（9 月任职）

县委常委：钟光振（任至 9 月）
张爱芳（任至 9 月）
周铁伟（任至 5 月）
刘敬东　辛国平
张少凡（9 月任职）
罗丽思　招业斌

周长山（4 月任职）
甘飞鸿（9 月任职）
罗瑞金（9 月任职）
谢瑞狮（9 月任职）

县委办公室工作

【理论学习】 2021 年，县委办坚持以习近平新时代中国特色社会主义思想为指导，全面贯彻中共十九大和十九届二中、三中、四中、五中、六中全会精神，深入学习贯彻习近平总书记在庆祝中国共产党成立 100 周年大会上重要讲话精神，上下一心，奋勇争先，一手抓防疫，一手抓发展，较好地完成各项目标任务，为推进县委各项工作贯彻落实，助推五华县经济社会发展作出应有的贡献。

【政务服务】 2021 年，县委办树立“工作方向、工作重心、工作任务、工作标准”的意识，把握“围绕中心、总揽全局、突出重点、适度超前”的工作原则，勤勉履责，圆满完成调研和文稿撰写等工作。抓统筹落实，完成疫情防控工作。充分发挥政治引领作用，积极履职，主动作为，抓实疫情防控，推动全县疫情防控期间各项工作稳步有序开展。积极开展调研。牵头制定“十大专题调研”工作方案，聚焦中心工作和群众反映强烈的问题，围绕交通、城建、林业、水务、旅游、教育、医疗、乡村振兴、精准扶贫、基层治理等工作，深入基层一线调研，形成调研报告为县委领导决策提供参考，推动五华县今后高质量发展。提高办文实效和减文工作。对文件和简报资料的报送程序和格式进行规范，加强综合协调和审核把关，切实提高运转效率，2021 年各类文件共发 231 件，同比下降 1.7%，办理网友留言交办函 14 件。积极做好党内规范性文件向上级党组织报请备案工作，有序稳步推进五华县党内规范性文件备案工作，指导各镇各单位进一步做好下备一级工作和公文办理。2021 年，共向市委报备党内规范性文件 44 件，没有出现任何漏报、迟报、瞒报或选择性报备的现象。完成文稿撰写。刻苦履职、精益求精，为县委决策提供高质量文稿服务。全年，共撰写各类文稿材料 220 多篇，其中包括县党代会和县委全委会报告等材料，同时编辑出版 4 期《五华政研》，全面宣传县委决策部署和反映各镇各单位的工作亮点。办会工作精细高效。坚持少开会开短会，开管用的会，做到会前精心筹备、会中跟进服务、会后跟踪问效，确保会务简洁、高效。全年，高质量筹办县党代会、县“两会”、县委全委会、县委常委会、书记专题会等各类会务活动 150 多次。从严把关公务接待。严格执行中央八项规定及其实施细则，同时做到热情、大方、得体，彰显五华地方特色。全年，共接待 158 批次客人，协助县委、县政府、各部门接待大小会议宾客 16 批次。

【督查督办】 重点抓好县委县政府重大决策部署的督促检查，围绕县委县政府重点工作、十件民生实事、向上争取项目资金等进行跟踪督办，并进行每季度或每月通报。一年来，共编印《督查通报》26 期，共下发《督办通知》35 份，立项督办会议决定事项 203 小项，确保县委县政府决策部署得到不折不扣地贯彻落实。着力抓好主要领导批示件督查，按照“登记、立项、交办、督办、反馈”的工作流程，准确高效办理，做到“事事有落实、件件有回音”。一年来，累计承办县委书记批示件78件，县长批示件190件。主动加强与上级督查部门的沟通对接，全力抓好上级督查部门交办事项督办落实，承办上级督查部门交办事项共50项，办结率为100%。充分借力县领导示范抓督促检查，充分发挥县领导挂点督促作用，共编制《县领导挂点镇督促检查清单》4期。

【综合协调】 2021年，县委办围绕全年工作目标，突出抓大事、抓关键，搞好综合协调。

做好服务。坚持原则性与灵活性相结合，及时向县委领导汇报情况，听取指示、领会意图，协调力量、统筹安排领导会议、调研、来人接待等工作，确保县委领导之间的工作联系保持顺畅。

抓好协调。充分发挥上传下达的作用，统筹协调好各镇、各单位，对日常事务性工作，进行周密安排、科学调度，做到环环相扣、上下衔接，防止出现纰漏；对全局性重点工作，发挥好参谋部、指挥部的作用，做到统揽全局、协调各方，科学摆布、全面落实。

联系服务群众。坚持做到“眼观六路、耳听八方”，从群众的来信来访中，发现问题、分析问题、推动部门落实解决相关问题，为人民群众解难，替县委、县政府排忧。通过增强协调能力，改进协调方法，充分听取方方面面的意见，掌握各个层面的情况，使各项工作安排更加科学合理，各个部门更加默契协调，有力推进各级、各部门工作高效运转。

【后勤保障】 2021年，县委办继续狠抓后勤保障工作，提升精细服务水平。统筹做好机要、保密、国安、档案、行政保卫、公务接待等日常各项工作，确保县委办高效有序运转。

严谨细致做好机要保密国安等工作。按照“保密、及时、准确，无漏办、无错办、无压误”的原则，慎之又慎、规范高效做好机要工作。

扎实稳妥做好行政保卫等后勤工作。规范高效搞好后勤保障，及时更新机关大院设施和设备，优化机关大院办公环境和办公条件，规范车辆停放秩序，解决大院干部职工停车难问题。依法依规做好维稳工作，确保机关大院办公秩序不受干扰。全年，共派出、抽调、租借车辆1476多辆次，顺利保障各项公务用车；重新登记、制作736张车辆出入卡，进一步规范机关大院的车辆出入和停放管理工作；及时疏导集体上访群众16宗，劝导信访群众236人次。

建立健全各项制度。制定《县委办误餐补助管理制度》《县委办车辆保养和维修管理制度》，形成规范管理的长效机制，切实做到用制度监督约束。严格执行财经法规，积极推动数字财政工作，进一步压减“三公”经费等一般性支出，县委大院修缮和维护工程项目一律报备县财政局，履行招投标、监理等流程，切实做到依规按程序办事。日常办公用品实行统一采购，统一登记签领分发。严格执行《五华县公务用车制度改革实施方案》，采取派车登记、一车一卡等方式，进一步规范公车管理使用。

【乡村振兴】 选派2名优秀的中层干部到重点村转水镇峯维村、潭下镇福灵村驻村，全面推进乡村振兴、巩固拓展脱贫攻坚成果。县委办主要负责人高度重视乡村振兴驻村工作，多次到村开展调研指导工作。2021年，县委办共拨付6万元支持驻村工作，向县直有关单位、原帮扶单位筹集资金89万元，用于福灵小学修缮破损门窗、鲞维村升级改造村道的硬底化和亮化等，同时，大力发展村集体经济产业（沙田柚种植、光伏发电），壮大村集体经济收入。做好转水镇五星、黄龙、矮车、鲞维4村联村工作，为推进挂点镇村乡村振兴出谋划策、添砖加瓦。做好机关干部回乡联村工作，协助联系村进一步强化基层党建、严格惠民政策落实、加快美丽乡村建设等工作。积极推动在职党员到水寨镇府前社区开展“双报到、双服务”工作，2021年，在职党员已全部报到，报到率100%，开展服务8次。

【队伍管理】　2021年，县委办坚持把干部队伍管理作为加强办公室自身建设的大事来抓，努力造就一支政治合格、业务精湛、品德高尚、能担重任的干部队伍。要求每名办公室同志严以律己，在各方面当好表率，工作上高标准，生活上严要求，做到以身服人、以德服人、以能服人，以良好的工作效能，带动机关效能建设，以良好的工作作风，带动机关的作风建设。积极创造公平、和谐、平等的竞争环境，使办公室同志都能够准确定位自己，各尽所能，各展所长，各得其所，让大家工作有干头，有劲头，有奔头。加强对党员干部“八小时以外”活动的监督管理，教育干部职工加强纪律约束，使大家自觉遵守党纪国法和各项规章制度，正正派派做人，踏踏实实做事，耐得住寂寞，经得起考验，树立良好的形象。扎实开展党史学习教育，严格按照中央、省委、市委和县委的部署要求，紧扣“学党史、悟思想、办实事、开新局”要求，坚持高标准谋划部署、高质量组织实施，推动全办党史学习教育扎实开展。党史学习教育期间，共下发《论中国共产党历史》等4本指定学习材料及《中华人民共和国简史》《改革开放简史》《社会主义发展简史》等书籍443本，充分运用专题研讨班、理论学习中心组学习、“三会一课”和主题党日活动等学习形式，在全办开展了主题突出、形式多样的学习活动25场次。如，组织党员干部职工到龙川县苏维埃政府旧址、古大存故居、五华县委旧址等红色旧址进行实地参观；组织干部职工观看《金刚川》《悬崖之上》《1921》《长津湖》等红色影片；邀请专家举办党史知识讲座；组织党员干部职工参加党群系统举办的党史学习教育、习近平总书记“七一”重要讲话精神、中共十九届六中全会精神专题宣讲报告会共3场。以“我为群众办实事”实践活动为抓手，完成“我为群众办实事”重点项目3个，切实把学习成果转化成为群众办实事的生动实践，为群众解决“急难愁盼”的实际问题。全办党员干部思想受到洗礼，党性得到锤炼，纪律作风得到强化，取得明显的效果。

【规范运作】　2021年，县委办坚持执行《县委办制度汇编》，创新机制、强化管理，推进办公室工作规范运作。充分利用信息化平台，大力推进信息化办公，对非涉密呈阅表，采用平板电脑或手机签阅的形式，实现各类公文高效准确快速传达到各位县领导手中。坚持推行无纸化会议，有效节约行政成本，大大提高会议的行政效率。严格按照坚持整顿和改进文风会风，进一步精简会议、文件，规范文件签收印发和办会程序。

【党风廉政】 2021年，县委办坚持严守党的政治纪律和组织纪律，全面贯彻落实党风廉政建设责任制，与干部职工签订廉洁责任书，强化廉洁意识，组织全部职工对党章党规党纪进行原文学习，通报纪委典型案例和省、市关于违反中央八项规定精神案例，告诫干部职工在工作中注意“四风”问题，严守工作纪律，提高党员干部依法行政和廉洁勤政水平。严格执行重大决策“必须由领导班子集体决定”的规定。完善机关财务制度，严格财务审批程序、支出范围和权限严格遵守中央八项规定，保持清正廉洁爱岗敬业、勤俭节约的工作和生活作风，注重培养健康生活情趣，自觉抵制不良风气，提高防腐拒变能力。

县委办公室2021年度领导名录

主　　任：谢瑞狮（9月起任）
常务副主任：彭云洪（任至6月）
副 主 任：黄柳宗
赖玉才（7月起任）
李大计
凌文娟（6月起任）
县纪委派驻组组长：温木新

组织工作

【思想政治建设】 2021年，县委组织部始终以政治建设为统领，教育引导党员干部坚定践行“两个维护”，切实增强干部政治素养和专业化能力。举办各类专题研讨班、培训班、轮训班36期，依托镇党校开展集中培训252场次、现场教学培训102场次，共培训党员干部5.3万人次，依托省干部培训网络学院培训2.2万人。深化“我为群众办实事”实践活动，围绕便民利民、基层治理、乡村振兴等方面为基层党员干部群众办实事4个大项。抓好省委巡视反馈问题整改，按照省委巡视反馈意见整改要求和县委整改工作部署，制定整改方案，从严从实抓好问题整改落实，建立长效机制，堵塞问题漏洞。深化“大学习、深调研、真落实”，深入开展调查研究，形成了一批高质量调研报告。用活用好县域红色资源，精心组织中国共产党成立100周年系列活动，高标准完成“红色印记·光辉历程”系列五华专题片摄制工作，发放“光荣在党50年”纪念章4209枚；推行“课堂+基地”实训模式，建设红色教学点18个；精心设计推介“重温红色历程·砥砺家国情怀”五华县红色教育线路，共组织党员现场学习党史9万多人次；向市推荐精品党课课件2部、优秀党史宣讲员2名。

【集中换届工作】 2021年，县委组织部坚持党的领导，高质高效圆满完成集中换届。坚持党委主导，营造换届良好风气，把牢正面导向，建立健全舆情风险监测、预警和应对机制，实现换届舆情“零负面”。严把人选资格，选好代表委员，顺利选举产生了各级党代表2310名、人大代表2266名和政协委员328名。配强镇村班子，实现村“两委”干部全部按时按质选举产生。共选出村（社区）“两委”干部2695名，书记、主任“一肩挑”比例99.6%，“两委”干部交叉任职率89.6%，高中以上学历占89.4%，平均年龄44.3岁，实现年龄、学历“一降一升”。全县256名镇领导班子成员中，大专以上学历254人，占99.22%；35岁以下119人，占46.5%；具有2年以上乡镇工作经历241

人，占 94.1%；完成 20 名“五方面人员”公务员身份登记。此外，全力协助市委完成好五华县县级班子换届工作。

【基层党建工作】 2021 年，县委组织部坚持守正创新，全面提升基层党建水平。牵头出台县委进一步落实全面从严治党主体责任清单，认真落实县委书记抓基层党建述职工作。扎实推进基层党建三年行动计划，全覆盖建成 16 个镇级党群服务中心，447 个村（社区）党群服务中心，整改提升村级党群服务中心 42 个；加强覆盖全县的 461 个远程教育站点日常维护。强化党建力量，严格实行发展党员“村培镇管县把关”，全面完成年度发展党员 1200 名的计划任务。强化基层治理，开展新一轮软弱涣散村（社区）党组织整顿，“一村一策”精准整顿。扎实开展好县直单位党组织和在职党员到社区报到服务工作，组织党员参与志愿活动 1200 多场次。完成新一届 447 名村级党组织书记推进乡村振兴专题全员培训，600 多名后备干部换届时顺利进入村干部队伍。健全“强镇带村”工作机制，精心组建 16 个驻镇帮扶工作队，选派 68 名驻村第一书记。继续选派 420 名干部到 123 个村开展“回乡联村”提升工程，接访走访群众 9521 人，帮助办理民生实事 481 件。完成第三批省定贫困村 102 名党组织第一书记和驻村党建指导员期满考核工作，评出 30 名“优秀”等次第一书记和驻村党建指导员。积极统筹驻镇帮镇扶村资金，“一村一策”扶持 63 个集体经济薄弱村发展光伏等产业项目。强化基层基础保障，2021 年村（社区）“两委”干部报酬每人每月达到 3200 元，每个村（社区）办公经费每年 11.2 万元、党组织服务群众专项经费 6 万元。

【干部队伍建设】 2021 年，县委组织部突出严管和厚爱，着力激发干部干事创业内生动力。牵头出台《中共五华县委关于进一步激励干部新时代新担当新作为的实施意见》，起草了“基层减负、干部交流轮岗、干部能力素质培训、年度考核结果运用、落实带薪休假、关心关爱干部、受处分干部首次提拔任用、年轻干部队伍建设、女干部党外干部培养、高层次紧缺人才引进”10 个配套性文件，全面提振干部干事创业精气神。坚持好干部标准选人用人，抓好“动议、民主推荐、考察、讨论决定、任职”五个环节的落实，严把程序关，2021 年共提拔（重用）科级领导干部 179 人次。加强公务员招录管理。全年共录用公务员 189 名。扎实推进行政执法类公务员职位设置、职级套转工作，全县共设置 570 个行政执法类公务员职位，截至年底共套转 308 人。认真做好公务员职级晋升，2021 年县管干部晋升职级 171 人次。

【人才工作】 2021 年，县委组织部多措并举抓实抓细人才工作。加强统筹协调，深入实施五华县“人才新政 12 条”，围绕区域优势和产业特色，大力培养引进足球、医疗、卫生、教育、家政、客家菜、农业、电商等方面人才。依托“扬帆计划”，通过发布引才公告以及“走出去、引进来”等方式，共引进各类人才（在岗）41 人；建立博士专家人才智库，全面完成年度博士人才引进任务（独立引进 1 名博士，与嘉应学院共同引进 2 名博士），向省申报 1 名国家五大平台计划人选；共招募“三支一扶”人员 25 名。

出台引进高层次人才子女教育优待政策和基层医疗单位绩效工作实施细则，全年统筹资金174万元用于发放创新人才培养、拔尖人才管理、购房补贴、生活补助等方面。实施子女教育优待1人；建成152套人才公寓已投入使用；建成全市首家县级乡村振兴人才驿站和首家镇级乡村振兴人才驿站；与京东共建“五华县技工学校·京东产教融合中心培训基地”。

【老干部工作】 2021年，县委组织部着力落实老干部政治和生活待遇，提高离休干部遗属困难生活补助标准，完善老干部活动中心新大楼设施设备，老干部工作得到了中央、省、市老干部工作部门的充分肯定，副部长、老干部局局长曾繁活2021年被中央组织部、人力资源和社会保障部授予“全国先进老干部工作者”光荣称号。

（温涛松　古　琦）

县委组织部2021年度负责人名录

部　　长：钟光振（任至9月）
罗瑞金（9月任职）
常务副部长：严彩忠（任至12月）
副　部　长：曾繁活
张伟雄（任至5月）
黄永响（任至12月）
邓焕均（5月任职）

2021年全县党组织、党员基本情况统计表

表6　　　　　　　　　　　　　　　　　　　　　　　　单位：个、人

项目				数量
党组织	基层党委	合计		123
党组织	基层党委	其中	县委	1
党组织	基层党委	其中	机关企事业单位党委	36
党组织	基层党委	其中	园区非公有制企业党委	1
党组织	基层党委	其中	镇党委	16
党组织	基层党委	其中	村级党委	70
党组织	党总支部	合计		270
党组织	党总支部	其中	县直机关企事业单位	25
党组织	党总支部	其中	行政村、社区	224
党组织	党总支部	其中	镇机关企事业单位	5

项目				数量
党组织	党支部	合计		1652
党组织	党支部	县直		494
党组织	党支部	其中	县直机关企事业单位	494
党组织	党支部	其中	“两新”组织	56
党组织	党支部	乡镇		1158
党组织	党支部	其中	行政村	816
党组织	党支部	其中	社区	71
党组织	党支部	其中	镇机关企事业单位	165
党组织	党支部	其中	“两新”组织	106
党员	总数			47294
党员	其中	正式党员		46020
党员	其中	预备党员		1274
党员	新发展	总数		1200
党员	新发展	男		842
党员	新发展	女		358

宣传工作

【简况】 2021年，五华县宣传思想文化工作坚持以习近平新时代中国特色社会主义思想为指导，深入贯彻落实中共十九大和十九届历次全会精神，聚焦庆祝中国共产党成立100周年、全国文明城市创建等中心工作，为建设业兴人和、长治民乐的“工匠之乡· 宜居五华”提供精神动力和思想保证。

【理论学习宣传工作】 在全县开展主题突出、特色鲜明、形式多样的学习党史活动。充分运用专题研讨班、读书班、理论学习中心组学习、“三会一课”和主题党日等学习形式开展“四史”学习教育。广泛开展百姓宣讲活动，推动习近平新时代中国特色社会主义思想进企业、进农村、进机关、进校园、进社区、进网络。开展《习近平谈治国理政》第三卷、中共十九届五中全会精神、习近平总书记视察广东重要讲话重要指示精神等理论宣讲共103场，直接听众人数3万人次。定期对意识形态领域情况进行分析研判，坚持党管阵地原则常态强化各类意识形态建设与管理。抓好网络意识形态工作，落实互联网平台和人员属地管理责任。

【新闻宣传工作】 聚焦党史学习教育、疫情防控等重点工作，做到正面发声。做好庆祝建党100周年大型红色题材采茶戏《红土百姓》的创作，完成首次彩排。创作《人民是靠山》报送第九批“中国梦”主题新创作歌曲，入选市委唯一推送上省的歌曲。组建合唱团和歌手参加市委宣传部举办的“永远跟党走逐梦新时代——广东省第十四届‘百歌颂中华’歌咏活动”（梅州）选拔赛，荣获合唱决赛金奖和个人赛一金一铜的好名次。

【网信工作】 不断健全机制，制定《五华县2021网信工作要点》《五华县庆祝中国共产党成立100周年网络安全保障工作方案》《五华县2021年深入实施网络意识形态安全“南大门”守护工程方案》等文件；做好中国共产党成立100周年网上宣传引导，营造庆祝中国共产党成立100周年浓厚网络宣传氛围。在各类网站、《五华新闻》、《五华一线》、“五华融媒”APP、微信等新媒体平台开设“学党史悟思想办实事开新局”专栏、专题，积极加强政策解读。健全网信工作机制，加强舆情、处置、信息互通和分析研判，全年处置舆情400起，严格落实网络安全工作责任制。党史学习教育工作期间共解决网络民生诉求62件。

【党史学习教育】 充分利用新闻媒体、广播电台、宣传栏、广告牌、LED显示屏、横幅标语、喇叭村村响等宣传阵地、平台，持续做好庆祝中国共产党成立100周年宣传报道。联合党史研究室利用微信朋友圈及各微信群推出“中国共产党成立100周年回眸梅州五华”红色海报200期；出版“中国共产党成立100周年回眸梅州五华系列”宣传海报187期；在融媒体中心开设《重温红色印记》《回眸五华》等14个党史专题报道和栏目；组织编辑出版《广东中央苏区五华革命简史》等7本具有五华特色的学习参阅资料，发放书籍共2万册；完成市党史学习教育办专题约稿49次，编发县级简报75期，其中被市采用27期次，被省级采用6期次。积极开展“我为群众办实事”实践活动，切实解决群众的“急愁难盼”问题。全面完成10个重点民生项目，62个县级党政领导牵头民生项目，470个镇、单位重点民生项目，4件“i办”平台案件。

【群众文化工作】 在重要时间节点开展“平安五华喜迎新春”送春联送祝福公益活动、石雕工艺培训班、“迎中秋猜灯谜”、狮鼓闹元宵、党史百年天天读系列活动、庆“重阳”老年健康展示活动等。县图书馆线上线下举办“阅百年历程，传精神力量”——世界读书日系列活动之歌颂中国共产党成立100周年暨书香飘万家诵读活动、广东省第二届“中华传统文化百部经典”知识大赛、“4·23”世界读书日主题活动、我们的节日线上活动等各类活动18次，参加及惠及群众3万人次。县采茶戏传承保护中心围绕2021年“文化和自然遗产日”活动主题“人民的非遗人民共享”，开展线上云展播系列活动5场。开展“非遗文化进校园我是小小传承人”非遗文化传承教学活动，采茶剧团创排相声《吃在五华，游在五华》、小品《回家》、歌伴舞《走进新农村》等新节目，木偶剧团编排小品《妈》、歌伴舞《赞赞新时代》、快板表演《百年党建》等小节目。

【全国县级文明城市创建】 启动2021—2023年创建周期全国县级文明城市提名资格工作。深化文明村镇创建，以县为龙头，协调推进文明城市、文明镇、文明村“三级”同创。华城镇获评市“十佳乡风文明镇”，水寨镇澄湖村等21个村获评市“百佳乡风文明村”。《梅州日报》刊登五华县《创建文明之城孕育文明之花》文章，对五华县文明城市的创建成果给予充分肯定。县高级中学、县第一小学2所学校入选2021—2023年“创建广东省文明校园先进学校”。深化“九大行动”创建，各牵头单位扎实推进餐饮行业文明诚信服务行动、农贸市场综合治理行动等精神文明创建“九大行动”，大力整治九大领域存在的顽瘴痼疾，对全县15家农贸市场进行整体打包、升级改造。

【社会主义核心价值观建设】 扎实推进家庭家教家风建设，开展传承优良家教家风家训、选树先进家庭典型、推进家庭教育和文明家庭创建“五华品牌”打造工作，全年开展传承弘扬好家教好家风活动300场。深化志愿服务品牌建设，建立以县委书记担任总队长的志愿服务总队，组建县理论政策宣讲、文化文艺服务等8支专业志愿服务队伍，整合县特色志愿服务队13支，构建“1+8+N”志愿服务体系。截至年底，全县有注册志愿者5.1万多人，各类志愿服务组织及团体715个。2021年，全县开展各类新时代文明实践志愿服务活动3000多场。

【未成年人思想道德建设】 把培育和践行社会主义核心价值观融入未成年人思想道德建设全过程，举办“童心向党”主题教育实践活动启动仪式和2021年五华县新时代好少年颁奖暨学习宣传开讲仪式，全县开展“扣好人生第一粒扣子”“童心向党”等活动1135场。组织相关职能部门，出动150人次，开展校园周边环境综合整治3次。加大关爱保护未成年人措施力度，开展安全教育讲座26场次，关爱慰问留守、困境、特殊等儿童2800人次。

【新时代文明实践工作】 构建“1+16+559”县镇村三级文明实践体系，实现县镇村三级书记“带头抓”，资源“大整合”，阵地“全覆盖”。选定水寨、华城2个镇和公园社区等48个村作为五华县新时代文明实践所（站）示范点，有效整合公共文化场馆、市民广场、综合性文化服务中心、文体活动中心、党群服务中心等阵地资源，加快推进示范所（站）建设。截至年底，示范所（站）阵地建设完成率达100%。2021年全年开展“我们的节日”“文明健康绿色环保”“球王故里、激情飞扬”、文明餐桌、文明交通、垃圾分类、农业、科技、健康教育等各类文明实践活动1500场。

【扎实开展各类先进典型选树活动】 积极开展各类好人、道德模范、文明家庭等各类典型选树和文明单位创建活动。钟汉清受邀到北京参加中国共产党成立100周年庆典系列活动；缪德良、严满凤、邹艳玲等3人被评为2021年“广东好人”。张燕芳家庭被评为梅州市“十大最美家庭”，刘彩萍家庭被评为梅州市“十大优秀书香家庭”。创建星级文明户9785户。召开“五华县精神文明建设表彰大会暨创建全国县级文明城市工作推进会”，通报表彰五华县精神文明建设先进集体39个，先进个人78名、最佳志愿服务组织20个、最美志愿者30名。

县委宣传部2021年度负责人名录

县委常委、宣传部部长：刘敬东

县委宣传部常务副部长：张景山

县委宣传部副部长：甘　平

张炳锋

五华县融媒体中心

【简况】 五华县融媒体中心是五华县的主流宣传媒体，内设12个正股级内设机构和1个下属企业，包括办公室、财务室、总编室、采编部、影视综合部、广播部、新媒体部、平面媒体部、公益宣广部、传输播控部、信息技术部、产业发展部、下属企业五华县华乐文化传媒有限公司。2021年有干部职工63人。2021年，县融媒体中心认真履行广播电视职责，坚持抓好“四大重点”工作。一是全面加强党的建设，坚持从严治党，不断提高党员干部综合素质。二是紧紧围绕县委、县政府中心工作，牢牢把握正确的舆论导向，抓好宣传报道。三是抓好安全播出工作，把好新闻宣传安全关。四是抓好创收经营管理。全年，广播电台播出新闻稿件2148条，其中被上级台采用30条；电视台播出新闻稿件2148条，其中被上级台采用401条。

【开辟专栏，加强宣传】 2021年，五华县融媒体中心坚持党媒姓党原则，认真贯彻落实全国宣传思想工作会议精神，深入贯彻落实意识形态工作责任制，定期召开会议研判舆情，加强意识形态阵地建设和管理，壮大主流声音。加强新闻宣传指导，加强对新闻、广播、政报、广告的审核把关，牢牢把握舆论导向正确性、准确性。围绕县委、县政府中心工作，精心策划新闻选题、选准报道方式，及时准确、全面深入地宣传报道五华县经济和社会事业发展的新思路、新举措、新典型、新成效。结合全县的重点工作，在电视、微信公众号开设“同心奔小康”“脱贫攻坚答卷”“我为群众办实事”“红色先锋”

"重温红色印记""回眸五华""党史上的今天""学党史、悟思想、办实事、开新局""传播新思想，讲述好故事""数风流人物""百年瞬间""党史百年天天读""展望十四五""乡村振兴在行动""立足新起点 奋斗新征程"等专栏，用百姓喜闻乐见的方式，讲述五华好故事、传播五华好声音、树立五华好形象、传递五华正能量。

【突出宣传重点，服务发展大局】 县融媒体中心坚持党媒姓党原则，坚持团结、鼓劲、稳定、正面宣传为主的方针，紧扣县委、县政府的中心工作，充分发挥主流媒体的舆论引领作用，在电视、广播、报纸和新媒体等媒体平台，重点围绕五个方面抓好宣传。一是围绕庆祝中国共产党成立100周年、党史学习教育、中共十九届六中全会、"十四五"规划开局之年、梅州市第八次党代会、五华县第十四次党代会、县两会、疫情防控、森林防火、乡村振兴、创文创卫等中心工作抓宣传，精心策划新闻选题，进行及时准确、全面深入地宣传报道。二是围绕活动抓宣传，完成春节晚会、教师节、乡村振兴基金会成立、"乡村振兴共同富裕"带头人擂台赛等多场直播，为五华振兴发展提供强大的舆论支持。三是围绕典型抓宣传，对身边好人、志愿者、军人、新时代好少年等先进模范进行专题报道，加强未成年人思想教育，引导广大群众牢固树立共产主义远大理想和中国特色社会主义共同理想，投身全面建设社会主义现代化国家的生动实践，凝聚奋进新征程的强大精神力量。四是围绕形象抓宣传，制作以红色题材、工匠之乡为主题的专题宣传，提升五华对外宣传的影响力。五是围绕公益抓宣传，主要内容为法治建设、社会主义核心价值观、"文明健康""有你有我 文明餐桌""关爱未成年人健康成长"、遵德守礼、市民公约、安全生产、防灾救灾、疫情防控等，利用标语、短视频的方式进行公益宣传，积极培育和践行社会主义核心价值观，着力提高市民文明素质、城市文明程度、城市文化品位和群众生活质量。

【加强人才队伍建设，不断增强采编记者的脚力、眼力、脑力、笔力】 为推进融媒事业健康向前发展，县融媒体中心通过统一招考，新招录10名专业人才，不断充实采、编、制、播、网络技术人才。通过"走出去、请进来"的方式加强中心采编人员的培训，2021年县融媒体中心先后组织15人分别到珠海、广州、市台跟班学习，不断提高融媒体中心创作水平和高质量产出能力，打造一支高素质媒体人才队伍。

【扎实开展安全保障防范工作，确保安全播出】 县融媒体中心把广播电视安全播出工作纳入重要议事日程，按照上级提出"预防为主，完善措施，健全制度，落实责任，确保安全"的工作要求，加强领导，周密部署，定期研究，严明纪律，严格落实新闻报道审核审查、审批"三审"制，建立健全安全播出应急预案，持续加强开展自查和巡查演练工作，以"零容忍"的高压态势，扎实开展好安全播出、技术系统、网络安全和设施保护等安全保障防范工作，确保安全播出。

【扎实推进融媒体制播技术中心建设】 为积极贯彻落实好习近平总书记提出"要扎实抓好县级融媒体中心建设，更好引导群众、服务群众"的重要讲话精神和《国务院关于新时代支持革命老区振兴发展的意见》《广东省广播电视和网络视听推进乡村文化振兴工作实施方案》《关于推动新时代广播电视播出机构做强做优的意见》等文件精神，为补齐公共文化服务短板，全面提高县融媒体中心（广播电视台）的制播能力，丰富文化节目，实现县内无线广播电视信号全覆盖，改善人民群众生活品质，增强革命老区人民获得感、幸福感。根据五华县"十四五"规划和2022年重点建设任务，县融媒体中心扎实推进融媒体制播技术中心建设项目，项目包括建设一栋融媒体制播技术大楼和广播电视发射塔，其中制播技术大楼占地面积3270平方米，总建筑面积约13434.64平方米，主要包括集演艺、剧场、影院功能为一体的800人影剧演播厅、融媒体指挥调度中心、100平方米专题演播室、200平方米多景区演播室、广播电视节目制作、传输、播出等工艺用房、媒资储存用房、无线发射机房、相关功能配套设备用房等；发射塔为钢结构，塔高180米，安装3套地面数字电视、1套调频广播无线发射系统。项目建设共需资金18411.56万元，建设期两年。项目建成后将实现中央广播电视节目和省农村广播电视节目无线发射县域全覆盖，全面提高五华县广播电视节目制播能力。截止年底，中心已按相关规定完成了可研报告、项目立项、建设用地选址、初步设计概算等工作，1亿元政府专项债券资金已经落实到位，争取在2022年动工建设。

五华县融媒体中心2021年度负责人名录

主　任：魏剑玉
副主任：曾　良
廖志波（3月任职）
总经理：魏志锋
总编辑：詹喜赞

统一战线工作

【思想政治建设】　一是认真开展党史学习教育。以集中学习和个人自学相结合，引导党员干部认真学习党史，组织党员干部上专题党课和讲述党史故事，开展"我为群众办实事"实践活动和主题党日活动。经统计，一年来，组织开展领导班子中心组学习会12场次，党支部书记和其他班子成员上党课10场次，组织参观红色革命传统教育基地3个，组织党员干部集中观看专题片10场次。"七一"前后，专题开展"侨心向党"活动、引导台港澳侨人士开展"知史爱国"活动、引导新阶联开展"建党百年，琴音向党"活动。二是加强党规党纪教育，把政治建设落实到党建工作全过程。每季度组织党员干部开展专题学习，教育引导党员干部严守政治纪律政治规矩，时刻保持政治上的清醒坚定，做到"五个必须"，杜绝"七个有之"，落实"三个决不允许"，营造正气充盈的政治生态。三是引导统战领域各团体、协会积极开展专题教育活动。引导新阶联开展主题教育活动6场次，引导宗教场所开展专题活动50多场次。通过开展各类主题教育活动，积极引导统一战线成员牢固树立"四个意识"、坚定"四个自信"、坚决做到"两个维护"，始终同以习近平总书记为核心的党中央保持高度一致，引导全县统一战线成员不断巩固共同思想政治基础。

【民族宗教事务】　一是认真开展民间信仰普查登记工作。经调查，全县共建档民间信仰场所有 331 间，核查出符合条件进行登记编号的有 18 间，筛选河东镇黄坑村石古太王殿与水寨镇协和村李槐千长仁爷纪念亭 2 个点作为民间信仰试点场所。二是扎实推进宗教基础信息数据采集工作。对县内佛教、道教、天主教、基督教四大教 95 间活动场所的教职人员和教徒进行统计，对 331 间民间信仰场所进行信息核实和采集。三是打击宗教渗透，取缔非法宗教活动。开展“打邪制非”专项治理工作，全年共打击非法活动 4 宗，依法取缔非法宗教活动场所 1 间，排查没收非法出版物 183 册，购置《宗教事务条例》2000 册，编发《习近平总书记关于民族宗教工作的重要论述读本》《民族宗教理论政策应知应会知识手册》等 6000 册。四是落实宗教工作三级网络两级责任制，指导监督各宗教场所加大对安全隐患的排查力度，张贴宣传标语 200 幅，发放宣传资料 4000 余份，印制《关于切实做好宗教活动场所安全工作的通知》《关于进一步做好宗教领域疫情防控工作的紧急通知》文件。森林防火期，印制森林防火、疫情防控宣传单 4 万多份发至全县各宗教及民间信仰场所张贴，并组成 4 个检查组，对 95 间宗教场所有针对性地开展疫情防控和消防、食品安全等隐患排查。一年来，累计出动 2000 多人次对各场所开展检查。五是开展“民族团结进步宣传”活动。利用报刊、广播和手机短信、微博、微信等新型媒体，开展以“共同团结奋斗、共同繁荣发展”为主题宣传活动，组成宣传队，深入潭下镇、华城镇公园社区、转水镇黄龙村，现场向干部群众发放宣传资料 500 余册，张贴“民族团结”宣传标语 100 余张。六是发挥宗教界积极作用。引导宗教界人士响应党委、政府号召，坚持宗教中国化方向，发扬优良传统，在扶贫开发、赈灾救灾、扶危济困等社会公益事业方面做了大量工作，树立宗教界服务社会的良好形象。一年来，发动宗教界人士为抗击疫情捐款 30 多万元。

【非公有制经济领域工作】 一是引导工商联积极开展乡村振兴“万企帮万村”活动。一年来，动员 325 家民营企业分别对接挂钩 413 个村，开展企村结对帮扶工作，促进技术、人才、资金、信息等要素更多地向农业农村流动，推力乡村振兴建设。二是完成县级 2021 年工商联（商会）换届工作。推选出 136 名会员代表，选举产生新一届工商联（商会）执委班子，其中成员 92 人、会长 1 人、副主席 17 人、副会长 13 人。三是引导工商联积极创建“五好”县级工商联和“四好”商会。2021 年五华县工商联成功创建全国“五好”县级工商联、五华县创新创业协会成功创建全省“四好”商会。四是加强会员企业党建工作。推动全面从严治党向基层延伸，积极指导非公有制企业组建党组织，组建县工商联会员企业党组织 22 个。通过坚持开展法律宣传月等活动，积极落实“七五”普法以及“法律三进”的要求，重点开展法律法规的学习和宣传活动，印发了 1.2 万多份学习宣传资料发至会员企业，有力地推进五华县非公有制经济组织学法守法进程。五是引导工商联积极参与疫情防控和复工复产工作，通过广泛发动，引导民营企业家们支持广州等地疫情防控，一年来，会员企业捐赠疫情防控物资 320 多万元。

【新的社会阶层人士统战工作】 一是引导

新的社会阶层人士联合会加强基层党建工作。通过增强新联会党支部的战斗力，进一步影响新的社会阶层人士坚定不移感党恩、听党话、跟党走，开展走访慰问基层老党员等一系列活动。二是引导新阶联围绕中心、服务大局，发挥优势、助力发展。三是积极开展学习交流活动。引导新联会开展各类型学习交流活动，接待梅州市和梅县区、大埔县新阶联到五华县新阶联进行考察交流。

【台港澳和侨务工作】 一年来，着力加强与五华籍台港澳侨爱国社团的沟通和联系。一是加强交流与联谊活动。由于疫情原因，虽然未能“走出去、请出来”，依托新成立的台港澳侨人士联谊室，通过线上交流的形式围绕联络联谊、经贸交流、政策服务等方面深化交流与合作，积极向台港澳同胞和海外侨胞“面对面”展示“工匠之乡、宜居五华”魅力城市形象，有效扩大五华的知名度和影响力。二是开展“以侨为桥”工作。结合党史学习教育，组织县内华侨代表举行“知史爱国”活动，缅怀先人，重温红色记忆，共同追忆前辈舍生忘死、共赴国难的艰辛历程，直观感受五华县本土特色企业的历史文化。三是开展国内侨情调研工作。完成国内归国华侨533人信息入库工作，对旅美华侨华人1.6万多人开展初步信息统计。五是团结广大侨胞在内的社会力量，助力五华经济社会发展。

【政协换届工作】 2021年8月以来，县委统战部与县政协办、县委组织部等相关部门密切沟通，全力抓好县级政协换届工作。通过广泛调研与协商，制定县政协换届工作方案，确定五华县十一届政协的总规模为410人，比上届增加100名，通过各镇、各单位、人民团体、社团的提名推荐，完成了210多名非公有制经济人士的综合评价工作以及326名委员人选的考察工作，县政协十一届一次会议委员人选总数为360人。委员中，中共党员137人，占38%（按要求在40%以下），党外人士223人，占62%（按要求在60%以上）；十届委员继续提名111人，占31%，新提名249人，占69%；妇女77人，占21.4%；港澳人士34个预留额，占9.4%（按要求在10%以下）；非公有制经济代表人士123人，占34.2%；大专学历以上232人，占64.4%；平均年龄41.1岁。对比上一届，五华县政协委员人选更加具有广泛的代表性，整体结构更加合理，进退比例比较适当，人选素质明显提高。（曹　敏）

县委统战部2021年度负责人名录

部　　长：甘飞鸿（9月任职）
　　　　　张爱芳（任至9月）
常务副部长：温伟雄（7月任职）
　　　　　李雄青（任至7月）
副 部 长：曾召辉（3月任职）
　　　　　李剑文（任至3月）
　　　　　陈德荣
　　　　　古寿森（任至8月）
　　　　　谢伟贤

机构编制管理

【县级机构改革工作】 2021年，继续完善党政机构“三定”规定文件，印发县民政局、县财政局等2个单位“三定”规定文件，经统计，25个县政府工作部门已印发“三定”

规定文件19个、机构编制调整文件5个（县统计局仍可使用2010年机构改革的“三定”规定文件）。按上级部署和工作需要，继续理顺、调整部分县政府工作部门职能，对县公安局、县农业农村局、县审计局等单位的机构职责编制进行调整。

【乡镇体制改革完善基层治理体系工作】 为探索构建简约高效的基层管理体制，根据中央、省、市的部署，在县委的坚强领导下，县委编办积极总结借鉴镇改革试点工作成效和经验，会同各镇和县司法局、财政局、政数局等部门，通过“五个进一步”继续做好深化乡镇体制改革，完善基层治理体系工作的“后半篇文章”，推动乡镇体制改革落地见效，得到国家级杂志、省级报刊的宣传推介及省市领导的充分肯定和高度评价。一是进一步高位谋划整体推动改革。二是进一步依法依规下放职权。三是进一步优化机构设置和办公场所。四是进一步健全运行机制。五是进一步完善运行保障体系。2021年第1期《中国机构改革与管理》刊登《深化试点镇行政管理体制改革激发镇域发展新活力》，宣传推介五华县华城镇在改革中创新扩权、建制、服务、财模方面的做法；1月18日《南方日报》第A06版广东·社情《“一枚印章管审批”“一支队伍管执法”——梅州五华探索破解乡镇治理“看得见、管不好”难题》报道五华县乡镇体制改革工作成效；省、市委编办领导一行多次到五华开展乡镇体制改革工作调研督导，认为五华乡镇体制改革工作做到“实”“全”“真”，全县上下思想重视，行动配合，措施落实，成效显著，五华县委编办敢担当、敢作为，在全市起到标杆榜样作用；兄弟县区多次到五华县参观交流乡镇体制改革经验，加深兄弟县区之间的感情交流，同时拓宽工作思路和视野，为改革工作提供新借鉴、新思路。

【事业单位改革】 一是优化整合副科级以上事业单位。经过优化调整，五华县现有县直正科级事业单位10个（其中党委系统3个，政府系统7个），精简12个，精简率达54.55%；部门所属正科级事业单位18个、副科级事业单位32个。二是持续推进事业单位改革。2019年事业单位改革共撤销事业单位21个，核减收回事业编制391名；2020年乡镇事业单位改革共撤销事业单位48个；2020年以来，五华县先后两轮对县直事业单位继续深入推进分类改革，共撤销59个事业单位，收回事业编制279名；共撤销事业单位128个，总体精简率27.35%，核减收回事业编制670名。将本地区编制资源大力向教育、卫生等民生领域和建立引进高层次人才“周转池”中倾斜，对比2018年，核增628名中小学校教职员编制，核增923名医疗卫生机构的事业编制。三是全面完成乡镇事业单位规范设置。乡镇统一设置6个事业单位（其中：各卫生院加挂“卫生健康服务中心”和“疾病预防控制中心”牌子，不再加挂妇幼保健计划生育服务站牌子），对1311名乡镇事业单位编制，结合职能进行重新科学合理分配，加强服务保障能力，涉及的干部任免、挂牌办公和人员转隶等配套工作同步跟进，运行机制健全完善。

【机构编制法定化和机构编制监督检查】 一是强化机构编制法治观念。县委编委会以习近平新时代中国特色社会主义思想为指导，深入学习贯彻《中国共产党机构编制工作条例》《机构编制监督检查工作办法》及配套法规制度，提升政治站位，勇于担当作为，全面落实新时代党的建设总要求。二是推进机构编制问题整改。五华县从2017年9月起建立机构编制问题台账，到2019年底经汇总共有182个问题台账，截至2021年12月31日，全县已销号已整改的问题数量有180个，现剩下政策性超编问题2个，完成率为98.90%。全县各类编制均未突破省下达的2012年控编基数。三是统计机关事业单位机构编制情况。截至2021年12月31日，全县机关事业单位共425个，其中：机关单位43个，乡镇16个，事业单位366个；下设（派出）机构69个。全县机关事业单位共有编制25901名，在职21200人，其中：行政编制1930名，在职1649人；政法专项编制725名，在职823人；行政执法专项编制382名，在职272人；事业编制22570名，在职18165人；机关事业编制21名，在职17人；工勤编制2名，在职2人；后勤服务人员数271名，在职272人。四是做好第二次机构编制核查工作。迅速成立工作专班，制订印发工作方案和工作通知，在11月中下旬开展集中对账和实地核实，建立核查工作周报送工作制度，加强与组织人事、财政等部门的协作配合，建立健全情况通报、信息共享等工作机制，确保数据填报质量的真实性、准确性、规范性、完整性，总结形成五华县核查报告，并组织做好核查后续整改工作。

【事业单位登记管理和域名注册工作】 一是完成全县事业单位法人年度报告公示。根据广东省事业单位登记管理系统统计，2021年度应提交年度报告的事业单位有304个，全县提交年度报告293个，报送率96.38%，并在广东事业单位登记管理网进行公示。二是做好机关事业单位登记换证工作。截至12月底，五华县机关群团变更登记33个；事业单位新设立登记13个，变更登记125个，注销登记15个。三是完成2021年事业单位法人公示信息抽查。共抽取12家单位实地核查，并将核查结果通过广东事业单位登记管理网进行公示，及时向社会公开抽查工作相关情况，广泛接受社会监督。四是做好全县机关事业单位域名注册管理工作。2021年，注销中文域名32个，新增中文域名15个，变更中文域名12个；继续积极争取县政府支持，把全县党政机关和事业单位域名注册费用纳入财政统一支付，按时向中央编办缴纳域名经费，续费率100%；机构编制电子政务建设扎实开展，服务水平不断提升。

【党群政法机构编制管理工作】 一是持续推进群团组织改革。深入学习贯彻中央和省市关于加强和改进党的群团工作的意见，牢牢把握群团改革目标任务，对现有（团县委、总工会、妇联、工商联、残联、文联、侨联等7个群团组织）职能和机构编制现状进行全面梳理分析，严格按照《“三定”规定制定和实施办法》，已印发团县委、残联、文联、侨联等“三定”规定，按部署开展妇联、工商联、总工会相关改革工作。二是扎实做好党群政法机构编制管理。贯彻落实上级关于行政复议体制改革的决策部署，全力配合支持政府与政府部门行政复议职责的整合，按照“事编匹配、优化节约、按需调配”的原则，为行政复议工作提供机构编制保障；根据《关于在县（市、区）公安局（分局）国内安全保卫部门加挂境外非政府组织管理办公室牌子的通知》（梅市机编发〔2021〕51号），经县委编委会议研究同意，在县公安局国内安全保卫大队加挂五华县境外非政府组织管理办公室牌子；根据《关于市公安局森林分局机构、职能及人员编制优化调整的通知》（梅市机编发〔2021〕66号），完成了县公安局相关职能调整。

【其他机构编制工作】 2021年，县委编办配合县委、县政府做好相关的机构编制工作，进一步优化退役军人事务机构设置和编制配备，各乡镇事业单位保留退役军人服务站，重新核定各镇退役军人服务站事业编制，16个乡镇的退役军人服务站共增加事业编制38名，全县乡镇的退役军人服务站编制达到86名。专门拿出22个事业编制用于各镇退役军人服务站公开招聘，进一步保障人员编制配备。做好机关、群团组织、事业单位2021年接收安置退役军人、随军家属的编制保障工作。

（李俊尧　宋春燕　黄小娴）

县委机构编制委员会办公室2021年度负责人名录

主　任：陈远云

副主任：古汉琴

唐妙坤

李耀权

党校工作

【教学质量再提升】 认真执行每周一集体研讨、集体备课和新专题试讲制度。本校组织专职教师于2021年初召开集体备课会，共备有《学习贯彻习近平法治思想》《旗帜鲜明讲政治是领导干部最重要的必修课》《发挥党建引领作用，提升基层现代化社会治理》《夯实基层党建引领，助力乡村全面振兴》《讲好梅州足球故事 着力打造五华足球特色文化产业》等专题；结合党中央、省委、市委、县委最新会议精神与工作部署，结合党史学习教育，围绕社会热点问题，及时组织集体研讨、集体备课，形成《以史为鉴 开创未来——学习贯彻习近平总书记“七一”重要讲话精神》《深入领会党的十九届六中全会精神——认真学习党的百年奋斗重大成就和历史经验》等共28个新专题。2021年五华县委党校选派黄敬德、徐琴、钟爱那老师参加市委党校举办的精品课交流会，其中黄敬德老师的《学习贯彻习近平法治思想》、徐琴老师的《旗帜鲜明讲政治是领导干部最重要的必修课》获评为2021年梅州市党校系统“用学术讲政治”优秀课（分校）。

【狠抓科研】 积极开展本土红色文化挖掘等专题调研活动，形成相应调研报告。全体专职教师共撰写有专业论文《新媒体时代党校党建新模式探究》《新形势下企业党建思想政治工作的加强与创新》等13篇，张志强副校长、钟爱娜老师分别撰写的论文《关于五华县红色资源保护开发利用的实践与思考》《关于五华县红色教育资源开发的调研报告》入选梅州市“铭记光辉历史 传承红色基因”调研成果交流会。张志强副校长主持的梅州市哲学社会科学2021年度规划立项课题“贯彻落实乡村振兴战略的实践与思考——以梅州市五华县为例”于4月获批结题。

【干部培训】 2021年，中共五华县委党校

2021 年 4 月 12—16 日，在中共五华县委党校举办村社党组织书记推进乡村振兴专题培训班（党校提供）

（以下简称党校）按照年初制定的年度培训计划，共举办主体培训班 11 期，培训各级各类党员领导干部 2449 人次；挖掘利用古大存故居、双华竹山阻击战、黄国梁故居、华城东征军政治部旧址等红色资源，打造为党校开展党员干部教育培训的现场教学点。县委党校迁建至梅林之后，充分利用新校区和各红色现场教学点，在举办好主体班次的同时，承办校外培训班 14 期，1455 人次；围绕党史学习教育、中共十九届六中全会等内容及五华红色资源开发《学党史，知党情，强党性，践党行》《认真学习党史、牢记初心使命》《我要加入中国共产党》等专题课，积极派出优秀骨干教师为各镇各系统、各单位授课共 113 场次、共培训约 2 万人。

【党校智库、资政作用】　结合党史学习教育工作部署，确定三个亟须解决的问题作为调研课题并深入探讨解决对策，形成《关于充分挖掘县内红色资源打造具有红色革命特色教育的党性教育基地及现场教学点的调研报告》《关于五华县足球产业发展的调研报告》《夯实农村基层党建，引领乡村振兴战略——关于五华县农村基层党建情况的调研报告》，在推进党性教学基地和现场教学点工作上、在办好主体班、增强培训实效上均已取得较大收获。同时，积极派出专家参加五华县 2021 年国家机关“谁执法谁普法”履职报告评议活动评议团工作，发挥党校智库和资政作用。

【中共五华县委党校正式迁建启用】　党校建设项目于 2019 年 6 月动工，总投资 2.3 亿元，占地 6.2 万平方米，建筑面积 5.3 万平方米，绿化面积 2.3 万平方米，于 2020 年 12 月竣工投入使用，3 月 25 日举行县委党校迁建启用仪式，标志着历时一年多建设的新党校正式投入使用。今后，中共五华县委党校将充分发挥培训全县党员干部的主渠道、主阵地作用，主动承担县内党员干部培训工作任务，同时依托五华深厚而独特的苏区红色革命文化资源，积极与高等院校互动，承接珠三角地区、全国各地的党员干部培训需求，围绕办学有特色、资源有优势、课程有亮点、培训有成效的“红色学府、向往之地、创新智库、共享平台”的发展目标，全力打造全国县级示范党校。

中共五华县委党校 2021 年度单位领导名录

校　　长：钟光振（任至 9 月）
　　　　　罗瑞金（9 月任职）
副 校 长：田景青（10 月任职）

张志强（10月任职）

中共五华县直属机关工作委员会

【简况】 2021年，县直机关设有党群、宣传、政法、政府、农业、经贸、交通、科教、计划、建设、财税、经济开发区共12个系统党工委，县直机关工委坚持以习近平新时代中国特色社会主义思想为指导，认真贯彻落实中共十九大精神、习近平总书记关于机关党建的重要论述和新时代党的建设总要求，按照县委加强党的基层组织建设三年行动计划和县第十四次党代会精神，围绕“围绕中心、建设队伍、服务群众”目标，结合党史学习教育，着力抓好党员政治理论武装，深化模范机关创建，不断理顺党组织管理体系，提升基层党组织组织力，为高质量构建“一城两带四区”发展新格局，打造业兴人和、长治民乐的“工匠之乡·宜居五华”提供坚强的政治保证和组织保证。

【思想政治建设】 注重政治理论学习。坚持用习近平新时代中国特色社会主义思想武装头脑。带头学习习近平新时代中国特色社会主义思想，把学习习近平新时代中国特色社会主义思想作为机关党员的首要政治任务，组织县直100多名基层党组织书记、党务干部进行培训。督促指导各党组织坚持第一议题制度，组织党员干部认真学习中共十九大精神和十九届历次全会精神、习近平总书记“七一”重要讲话、对广东系列重要讲话和重要指示批示精神、《习近平谈治国理政》《习近平新时代中国特色社会主义思想三十讲》和省、市、县委全会精神，不断提高政治站位，增强“四个意识”、坚定“四个自信”、做到“两个维护”。

抓好理想信念教育。坚持把“不忘初心、牢记使命”作为加强党的建设的永恒课题和全体党员的终身课题，巩固拓展主题教育成果。指导各系统党工委结合党史、新中国史、改革开放史、省市县情，深化爱国主义教育；积极落实《关于组织县直和中央、省、市属驻五华单位党组织和在职党员到社区报到开展服务的方案（试行）》，做好县直机关开展“双报到”工作的同时，组织工委在职党员到河东社区报到，开展各类志愿服务活动。

坚持党管意识形态工作。督促各党委（党组）按照意识形态工作要求，做好每年的专题研究部署，纳入党建计划，扎实开展专题学习研究，抓实意识形态阵地建设管理。在工委建立文明实践站，组织工委干部认真学习习近平新时代中国特色社会主义思想等，筑牢政治意识。未出现涉意识形态安全事件。

【疫情防控】 一是认真贯彻落实国家和省、市、县委关于新冠疫苗接种工作的部署要求，组织工委干部职工及家属全力做好新冠疫苗接种工作。二是根据县委县政府统一部署，抽调3人到水寨镇罗湖村、澄湖村、长布镇源潭村做好新冠肺炎疫情防控、疫苗接种等工作。

【组织建设】 压实机关党组织书记抓党建工作主体责任。制订印发《2021年县直机关工委党建工作要点》，定期开展机关党建工作督查，筑牢党组织书记抓党建主业意识。2021年新建党组织13个，督查党组织60个，指导48个党组织按期换届。

注重抓示范带动。组织系统党工委围绕新一轮《五华县加强党的基层组织建设三年行动计划（2021—2023年）》，结合党史学习教育，深化“党建品牌”创建活动，在县直机关各行业中筛选打造党建示范点37个，充分发挥示范引领作用，推进机关党建工作高质量发展。

强化党员教育管理监督。坚持执行“三会一课”制度，利用县委党校和五华县的竹山村“红色村”、古大存故居等119处革命史迹和党员党性教育平台，以“铭记光辉历史，传承红色基因”革命传统教育为主题，开展红色教育主题党日活动；观看《生死坚守》《绝密使命》《中国医生》《生命谁先》等红色影视，使广大党员干部在重温党史中坚定理想信念；利用“打卡广东红”小程序平台，引导党员干部重温百年党史，增强党员党性观念，提升党组织战斗力和凝聚力。

积极开展主题活动。按照“双报到、双服务”文件要求，组织县直单位党组织到村、社区党组织结合2021年度工作通报会、2022年工作务虚会、微民生实事征集会以及党建指导、政策宣传、走访慰问困难群体、庆元旦送温暖、点亮微心愿活动等，开展形式多样的“双报到、双服务”活动。据统计，县直机关党组织到村、社区党组织组团开展服务329次、解决民生实事136件、投入资金31.8万元、党员报到开展服务11611人次。

做好党员发展工作。严格按照《中国共产党发展党员工作细则》要求，突出政治标准，注重发展质量，严格审核把关，做好发展党员工作。2021年，发展党员225名，组织100名预备党员进行入党宣誓，培训入党积极分子300多名。

【作风建设】 抓好党风廉政建设。深入贯彻落实五华县纪委十三届六次全会精神，认真贯彻落实《五华县推进“两个责任”落实工作方案》《2021年全县开展纪律教育学习月活动的意见》，切实履行好主体责任、监督责任，以“学党史悟思想，守纪律铸忠诚”为主题，通过理论学习中心组学习、警示教育等形式，学习习近平总书记在庆祝中国共产党成立100周年大会上的重要讲话精神、上级通报的违反政治纪律政治规矩典型案例和县纪委监委“每月一案例”等等，增强党员干部廉洁自律意识。

抓好巡察反馈意见的整改工作。根据县委第四巡察组反馈意见，对巡察反馈3个方面共17个问题，高度重视，照单全收，严格按照巡察组的反馈意见和要求，从讲政治、讲党性的高度，以最坚决的态度和有效的措施，认真抓好整改落实。10月中旬前，对巡察反馈问题已全部完成整改，共建立健全完善10项制度、3个台账、3个计划、2个方案。

持续抓好机关作风评议。制订《机关作风评议实施方案》，聚焦职能发挥、工作作风、服务质量、机关形象等方面，采用群众评议、企业评议、“两代表一委员”评议、网络评议等4种方式，对作风建设成效进行评议，有效推动各单位履行好自身职能。认真贯彻落实县委、县政府决策部署，进一步转变工作作风，提高了服务质量，机关形象效能明显提升。2020年评定作风建设先进单位24个，全县83个机关单位作风评议得分全部达到80分以上。

抓好模范机关创建。制订《关于深化县直机关模范机关创建的实施方案》，组织县直各单位围绕“讲政治、守纪律、负责任、有效率”，坚持以问题为导向，从细处实处着手，查摆、梳理出12类322个问题，针对问题制订整改方案，明确整改时限等。成立4个督导组，采用查、听、看等方式，对各单位模范机关创建情况进行督导评估，推进模范机关创建工作扎实开展。

抓好机关党员干部“八小时”以外管理。把谈话提醒、抓早抓小、全面从严治党要求落到实处，组织县直机关党员开展读书活动、好家风好家教、生活垃圾分类宣传等各类活动，积极参与五华县创文创卫工作。

【其他工作】 突出政治引领，抓好党建带群建。加强对群团组织的政治引领，加强与工会、共青团、妇联的沟通联系，大力开展“工人先锋号”“青年文明号”“巾帼文明岗”等创建活动，发挥群团组织战斗堡垒作用。

服务大局，全力落实县委县政府其他工作。一是开展好机关干部“回乡联村”，协助澄湖村、源潭村做好乡村振兴工作、卫生村创建等工作。二是积极参与“双创”工作，围绕《文明单位测评体系》开展文明单位创建，做好文明礼仪、好人好事、道德楷模的宣传教育。三是2021年超额完成了征兵任务，有12名优秀青年入伍。四是积极配合开展“扫黑除恶”“禁毒”等专项整治工作，树立“安全第一”观念，抓好安全生产工作。

中共五华县直属机关工作委员会2021年度单位负责人名录

书　　记：谢瑞狮（12月任职）
　　　　　曾繁泼（任至12月）
常务副书记：曾繁泼（12月任职）
副 书 记：张政浪
　　　　　黄灼满

五华县人民代表大会

主要会议

【县十六届人大一次会议】 2022年2月22—23日，五华县第十六届人民代表大会第二次会议在县城水寨召开。本次大会应到会代表443人，实际到会代表382人，占代表总数的86%。县人大代表的县委、县政府、县政协领导班子成员、市管二级调研员、县人武部部长、县纪委监委副书记（副主任），非代表的县五套班子领导成员，出席列席县政协十一届二次会议委员部委办和中央、省市驻五华正科级单位主要负责人，政府办副主任，各镇党委书记、镇长、高（职）中校长列席会议。大会议程：1.听取和审议五华县人民政府工作报告；2.审议五华县2021年1—10月国民经济和社会发展计划执行情况与11—12月工作设想的报告；3.审议五华县2021年1—10月预算执行情况和11—12月工作设想的报告；4.听取和审议五华县人大常委会工作报告；5.听取和审议五华县人民法院工作报告；6.听取和审议五华县人民检察院工作报告；7.选举；8.其他。

2021年11月16—18日，五华县第十六届人民代表大会第一次会议在县城水寨召开（县人大提供）

监督工作

【持续增强监督实效】 常委会坚决贯彻县委工作部署，制定并严格执行《五华县人大常委会2021年监督工作计划》，做到正确监督、有效监督、依法监督。聚焦发展第一要务，推动培育壮大实体经济，开展工业园区征拆安置工作视察，对园区拆迁安置和工业园平台发展进行实地调研，提出了集约土地资源、加速产业集聚、培育产业集群、落实安置措施等意见建议9条，助推全县工业经济发展。聚焦乡村振兴，督促政府积极推进城乡生活垃圾分类处理、镇级生活污水设施建设运营等公共基础设施建设，实现五华县生态环境状况持续好转。推动落实审计查出突出问题向人大常委会报告机制，对于年度审计查出的6个方面突出问题开展整改情况专项监督，督促建立健全规章制度6项，促进审计整改“标本兼治”。

【重点领域监督】 听取和审议国有资产管理情况等专项工作报告10项，开展《中华人民共和国野生动物保护法》《中华人民共和国民法典》执法检查2项，组织视察非物质文化遗产传承保护、镇村污水处理和排放、“四好农村路”建设等工作4次，专项评议信访、科工商务、应急管理、退役军人事务等工作情况报告，提出整改意见16条，促成政府出台《五华县儿童青少年近视防控光明行动实施方案》等工作方案，监督的针对性和实效性得到提高。首次听取和审议县监委关于开展扶贫领域腐败和作风问题专项治理工作情况的报告，围绕强化监督保障、持续保持高压态势、注重以案促治、加强自身建设等方面提出意见建议。

人事任免工作

【规范任免程序】 人大常委会严格遵循党管干部的原则，坚决贯彻组织人事意图，依法履行任免权。通过规范程序，严格对任免的干部进行任前法律知识学习考试，坚持实行任前见面和发言、现场颁发任命证书和举行宪法宣誓等制度，增强被任命人员的光荣感、责任感和使命感，提高依法行政和接受人大监督的自觉性。全年，任免国家机关工作人员76人次。

代表工作

【换届选举】 在县委的直接领导下，人大常委会党组严格按照《中华人民共和国全国人民代表大会和地方各级人民代表大会选举法》《中华人民共和国全国人民代表大会和地方各级人民代表大会选举实施细则》的规定，切实加强组织领导，广泛宣传动员，精心组织安排，严格法定程序，依法推进换届选举各阶段工作，做到坚持党的领导、人民当家作主、依法治国有机统一。全县共划分237个县代表选区，706个镇代表选区，共有109.7276万名选民参加投票，参选率达97.42%，依法选举县人大代表445名，镇人大代表1731名。顺利举行县十六届人大一次会议，回顾过去五年来的人大工作，总结经验，部署了今后五年人大努力方向，选举产生新一届领导班子。认真做好市八届人大一次会议的服务工作，五华代表团在政治上、思想上、纪律上、行动上与市委保持高度一致，保证大会各项议程特别是选举议程的圆满成功。

【“双联系”】 充分发挥各级人大代表植根群众、联系广泛的优势，代表在乡村振兴工作中主动担当作为，带头创办现代生态农旅园、茶叶种植等一批农业企业，从产业、人才、技术等方面发挥作用，助力脱贫攻坚与乡村振兴有效衔接。深入推进县镇人大“巩固基础、强化履职”两年行动（2021—2022年）计划，结合“我为群众办实事”实践活动，精心开展“更好发挥代表作用”主题活动，拓宽代表与群众联系的渠道，为群众解决实际问题。累计参与活动的各级人大代表1100余人次，接待选民和群众1205人次，收集意见建议106条，现场解决52条，转相关部门解决答复54条。主动配合全县疫情防控工作，向全县各级人大代表发出倡议书，号召广大代表在全员核酸检测、做好联防联控、助推科学防疫、落实管控措施等方面作出表率。据统计，各级人大代表累计捐资捐物价值超过400万元，助力疫情防控工作。

【代表联络站建设】 印发《关于组织五华县的各级人大代表到代表联络站开展接待选民和群众活动的通知》，加强对镇级人大办理联络站代表和群众意见建议的督促检查。全县共建成中心联络站16个，村级联络站62个，各级代表到代表联络站开展活动460场次，接待选民和群众1800余人次，组织各级代表开展专题调研、视察、召开座谈会、走访群众等各项小组活动63场次，形成代表建议36条，推动解决一批涉及人民群众切身利益的热点难点问题，为人大代表闭会期间开展活动、联系群众和发挥作用搭建了实践平台。

机关建设

【强化政治定力】 人大常委会始终坚持把学习宣传贯彻习近平新时代中国特色社会主义思想，习近平总书记在庆祝中国共产党成立100周年大会、党史学习教育动员大会、中央人大工作会议的重要讲话精神和中共十九届六中全会精神作为首要政治任务，严格落实“第一议题”学习制度，深刻领悟“两个确立”重大历史意义，自觉增强“四个意识”、坚定“四个自信”、做到“两个维护”，全年建立“第一议题”学习台账18项。制定贯彻落实中央、省委人大工作会议精神实施方案，建立常委会领导班子成员挂点联系督导各镇人大工作机制，自觉把党中央决策部署和省委、市委、县委工作安排逐项落实到人大监督、代表工作和自身建设中去，把牢新时代推动人大工作高质量发展的主旋律。

【贯彻县委工作部署】 县委的人大中心工作就是人大工作的出发点和发力点。常委会坚持把党的领导贯穿人大工作全过程各方面，严格落实重大事项请示报告制度，全年向县委书面请示报告14件次，并根据县委批复意见抓好落实。围绕县委开展“十大专题调研”工作，会同县直有关单位组成重点民生建设专题调研组，围绕城乡一体化集中供水、完善疫情防控体系、落实教育公平等7个重点民生建设专题进行了调研，分析存在问题23个，提出意见建议27条，进一步助推县委决策部署的落地落实，增进五华苏区民生福祉。

【服务中心工作】 按照县委的部署，组织常委会领导和机关干部职工认真做好创文创卫、回乡联村、平安建设、安全生产、精准扶贫等工作，落实网格化管理。深入党支部联系点开展联系服务工作，投入资金3万元用于帮扶社区老旧小区改造，选派机关13名干部开展挂镇联村工作，并安排1名干部担任驻村第一书记，协助所在村开展乡村振兴、疫情防控等工作，累计争取资金30多万元用于驻镇帮镇扶村工作。

五华县人民代表大会常务委员会 2021 年度单位负责人名录

主　任：邓伯锦（任党组书记至 9 月，任主任至 11 月）
　　　　钟光振（9 月任党组书记、主任人选，11 月当选主任）

副主任：谢国泉（11 月任职）
　　　　李伟华（任至 11 月）
　　　　张　裕（11 月任职）
　　　　曾冬云（女）
　　　　李永浩
　　　　李清昌
　　　　黄永响（11 月任职）
　　　　温志清（任至 11 月）

县人大常委会办公室

主　任：李雄青（7 月任职）
副主任：黄　浩

县人大常委会农村农业工作委员会

主　任：魏少洲
副主任：高东贤

县人大常委会财经工作委员会

主　任：黄叨明
副主任：林国标

县人大常委会教科文卫工作委员会

主　任：魏宇华（7 月任职）
副主任：曾小霞（女）

县人大常委会监察和司法工作委员会

主　任：魏晓斌
副主任：邓文兰（女）

县人大常委会选举联络人事任免工作委员会

主　任：何枢球（任至 3 月）
副主任：李　云（女）

县人大常委会城乡建设环境与资源保护工作委员会

主　任：古菊开（3 月任职）
副主任：魏炎良

县人大常委会社会建设工作委员会

主　任：李作华（任至 7 月）
副主任：李月容

五华县人民政府

五华县人民政府主要会议和事项

1月5日上午，县委副书记、县长朱少辉率队深入到梅蓄项目建设现场调研数据分析中心建设工作，研究讨论推进相关事宜。

是日，县委副书记、县长朱少辉率队到华阳镇小拔村、红洞村，梅林镇新塘村、新成村调研督导村（社区）“两委”换届选举、森林防灭火以及脱贫攻坚等工作。

1月25日，中国共产党五华县第十三届委员会第十三次全体会议召开。县委书记吴晖代表县委常委会作报告，并就《建议（讨论稿）》向全会作说明，县委副书记、县长朱少辉就经济工作作专题讲话。

1月26日下午，广东生态工程职业学院博士工作站揭牌仪式在长布镇太平村举行，广东生态工程职业学院院长廖金玲，县委副书记、县长朱少辉、县领导招业斌等共同为工作站揭牌。

2月4日上午，县委副书记、县长朱少辉到县经委宿舍看望慰问了离休老干部李新雄，向他传递党和政府的关怀与温暖，为他送上慰问金和慰问品，并致以节日问候和新春祝福。

2月9日，梅州市委副书记、市长张爱军到五华县安流镇，就深入学习贯彻习近平总书记重要讲话和重要指示批示精神，抓好中心镇管理体制改革，推动镇域产业发展和镇域品质提升工作进行调研。

2月12日大年初一，县委副书记、县长朱少辉率队看望慰问了春节期间坚守一线岗位工作人员和留在五华过年外省籍教师，代表县委、县政府向他们送上新春祝福，并致以衷心的感谢，勉励他们继续发扬奉献精神，确保人民群众过一个欢乐祥和的新春佳节。

2月18日，县委书记吴晖，县委副书记、县长朱少辉一行到县委办、县政府办、县纪委监委以及行政服务中心窗口单位，走访看望干部职工，并送上新春祝福。

是日，县委副书记、县长朱少辉一行调研五华县华城水厂至县城供水管网工程贯通试运行工作。

2月22日下午，梅州市委副书记、市长张爱军率队调研梅龙高铁项目建设，听取沿线征地拆迁和项目建设情况汇报，现场协调解决项目建设存在的困难和问题。

2月23日，国家开发银行广东省分行党委书记、行长刘浩率调研组到五华县，就国家储备林项目进行实地调研。

3月1日下午，县委副书记、县长朱少辉率队调研五华县春耕春种工作，强调要不误农时抓好农业生产，组织广大农民有序开展好春耕春种，确保2021年五华县农业稳产和农民增收。

3月7日下午，广东省五华商会在广州召开三届一次会员大会暨理事会就职典礼仪式，选举广东东升实业集团董事长赖松谷为新一届会长。广东省老促会会长陈开枝，广东省军区原副司令员陈添林将军，总参三部原副部长古建中将军，梅州市委常委、副市长霍阳，五华县委书记吴晖、县委副书记、县长朱少辉到会祝贺。

3月10日上午，全县党史学习教育动员大会召开。县委书记吴晖主持大会并讲话。

3月11日上午，丰顺县党政考察团一行到五华县，就红木特色产业发展、足球特色产业发展、文旅体融合、新农村示范村建设、城市管理（创文创卫）和万里碧道建设等方面的好经验好做法进行考察交流，兄弟县一同携手共进、拼搏争先、奋力发展。

4月3日上午，按照省财政厅和市财政局的统一部署，五华县举行“数字政府”公共财政综合管理平台系统上线启动仪式。县长朱少辉、副县长张裕，县政府办公室主任陈群添出席了系统上线启动仪式。

4月7日下午，暨南大学附属第一医院托管五华县人民医院合作意向签约仪式在五华县举行。

4月8日上午，粤东智慧能源数字产业基地项目启动仪式在五华县举行。项目将为五华县数字经济发展增添新动力，也标志着五华县向构建多元绿色产业体系又迈出坚实一步。

4月28日，梅州市“三项工程”高质量发展现场推进会暨首届“南粤家政”技能大赛在五华县召开梅州市五华“南粤家政”服务超市、五华县四星级月子中心揭牌成立，拉开了整场活动的帷幕，吹响了梅州市“三项工程”高质量发展的号角。

5月7日上午，梅州市农村工作会议暨实施乡村振兴战略现场推进会考察组到五华县华城镇进行参观考察，考察组通过观摩五华县乡村振兴工作中的生动实践，互学互鉴好经验、好做法，进一步探索乡村振兴工作新机制、新路径。

5月20日，省交通运输厅一级巡视员王富民率队到五华，就国省道、农村公路等普通公路建设进行实地调研。

5月25日，五华县召开梅州综保区政策宣讲暨五华县政银企座谈会，通过政策宣讲和交流座谈，帮助五华企业用足用好政策，解决经营发展难题，推动五华县经济促稳提质。

6月8日上午，五华县乡村振兴局正式挂牌成立，标志着五华县在全面打赢脱贫攻坚战后，正式开启全面推进乡村振兴、加快农业农村现代化的新征程。

6月17日晚，梅州市体育局党组书记、局长陈建新率市局调研组一行到五华开展全运会五人制足球比赛项目备战训练工作调研。

6月25日，市委副书记、市长张爱军到五华县开展“七一”走访慰问活动，看望老党员、烈士遗属和因公牺牲的党员家属，为他们送上党组织的温暖和关怀，并致以节日问候和诚挚祝福。

7月7日，省自然资源厅原二级巡视员、省国土空间生态修复协会首席专家李永洁率省调研组一行到五华，就生态修复工作开展情况进行实地调研。

7月14日上午，五华县召开生态环境保护重点工作推进会。

7月15日，五华县召开制造业数字化转型工作推进会暨政企座谈会，贯彻落实省、市制造业数字化转型工作推进会精神，研究部署五华县制造业数字化转型工作。

7月23日，省交通运输厅副厅长王富民一行率队到五华县调研高速公路建设，协调解决推进大丰华高速公路连接线项目工程建设。

7月26日，县委副书记、县长朱少辉以普通党员身份参加所在的县政府办公室秘书股党支部党史学习教育专题组织生活会。

8月31日，五华县工商业联合会（商会）在五华县国际酒店召开第十六次代表大会。大会回顾和总结了过去五年来工商联的工作，安排和部署下一阶段工作，选举产生了县工商联（商会）第十六届执行委员会。

9月3日上午，全县乡村振兴工作会议暨驻镇帮镇扶村领导小组第一次（扩大）会议召开，深入学习贯彻习近平总书记关于“三农”工作的重要论述，贯彻落实中央部署和省、市工作安排，全面总结近期五华乡村振兴工作，并对下一阶段乡村振兴工作进行部署。

9月9日上午，五华县庆祝2021年教师节大会召开，表彰在教育教学工作中取得优异成绩的先进单位和个人，弘扬崇文重教的优良传统，奋力推动五华教育再创佳绩。

9月12日下午，县委副书记、代县长丘炀到棉洋镇、安流镇、横陂镇调研督导中央生态环境保护督察交办信访件整改情况、疫情防控和疫苗接种工作。

9月16日下午，县委副书记、代县长丘炀率队到郭田镇调研景田百岁山矿泉水项目推进工作，实地察看项目建设进度，详细了解项目建设中存在的困难，并就一些亟待解决的问题现场调度，为项目推进提供强有力的保障。

9月20日上午，县委副书记、代县长丘炀率慰问组一行到县消防大队、综合应急大队等地，亲切看望慰问节日期间坚守工作一线的干部职工，代表县委县政府向他们致以节日的祝贺和亲切的问候，对他们节日期间坚守一线岗位表示衷心的感谢。

10月29日下午，梅州五华与南方电网调峰调频发电有限公司签订新抽水蓄能电站项目框架协议。五华县委书记朱少辉，县委副书记、代县长丘炀，南方电网调峰调频发电有限公司董事长刘国刚、副总经理李定林，梅州蓄能发电有限公司执行董事朱金华等出席签约仪式。

10月25日上午，中国共产党五华县第十四次代表大会开幕。

10月27日上午，中国共产党五华县第十四届委员会第一次会议召开，选举产生中国共产党五华县第十四届委员会常务委员会委员和书记、副书记。朱少辉当选为县委书记，丘炀、宋学希当选为县委副书记。朱少辉主持会议并代表新一届县委领导班子讲话。

11月4日，县委副书记、代县长丘炀率队调研卫生健康工作。他强调，各级各部门要认真贯彻落实县第十四次党代会精神，抓严抓细抓实疫情防控常态化各项措施，树牢“全县一盘棋”的思想，齐心协力、攻坚克难，协调解决卫健重点项目建设过程中遇到的困难和问题，共推五华卫健事业向前发展。

11月9日，广东省应急管理厅党委书记、

厅长王中丙率队深入梅州市五华县，抽查在建项目工地和非煤矿山安全生产工作落实情况。

11月13日，省政协人口资源环境委员会主任凌锋率省政协调研组到五华开展“打好农村生活污水治理攻坚战”民主监督调研。

11月16日上午，五华县第十六届人民代表大会第一次会议在县党政大楼大会堂开幕。

是日，县委副书记、代县长丘炀，县政协党组书记詹庆东参加县政协十一届一次会议界别委员座谈会，听取广大委员的意见和建议，和他们一起为打造业兴人和、长治民乐的“工匠之乡·宜居五华”共谋发展大计。

11月18日下午，五华县第十六届人民代表大会第一次会议在五华县党政大楼大会堂胜利闭幕。会议选举产生了新一届五华县人大常委会组成人员、县政府领导班子，以及县监察委员会主任、县人民法院院长、县人民检察院检察长。经大会依法选举，钟光振当选县人大常委会主任，谢国泉、张裕、曾冬云、李永浩、李清昌、黄永响当选为五华县第十六届人民代表大会常务委员会副主任。丘炀当选县人民政府县长，张少凡、罗丽思、赖俊香、李政江、温定基、丘武秋、邝逸平当选为五华县人民政府副县长。幸国平当选为五华县监察委员会主任，曾梅麟当选为县人民法院院长，李伟华（女）当选为县人民检察院检察长（根据法律规定，须报梅州市人民检察院检察长提请梅州市人大常委会批准）。大会还选举产生出席梅州市第八届人民代表大会的代表，以投票表决的方式审议通过了五华县人民政府工作报告、五华县人大常委会工作报告、五华县人民法院工作报告、五华县人民检察院工作报告的决议草案。

11月22日，省农业农村厅副厅长黄斌民到五华调研柚果产业发展。他强调，要全力补齐柚果产业发展的短板，明确梅州柚的发展方向和定位，全力推动柚果精深加工发展，延伸柚果发展的产业链条，把梅州柚打造成全国柚子的“服务站”“加油区”。

11月23日，县委副书记、县长丘炀到挂点镇——棉洋镇，就疫情防控、乡村振兴、党史学习教育、撂荒地复耕、基层党建等工作进行实地调研，并走访低保户。

11月25日，五华县举行绿色新型建材产业园项目投资签约仪式，华润水泥控股有限公司党委委员、副总裁李保军，华润水泥控股有限公司华南大区党委书记、总经理程实，五华县委书记朱少辉，县委副书记、县长丘炀等参加签约仪式。

11月30日，番禺区·五华县对口帮扶党政联席会议在五华召开，双方围绕对口帮扶、乡村振兴、产业帮扶等工作取得的成效、遇到的问题和下一步工作计划开展富有成效的沟通交流。

11月30日至12月1日，番禺区委副书记、区长叶珊瑚率队到五华调研驻镇帮镇扶村及对口帮扶工作，研究推进新时期乡村振兴驻镇帮镇扶村和对口帮扶工作。

12月10日上午，县府办秘书股党支部召开党员大会。县委副书记、县长丘炀参加活动并作专题党课辅导，与县府办秘书股党支部党员们一同深入学习贯彻习近平总书记在中共十九届六中全会上的重要讲话精神和全会精神，引导党员们学做结合、知行合一，积极作为、勇当先锋，为五华高质量构建“一城两带四区”发展新格局，打造业兴人和、长治民乐的“工匠之乡 宜居五华”

作出新的贡献。

12月25日上午，以“大匠南粤（五华）”为主题的2021第四届广东“南粤工匠”高峰论坛在五华县举行，进一步弘扬工匠精神，展示五华县建筑业的整体实力，助推五华县创建“建筑之乡”。

是日，梅州市委副书记、市长王晖到五华县，就深入学习贯彻中共十九届六中全会精神和习近平总书记对广东系列重要讲话、重要指示批示精神，落实市第八次党代会部署要求，调研产业发展、企业生产经营、重点项目建设、乡村振兴和信访工作等情况。

五华县人民政府2021年度领导名录

县　　长：朱少辉（任至11月）
　　　　　丘　炀（11月任职）
常务副县长：宋学希（任至9月）
　　　　　张少凡（11月任职）
副 县 长：罗丽思（11月任职）
　　　　　招业斌（挂职）
　　　　　甘飞鸿（任至9月）
　　　　　谢国泉（任至11月）
　　　　　张　裕（任至11月）
　　　　　赖俊香
　　　　　李政江
　　　　　温定基（11月任职）
　　　　　丘武秋（9月任职）
　　　　　邝逸平（9月任职）

县政府办公室

【办文办会办事】 制定出台《五华县人民政府办公室公文处理办法》《五华县人民政府办公室关于进一步提高公文处理效率和质量的通知》，进一步精简公文数量，规范处理程序，切实改进文风，提升公文质量。全年共发出政府文件441件，办公室文件157件；收发处理传真1024件，上级来文6985件，群众来信来访和上级批转信件112件；参与政府举办的大型活动组织协调9场次，组织县政府常务会议22次，专题会议52次，其他各类会议483次，布置会场362次。

【调查研究工作】 围绕县委、县政府中心工作，聚焦教育、医疗、卫生等领域群众关心关切的突出民生问题，撰写调研报告9篇，印发政策时讯9期；调研报告、领导参阅得到县委、县政府主要领导批示6次。向市报送政务信息12篇，其中《五华“三大园”成农户增收“聚宝盆”，助推乡村振兴“加速跑”》《“五个统一”高标准打赢农村集中供水全覆盖攻坚战》被市政府采纳并报省政府。高质量完成《政府工作报告》《经济工作报告》等重要文稿，撰写县政府和办公室综合性文稿900多篇。

【金融工作】 充分发挥“应急转贷”资金和中小微企业风险补偿基金作用，着力解决企业融资难、融资贵问题，助推中小微企业健康发展。全年完成“应急转贷”43笔、金额4.513亿元，圆满完成县委、县政府下达的年度重点目标任务。出台《五华县银行业金融机构服务地方经济发展的考核办法》，积极鼓励金融部门加大资金投放力度，支持五华地方经济发展。全县未发现有P2P网络借贷、股权众筹等注册公司，五华农商行、惠民村镇银行不良贷款率分别为1.6%、1.55%，均不存在金融风险。2021年全县各项存款余额341.59亿元，同比增长8.09%；各项贷款余额209.75亿元，同比增长

10.37%；存贷比 61.4%。

【综合协调工作】 充分发挥综合协调职能，在做好自身“三办”“三服务”工作的同时，协助县疫情防控指挥部做好应急值守、文件收转、信息发布等各项工作。全年处理上级疫情防控文件 1600 多件，以县指挥办名义印发通告、通知等各类文件 309 件，组织召开疫情防控工作会议 140 多场。

【职能转变工作】 抓好“放管服”改革和政府职能转变的综合协调，把涉及 13 个县直部门 118 项全程委托事项和 130 项初审事项下放乡镇就近办理，完成全县 32 个有关单位 1636 项政务服务事项实施清单编制。进一步推广电子证照应用，实现群众“免证办”服务，减少群众、企业携带纸质资料不便等问题；协调各单位通过全程网办及异地代收代办的业务模式，实现办理江西赣州、福建龙岩共 79 项“跨省通办”事项和广州、潮州等 5 地市共 222 项的“省内通办”事项。

【政务公开和信息工作】 全年主动公开各类信息 8173 条，新建“党史学习教育”“疫情防控工作权威发布”等专题专栏集中发布县政府权威信息；加大政策解读力度，全年发布政策解读稿件 42 条；做好涉及公共利益和公众权益的决策、执行公开，以及公众意见征集和结果反馈信息发布，全年发布意见征集 28 条，对外公开结昊反馈 28 条，结果反馈率 100%。全年办理群众向政府信息公开申请 25 宗，办结 24 宗，申请人主动撤销申请 1 宗，全部按时答复。

【建议提案工作】 全年办理县人大代表建议 25 件（其中重点建议 2 件），省、市人大代表建议 3 件；办理县政协委员提案 18 件，省、市政协委员提案 3 件。通过督办、“回头看”等形式，掌握办理进度，协调具体问题，确保提案议案办理满意率，按时答复率和满意率均达到 100%。

【外事工作】 坚持党对外事工作的集中统一领导，强化因公出国管理力度，协助有关部门做好涉外人员的疫情防控工作，加强与国安办、公安局等部门沟通联系，持续做好涉外安全工作，坚决维护国家政治安全。协调 34 名外籍人士（县内常住外籍人士 45 名）接种新冠疫苗，筑牢五华县疫情防控屏障。为 3 名外籍人员办理外国人来华邀请函，切实帮助企业解决疫情防控期间外籍人员入境问题。

【值班值守工作】 严格落实 24 小时专人值班制度，加强信息报送指导和值班值守督查。全年编发《值班信息月刊》12 期、《值班信息专报》5 期，接转省、市领导批示件 44 份，转办县委县政府主要领导批示 53 条，处理不稳定信息、公安要情、上级到五华报告、领导外出报告、山火信息报告、上报突发事件信息共 559 件。

五华县人民政府办公室 2021 年度单位领导名录

主　　任：陈群添

副 主 任：古　文（任至 7 月）
陈兆祥（任至 3 月）
赖玉才（任至 7 月）
张思伟（任至 7 月）
温伟雄（任至 7 月）

陈　涛（任至 12 月）
温铁皇（任至 11 月）
薛志东（7 月任职）
魏汉城（7 月任职）
江　波（11 月任职）

党组成员： 古　文（任至 7 月）
陈兆祥（任至 3 月）
赖玉才（任至 7 月）
张思伟（任至 7 月）
温伟雄（任至 7 月）
陈　涛（任至 12 月）
温铁皇（任至 11 月）
薛志东（7 月任职）
魏汉城（7 月任职）
江　波（11 月任职）
温全瑞（3 月任职）
李石翠
魏益平（7 月任职）
张惠宁（7 月任职）
谢伟祥（7 月任职）

五华县政务服务数据管理局

【简况】 2021 年，五华县政务服务数据管理局坚持以习近平新时代中国特色社会主义思想为指导，全面贯彻中共十九大和十九届四中、五中、六中全会精神，严格落实县委、县政府工作要求，以党史学习教育为契机，聚焦民生需求，主动作为、大胆革新，全力推动政务服务改革和数字政府建设各项工作，为五华县打造业兴人和、长治民乐的“工匠之乡·宜居五华”作出积极贡献。

【主动作为，便民暖心】 一是政务大厅不断完善便民基础设施，增设便民充电、电话、饮水等，实现中心“七免”暖心服务；二是新设新冠疫苗临时接种点，方便办事群众就近接种，已为群众接种 1504 人次；三是大力开展志愿服务，落实大厅秩序维持、办事指引、便民设施指引、体温检测、引导群众扫“粤康码”通行等工作。2021 年，中心共开展志愿服务活动 162 场，参与志愿者 1643 人。2021 年 7 月，在首届全省市县级政务服务标杆大厅评估工作中，五华县公共服务中心成为梅州市唯一荣获“标杆培育大厅”荣誉称号的政务服务大厅。完善顶层设计。

【推陈出新，简政放权】 一是新设立 1 个刻章服务窗口，为新开办企业免费刻制 2 枚印章，自 4 月设立以来，已为群众免费刻章 150 枚。二是新设立“跨省通办”“省内通办”服务专窗，自 6 月设立以来，办理“跨省通办”业务 1 件，“全城通办”业务 12 件。三是推进事权下放，将涉及市场监管、自然资源、公安、民政、农业等 489 项事项下放乡镇就近办理；将社保、卫健、市场监管等 47 服务事项，下沉到村（社区）党群服务中心受理，真正实现群众事“家门口”就近办。四是在全县范围内投放“粤智助”政府服务自助机 478 台，真正实现数据多跑路、群众少跑腿，助力五华县乡村振兴。

【数据治理，智慧政务】 一是在全市率先建立县级数据共享交换节点平台，该平台建成至 2021 年底，已为惠民信息平台、人力资源大数据平台、县人武部民兵队组建、县积分入学等应用提供数据支撑服务。二是持续拓展“粤系列”覆盖面。“粤省事”移动政务服务平台全县户籍人口注册数超过99.2万人，占常住人口注册比例108.2%；全县116个单位共开通“粤政易”移动办公平台账号10635个，平均活跃率达80%，已完成五华县人民政府政务协同OA办公平台对接到“粤政易”移动办公平台，实现各级各部门公文文件通过“粤政易”移动办公平台全流程审批流转；实现“粤商通”涉企移动政务服务平台市场主体注册数39927个。

五华县政务服务数据管理局2020年度负责人名录

党组书记、局长：张云中
党组副书记、副局长：廖建平
党组成员、副局长：陈思德
戴明友
党组成员：廖赛增
李瑶花

信　访

【简况】 2021年，五华县信访局以习近平新时代中国特色社会主义思想为指导，认真落实中央和省、市、县关于信访工作的决策部署，全力以赴做好信访保障工作，为高质量构建“一城两带四区”发展新格局，打造业兴人和、长治民乐的“工匠之乡·宜居五华”营造和谐稳定的社会环境。2021年3月，在市对县解决群众信访诉求考核中，五华县获得优秀等次。

【落实矛盾纠纷排查化解机制】 五华县信访局坚持信访矛盾纠纷每月一排查制度，扎实开展信访矛盾纠纷排查化解工作，对排查出来的信访矛盾纠纷及时交办相关镇相关单位调处化解，并落实领导包案，明确责任单位、责任人员的调处化解责任，切实把信访矛盾纠纷化解在基层，消灭在萌芽状态。2021年共排查化解不稳定因素105宗。

【规范受理办理群众来信来访】 五华县信访局紧紧围绕“控增量、减存量”的工作目标，认真受理好、答复好、解决好群众来信来访事项，充分利用信访事项办理质量指导专班，督促指导各镇和县直相关单位及时规范受理办理群众来信来访事项，全力把信访问题解决在首接首办环节，防止矛盾堆积、激化，减少群众重复访和越级访。2021年共受理办理群众来信来访1474宗。

【集中治理重复访、化解信访积案专项工作】 接到上级交办五华县的治理重复信访、化解信访积案后，迅速研究部署，落实包案领导、责任单位，制定专门的办理工作指南，加强业务指导和督查督办。通过努力，2021年共办结142宗重复件。

【信访群众满意度评价工作】 建立领导明确、机构健全、人员稳定、上下协调联动的信访群众满意度评价工作机制，耐心细致服务，引导群众对信访事项办理工作进行满意度评价。组织各镇、县直相关单位的信访工作人员对做好信访群众满意度评价工作进行了认真培训，全力推动五华县的信访群众满意度评价工作取得实质性成效。

【县级信访超市建设】 按照“1+3+N”（“1”为“一站式”大厅；“3”为综合指挥平台、联合调处平台、公共法律服务平台；“N”为多元服务力量，包括各进驻职能部门及第三方力量）思路和网络系统、要素资源相结合的方式，在原县人口与计划生育服务站一楼规范建设五华县群众信访诉求综合服务中心，全力实现信访事项“一站式接待、一揽子调处、一条龙服务”的目标。

【全员干部包案工作】 通过加强领导，完善工作机制，优化工作举措，提高工作质效，扎实做好全员干部包案工作。2021年，共组织实施2批满意度初件信访事项全员包案工作。通过落实信访干部全员包案，全面推动信访事项办理提质增效，有效提升信访工作水平。

【信访督查督办】 每月安排信访督查组对各镇、县直相关单位的信访事项受理办理工作进行督查督办全覆盖，对相关镇、相关单位的存在问题责令限期整改，并将督查督办情况以每月一通报的形式进行通报。2021年共发出12期督查通报。通过督查督办，提高了信访件的办理质量，促进了信访工作有效推进。

（田其标）

县信访局2021年度负责人名录

局　　长：冯志强（任至3月）
陈兆祥（3月任职至12月）
魏华中（12月任职）

副 局 长：温平康
周焕光
黄赞模

党组成员：谢如旺

政协五华县委员会

重要会议

【县政协十届六次会议】 2021年2月3日至4日，中国人民政治协商会议五华县第十届委员会第五次会议在县城召开。县委书记吴晖、县长朱少辉等县委、县人大、县政府、县纪委和人武部军政主官、法检两长参加开幕大会和闭幕大会。县政协主席叶天泉代表政协五华县第十届委员会常务委员会作工作报告，县政协副主席刘冠鹏代表政协五华县第十届委员会常务委员会作提案工作报告；会议听取并讨论县长朱少辉所作的县政府工作报告。会议审议通过政协常委会工作报告和提案工作报告，协商并赞同县政府工作报告及其他报告，审议通过政协五华县第十届委员会第六次会议决议。

【县政协十一届一次会议】 2021年11月15日至17日，中国人民政治协商会议五华县第十一届委员会第一次会议在县城召开。县委书记朱少辉，副书记、代县长丘炀等县委、县人大、县政府、县纪委和人武部军政主官、法检两长参加开幕大会和闭幕大会。县政协党组书记詹庆东代表政协五华县第十届委员会常务委员会作工作报告，县政协副主席胡高云代表政协五华县第十届委员会常务委员会作提案工作报告；会议听取并讨论代县长丘炀所作的县政府工作报告。会议审议通过政协常委会工作报告和提案工作报告，协商并赞同县政府工作报告及其他报告。会议选举詹庆东为政协五华县第十一届委员会主席，邓秋香、胡高云、李炎香、邹志轩、刘锐锋、黄国标为政协五华县第十一届委员会副主席，邓振华等53人为政协五华县第十一届委员会常务委员，审议通过政协五华县第十一届委员会第一次会议决议。

主要工作

【理论学习】 2021年，县政协坚持学习第一议题制度，通过党组会、主席会、常委会、支委会等形式开展集中学习和个人自学，专题学习习近平总书记在庆祝中国共产党成立100周年大会上的重要讲话精神、中共十九届六中全会精神等，引领广大政协委员和全体机关干部职工切实增强“四个意识”、坚定“四个自信”、做到“两个维护”、拥护“两个确立”，不断提高政治判断力、政治领悟力、政治执行力。

严格按照中央和省委、市委、县委的部署要求，深入开展党史学习教育，突出“学党史、悟思想、办实事、开新局”要求，创新学习教育形式，深化为民服务实践，通过集中上党课、重温入党誓词、观看红色影片、参观红色展览馆和组织专题学习研讨等系列活动，广大委员和政协机关干部的履职能力和综合素质得到进一步提高，对政协工作的责任感和使命感进一步增强，团结奋斗的政治基础得到进一步夯实。

【队伍建设】 2021年，县政协按照县委要求依规依章统筹抓好政协换届工作，会同县委组织部、统战部认真做好县政协委员的提名推荐、协商确定、审议通过等工作，确保新一届政协委员整体素质更高、参政议政能力更强、代表性和先进性更广泛。发挥委员主体作用。在十一届一次会议期间，开展委员培训，组织委员学习有关政策、政协基本理论和业务知识，引导新委员更好地了解政协工作、尽快进入角色，帮助留任委员进一步提升能力、履职尽责。加强政协机关建设。大力开展模范机关创建活动，全面提高工作人员为大局服务、为群众服务、为委员服务的能力和水平。强化专委会基础性作用。认真贯彻落实中央和省委、市委、县委政协工作会议精神，主动争取县委支持，着力解决“两个薄弱”问题，县政协机关人员结构得到优化、基础工作得到加强，专门委员会编制问题得解决。

【民主协商】 2021年，县政协精心组织协商议政。认真开展好全会协商，积极组织广大委员围绕“一府两院”工作报告和全县经济社会发展重大问题，深入开展协商讨论，提出意见建议，助推县委、县政府决策部署的民主化、科学化、精准化。充分发挥专委会、界别委员联系广泛、贴近基层的基础作用和优势，为优化提升五华县高质量发展建言献策。一年来，聚焦乡村振兴、足球产业发展、“双防”工作、文化旅游等开展界别协商议政，提出有价值的意见建议100多条，为县委、县政府科学决策提供了重要参考。

【调研视察】 2021年，县政协开展调研视察活动6场次。根据县委工作要求，为加快五华县丝苗米产业园项目建设进度，县政协成立专题调研组，深入到大昌粮贸、梅州生长地、广东长乐烧等丝苗米产业园项目基地，现场调研并召开座谈会，听取工作汇报，委员们紧紧围绕五华县加快丝苗米产业园建设积极建言献策，助推项目早日建成。

【提案督办】 2021年，县政协认真落实提案办理，通过县委、县政府主要领导领衔督办重点提案，县政协领导班子成员专题督办重点提案、定期督查提案办理情况，采取提案交办会、提案办理工作座谈会、现场办案、带案视察、协同办案等形式，改进提案督办方式，提案办理成效不断提升。其中《关于解决公立医院卫生技术人才缺乏的建议》《关于大力发展南药种植，构建五华南药产业基地》等多篇提案得到县主要领导批示和相关职能部门采纳，有效发挥了“直通车”作用。提案办复率达100%，满意率达100%。

【民主监督】 2021年，县政协加强行风政风民主监督，开展政情咨询推动重点工作，促进民主监督向纵深发展。多批次组织委员到县法院参加旁听案件庭审、见证法院执行，到县检察院参加案件听证会、巡回检察等活动，政协委员履职尽责，为民代言，为民发声，对存在问题提出整改意见和措施，促进了行政效能提升和社会公平正义，切实把人民政协制度优势转化为社会治理效能。

【联情联谊】 2021年，县政协积极围绕乡村振兴和人居环境整治，组织部分委员赴广东省南雄市、江西省全南县等地开展参观考察学习，吸纳兄弟县（区）好做法好经验，进一步助推五华县乡村振兴工作。认真做好省、市和兄弟县政协到五华县调研视察、交流学习服务工作，积极讲述五华好故事、唱响五华好声音、宣传五华好环境。

【文史工作】 2021年，县政协充分发挥文史资料“存史、资政、团结、育人”作用，进一步弘扬客家优秀传统文化，结合县情实际和文史资料的性质特点，组织人员编辑出版《五华文史·客家常用方言俗话集》和《五华政协》会刊。加强与新闻媒体合作和网络信息宣传，扩大政协工作新闻报道，推进政协宣传工作的信息化、网络化建设，努力开创政协文史宣传工作新局面。

（江金城 张 军）

政协五华县委员会2021年度单位负责人名录

主　席：叶天泉（任党组书记至9月，任主席至11月）
詹庆东（9月任政协党组书记、主席人选，11月当选主席）

副主席：邓秋香
胡高云
李炎香
邹志轩
刘锐锋（11月当选）
黄国标（11月当选）
徐建雄（任至11月）
刘冠鹏（任至11月）

县政协机关各科室委2021年度主要负责人名录

办公室主任：古胜奎
联络工作科科长：温怀浩
文史研究室主任：郑　斌
提案委员会主任：江少林
经济委员会主任：古坚祥
文化和文史资料委主任：张国标
科教卫体委员会主任：何红球
社会法制委员会主任：张维健
农业和农村工作委员会主任：曾志勇

五华县纪委监委

主要会议

【十三届县纪委六次全会】 2021 年 4 月 9 日，中国共产党五华县第十三届纪律检查委员会第六次全体会议在县城召开，会议深入学习贯彻习近平总书记在十九届中央纪委五次全会上的重要讲话精神以及中央、省、市纪委全会精神，总结 2020 年纪检监察工作，部署 2021 年工作任务。

【五华县领导干部党章党规党纪教育培训班】 2021 年 9 月 17 日，五华县领导干部党章党规党纪教育培训班在县城举行。县委书记朱少辉出席培训班并作动员讲话，县委副书记、代县长丘炀传达省、市领导干部党章党规党纪教育培训班精神。

【十四届县纪委一次全会】 2021 年 10 月 27 日，召开中国共产党五华县第十四届纪律检查委员会第一次全体会议，选举产生新一届县纪委领导班子。

2021 年 9 月 17 日，五华县领导干部党章党规党纪教育培训班在五华县城举办（县纪监委提供）

2021年10月27日，中国共产党五华县第十四届纪律检查委员会召开第一次全体会议，选举产生新一届县纪委领导班子。图为新一届县纪委领导班子合影（县纪监委提供）

主要工作

【审查调查工作】 2021年，五华县纪委监委共受理群众信访举报726件，办结582件，办结率80.17%；立案303件303人，结案324件324人，给予党纪政务处分313人（涉及科级干部及以上62人，其中正科级及以上20人），采取组织措施10人，免予纪律处分5人，移送司法机关12人；挽回经济损失2813.27万元，其中惠民资金1175万元。

【换届风气监督】 2021年，五华县纪委监委严格换届纪律，加强换届风气监督，严把党风廉政意见回复关，坚决防止“带病”提拔任用；对违反换届纪律的，坚决做到快查快办、严查严办。共资格审查4450名村（社区）“两委”班子人选，否定29人，收到村级换届信访反映32件，查实7件，取消9名村委干部资格，责令4人主动辞去当选职务；共回复涉县镇换届人选党风廉政意见1828人次，提出建议暂缓使用50人次，不宜使用57人次。

【整治群众身边的腐败和作风问题】 2021年，五华县纪委监委结合“我为群众办实事”实践活动，扎实开展民生领域专项整治，全年共查处民生领域案件126件239人，给予党纪政务处分210人。聘请110名乡村振兴廉情信息员，有效打通基层农村监督“最后一公里”，为乡村振兴战略的实施护航。加强惠民信息平台建设，开展惠民政策落实专项整治，共发现违规发放惠民补贴1175万元，已追缴或整改1172.56万元，形成问题线索27条。

【作风建设】 2021年，五华县纪委监委坚持树正气、立新风，锲而不舍抓好作风建设，严格抓好中央八项规定精神的贯彻落实，出动明察暗访人员112人次，通过暗访发现问题线索18件，对“3·31”6名公职人员上班时间脱岗聚众赌博、违纪酒后驾车等违纪违法问题进行严肃问责，给予党纪政务处分14人，诫勉2人，谈话提醒10人，通报批评7人，提出整改建议4条。

【派驻监督】 2021年，五华县纪委监委制定《五华县纪委监委派驻（出）机构监督责任清单》，督促派驻（出）机构摆正位置，正确认识派驻组长的双重身份和单独指导，强化对监督单位遵守中央八项规定精神、“八小时以外”、“三重一大”等的监督管理，严格落实廉政意见“双签字”制度，对各单位的评先表优、干部提拔等，派驻组长必须先在廉洁自律结论性意见上签字，坚决防止“带病提拔”。各镇纪委、派驻组全年共否定“三重一大”事项50个，其中超预算项目13个，涉及资金3008.58万元。

【巡察工作】 2021年，全面完成十三届县委巡察全覆盖，进一步推动解决了一大批管党不严、治党不力的问题以及群众身边的不正之风和腐败问题，查处了一批违纪违法的党员干部，巡察利剑和震慑作用得到有效彰显。共巡察县直单位24个，村（社区）79个，发现问题1514个，形成线索69条，立案158件，党纪政务处分101人。健全巡察专题报告交办机制，及时梳理移交普遍性、倾向性问题，督促职能部门开展专项治理，发挥巡察推动改革、促进发展作用。

【宣传教育】 2021年，五华县纪委监委常态化开展警示教育，加强纪律法规教育，督促党员干部树牢依法行政、依规办事意识，自觉做执行制度法规的表率。持续办好纪律教育月活动和党章党规党纪教育培训班，全年编印《每月一案例》12期，通报《以案说纪》4篇，编印《反面典型教材汇编》，推送文章共440篇（其中在市级及以上主流媒体发表稿件共74篇），专题报道了“五华巡察微故事”和“办案故事”共7篇。坚持把廉政文化建设融入日常工作中，共发送廉政短信约3.38万条。

【纪检监察队伍建设】 2021年，五华县纪委监委以县镇纪委换届为契机，严肃换届纪律坚持以严为尺把好选人关，从人选廉洁、任职资格等方面综合考量，选强配齐县镇纪检监察力量，要求镇纪委按照“345”标准配备专职纪检监察干部（按照常住人口5万人以下、5万人以上10万人以下及10万人以上的镇应分别配备专职纪检监察干部3、4、5人），进一步夯实纪检监察组织基础。先后向县委推荐提拔任用了7名科级领导干部，职级晋升了2名干部，招录调入21名年轻干部到县纪委机关工作，提升了干部活力。认真落实谈心谈话制度，突出抓早抓小见人见事，责令2名纪检监察干部书面检讨，组织调整5人，党内警告2人。

县纪委2021年度领导名录

书　记：幸国平
副书记：钟湘衡（任至10月）
叶汝强（任至10月）
张雄辉（10月任职）
张碧波（10月任职）
常　委：张碧波（任至10月）
魏宇华（任至10月）
李剑忠（任至10月）
刘晓宇（任至10月）
刘兴文（10月任职）
周　宏（10月任职）
刘惠平（10月任职）
陈　鹏（10月任职）

县监委2021年度负责人名录

主　任：幸国平
副主任：钟湘衡（任至12月）
叶汝强（任至12月）
张雄辉（12月任职）
张碧波（12月任职）
委　员：张碧波（任至12月）
李剑忠（任至12月）
周　宏（任至12月）

刘兴文（任至12月）
刘惠平（12月任职）
陈　鹏（12月任职）
魏京宁（12月任职）
古　国（12月任职）

县纪委监委2021年度各室（组）负责人名录

办公室主任：刘兴文
第一纪检监察室主任：黄兴福
第二纪检监察室主任：孔　君
第三纪检监察室主任：缪家龙
第四纪检监察室负责人：黄国忠
第五纪检监察室主任：钟贤标
第六纪检监察室主任：李剑彬
第七纪检监察室负责人：刘　彪
案件审理室主任：陈　鹏
案件监督管理室主任：陈文锋
信访室主任：刘惠平
党风政风监督室主任：魏京宁
组织宣传室主任：无
县直机关纪检监察工作委员会
书记：廖水清（任至6月）
驻县政府办公室纪检监察组
组长：李石翠
驻县委宣传部纪检监察组
组长：温国忠（任至3月）
驻县住房和城乡建设局纪检监察组
组长：曾庆珣
驻县交通运输局纪检监察组
组长：周威恒
驻县教育局纪检监察组
组长：陈汉庭
驻县科工商务局纪检监察组
组长：刘应靠
驻县卫生健康局纪检监察组
组长：无
驻县发展和改革局纪检监察组
组长：彭千军
驻县农业农村局纪检监察组
组长：廖学宁
驻县公安局纪检监察组
组长：曾　波
驻县财政局纪检监察组
组长：吴国辉
县委巡察办主任：张碧波（任至11月）
刘兴文（11月任职）
县委巡察办副主任：陈冬连
曾祥发
县委巡察组组长：李军松
张兴辉
张进友
张群标
县委巡察组副组长：古专标
温颂英
张阳春
彭彩红

群众团体

五华县总工会

【疫情防控工作】 强化管理，严格落实扫“健康码”、佩戴口罩、体温检测、定期消毒等措施，加强一线窗口人员防护，严防工作传染，认真执行疫情防控要求和纪律规定，严禁疫情防控值班值守中脱岗、空岗、漏岗，为落实疫情防控提供纪律保障。

【弘扬劳模精神引领】 认真组织开展各级劳模、先进工作者事迹的宣讲活动，梅州生长地农业开发有限公司获得广东省五一劳动奖状，《南方工报》、五华电视台同时进行宣传报道；组织 5 名劳模参加 2021 年五华县各界人士庆祝中国共产党成立 100 周年座谈会；开展“我为群众办实事，劳动创造幸福”宣讲活动，组织 2 名劳模（工匠）到五华县技工学校开展宣讲；组织 5 名劳模参加“忆峥嵘岁月，看幸福生活”主题宣传活动。2021 年春节期间组织慰问各级劳模共 211 人，共发放慰问金 12.9 万元。

【践行精神文化引领】 4 月 24 日上午，在县技工学校组织举办第四届职工运动会，全县有 16 支队伍共 300 多人参赛，比赛现场气氛活跃，大伙在比赛中享受喜悦，增进团结，收获友谊，让大家充分体验了运动的快乐、参与的欣慰，同时也加强本地企业之间的交流，受到广大职工群众的欢迎和好评。

【职工安康权益】 做好五华县 2021 年度困难职工摸底调查工作。2021 年在档困难职工 47 户（其中深度困难职工 9 户，相对困难职工 38 户），全年共计帮扶 66 人次，金额 58.95 万元；持续做好职工互助保障工作，共办理广东省职工互助保障 20379 人 203 万多元，共为 1051 人进行保单理赔，涉及金额 170.24 万元；深入开展“安全生产咨询日”活动，现场向广大市民派发安全生产月有关的宣传资料，大力开展安全生产群众监督和职业健康活动，提高安全生产意识。

【服务女职工工作】 2021 年新创建“陶然居酒楼巫飞玲女职工创新工作室”已通过市总工会验收并挂牌成立；协助建设“棉洋镇棉洋卫生院工会爱心妈妈小屋”“棉洋镇桥江卫生院工会爱心妈妈小屋”；与家政协会对接，做好《关于 2021 年全总家政服务培训补助资金的使用规范》，举办“南粤家政”居家服务技能培训班，培训人员 60 人；对符合条件的工会爱心托管班给予工会补贴。

【“广普查、深组建、全覆盖”工作】 全年新建基层工会数 19 家，企业建会 5 家，25 人以上企业建会 2 家，25 人以上非公有制企业建会 2 家，“三新”领域建会 1 家，新发展工会会员 1356 人，其中企业新发展会员 103 人,非公有制企业发展会员 103 人，全县履行民主换届 17 家，在全县基层工会持续推广使用“粤工惠”平台使用。截至年底粤工惠组织登记基层工会 289 家，录入会员 29195 人，已实名注册 26747 人。

【送温暖活动】 2021 年春节期间共为 45 个单位 390 名留在五华过年的异地职工送去价值 7.87 万元的新春大礼包和 3 万元的生活保障经费；元旦、春节筹集资金 94.45 万元进行元旦春节送温暖活动，为 1605 名困难职工（各级劳模和先进工作者 211 人）送去党政和工会的关怀。

2021 年 7 月 6 日，五华县总工会 2021 年“夏送清凉”活动（前排左数第六位：县人大常委会副主任、县总工会主席李清昌）（县总工会提供）

【乡村振兴】 县总工会按照乡村振兴战略的决策部署，挂镇联村周江镇兰鱼村、新良村、桂子村、增洞村，派出两人担任周江镇狮潭村、新良村第一书记，并下拨专项资金 7.5 万元，进一步推动乡村振兴工作。扩大工会组织覆盖面，突出宣教示范引领作用，强化乡村职工文化阵地建设，精准施策扶贫帮困，尽最大努力让贫困户富起来，让农业强起来，让乡村振兴起来。

【消费扶贫工作】 “两节”期间联合农业农村局下发《关于开展节日慰问和消费扶贫工作的通知》《关于开展消费扶贫行动的通知》等文件到各镇、各相关单位、各工委会。2021 年五华县共有 27 个单位 3131 人参加消费扶贫活动，消费总额 47.64 万元，5 个企业合计销售农产品总额 1388.4 万元，其中销往广州 772.4 万元，参与农户 10187 人，其中贫困户 8077 人。

【经审工作规范化建设】 在经费使用、工作纪律等方面按规章制度管理、按规矩办事的工作局面基本形成，改进财务审计管理方式，资金使用实行项目制管理，体现集中财力办大事，推动工会经费向基层倾斜。

【职工权益保障工作】 新签企业集体合同 2 份，新签劳动安全卫生专项集体合同 11 份，续签企业集体合同 8 份，续签区域性集体合同 4 份，续签行业性集体合同 2 份；处理省总“12351”中华全国总工会职工维权热线职工信访 5 宗；五华县水寨镇汕梅电源科技加工厂与曾某恒的劳动关系纠纷案得到妥现处理。以“安全生产月”活动为契机继续深入开展全国“安康杯”竞赛活动。8月4—5日举办2期快递交通文明我践行活动培训班，参与培训物流寄递人员190人；11月6日，联合县消防救援大队在中英文学校举办第二届消防业务技能大赛，参赛单位50个，参赛人员250人。

五华县总工会2021年度单位负责人名录

人大常委会副主任、县总工会

主　　席：李清昌

常务副主席：温远华

副 主 席：张锦清

魏　芳

党 组 成 员：钟蔚林

共青团五华县委员会

【党建引领凝聚青年政治共识】 开展“青年大学习”行动。依托网上主题团课，广泛发动团员青年和少先队员每周参与“青年大学习·一起学党史”和“红领巾爱学习”系列网上主题团课，不断提升青少年参与学习热情；积极组织开展习近平新时代中国特色社会主义思想宣讲、“薪火相传·信仰之旅”暑假爱国主义系列活动、“青马工程”培训班、“缅怀革命先烈、接受党性教育”等30多场活动，强化青少年思想引领。开展主题实践活动。结合青少年入团、入队等时间节点，组织团员青年、少先队员开展“致敬逆行先锋”“请党放心、强国有我”手抄报和绘画比赛、“红领巾，我为你骄傲”新队员入队仪式等系列主题团队日活动20多场。结合党史学习教育，分别开展了青年“五四”篮球赛、“党徽暖童心”关爱山区留守儿童、青年书法公益讲座、青年无偿献血、高考“红丝带”护考等30多场活动，深入开展为群众办实事和为青年做件事，着力打造青年“想得起、找得到、靠得住”的身边共青团。开展团干思想专题学习。组织召开学习贯彻习近平总书记“七一”重要讲话、县第十四次党代会精神暨团务知识培训会议、传达学习贯彻中共十九届六中全会暨县人大、政协“两会”精神等专题学习10多场；通过线上直播的方式，组织五华县500多名辅导员和少先队工作者学习习近平总书记致第八次全国少代会贺信和党中央致词精神；以青年大学习、网上团校等途径，开展学习中共十九大精神、团十八大精神和习近平总书记对新时代青年寄语精神、习近平总书记“六一”寄语精神等宣传教育、主题宣讲、专题研讨等15场，全面增强了团队干部的理想信念，夯实党建带团建、队建的理论基础。开展主题宣讲活动。深入组织开展共青团系统“学党史、强信念、跟党走”学习教育，深入学习了习近平总书记在党史学习教育动员大会和庆祝中国共产党100周年大会上的重要讲话精神；组建“灯塔工程”五华县青年讲师团，从优秀团队干部、青年教师中选拔15名青年讲师，面向团员青年、少先队员广泛开展“赓续精神血脉、传承红色基因”“请党放心，强国有我”、学习贯彻习近平总书记“七一”重要讲话精神、学习贯彻中共十九届六中全会精神等宣讲活动达30多场，面对面讲好党的故事，引导青少年听党话、跟党走。

【基层团、队组织建设】 加强基层团组织整治。合理有序分配2021年发展团员编号指标，团员编号使用率达 96.42%，志愿书上传完成率达 95.09%，毕业生团员总数 8188 人，转接完成率达 89%；按时缴纳团费率达 85%；“青年之家”建设完成率达 100%，全市排名第一。做好团、队的评先表优。发挥优秀典型的示范作用，持续开展“新时代好少年”“最美南粤少年”“少先队先进个人、集体”等评选活动。2021 年表彰 90 多个先进个人和 30 多个优秀团组织；评选梅州市“新时代好青年”、五华县“新时代好青年”30 多名，选树一批少先大队评选省、市、县级先进少先队集体和个人 200 多名，较好发挥表彰的激励作用，持续营造崇尚先进、创先争优的良好氛围。抓好学校少先队工作。深入贯彻落实《中共中央关于全面加强新时代少先队工作的意见》，组织召开中国少年先锋队五华县第三次代表大会，全面开展少先队红领巾争章活动，强化学校少工委建设等方面改革创新，不断提高少先队工作的政治性和实效性。大力推动党建带团建、队建工作。团县委联合教育局对全县中小学党建带团建、队建工作进行督导考核，抽查部分学校进行实地督查，通过督查考核指导全县中小学将团建、队建作为学校党建工作的重要组成部分，形成党建带团建，团建促队建的有效机制，促使学校团队工作得到全面发展。高质量完成镇级团委换届工作。五华县 16 个镇共选举新一届镇级团委书记 16 人、副书记 42 人、委员成员 154 人，专职副书记享受中层正职待遇。各乡镇团委书记平均年龄 32 周岁，专职副书记平均年龄 27 周岁，团委委员平均年龄 27 周岁，所有专兼职干部均为大专及以上学历，团组织班子在年龄和文化结构上总体实现“双优化、双提升”。完成机构编制 2 名。团五华县委坚持“年纪轻、经验丰、素质高、能力强”的选人用人导向，严格落实镇级团的委员会结构要求。

【助力青年追梦圆梦】 深入开展扶贫助学活动，认真开展梅州青年薪火公益助学金、希望工程卓定华助学金等扶贫助学活动，帮扶资金达 130 多万元，帮扶 216 个青年大学生圆梦大学。积极争取各类资源，为青少年和困难学生解决实际困难和问题，新建青联希望家园 3 所、爱心图书角 3 所，争取红领巾基金支持 2 个。争取县委、县政府支持，投入 300 多万元利用五华县奥体中心场馆建设五华县青少年宫培训场室，作为广大青少年学习科技文化知识、开展校外培训活动以及开展志愿服务活动策划、组织和实施的重要平台阵地，2021 年启用以来，积极发挥县青少年宫等校外实践教育阵地作用，充分挖掘青少年宫、爱国主义教育示范基地的育人功能，组织开展各类寓教于乐的公益课堂、

2021 年 10 月 12 日，中国少年先锋队五华县第三次代表大会在五华中英文实验学校胜利召开（团县委提供）

教育实践活动达 35 场，惠及青少年 4000 多名。同时连同奥体中心已有的红色体验馆、足球科技馆等场馆，打造为五华县青少年教育实践基地。

【围绕大局带领青年奋勇建功】 助力青年创新创业。组织开展青春助力创新创业行动，举办青年创新创业沙龙，构建青年企业家与五华农商行等银企沟通平台，开展“领头雁”农村创业青年人才培训，激活青年创业热情。组织公务员考试公益培训班、单身青年联谊活动，切实服务青年成长成才成家。动员青年投身乡村振兴。开展“希望乡村教师计划”教育扶贫行动和志愿服务乡村振兴行动，通过创造有利条件，吸引 28 名优秀大学生志愿者开展支教服务、招募 19 名大学生志愿者参与各镇乡村振兴驻镇帮扶工作。依托“展翅计划”平台，为在校大学生提供 100 多个实习岗位。积极对接中山大学、广州康大职业技术学院等高校师生到五华开展“三下乡”社会调研和志愿服务活动。

【参与基层社会治理】 持续做好禁毒宣传“六进”活动，开展“健康人生·绿色无毒”“6.26”国际禁毒日暨毒品预防教育、禁毒宣教进社区等禁毒宣传活动。坚持线上线下相结合的模式，建立广泛参与的反诈志愿者队伍，开展各类防范电信网络诈骗宣传和反诈 APP 安装活动，累计开展志愿活动 30 多场次，发放宣传资料 1.5 万余份，普及群众 3 万余人。指导综合应急大队建立团支部、誉好应急志愿服务队和青年突击队，加强基层社会治理的青年力量，同时指导牵头成立五华县青年先锋突击队、青年志愿突击队，聚焦应急救援、水上救援、丛林救援、道路救援、医疗救护等开展专业化的志愿服务，加强基层社会治理的青年力量。

【志愿服务事业】 志愿服务工作高位推进。成立以县委主要领导为队长的志愿服务总队和 8 个分队，带头开展志愿服务活动，形成良好的示范引领作用。同时，以县委办、县文明委等名义，分别印发《五华县加强志愿服务制度化工作方案》《五华县乡村文明实践志愿服务提升行动实施方案》等系列制度文件，有效推进志愿服务制度化常态化发展。志愿服务氛围日益浓厚。推动各镇各单位挂牌新时代文明实践志愿服务所（站），为志愿理念展示和志愿服务活动策划、组织实施提供平台阵地。全县各镇积极发动村级建立志愿服务队，各级志愿服务组织紧紧围绕党政中心工作，在疫情防控、扶贫济困、助学助残、“两美”行动、社会治理、交通指引、森林防火、乡村振兴、大型赛会等领域提供扎实有效的志愿服务，有效推动乡风文明风貌提升。截至 2021 年底，全县有注册志愿者 5.36 万余人，志愿服务时长 166 万小时，培育发展各类志愿服务组织及团体 759 个。志愿服务品牌亮点纷呈。新建成五华县志愿服务总站，承办梅州市志愿服务专业发展培训班，邀请中国志愿服务联合会研究中心副主任谭建光等有经验的教授、讲师到五华开展新时代文明实践志愿服务培训。以党政中心工作、重要节日活动等时间节点为服务重点，组织发动广大志愿者开展“志愿服务砥砺前行，助力五华乡村振兴”“红丝带”护考、爱心“一元捐”、环境保护巡河护河、地质灾害防治宣传、创文巩卫、“两美”行

2021 年 3 月 5 日，在长乐公园举办五华县 2021 年“学雷锋志愿服务月”活动启动仪式，县委常委、宣传部部长刘敬东（居中）为 8 支志愿服务分队授旗（团县委提供）

动、交通文明指引等各类志愿服务活动，持续开展“山乡天使”“情暖长乐、宜居家园”“党徽暖童心”“足球情、爱国心”等品牌志愿服务项目，努力打造志愿服务专业化、品牌化发展。常态化开展疫情防控工作。组织志愿者开展疫情防控宣传进村、社区、公园等 100 多场疫情防控知识宣传志愿活动，发放 1000 多份宣传单，累计服务群众 3000 多人。疫苗接种期间，团县委联合五华县志愿者联合会每天组织 100 多名志愿者到各疫苗接种服务点开展疫苗接种志愿服务活动。

【新媒体运用】 通过下发文件、召开会议、组织培训等一系列有效措施扩大共青团工作的影响，利用“南方+”、“掌上梅州”APP、“五华新闻”“五华青年”微信公众号等媒体扩大青年工作宣传，通过五华共青团微信群、QQ 群、“1+100”团干联系青年机制、“青年之声”互动社交平台，增强青年交友互动。依托“青年之声”互动社交平台建设“网上共青团”，为广大青年提供近千次的心理咨询、法律咨询等服务。让青少年积极参与到五华共青团工作大讨论中来，吸引和凝聚更多青少年的关注和加入，有效促进五华县共青团工作的顺利开展。

共青团五华县委员会 2021 年度负责人名录

书　记：魏冠东

副书记：李怡凤
张育聪

五华县妇女联合会

【政治思想工作】 五华县妇女联合会（以下简称县妇联）深入学习宣传贯彻习近平新时代中国特色社会主义思想和中共十九届六中全会精神，坚决贯彻中央、省委、市委、县委重要决策部署和上级妇联工作部署，以党的政治建设为统领，县妇联采取“党组理论学习中心组研讨学、党支部跟进学、领导班子讲党课带头学、红色基地实践学”等形式开展集中学习 20 余场，累计开展主题党日、志愿服务等活动 26 场次。组织开展喜迎中国共产党成立 100 周年诗歌朗诵会、“感党恩、跟党走”红色经典诵读活动、“巾帼心向党·奋斗新征程”巾帼大宣讲活动、“学党史颂党恩 巾帼展新姿”主题演讲比赛、“一缕书香润我心”21 天共读一本书打卡等活动 100 余场次。在“五华妇女”微信公众号刊载“中国共产党成立 100 周年”系列讲话精神和学习中共十九届历次全会精神系列文章，推出“好媳妇”“最美妇联执委”“省市三八红旗手”等先进典型事迹展播，

2021 年 3 月 6 日上午，县妇联联合教育局在广东省宁华高速公路有限公司横陂收费站举办“巾帼心向党奋斗新征程”——喜迎中国共产党成立 100 周年诗歌朗诵会（县妇联提供）

引导广大妇女感恩中国共产党、感恩伟大祖国，做到知史爱党、知史爱国，自觉践行初心使命，讲好中国故事，传播好中国声音。

【职能培训工作】 大力实施“乡村振兴巾帼行动”，主动与五华县家政协会对接，开展家政技能培训 29 期，培训妇女 1062 名；多渠道开展种植养殖、农村电商等培训，提升妇女创业发展意愿和能力。持续开展妇女创业小额担保贴息贷款工作，为 5 名妇女提供 40 万元贷款，帮助妇女圆创业致富梦。广东省路桥建设发展有限公司汕湛分公司华阳收费站被评为全国“巾帼文明岗”，汉光超顺农业股份有限公司黄龙基地种植部被评为广东省“巾帼文明岗”，水寨镇府前社区、五华县税务局第一税务分局被评为梅州市“巾帼文明岗”，广东宁华高速有限公司横陂收费站被评为梅州市“我心中的三八红旗集体”，蓝永亮、张小玲、陈兰婷被评为梅州市“我心中的三八红旗手”，何俊霞被评为广东“最美妇联执委”，何俊霞、罗丽娟被评为梅州市“最美妇联执委”，寻找出李娇凤等 24 名五华县“最美妇联执委”。2021 年 5 月，梅州市“巾帼文明岗”创建工作推进会在五华县召开。

【创新创优工作】 依托村（社区）家长学校、妇女之家等阵地，深入开展“做智慧女性·建书香家庭”巾帼读书分享会、“书香飘万家 童心齐向党”红色绘本故事分享会、“童心绘廉洁 执笔书清风”亲子书画创作、“乞巧插花 扮靓屋夸”插花、“中秋有茶香 月圆人团圆”茶艺等主题活动 10 场次；深入开展“家庭教育大讲堂”进村（学校）活动、“最美家庭”“优秀书香之家”等家庭故事宣讲会 153 场次；开展“关爱留守儿童 呵护平安成长”公益活动、“与心灵相约 与健康同行”心理健康活动等近 50 场。严满凤家庭获评全国“最美家庭”，张燕芳家庭获评市“最美家庭”，刘彩萍家庭获评市“优秀书香家庭”，评选出县级“最美家庭”28 户、“优秀书香家庭”16 户；陈枚珍等 3 人获评市“孝老敬亲好媳妇”，刁燕娴获评市“自强不息好少年”，评选“五华好媳妇”23 人，征集县优秀家规家训 18 条，积极打造听得见的好家风、看得见的好家庭，让文明家庭成为润物无声、春风化雨的榜样力量。持续开展“美丽家园”“美丽庭院”建设活动，获评市级“美丽家园”示范村 1 个，示范户 2 户；寻找县级“美丽庭院”28 户。郭田镇黄国梁故居获评梅州市第三批家风家教实践基地；水寨镇公园社区家长学校被命名为市第一批示范性家长学校。

【维权保障工作】 以《中华人民共和国宪法》《中华人民共和国民法典》《中华人民共和国反家庭暴力法》及禁毒防艾等法律知识为重点，线上线下开展“践行习近平法治思想 维护妇女儿童合法权益”主题宣传咨询活动、安全教育、反电诈、新冠疫苗接种等普法宣传活动196场次；做好来电来访妇女群众合法权益的维护工作，为31名妇女解决维权难题。依托“舒心驿站”心理咨询室、维权站等载体，开展“知艾防艾 关注健康”防艾宣传教育活动、妇女民生座谈会等20余场次。用“心”做好关心关爱，为7名贫困患重病妇女争取救助资金7万元，累计走访慰问困难单亲母亲、妇女44名发放4.4万元；争取“母亲安居房”援建款6.75万元，帮助3户单亲母亲改善住房条件；开展“她健康 家越美”“她健康 粤幸福”惠民公益活动，持续为4.47万名适龄妇女送上暖心保障；对全县智力残疾和精神残疾女童进行全面摸底排查，发放“爱心联系卡”1000多份，及时解决“两类”女童在成长中遇到的问题；开展“叶剑英基金助学金”、“爱心父母”牵手困境儿童等关爱留守儿童慰问活动，为182名留守、困境儿童送上暖心关怀；开展“救心行动”，4名符合条件的儿童进行免费手术治疗。

【固本强基工作】 全面完成447个村（社区）妇联换届选举工作，共选举产生执委5136名，妇联主席447名。组织实施“基层妇联领头雁培训计划”，组织463名镇、村（社区）妇联主席在县委党校开展为期2天的专题培训，进一步提升妇联主席履职能力。以镇为单位完成了执委培训全覆盖。完成广东省第四期“妇女之家”示范点中期评估工作，示范带动全县“妇女之家”深入开展服务妇女活动。县妇联认真履行全面从严治党主体责任，努力建设忠诚干净担当的妇联干部队伍。贯彻落实中央八项规定精神，深入推进党风廉政建设和反腐败斗争，坚持抓实抓好巡察问题整改落实工作，持之以恒纠“四风”、树新风，涵养风清气正的政治生态，营造勤政廉政的良好工作氛围。坚持强“三性”、去“四化”，落实“下基层、访妇情、办实事”、妇女代表常任制、妇联干部直接联系妇女群众等制度，加强党员干部“八小时以外”活动监督管理，开展谈话提醒，构建抓早抓小工作机制，把全面从严治党的要求落到实处。

2021年3月5日，在党政大楼召开五华县妇联十四届二次执委（扩大）会暨纪念“三八”国际妇女节111周年会议，各镇妇联主席、专职副主席，县直各系统妇工委主任，县妇联十四届执委，部分受表彰奖励的先进集体和先进个人代表，以及各界妇女代表参加会议（县妇联提供）

五华县妇女联合会2021年度单位负责人名录：

党组书记、主席：张玉珍

党组成员、副主席： 李晓婷
陈兰婷

兼职副主席： 李　娟
江小苑

五华县工商联

【换届工作】 依法依规，精心组织。工商联根据《省委统战部关于工商联（总商会）2021年市、县（市、区）换届工作的意见的通知》精神，做好五华县2021年工商联（商会）换届工作。经各镇人民政府和相关单位推选出136名会员代表，在8月31日召开第十六届换届大会，代表大会进行选举产生新一届工商联（商会）执委班子成员92人，其中张文超光荣当选县工商联主席（会长），副主席17人，副会长13人。五华县工商联（商会）如期完成换届工作。

【学习培训】 2021年，五华县工商联坚持加强非公有制经济人士的意识形态学习教育工作，习近平新时代中国特色社会主义思想，深入开展爱国、敬业、诚信、守法教育和非公有制经济人士理想信念教育，让非公有制经济人士跟党走、听党话，不忘初心、不辱使命，准确理解和把握党的执政方向，做到与时俱进、抢抓机遇，推动企业做大做强。

【社会责任】 2021年，五华县工商联始终以“两个健康发展”为主线，打造活动平台，引导非公有制经济人士积极投身光彩事业，参与疫情防控、精准扶贫结对帮扶等活动，勇于承担社会责任，展示良好社会形象。

【制度化建设】 2021年，根据中央、省提出的“五好”县级工商联、“法律服务示范点”建设目标要求，进一步加强基层商协会制度化、规范化建设，指导和帮助商会协会建立健全各项规章制度，使商会活动能够依照法律和章程正常开展。2021年，五华县工商联成为全国“五好”县级工商联、五华县创新创业协会成为广东省工商联法律服务示范点单位。

五华县工商联2021年度单位负责人名录

中共五华县委统战部副部长、五华县工商业联合会（商会）

党组书记： 曾召辉（3月任职）

五华县工商业联合会（商会）

党组成员、商会副主席： 曾崇辉

五华县工商业联合会（商会）

党组成员： 李定桓

五华县文学艺术联合会

【文艺宣传、交流活动】 2021年，五华县文学艺术联合会（以下简称县文联）各协会在严格落实疫情防控措施的基础上，围绕“庆祝中国共产党成立100周年”主题，稳妥有序开展各项文艺活动：一是召开“五华县庆祝中国共产党成立100周年文艺家座谈会”。3月12日，县文联在县委宣传部会议室召开“五华县庆祝中国共产党成立100周年文艺家座谈会”，结合县党史学习教育动员会精神，部署开展“庆祝中国共产党成立100周年”为主题的系列采风创作、展览展示等重点工作。二是开展文学“三进”活动。4月10日，五华县国晟教育“小作家”培训基地在县城举行揭牌仪式。五华县乡贤著名作家万振环、县作协部分会员、国晟教育负责人和“小作家”代表共20多人参加了揭牌仪式。4月30日，会同县作协到五华县职业技术学校开展“红色文学校园行”活动，向该校赠送会员著作190本。10月27日，县文联主席张汉章组织带领县作协、五华诗社、县民协、县楹联学会、县文艺志愿服务团等文艺家代表13人到河东中学开展“文学进校园”活动。三是开展新时代文明实践活动。1月3日，五华县书画创作协会到五华县长安实业有限公司开展“书画进万家”活动。3月19日，会同县委办、县民协在黄井村举办森林防灭火专题文艺晚会。4月30日，县温治邦版画研究会组织会员到安流中学开展“传承版画艺术，提升美育素养”活动。6月30日，会同县五华诗社、县第三小学等在县奥体中心青少年宫举行“永远跟党走——庆祝中国共产党成立100周年诗歌朗诵活动”，庆祝党的百年华诞。七夕、中秋、国庆期间，组织五华诗社到县第三小学举办诗词诗文朗诵会活动。10月29日，会同五华诗社到华阳中学调研诗教工作。四是开展采风创作活动。3月6日，会同县作家协会组织开展“探寻特色美食，助力乡村振兴——‘粤菜（客家菜）师傅’‘广东技工’‘南粤家政’三项工程采风活动”。3月18日，县摄协、县美协组织文艺家走进转水镇里塘村，开展“助力乡村振兴”采风创作活动。5月15日，组织县文联全体干部和县楹联学会部分会员共20多人到梅林镇开展“庆祝中国共产党成立100周年红色文化采风活动”，参观古大存故居，接受革命传统教育，到县委党校听党史教育课。5月15日，县作协组织开展“实施‘粤菜师傅’‘广东技工’‘南粤家政’三项工程”作家采风活动，助力乡村振兴鼓与呼。5月29日，县美协组织画家到安流文葵开展写生活动。6月3日，县书协组织会员到五华茶博汇产业园参观，创作书法作品。五华诗社组织部分社员先后到梅县蕉板排、长布镇元坑、双华镇高山寨、白云庵、天堂山大峡谷等地开展采风创作活动。12月4日，会同县作协组织30位文学作者到长布镇开展采风活动，助力乡村振兴发展。五是开展学习交流活动。1月31日，梅州市吴小为名师工作室一行到五华县参观交流，研究和探讨书法教育教学工作。5月4日，会同县书协、县硬笔书协在五华长乐书法院举行“书法公益巡讲”活动，县内外书法家和书法爱好者100多人参加。县书协举办书法笔会活动10场次，参与会员100多人次。六是开展各种比赛展览。1月30日，会同安流镇政府、县美协、县书协、东灵艺术博物馆等联合举办美术书法作品展，展出作品82幅。清明节前夕，会同县硬笔书协举办“慎终追远、缅怀先烈”中小学生硬笔

2021年3月12日，五华县庆祝中国共产党建党100周年文艺家座谈会在县委宣传部会议室召开（县文联提供）

书法比赛，评出获奖者136名。5月30日，县委国安办、县文联联合举办五华县2021年“4·15”全民国家安全教育日征文比赛获奖作品颁奖仪式，为获奖作者20多人颁奖。与县文广旅体局、县教育局联合举办以“旅游请到五华来”为主题的征文比赛活动，评出成人组获奖作品16篇。6月21日，县硬笔书协主办五华县首届“一拙杯”硬笔书法大赛，评出获奖者60名。10月2日，县书协在县文化馆举办了“五华县一拙杯书法作品邀请展”，展出作品93幅。12月18日，县摄协联合五华县大尚房地产公司举办“大尚·公园壹号”美丽家园·宜居五华摄影大赛开镜仪式。12月26日，会同县文化馆、东灵博物馆、温治邦版画研究会举办“五华县第一届版画作品展”，展出作品44幅。七是举行“中华诗词之乡”挂牌仪式。6月11日，在五华诗社驻地举行“中华诗词之乡”挂牌仪式，勉励五华诗社巩固创建工作成果，擦亮“中华诗词之乡”这一文化品牌，为推动五华经济社会高质量发展，建设“工匠之乡·宜居五华”提供精神动力。八是开展文艺志愿服务活动。3月18日，到转水镇三塘村开展广东省文联文艺工作者挂点联系新时代文明实践中心摄影活动；11月15日在采茶戏传承保护中心举行广东省文联文艺工作者挂点联系新时代文明实践中心活动李素华声乐培训五华班活动；12月19日，在龙村镇举行广东省文联文艺工作者挂点联系新时代文明实践中心活动“翰墨龙村”书法作品展和书法培训活动。九是各级调研活动的开展。1月13日，县委常委、宣传部部长刘敬东在县文联主席张汉章等陪同下，到县美协开展调研。8月10日，省文联党组副书记、专职副主席吴华钦到县文联调研，在县委常委、宣传部部长刘敬东的陪同下，广东画院副院长冯少协、省文联组织联络部主任朱琪等领导以及省文联驻镇帮扶工作队全体队员参加活动。9月27日，省文联一级巡视员李仙花率省文联戏剧电影电视工作部主任、省剧协专职副主席林金洲，梅州市文联党组书记、主席陈锐锋，梅州市文联马苑华，梅州市剧协黄丽华等一行到五华县调研。五华县委书记朱少辉和县委副书记、代县长丘炀与调研组进行了交流，五华县委常委、宣传部部长刘敬东陪同调研县文联、茶博会、县采茶戏传承保护中心、红色体验馆等文化单位。11月11日，省文联党组成员、专职副主席周华和梅州市文联主席陈锐锋一行到五华县文联调研。十是注重培养文艺人才。首先深入推进“文学苗子百人培训工程”。县作协先后在河东中学、华城职业技术学校、萃文中学举办“文学苗子培训工程”文学写作讲座，参加培训的“苗子学员”共110人次。其次是扎实开展儿童文学创作。县作协组建了由23人组成的儿童文学创作群，每人每季度提交同题儿童文学作品一篇（首）以上，除在五华作协公众微信平台推出外，还不定期编辑出版《客家儿童文学》小报。11月13日，县作协在县城举行儿童文学创作培训班，作协主席缪德良授课；12月上旬，缪德良带着自己创作的童谣书籍深入城区星辰幼儿园，赠书100多册。积极配合广东省作家协会“红色文学轻骑兵”公益活动。著名作家鲍十作“小说诸元素”专题授课；著名作家傒晗作“如何把握好主旋律的庄严与文学的优雅”主题讲座。县书协、书画艺术创作协会邀请中国书画名家、省书画名家等为协会会员进行培训，并组织3名会员参加中国书协书法培训中心在梅州设立的书法创作研修班。

【出版刊物】 2021年:县文联编辑出版《长乐文艺》4期，发表县内外作者的文学作品40余万字，向社会各界赠书6000册。县作协出版文艺报刊《客家儿童》1期。五华诗社出版《琴江诗苑》1期。县楹联学会出版楹联报刊《长乐联苑》2期。

【出版专著】 2021年：缪德良出版散文集《路边有风景》和童谣集《足球童谣唱梅州》；李海平出版新诗集《驿路花香》；宋添贵出版长篇小说《曲径狐踪》；刘杏红出版小说集《左右》；张宏继出版诗文集《幼竹青青》；何伟峰出版诗集《这一低头的温柔》；刘兰辉出版散文集《岁月情长》；翁远芳出版个人文集《岁月留痕》；李雄坤出版诗词集《眺塔楼诗词选》、古从新出版诗词集《五味轩诗词选》、杨希乔出版诗词集《晚晴遣兴》、叶乃新诗词遗著《叶韵心声》出版。

【文艺创作和获奖】 2021年:县文联在《长乐文艺》杂志上开设“庆祝中国共产党成立100周年”栏目，刊登诗词、楹联、红色故事等文艺作品150多篇，为庆祝中国共产党成立100周年营造浓厚的氛围。县作协组织会员用文学作品庆祝党的百年华诞，共计在各级各类发表“党建百年华诞”专题稿件126篇。会员除向五华县《长乐文艺》《五华政报》以及“五华作协”微信公众号投稿外，向上级报刊及网络平台上送并被采用稿件136篇（首），其中市级55篇，省级以上81篇，在市级以上各项征文活动获奖作品21篇。其中五华县南山小学、五华县第三小学参加梅州市第五届童谣传唱活动表演了缪德良创作的《画太阳》《扮古事》分别获特等奖、一等奖；陈双媚小戏《一株酸橘树》获广东省群众文艺作品评选二等奖，小品《最后一个贫困户》获梅州市文艺精英人才精品创作奖，小戏《闷葫芦治家》、小品《门禁》获梅州市群众文艺作品评选三等奖；杨丽萍小说《江水悠悠》荣获中国共产党成立100周年“江东杯”征文比赛一等奖；徐水宏新诗《我在七目嶂看见一面旗》在中国纪实文学研究会征文比赛中获优秀奖；刘杏红散文《柚子花开》获美丽梅州美好家园征文比赛优秀奖，《棋艺人生》获深港澳中国象棋文化征文比赛优秀奖，李海平作品《使命的接力，荣耀的传承》在宝安区庆祝中国共产党百年华诞主题征文比赛中获特等奖；还有刘珏、张炼煌、古盛欣、张利香、陈赞发等5位会员在市县征文比赛中获奖。县作协新诗群以“党的光辉照我心”为题的同题诗专辑，在微信公众平台“五华作协”推出；何伟峰的散文《听见党旗迎风飘扬》在“广东省第七届盲人散文创作大赛”中获优秀奖；年逾90岁的老作家杨新乔获中组部“光荣在党50纪念章”后，撰写《笔耕一路沐春风》一文，发表在市县报刊上。凌霄、张让兰等人的文艺作品在华城镇状元公园举行展演。县作协新诗群“月月新诗汇”活动持之以恒,全年共举办诗会及采风活动5次，组织同题诗创作8次，做到月月有活动，月月有作品，在《岭南文学》《梅州日报》《长乐文艺》等报刊及网络平台上发表诗作三百余首、约四千行。县作协“文学苗子百人培训工程”“月月新诗汇”被评为“梅州市2019—2020文艺活动优秀项目”“梅州市优秀‘战疫’文艺志愿者服务组织”；缪德良被评为

“梅州市最美优文艺志愿者”“梅州市道德模范”“中国好人”“广东好人”“梅州好人”。

五华诗社25位社员为《大美乡村——五华风光·胡华兴油画风景写生作品集》的图片配诗124首，罗俊峰、张让兰、古新辉等人发布了个人诗作微信专辑，讴歌五华县乡村振兴的风貌。古从新、古新辉诗作获2020年度“岭南杯”诗词大赛优秀奖，詹青诗作参加东方之珠文化学会《东方之珠诗刊》月课活动获二等奖，徐水宏诗作获五华县“4·15”全民国家安全教育日征文比赛二等奖。县民协曾素香作品《红色江山万万年》等10篇客家山歌作品被各大网络平台演唱推广。张伯成三句半《森林防火千秋功》、张玉书山歌对唱《森林防火保安康》、张让兰客家五句板联唱《五华发展更辉煌》等在森林防灭火宣传专题文艺晚会展演。县楹联学会赖火星作品获“梅州杯”（牛年）楹联大赛优秀奖；李南被梅县区文联评为2020年度“优秀文艺工作者”。县摄协组织会员作品参加“庆祝中国共产党成立100周年五华县重要红色革命遗产作品展”，多幅会员作品入展“光辉历程·红色画卷——庆祝中国共产党成立100周年梅州文艺百年大展”，编辑部分优秀作品在《长乐文艺》刊登。在梅州市 “遇见梅州·遇见美好”摄影赛中，张忠宏《天使之翼夜色美》《迎灯盛会》分获专业组二等奖、优秀奖；陈克彪《绿色家园》《狮雄山塔》《柿饼》获专业组优秀奖。在2021梅州市“两美”摄影赛中，张忠宏6幅作品、张远清2幅作品、陈克彪和翁国剑各1幅作品均获优秀奖；蔡敏《柚好柚快》获梅州市“梅州柚——柚好柚快首届摄影大赛”优秀奖；宋彬《霞光下的嘱托》获全国卫生健康系统“中国年味”摄影大赛三等奖。县硬协张中建获评中硬协“大书法全国优秀书法教师”和广东省硬协“年度鼎力人物”，作品入展“广东硬笔书法名家百人大展”。县书协魏育贤书法作品获“宋湘杯”全国书法大展一等奖；陈国涛获广东省首届高校书法硬笔书法大赛一等奖和“中国字，中国风”全国青少年网络大书法作品大赛一等奖等多项奖项；邓丽萍、李秋梅获“百年华诞 翰墨薪传”第二届全省教师书法作品展二等奖；李秋梅硬笔书法作品《中国共产党光辉历程赋》获教育部举办的中华经典诵写讲大赛之“笔墨中国”汉字书写大赛一等奖，参加广东省首届美育教师基本功大赛获一等奖；张晓丹荣获“智慧杯”第七届广州硬笔书法大赛成年组三等奖，其作品入展百年辉煌百年复兴全国高校大书法作品展和“宋湘杯”全国书法大展；罗爱超荣获第三届西湖杯中国硬笔书法大赛铜奖和中国好书法全国书法大赛优秀奖；另外陈国涛、李秋梅、宋桂发、张晓丹、罗爱超、徐文境等6位书法家在全国各书法大赛与作品展中入展入选。在政协五华县十一届一次

2021年6月11日，五华县举行“中华诗词之乡”挂牌仪式（张忠宏 摄）

2021 年 12 月 26 日，“五华县第一届版画作品展”开幕式在县文化馆举行（县文联提供）

会议上，五华县书法协会主席黄法权、五华县魏晋书院院长魏育贤光荣当选政协五华县第十一届委员会常务委员；李展浩荣获“梅州市优秀文艺工作者”荣誉称号；宋桂发被评为中硬协大书法教育优秀教师。美协、温治邦版画研究会张峻侨作品《指路明灯·征程 100》、温标金作品《都市行镜图》、廖丹青作品《通途》、彭产兴作品《村有喜事之一》、张森华作品《静静地绽放》等入选中国美协主办的“中国新兴版画运动 90 周年——全国版画作品展”；巫丽红作品《铁铸军魂》、张石玉作品《点赞时代》、李红波作品《金光伴我行》、张峻侨作品《中国·呦呦!》、李育元作品《三地同心》、张志祥作品《乡峦》、蓝福金作品《曙光》、钟林泉作品《龙潮乐曲系列二》、张逸作品《风雪成边人》、宋永霞作品《崛起》均入选广东省美术家协会主办的“庆祝中国共产党成立 100 周年暨纪念新兴版画运动 90 周年——岭南版画大展”；彭产兴、张石玉、钟村泉、巫丽红等人作品均入选“第九届广东省版画作品展”；钟林泉创作版画《龙腾盛世》入选“广东省庆祝中国共产党成立 100 周年美术作品展”；张峻侨、宋永霞、钟林泉、张森华等人作品均入选梅州市文联“光辉历程·红色画卷——庆祝中国共产党成立 100 周年梅州文艺百年大展”；张峻侨多部版画作品入选“第三届中国（宁波北仑）青年漆画大展”。在梅州市首届“林风眠杯”师生绘画赛中，宋永霞、温标金、钟林泉、李杏珍等人作品均获一等奖；温云甘、李娟、陈云霞等人获二等奖；陈秋花、曾志辉获三等奖。在梅州市首届“风眠杯”中小学师生绘画赛中，曾志辉的作品《熙》荣获特等奖；钟林泉的作品《美丽乡村行系列六》、李杏珍的作品《花韵》均获一等奖；宋永霞的两幅版画作品分获教师组一等奖、二等奖；李嘉声作品获二等奖；杨燕飞作品获三等奖；陈秋花的作品获优秀奖。在 2020 年度梅州市文艺“双精”工程颁奖和文艺志愿服务先进典型表彰会上，五华县共有 6 类、1 个单位、13 人（次）获“双精”奖，其中获奖单位是县采茶戏传承保护中心；获奖个人分别为罗爱田（文学类），张峻侨、张石玉（美术类），黄法权、胡丽华、李秋梅、徐方海、张石乃、张石玉、赖学优、古广新（书法类），吴耀东（摄影类）和周月明（民间文艺类）；2个集体4人获评2020年梅州市文艺志愿服务先进典型集体和个人，其中县文联获评最佳文艺志愿服务组织，县作协获评优秀“战疫”文艺志愿服务组织；缪德良和宋焕南获评市最美文艺志愿者，黄小丽和钟秋良获评嘉许优秀文艺志愿者，张让兰获评优秀“战疫”文艺志愿者。

【加入上级协会】 2021年各协会吸收新会员54人，推荐44名会员加入国家、省、市各级协会，其中张石玉、邓微观、钟林泉3人加入省美协；李剑波、黄俊前、吴盆花、陈国涛、范国文、李幼清、廖威育、邓丽萍8人加入省硬协；廖威育、邓丽萍、邬如玉、刘奕君、曾顺平5人加入中国硬笔书法协会；翁敏、张小兰、刘广大3人加入广东岭南诗社；詹青、曾幸辉、周荣添、张宏继4人加入广东中华诗词学会；徐水宏加入全国公安文联作协会员。（罗俊峰）

五华县文学艺术界联合会2021年度负责人名录

主　　席：张汉章
专职副主席：陈瑞成
兼职副主席：张文超
李仁安
张石乃
专职秘书长：罗俊峰

五华县残疾人联合会

【贯彻落实县中心工作】 五华县残疾人联合会（以下简称县残联）坚持围绕“中心工作抓党建，抓好党建促发展”的工作思路，扎实有效推进党员队伍的思想建设、组织建设、作风建设和制度建设，推动残联党建及各项工作上新台阶。认真履行党要管党、从严治党的职责。认真做好党史学习教育工作，扎实开展“我为群众办实事”活动。县残联开展党史学习教育工作要求做好各项工作，切实加强组织领导，立足工作实际，统筹兼顾，守正创新，积极引导全体干部职工以正确党史观不断夯实理论学习，持续将学习成果转化为工作成效和动力，推动“我为群众办实事”实践活动出实效。推进党风廉政建设和反腐败斗争。持续净化政治生态，不断增强党员干部的底线意识和纪律意识。圆满承办2021年全市残联工作会议。2021年度的全市残联工作会议在五华县召开，这次会议为梅州市全市残联工作会议历史最高规格，曾尚忠副市长出席会议并作讲话，各县（市、区）分管残联工作的领导、残联理事长参加会议，分现场参观和集中大会两个部份，县残联积极主动协调各方工作，认真安排会场会务，会议圆满顺利。全面完成“十件民生实事”工作任务。“为400名贫困白内障患者实施免费复明手术”项目，在完成400名白内障患者免费手术的基础上，争取社会捐资20万元用于200名白内障患者复明手术，完成任务的150%；“实施居家无障碍改造300户”项目，实际完成315户残疾人家庭无障碍改造，完成任务的105%。狠抓安全生产和疫情防控常态化工作。县残联认真开展“安全生产月”“安全宣传梅州行”等活动，不断夯实各残疾人服务机构的安全生产基础，实现全年安全生产“零事故”目标。同时，严格做好各项疫情防控常态化工作，认真组织动员全体干部职工及其亲属接种新冠疫苗，做到应接尽接。强化责任担当，助力创文创卫。1. 开展“我安全，我健康，我快乐”主题的“两类”女童关爱帮扶活动。将“未成年人思想道德教育”工作与支持性康复服务相结合，委托五华县长乐社会工作服务中心对居住在五华县的全部280名“两类”女童开展防性侵关爱帮扶活动,每月由专业社工服务2次以上，每次服务时间半小时以上；2. 县残联认真将创文创卫工作与“我为群众办实事”活动相结合，投入资金44万元，对县残疾人托养中心周边已被政府征收的，面积约0.133公顷的空地进行环境整治和无障碍改造，全面改变原来征收土地失管且脏、乱、差的状况，新增50个公共停车位和约200平方米的绿化面积；3. 切实按照“双报到”工作要求，认真结合志愿者服务活动，不断加强对网格化责任区域的服务、管理。全年累计组织党员干部职工开展爱国卫生、疫情防控宣传、交通劝导、创文问卷调查等志愿者服务活动41次。巩固脱贫成果，助推乡村振兴。1. 选派2名骨干力量任驻村第一书记和4名领导干部回乡联村；2. 做好驻镇帮镇扶村对接工作，主动配合各镇党委、政府和县直有关部门巩固拓展残疾人脱贫攻坚成果，落实“三个早要求”，确保农村残疾人口不发生规模性返贫底线；3. 慰问“农村边缘户”“脱贫不稳定户”中残疾人及残疾家庭47户共1.4万元；4. 临时救助困难残疾人12人合计5.4万元；5. 协调县民政、县卫健局对全县1044名严重精神障碍患者和疑似残疾孤儿进行评残办证。超额完成向上争取资金。县残联2021年度“向上争取项目资金”任务数为600万元，实际累计向上争取资金686.86万元，完成任务的114.48%。

【按时完成县残联“三定”方案编制工作】 根据省、市、县残联改革的工作要求，严格按照“三定”方案编制程序，经县委、县政府批准，于2021年12月24日，印发《五华县残疾人联合会机关职能配置、内设机构和人员编制规定》。

【残疾人康复工作】 认真贯彻落实《五华县残疾儿童康复救助实施办法》，全面实施对0—6周岁残疾儿童应救尽救工作。2021年县级康复机构共完成残疾儿童康复272名（其中异地康复56名）。通过抢救性康复的及时介入，有34名康复儿童经过初期、末期评估均已取得明显的康复效果，成功转入到普通幼儿园就读。创新服务模式，实施居家康复和支持性服务。

在累计入户筛查4547人的基础上，确定2021年实施居家康复服务200人，支持性康复服务961人（包含“两类”女童280人），由五华县育才社会工作服务中心、五华县长乐社会工作服务中心分别实施居家康复、支持性服务，自2021年7月1日起开始服务，服务周期为10个月，合计投入资金188.3万元。创新采取基本型辅具补贴制度和重度困难残疾人辅具适配上门服务双结合的方式，全面提升辅具适配服务质量。全年累计辅具服务人数280人，其中为自行购买辅具的117名残疾人提供辅具补贴，累计发放补贴金额22.31万元，上门为163人适配并提供轮椅、拐杖、助行器、护理床等各类辅具305件，价值16万元。累计适配人工耳蜗14例，共补助资金19.47

万元。

【积极培育壮大社会助残服务机构】 2021年先后成立五华县肢残人协会、五华县长乐社会工作服务中心、五华县残疾人康复协会和五华县云悦教育康复中心等残疾人服务机构和协会，提高五华县的残疾人康复服务水平。

【残疾人民生保障工作】 2021年共有34765人享受残疾人两项补贴，共发放补贴资金9207万元。其中受理重度护理补贴25245人，每人每月243元，共发放补贴金额7361.4万元；受理困难生活补贴9520人，每人每月181元，共发放补贴金额2067.7万元。

【残疾人就业、教育工作】 加强残疾人就业保障金年审征收。2021年年审企业109家，对343个单位共征收保障金1068.27万元；扶持就业创业。全县共扶助80名残疾人创业就业，扶持资金共计53.6万元。组织参加省“众创杯”创业创新公益赛。选送4名残疾人创办的企业参赛，在全省665个项目角逐中，1家企业项目进入复赛，获得市残联奖励2万元；投入1.8万元，搭建残疾人产品、残疾人创业成果展示平台，展示20多名残疾人的产品和创业成果；做好残疾人就业技能培训工作。全年共举办各类培训班，培训残疾人428名。联合澳门未来中心助残扶农电商举办助残扶农电商培训，采取线上线下同时进行的方式，为五华县85名残疾人授课，共实现45名残疾人就业；开展残疾人就业“援助”活动，举办3次残疾人线上招聘会、2次线下招聘会，共帮助14名残疾人实现稳定就业；投入资金21万元，以全县20个残疾人康园中心中为会场，建成视频培训系统，已开展康园辅助性就业线上培训2场培训440人次；扎实完成残疾人新增就业任务。全年城镇新增残疾人就业28人，完成率100%。农村新增就业193人，完成率100%。按比例安排残疾人就业231名。依托五华县肢残人协会开展残疾人职业介绍和支持性就业服务等工作，2021年累计为800多名残疾人提供支持性就业服务，有65名残疾人实现就业。

【助残活动】 县残联结合全国助残日、残疾预防日、爱耳日等节日，积极组织开展各种形式的助残扶残宣传活动，营造全社会助残扶残的氛围，全年累计接收到爱心企业和爱心人士的慈善捐赠共119.299万元。

【建立免费上门送评残服务制度】 县残联结合“我为群众办实事”活动，建立免费送评残服务制度，全年共服务592人，经鉴定办证人数420人，办证率70.9%。一是采取灵活机动的评残办证方式，利用节假日、双休日等时间预约上门评残，2021年以来累计为21位重度残疾人提供灵活上门评残服务。二是每年10月开始对全县排查出的疑似重度残疾人进行免费上门评残，2021年共筛查并上门评残服务571人。三是现场收集办理残疾人证的相关材料，让残疾人“足不出户”就能办好残疾人证，及时享受到国家的相关惠民补助。

【办理残疾人证工作】 按工作要求，自2021年3月份开始将残疾人证初审权下放至镇公共服务中心，开展残疾人证跨省通办业务。2021年新增办理残疾人证2830件，其中跨省通办13件。

【规范社区康园中心、康复站运行管理】经请示县政府同意，自2021年8月开始将全县20个社区康园中心、16个社区康复站划转县残联统一管理，由县残联负责对其进行业务指导、人员管理、经费保障和绩效评估。同时，在选聘各康园中心、康复站专职管理人员时，安排17名就业困难人员就业，其中残疾人8名，原建档立卡贫困户2名，助力乡村振兴工作。

五华县残疾人联合会2021年度单位负责人名录

党组书记、理事长：魏华中（任至12月）
理事长：朱旭红（12月任职）
党组成员、副理事长：曾志青
党组成员、副理事长：张思远
党组成员：曾志雄（5月任职）

法 治

政法委及综治

【简况】 2021年，中共五华县委政法委员会（下面简称县委政法委）坚持党对政法工作的绝对领导，坚持以人民为中心的发展思想，坚持稳中求进的工作总基调，围绕做好中国共产党百年华诞重大庆祝活动维稳安保工作这一主线，履行好维护国家政治安全、确保社会大局稳定、促进社会公平正义、保障人民安居乐业主要任务，为高质量推进“一城两带四区”建设，打造业兴人和、长治民乐的“工匠之乡·宜居五华”营造更加稳定和谐的社会环境。

【政法队伍教育整顿】 2021年2月底至6月，五华县开展为期4个月的政法队伍教育整顿。参加人员为县委政法委、法院、检察院、公安机关、司法行政机关全体在编在职政法干警及各镇党委分管政法专职副书记。县委充分认识开展政法队伍教育整顿的重大意义，严格按照党中央决策部署和省委、市委工作要求，成立以县委书记为组长的五华县委政法队伍教育整顿工作领导小组，下设办公室（设在县委政法委）。教育整顿期间，政法各单位围绕“五个过硬”要求，突出筑牢政治忠诚、清除害群之马、整治顽瘴痼疾、弘扬英模精神“四项任务”，抓实学习教育、查纠整改、总结提升“三个环节”，以“六狠抓、六提升”为抓手，聚焦“六大顽瘴痼疾”，坚持问题导向和目标导向，综合运用自查自纠、组织查处、专项整治等手段，坚决查处一批徇私枉法、执法犯法、不作为乱作为的害群之马，有力维护政法队伍肌体健康，有力推动五华县政法系统政治生态进一步优化、纪律作风进一步好转、素质能力进一步增强、执法司法公信力进一步提升。据统计，教育整顿期间，全县政法单位组织开展各项学习会议340次；落实县委书记等“一把手”上专题党课9次，纪委书记、纪检组组长作廉政报告6场；到红色教育活动基地参观见学54场次；组织观看职务犯罪庭审直播52场次。选树田荣辉、邓锐、张炳忠、李金惠、曾妙龙、魏清芳、李文东、张爵明、张振标、罗新明等10名政法英模，召开学英模、学先进专题学习会35场次；全县政法单位推出“办实事”措施60条，开展“我为群众办实事”实践活动600多场次；制订完善50项制度机制，进一步织密扎牢管人管事管权的制度笼子。

2021年3月10日，召开全县政法队伍教育整顿动员部署会（县委政法委提供）

【政治安全】　2021年，县委政法委牢固树立总体国家安全观，积极实施“四大工程”建设，全力防范涉政治领域安全风险，筑牢意识形态主阵地，依法严厉打击邪教组织各种违法犯罪活动，实现“五个确保”目标。持续深入推进维护国家政治安全八大专项行动。按照“一人一策一专班”的工作要求，进一步压实主体责任和属地责任，落实“四个一”工作要求，密切部门协作联动，加强对街头政治活动、非法宗教活动、教育领域、网络舆情动态的滚动巡查，全面排查掌控涉政治安全风险隐患，坚决严防社会矛盾风险向政治安全领域转化。打防并举扎实做好反邪教各项工作。围绕《五华县打击处置“全能神”邪教3年总体战》工作要求，组织协调公安国保部门开展横向到边、纵向到底的“拉网式、滚动式”排查和入户走访调查等工作，全面掌握五华县涉邪教人员整体情况。五华县现有在册“全能神”人员全部落实稳控，未发现异常动态。依法严厉打击邪教组织各种违法犯罪活动，深入开展底数摸排、打击处置、教育转化、警示宣传、基层治理、接茬帮教、后续跟踪等工作举措，进一步加大专案侦查力度，深挖案件线索，建立台账制度实施动态管理，做到发现一起查处一起，进一步筑牢防范抵御邪教的坚固防线，实现“去存量、控增量、防变量、消能量”的目标。

【社会稳定】　2021年，县委政法委紧扣中国共产党成立100周年维稳安保主题主线，深入推进社会矛盾纠纷八大专项治理各项工作，全年15个重大活动及敏感节点全部平稳度过，省交办重点个案任务全部“清零”。县委县政府高度重视维稳工作，高质高标落实社会稳定形势分析研判会制度，对重大涉稳领域制定专项工作方案，进一步压实责任单位主体责任和行业责任。持续推进风险隐患矛盾纠纷的排查，突出加强对影响政治安全、社会稳定的“四重”对象（重点领域、重点人群、重点问题和重点项目）的滚动摸排、专项摸查，落实“一人一策一专班”工作责任制，有效化解一批风险隐患，调处一批历史积案。健全完善社会稳定风险评估机制，积极有效预防和及时调处新产生的风险隐患。本年度共完成20个重大项目的社会稳定风险评估工作，确保重大事项、重大项目的顺利实施。做好清明、五一、中国共产党成立100周年安保维稳等特殊时段和重大节庆活动期间安保维稳工作，启动特别防护期安保维稳等级响应工作机制，强化值班值守、信息预警、应急处置，有效防范化解管控各类矛盾风险。

【综治平安建设】 2021年，县委政法委根据平安建设高频需求，推进平安建设，聚集基层社会治理，充分发挥数据化、信息化、智能化平台的作用，平台和机制高效协同，不断提升完善各项制度建设，打造治理更全面、服务更高效的社会治理新模式。组织开展好2020年平安村（社区）的考评验收和回头看，巩固好前期工作成效。持续发挥“综治中心+网格化+信息化”在网格化治理模式下的治理质效，有效实现网格事件巡查、上传上报和分拨处置等方面的动态治理目标。以优秀等次全面完成2020年“平安之乡”实践创新项目建设，为推进市域社会治理现代化提供更精细化赋能。积极统筹牵头13个部委成员单位做好精神障碍患者的收治列管、定期面访、复核评估、补助申报等各项救助救治服务管理工作，顺利通过省精神卫生中心各项考核指标，荣膺2020年度广东省严重精神障碍管理治疗工作先进县（区）称号。坚持慎终如始落实疫情防控“三人小组”数据推送、落地核查、分类管理等防疫责任，严格“四个一”健康管理措施，五华县未发生一起涉疫情公共卫生失防漏管事件。2021年度，共核查数据16755条，核酸检测结果均为阴性。

【常态化扫黑除恶】 2021年，县委政法委认真贯彻落实中央和省、市、县关于扫黑除恶专项斗争系列决策部署，以扫黑除恶永远在路上的坚定信心和决心，推动常态化扫黑除恶取得不俗成效。依法从严惩处黑恶势力违法犯罪。保持对各类黑恶势力违法犯罪露头就打的高压态势，协助打掉涉黑犯罪组织1个，打掉恶势力犯罪集团1个、涉恶犯罪团伙24个，立涉恶“九类”刑事案件93宗、破案98宗（含之前未破数据）、刑拘287人、逮捕175人，查封、冻结、扣押涉案资产约438万元，同时，加大对涉案人员追逃力度，确保无一漏网。开展线索清零和“打伞”行动。压紧压实各镇各成员单位的责任，按时依规办结各类线索举报案件。2021年度，县扫黑办共接收群众各类线索110条，已办结94条。常态化推进“惩腐打伞”工作，共处置涉黑涉恶腐败和“保护伞”问题线索18件。推进重点行业领域专项整治。深入推进信息网络、自然资源、交通运输、工程建设、金融放贷五大行业全链条专项整治，破电诈案54宗、查处交运违法违规案件17宗、不良贷款得到有效清收、“三书一函”整改有效落实，并建立常态化扫黑除恶专项斗争工作长效机制23个。

2021年9月18日，召开县委依法工作会议暨全县扫黑除恶专项斗争、平安五华建设总结表彰大会（县委政法委提供）

【执法监督】 2021年，县委政法委加强执法督查，促进政法各部门严格、公正、文明执法。坚定不移推进司法体制改革，加强对政法领域深化改革的全面领导和监督，加快推进司法制约监督体系改革力度，深化审判权运行机制改革，落实审判权责清单、负面清单工作责任制。积极探索行之有效的认罪认罚从宽制度的落实，推动检察权运行机制循序运转。深化立案登记制、受立案制度改革，构建矛盾纠纷内外协作机制等，确保各项政法改革工作稳步有序推进，不断提升办案质量效率和司法公信力。全力推进涉法涉诉信访积案“清零”专项行动，按照“五个一”的要求，落实化解任务，确保2021年底完成积案清零工作任务。牵头“两法衔接”联席工作，加强行政执法和刑事司法衔接工作，督促行政执法机关移送案件，监督公安机关立案侦查，提升打击合力，扩大法律及社会效果。做好接访及日常涉法涉诉信访工作，督促政法各单位开展司法救助实施等工作。2021年度共接访52人次，加强个案转办、督办工作，转办督办登记17件，共清查涉法涉诉信访积案14宗。

【法学工作】 2021年，五华县法学会坚持以习近平法治思想为根本遵循和行动指南，充分发挥党委政府联系和团结广大法律工作者的桥梁和纽带作用，通过组织召开习近平法治思想、“平安法治、反邪防邪”专题讲座及“12·4”国家宪法日普法宣传等系列活动，不断引导五华县干部职工带头尊法学法守法用法，树立自觉守法、遇事找法、解决问题靠法的意识，深入营造全社会尊法学法守法用法的良好氛围，为五华县推进全面依法治县，提高法治建设水平提供智慧力量。

中共五华县委政法委员会2021年负责人名录

书　　记：宋学希（9月任职）
第一副书记：李政江
常务副书记：周洪杰（7月任职）
副 书 记：曾焕章
彭思鹏
政法委委员：张晓辉（任至9月）
曾梅麟（9月起任）
温汉珍（任至9月）
李伟华（9月起任）
曾患鑫
张祝平
廖素媚
专职委员：黄国雄
曾少廉
朱幼雄
邹林茂
李建中

公　安

【简况】 2021年，五华县公安机关严格按照市公安局党委和县委、县政府的决策部署，以习近平新时代中国特色社会主义思想为指导，聚焦“对标一流、赶超先进”目标，统筹抓好战疫情、防风险、保安全、护稳定、促发展工作，有力维护全县政治社会大局持续平安稳定。

【反恐维稳】 坚持把维护政治安全放在第一位，围绕中国共产党成立100周年安保维稳主线，严防渗透破坏活动，取缔非法宗教活动7起，教育处理49人；侦破邪教组织案件3宗，抓获3人，教育处理111人；破获涉恐案件1宗；扎实推进全省第二批“维稳工作示范点”创建。

【治安环境】 推动扫黑除恶常态化，打掉恶势力犯罪团伙 24 个，破获涉黑恶案件 98 宗，抓获 287 人，查封、扣押、冻结涉案资产 438 万元。推进“八大专项”“飓风 2021”专项行动，立刑事案件 1388 起、同比下降 6.47%，破案 671 起，侦破 2 起现行命案，抓获在逃人员 163 人，“飓风 2021”专项行动继续保持全市排头位置。深入推进打击治理电信诈骗新型违法犯罪活动，破获涉电诈案件 54 宗，打掉涉电诈团伙 5 个，捣毁电信诈骗窝点 1 个，抓获涉电诈人员 107 人。稳步推进禁毒“凤凰计划”和禁毒情报研判室建设，查处涉毒案件 50 宗，抓获吸毒人员 76 人，破获梅州首宗涉毒洗钱案。完成国道文明道路示范点创建工作，开展道路交通安全专项整治行动，查处严重交通违法行为 104136 宗，同比上升 10.5%，道路交通事故起数，死亡人数，受伤人数同比分别下降 8.47%、11.36%、10.1%。

【基层治理】　大力抓好压发案、降警情工作，1 月至 12 月共接报刑事、治安警情 1910 起，同比下降 32.6%，其中有 56 天无刑事警情。组建“交警+巡警+派出所”作战小分队，扎实推进“五合一”行动，破获涉枪爆案件 5 宗，收缴各类非法枪支 106 支、子弹 1395 发、管制刀具 108 把。深入推进 31 个“无电诈”村（社区）创建活动，打造反诈宣传一条街，大力推广“国家反诈中心”APP 安装注册。扎实推进 18 个“枫桥式公安派出所”创建、3 个“精准脱困”派出所建设和“警种融合”改革试点等工作。

【科技支撑】　推进多元警务联勤作战平台建设，扎实推进全息感知网建设，完成增建疫苗接种点高清视频监控并接入省厅视频云平台，如期完成全县 648 所校园安装“一键报警”装置。

【服务保障】　依托疫情防控工作专班和大数据专班，开展常态化疫情防控工作。扎实开展“我为群众办实事”实践活动，帮助 11 名被拐、走失人员找回亲人，“厅局长信箱”收到并回复来信 42 件。启用安流、转水两个摩托车考场和梅州首套禁鸣智能抓拍系统，开展“送考下乡”等便民利民举措。

【队伍管教】　扎实开展公安队伍教育整顿，开展“咬耳扯袖”谈心谈话 120 人、“红脸出汗”谈话教育 21 人、停止执行职务 8 人、党纪处分 23 人、政纪处分 4 人、移送司法机关 2 人。严格落实“第一议题”和党委理论学习中心组等制度，规范执行《执法勤务和警务技术职级晋升工作实施办法》，修订《警务辅助人员管理办法》，完成森林公安管理体制调整改革，151 名民警职级晋升，推动所队长轮岗交流。充分发挥机关党委和机关纪委作用，推进机关党建和党风廉政建设工作再上新台阶。深化从优待警，落实辅警层级管理，升级改造机关饭堂，新建小型停车场，组织开展民警功模休养、辅警集中休养等活动。

五华县公安局 2021 年度单位负责人名录

五华县人民政府副县长、公安局党委书记、局长、督察长：李政江

五华县公安局党委副书记、政委：曾患鑫

五华县公安局党委委员、政工室主任：
曾幸辉

五华县公安局党委委员、副局长：
张炳忠

邓　锐
张长安
五华县公安局党委副书记、常务副局长：刘柏青（任至6月）

检　察

【民事行政检察、公益诉讼工作】 2021年，五华检察院受理民事行政检察监督案件17件，提出检察建议9件，依法不支持监督申请3件，发出检察建议4件；开展行政非诉执行专项监督，立案9宗，发出检察建议书4份。全力打造公益诉讼工作品牌，办理公益诉讼案件65件。深入开展“河长+检察长”制工作，办理涉及河库公益诉讼案件42件，发出检察建议39份，有效破解水生态治理难题，被市委、市政府评为“梅州市全面推行河长制湖长制先进集体”。落实最高检4号检察建议，开展窨井盖管理专项监督，对县城20多个路段以及重点场所进行全面摸排，督促相关部门修缮、更换井盖215个，加装防坠网、防位移等改进装置2300多个，该案入选梅州政法机关为民解忧四件实事之一，《法治日报》做了报道。

【刑事执行检察】 加强社区矫正法律监督，发出检察建议1份，向看守所发出书面刑事执行监督意见书12份。清查出判处实刑未羁押罪犯5人，已纠正4人收监执行，向公安机关发出监督意见2份，均被采纳。建议行政机关移送案件线索2件。针对社区矫正执法活动存在的问题向五华县司法局发出检察监督意见书21份，均被采纳。

【控告申诉检察】 2021年共受理申诉类及其他信访类案件286件次，检察长接访24次，接待群众28批53人次；办理上级检察机关交转办案件29件；办理涉诉涉法案件30件；办理刑事申诉案件17件，其中4件已审查结案；刑事被害人司法救助9件，发放救助金额25.5万元；申请执行监督并转院民行部门进行民事监督案件2件；转一部、二部等其他相关部门16件次；转其他单位办理案件13件次。

【案件管理工作】 全年共受理公安、监委移送案件1075件1693人，结案移送1040件1628人；制作电子卷宗578件1937册249092页。接收涉案赃证物1425件，赃款39万余元。接待律师阅卷213（人）次，群众和各单位部门案件信息、数据查询521（人）次。向社会发布案件程序性信息1202条，公开法律文书246份。

【信息、调研、宣传工作】 全年撰写材料被上级党政机关和省、市检察机关采用105篇次，其中国家级25篇，省级11篇，市级36篇。积极推进“两微一端”建设，组织党员干部讲好、学好“微党课”，提高五华检察的公信力和亲和力。加强普法宣传，打造法治栏目《检察视点》，弘扬法治正能量，传递检察好声音。

【派驻检察室工作】 推进“一镇一检察官”和派驻检察室工作，主动靠前为当地党委政府提供法律服务，打通服务群众“最后一公里”，努力为人民群众、为社会提供更好更优更实在的法治产品和检察产品。

【未成年人检察工作】 未检办积极开展法

治进校园活动，在全县中小学共开展法治教育课 13 场次，受教育人数 3 万多人。联合五华县文化广电旅游体育局对县城范围内的十多间网吧开展检查，督促互联网上网服务营业场所经营者依法经营、整改。五华县中小学校周边小商店出现了带有赌博性质的各种消费型游戏，五华县人民检察院未检办联合第四检察部办理的此宗涉“未”行政公益诉讼案件，2021 年 5 月入选最高人民检察院十大典型案（事）例。

五华县人民检察院 2021 年度单位负责人名录

党组书记、检察长：温汉珍（任至 11 月）
李伟华（11 月任职）
党组成员、副检察长：李永强
蔡仕强（6 月任职）
党组成员、政治部主任：胡远清
党组成员、纪检组组长：何志荣

法　院

【刑事审判】 2021 年，五华县人民法院（以下简称县法院）坚决维护国家安全和社会稳定，不断增强人民群众的安全感。全年受理刑事案件 501 件，同比上升 41.76%；审结 500 件，同比上升 41.24%；结案率 99.8%。充分发挥刑事审判打击职能，严惩严重危害社会治安和人民群众生命财产安全犯罪，依法审结故意杀人、故意伤害、强奸、绑架等严重暴力犯罪 86 件，抢劫、盗窃等侵犯财产犯罪 122 件。严惩黄赌毒犯罪，妥善审结 96 件。从严打击涉众型犯罪，严惩典型网络电信诈骗犯罪案件 37 件。严惩侵害妇女儿童权益犯罪，审结性侵、拐卖等侵害妇女儿童犯罪案件 26 件。保障生态文明建设，审结失火、非法采矿等涉生态环境资源犯罪案件 39 件。保持惩治腐败高压态势，审结贪污、贿赂、渎职等职务犯罪 5 件，有力震慑违法犯罪，维护社会长治久安。常态化开展扫黑除恶专项工作，荣获县“扫黑除恶工作先进集体”称号，1 名干警荣获“全市扫黑除恶工作先进个人”称号。落实宽严相济刑事政策，对 63 名被告人判处五年以上有期徒刑，对 196 名被告人判处非监禁刑或免于刑事处罚。

【民商审判】 2021 年，县法院充分发挥司法能动作用，以“案结事了”为目标，妥善处理化解各种民商事纠纷。全年受理民商事案件 4129 件，同比上升 17.04%；审结 3938 件，同比上升 18.97%；结案率 95.37%。依法准确实施《中华人民共和国民法典》，审结事关群众生产生活的婚姻家庭纠纷案件 1290 件，侵权纠纷案件 236 件。防范化解金融风险，审结金融借款、民间借贷、保险、信用卡等金融案件 1379 件，推动乡村振兴发展，妥善审理涉农涉地案件 14 件。依法平等保护民营企业合法权益，服务经济高质量发展，审结涉民营企业纠纷案件 261 件。维护房地产市场秩序，审结房地产纠纷案件 124 件，有力保障了社会经济和谐稳定。坚持市场主体平等保护原则，加大对民营经济的司法保护力度，妥善处理涉企债权纠纷，依法倡导诚实守信，审结买卖、金融等各类合同纠纷 2095 件，依法审理涉股权案件 7 件，企业金融借款案件 91 件，与县工商业联合会制定《关于建立服务民营企业发展联动协作机制的实施办法》，全力推动形成平等有序、充满活力的法治化营商环境。制定法官走访企业活动实施方案，院领导、庭长带头走访企业7场次，为企业健康发展提供到位的司法保障。

2021年12月4日，五华法院党组书记、院长曾梅麟带领全院干警开展宪法宣誓活动（李仁泰 摄）

【执行工作】 2021年，县法院依法执结大量案件，攻坚破解多起骨头难案，维护当事人的胜诉权益。全年共受理各类执行案件1468件，结案1452件，结案率98.91%，实际执行到位金额7875万多元。司法拍卖98件，成交金额1647.66万元。开展执行案款专项清理，全面清理历史旧存执行案款，及时发放执行案款，增强人民群众获得感。加大民生案件执行力度，执结追索劳动报酬、交通损害赔偿、赡养纠纷等涉民生案件183件，执行到位金额445.89万元。创新执行款发放模式，优化执行案款支付流程，执行款兑付既提速又便民。推动执行创新，失信被执行人名单首次采用公布彩色头像、随报刊散发等形式公布。突出强制执行措施，加强失信惩戒，将1人涉嫌拒执犯罪移送公安机关立案侦查，对4案5人采取司法拘留措施，扣押车辆15辆，将883人次纳入失信被执行人名单，发出1059份限制消费令。

【立案信访】 2021年，县法院不断强化便民利民服务，充分结合队伍教育整顿、党史学习教育和“五个提升年”活动，开展上门立案、志愿服务、暖企行动、送法下乡等“我为群众办实事”系列实践活动78件次，尽心为民解忧排难。扎实推进“一站式”多元解纷和诉讼服务体系建设，诉讼服务中心全年共接待群众超过7000人次，处理来信30件、来访23人次。推行跨区域立案服务，共受理非本院管辖范围的案件14件，免去当事人来回奔波的诉累。坚持把非诉讼纠纷解决机制挺在前面，创新发展新时代“枫桥经验”，在未设立法庭的13个镇设立诉讼服务站，为群众提供更多诉讼便利。设立行政诉讼诉前调解室，指定专人负责调解相关工作，依法为行政争诉开展诉前调解，推动依法行政，如华城法庭助力华城镇政府成功化解一起强制拆除房屋行政纠纷案件，取得良好的效果。

五华县人民法院2021年度单位领导名录

党组书记、院长：

张晓辉（任至9月）

曾梅麟（9月任职）

党组副书记、副院长：

张国渊（任至10月）

黄定斌（3月任职）

党组成员、副院长：

张智雄（7月任职）

孔建明（任至6月）

司法行政

【普法宣传教育】 制定印发 2021 年普法依法治理工作要点、2021 年度县政府常务会议和县司法局学法计划，完成 2021 年度广东省“民主法治示范村（社区）”创建推荐任务，组织开展县人大常委会《中华人民共和国民法典》普法调研、“美好生活·民法典相伴”主题宣传活动、2021 年五华县国家机关“谁执法谁普法”履职报告评议活动、全县国家工作人员 2021 年度学法考试等项目；高标准高质量打造田家炳中学法治长廊，做好“企信通”群发平台普法短信的整理汇总、宣传推广等工作。2021 年以来“梅州五华普法”微信公众号推送发布信息 366 条，关注人数达 2.7 万人。

【全面依法治县】 夯实全面依法治县基础。全面实施党政主要负责人履行推进法治建设第一责任人职责年终述法工作，落实中央和省、市有关法治建设决策部署，县委依法治县办第一时间向县党政主要领导呈报依法治县及法治政府建设相关文件，并及时传达贯彻主要领导批示指示精神，高位部署推动法治建设，细致组织协调落实落地，为推进法治建设提供坚强有力的组织保障。谋划全面依法治县大局。组织召开县委全面依法治县委员会第三次会议和县委全面依法治县工作会议，部署 2021 年全面依法治县工作，听取依法治县和法治政府建设情况汇报，印发《五华县 2021 年全面依法治县工作要点》《五华县 2021 年依法行政工作要点》等文件，确定全面依法治县重点任务分工和举措。同时，通过县委常委会会议、县政府常务会议及时传达学习《法治政府建设实施纲要（2021—2025 年）》《法治广东建设规划（2021—2025 年）》等重要文件精神，对标对表拟定《法治五华建设规划（2021—2025 年）》《五华县法治政府建设实施纲要（2021—2025 年）》《五华县法治社会建设实施纲要（2021—2025 年）》。扎实开展法治建设工作。加强法治督查，将法治政府建设督察项目纳入县委县政府年度督查计划，全面完成省司法厅对五华县的法治政府建设督察。对照省委依法治省办《关于做好中央依法治国办法治政府建设督察发现问题立行立改工作的通知》《梅州市 2020 年度法治广东建设考评情况反馈书》要求，结合五华县实际情况，对照反馈问题迅速出台相应整改工作方案，认真研究制定整改措施，扎实深入做好整改落实工作。在继续扎实组织开展全省法治政府示范创建工作过程中将法治政府建设指标打包纳入县高质量发展考核评价指标体系，全面落实年度述法制度，将履行法治建设职责情况列入领导干部年终述职内容，以此倒逼各镇、各部门推进依法行政工作，进一步提高依法行政水平。加强乡镇综合行政执法统筹协调。县委依法治县办积极履行“一统筹四统一”统筹协调职责，深入推进职权下放，协同县级行政执法部门加强对镇街综合行政执法工作的部署、培训、指导、监督，确保行政执法体制改革措施落到实处。2021 年，第一批下放职权已下放至 16 个乡镇，各镇均已成立综合行政执法委员会及综合行政执法大队，市场监督和自然资源相关部门共 216 人已顺利完成人员转隶，全县现有乡镇综合执法人员约有 450 多名，全县已顺利完乡镇机构挂牌、人员转隶以及相关机制配套等工作。

【行政执法监督】 统筹协调各镇和县级行政执法单位建立协同机制，加强行政执法协调监督，推动执法重心下移，推进综合行政执法体制改革。统一部署推进综合执法。精心梳理行政执法职权并上报市政府审定第一批县级行政执法职权下放目录，配合省、市公告精神及时提请县政府发布《关于实行乡镇综合行政执法的公告》下放行政处罚权及相关的行政检查权、行政强制权共519项至16个乡镇，涉及规划建设、自然资源、生态保护等9大领域11个县级行政执法单位，2021年已正式施行。同时将综合行政执法工作列入全面依法治县2021年度工作要点，系统制定工作推进方案等文件，积极协助镇级党委强化对执法事务的统筹管理，切实建立部门协同高效运作的机制。统一培训提高执法能力。积极会同县级行政执法单位统筹组织年度培训、专题培训、岗前培训等培训项目，实现对乡镇综合行政执法人员培训的全覆盖，同时督促协调县级行政执法单位根据上级部署要求积极组织好乡镇综合行政执法人员具体业务培训。比如，2021年3月牵头组织在县委党校举办为期3天的228名执法人员专题培训；8月又邀请省法治研究所卢瑞生所长为700多执法人员进行新修订《中华人民共和国行政处罚法》专题培训讲座；及时印发《广东省行政执法流程和执法文书范本（2021年版）》《广东省行政执法标准指引》《新行政处罚法理解与适用工作指引》等学习教材，进一步规范执法工作程序，重点培训行政处罚、行政检查、行政强制等注意事项、贯彻落实“三项制度”以及推广应用“两平台”等内容。统一指导加强协同配合机制。先后印发《关于建立县镇综合行政执法监管协同配合工作机制的实施意见》等文件进行加强指导，成立五华县乡镇综合行政执法协调会商工作领导小组，县有关领导经常下沉一线研究指导推动乡镇综合执法工作，确定水寨、河东、横陂、郭田、双华、安流、华阳、龙村等8个镇列为综合行政执法示范创建镇。统一监督推动依法履职。推动将乡镇综合行政执法工作情况纳入县委、县政府对乡镇年度述职考核内容，推动各单位贯彻执行“三项制度”，用足用好“两个平台”，定期督促检查“两平台”信息录入及公示情况，自觉接受社会公众监督。全面落实持证上岗、亮证执法，2021年以来已先后组织2批次行政执法人员综合法律知识网上考试工作，现持有效证件的行政执法人员已达1196人，其中县级行政执法单位608人，乡镇588人。

【行政复议和应诉工作】 印发《五华县行政复议体制改革实施方案》，积极协调解决行政复议体制改革后人员编制、专项资金等相关事项，推进行政复议规范化建设，提升行政复议和应诉案件办理质效。2021年以来共收到行政复议申请55宗，不予受理11宗，受理44宗，其中维持11宗，撤销或确认违法6宗，驳回或终止13宗；行政应诉案件75宗，胜诉率达95%以上。

【规范性文件监督管理】 常态化做好政府性文件审查工作。严格履行政府文件合法性审查全覆盖制度，规范县政府及其部门规范性文件制定、审查、备案各个环节管理程序，完善出台《关于进一步规范合法性审查送审工作的意见》，重新修订《五华县人民政府重大行政决策事项听证目录》，通过不断提高规范性文件、重大行政决策、重大合同等文件合法性审查质量，有效提升了行政决策的公信力。全年完成政府性各类文件合法性审查 261 份，其中行政规范性文件 15 份，均按规定在县政府网上进行公布并解读说明。及时做好规范性文件清理工作。7 月新《中华人民共和国行政处罚法》出台后对现行 27 个有效行政规范性文件进行全面梳理，未存在违反新法的情形。规范重大行政决策程序。严格落实《重大行政决策程序暂行条例》，健全完善本地区重大行政决策制度，实行重大行政决策公开制度。重大行政决策实行集体讨论，均是在县政府常务会议集体讨论基础上作出决定。2021 年共制定并公布 7 项重大行政决策事项，按照决策程序进行了公开征求意见、举行听证、专家论证、风险评估、合法性审查、集体讨论决定等环节，为县委县政府科学、民主、依法决策提供法律保障。建立健全政府法律顾问制度。做好兼职法律顾问聘任和管理工作，组织县政府法律顾问做好相关文件审查，认真办理县政府法律顾问业务案件，对 15 份重大合同和重要文件进行审查并出具法律意见书，涉及金额达到 155.67 亿元。

【法律顾问工作】 加快推进律师队伍建设，积极鼓励引进本县籍在外执业律师回乡办律所，2021 年成功引进广东日升律师事务所在五华县设立分所；有序探索推进国资所深化体制改革，定期对律所和律师执业情况开展行政执法检查；推进一村（社区）一法律顾问工作，加强律师到岗和履职管理，创新推广“镇所对接”模式。2021 年以来重新调整安排 97 名律师担任 447 个村（社区）法律顾问，村级法律顾问累计开展法治宣传 2031 场次，出具法律意见 93 件，办理法律援助事项 6 件。

【人民调解工作】 以做好中国共产党成立 100 周年庆祝活动期间社会稳定工作为主线，加强矛盾纠纷排查化解，以卓有成效的化解成果换来社会大局的持续和谐稳定，2021 年以来调解案件数 1429 宗，调解成功 1423 宗，成功率 99.58%；同时与县法院联合创建 13 个诉讼法律服务站组织指导人调工作，落实人民调解以案定补制度，2021 年以来办理以案定补案件 189 宗，发放以案定补经费 5.4 万元；创建梅林镇刘远泉等 4 个个人品牌调解室，加强新任村居干部人民调解员业务培训，完善矛盾纠纷多元化解机制。

【社区矫正工作】 健全完善并严格落实请销假制度，对在矫期间违规外出的社矫对象分别作出训诫警告、提请治安处罚、撤销缓刑等相关处理，因地制宜结合微信推送、远程教育等形式强化疫情防控期间社矫对象“在线”学习教育，联合县检察院对 16 个基层司法所和县司法局社区矫正管理局开展全面巡回检察全覆盖。截至年底共接收社矫对象 4210 人，解除 3884 人，在管社矫对象 326 人，未出现社矫对象参与严重影响社会和谐稳定的重特大案件、事件，无脱管、漏管、违反禁止令和非法出境的情况发生。同时，落实远程会见民生工程，会见 463 场次，参与亲属 2500 余人，协助手机视频会见 86 场次，实现最大程度便民、惠民；不断夯实安置帮教衔接管控基础，推进安置帮教工作，截至年底共接收安置帮教 868 人，安置 838 人，帮教 868 人，安置率为 96%，帮教率为 100%，无刑满释放人员脱管漏管，重新犯罪率1.2%。

【公共法律服务体系建设】　完善公共法律服务体系平台建设。完成镇、村两级公共法律服务事项指南及清单，明确公共法律服务工作站、室实体平台服务职能；配合职权下放工作，创建广东法律服务网子账号，成功将广东法律服务网实体平台信息查询权限下放至16个基层司法所（公共法律服务工作站），更好地将公共法律服务延伸到基层。优化公证服务。推进政府职能转变和“放管服”改革，结合“双随机、一公开”的工作，针对老弱病残等不便行动的群众提供上门公证、邮寄送达公证文书等服务，不断提升公证服务质量。2021年以来，共办理各类公证1148件，接待群众来访、来电咨询4600人次。加大法律援助力度。对适用告知承诺制的公民采用告知承诺制申请法律援助，进一步放宽条件、降低门槛，最大限度地确保“应援尽援”，深入到企业、工地为农民工宣传并提供法律帮助。2021年以来，共办理法律援助案件718宗（其中，民事案件41宗，刑事案件677宗），接受法律咨询1138人次。

【司法行政队伍建设】　坚定不移坚持党对司法行政机关的绝对领导，全面推进把党的建设贯穿于司法行政工作全过程，不断增强“四个意识”、坚定“四个自信”、做到“两个维护”。把政治建设放在首位。坚持以习近平法治思想统领司法行政工作，贯彻执行《中国共产党政法工作条例》，遵循司法行政机关党组工作规则，完善党组领导下的议事协调机制，把坚持党的绝对领导贯穿其中；加强局领导班子建设，突出政治“三力”，选优配强领导班子，2021年共调整党组成员4人；旗帜鲜明讲政治，严格贯彻落实第一议题制度和“首题必政治”常态化学习制度，共召开61次局党组（扩大）会议，落实“第一议题”38项。把思想建设抓在平时。结合党史学习教育，强化政治理论学习，紧跟思想理论前沿，开展集中学习18次，主题党日活动6次，革命传统教育7次，局党组书记上党课3次，专题组织生活会1次，发放学习教材400多册；坚持班子带头学、率先学、深入学，开展局党组理论学习中心组学习13次；局机关干部实行“周五学习例会”制度和司法行政业务“微讲堂”学习互动机制，持续抓好日常政治理论、法律法规、业务知识、时政热点等学习，不断增强党员意识以及尊崇宪法、敬畏法律、依法行政观念。把组织建设用在关键。拓宽人才选拔任用交流渠道，在县镇换届中大力推动司法行政人才选拔任用，其中1人到县委政法委交流提拔任职，6名基层司法所所长推荐晋升到镇党政领导班子；完善干部考核评价机制，制定了公务员平时考核方案并开展了首季度考核；加强基层党组织建设，贯彻落实《广东省加强党的基层组织建设三年行动计划（2021—2023年）》，完成了局机关党总支补选工作，同步完成4个党支部支委改选工作，全面落实“三会一课”制度，同时抓好律师、公证等法律服务行业党的建设。作风建设永远在路上。狠抓党风廉政建设，落实“一岗双责”职责，定期开展党风廉政建设主题教育和常态化宣讲辅导，坚持每月对党员干部思想动态进行分析研判、谈心谈话，推动咬耳扯袖、红脸出汗成为常态；深入推进政法队伍教育整顿，围绕“五个过硬”，突出“四项任务”，狠抓“三个环节”，81

名干部在自查环节主动说明问题 113 条，11 名干部因违规违纪受到组织处理，完善了 9 项相关制度机制；聚焦“小切口”“微改革”要求，切实转作风办实事，完成“我为群众办实事”86 件；组织“光荣在党 50 年”纪念章颁发暨部分老干部座谈会，开展红色之旅学习体验活动，针对特殊人群和困难群众开展大走访等系列党庆活动，进一步密切干群关系。五是把纪律建设挺在前面。加强政治纪律和政治规矩教育，严格执行重大事项请示报告制度，及时向县委及依法治县委员会报告乡镇综合行政执法体制改革推进过程中的问题；修订完善了局机关考勤、请销假等制度，强化日常出勤考核和外出请示规范，大力推进模范机关创建。

五华县司法局 2021 年度单位负责人名录

党组书记、局　长： 张祝平
党组成员、副局长： 甘伟红
曾林辉
党组成员、政工办主任： 张祝方
副　局　长： 朱旭红（任至 12 月）
党组成员、副局长： 曾林辉
党组成员： 曾汉强
陈　勇（3 月任职）
刘习坤（7 月任职）

军　事

五华县人民武装部

【政治工作】 2021年，五华县人武部坚持以习近平新时代中国特色社会主义思想为指导，全面贯彻习近平强军思想，坚决贯彻落实省军区和军分区指示要求，着眼疫情防控常态化实际，按照“强素质、打基础、抓落实、严管理、保稳定”的工作思路，狠抓各项工作落实。一是完善组织建设。围绕中国共产党成立100周年积极落实组织生活制度，开展党员承诺亮诺践诺、习近平主席“七一”重要讲话研讨交流等活动，切实发挥党组织功能，党员干部归属感、荣誉感得到进一步强化。二是强化学习教育。认真学习贯彻中共十九大和十九届二中、三中、四中、五中、六中全会精神、军委党的建设会议精神、“七一”重要讲话精神，抓好《论中国共产党历史》《习近平新时代中国特色社会主义思想学习问答》《中国共产党简史》《毛泽东邓小平江泽民胡锦涛关于中国共产党历史论述摘编》等党史书籍学习，坚持读原著、学原文、悟原理；严格落实学习制度，党委会、理论学习中心组、办公会、支部“三会一课”等先后组织学习共40余次；采取支部集中学、党小组研讨交流和个人自学相结合的方式，开展向新时代卫国戍边英雄群体学习活动、两会精神专题学习活动、中共十九届六中全会精神学习活动以及张连印先进事迹学习活动，不断地增强全体人员投身强军事业的责任感使命感；结合党史学习教育，积极利用各种载体打造学习课堂，定期组织党史知识学习授课与考核，开展线上线下宣传学习，力求实现学习教育人员“全覆盖”、内容“全方位”、学习“全天候”；以军综网、军事教育网、信息推送为抓手，在营区展板、宣传栏大力宣传党史文化知识，营造良好学习氛围，充分利用五华县红色资源，在“七一”、国庆等重大活动纪念日参观红色体验馆，进行党史现地教学；通过五华融媒体、五华征兵等网络媒体开展党史知识线上学习活动，开设“党史故事”学习专题，有针对性向全县普通民兵、基干民兵及专武干部做好专题推送，共推送党史故事60余篇，活动取得良好成效。三是抓实能力培养。利用交班会、党小组、科务会等时机开展业务学习，组织“办文办会办事”“办公技能全面提升”等专题培训；参加新任师团级干部、政治干部骨干等培训，研究拟制学习计划并报上级审批，扎实开展日常学习和课程考核，形成了“线上学习、线下研讨、课后总结”的良好氛围。县人武部干部、文职共5人均已完成全年学习任务，着力培养有灵魂、有本事、有血性、有品德的新时代“国动人”。四是突出舆论宣传。大力褒奖弘扬先进典型，积极反映全面建设情况、重点工作、经验做法。2021年共刊发稿件138篇，其中在《中国民兵》等国家级媒体刊发18篇，《广东武装》、“南方+”APP、《国防时报》等省级媒体55篇，市、县级媒体65篇，相较2020年，在数、质量上均有明显进步。

【军事训练】 坚决执行习近平主席2021年开训动员号令指示要求，加强备战打仗、破除和平积弊，按照“四个立起”抓实练兵备战。一是抓好方案研修。1月以来，紧贴遂行多样化军事任务要求，及时修订完善抢险救灾、反恐维稳、应急处突等13类战备方（预）案，组织针对性演练，业务科室分工开展应对强敌军事斗争国防动员重大理论和现实问题研究及群众性战法创新活动课题研究，形成3篇成果论文，不断提高遂行任务能力和军事专业素养。二是科学开展训练。坚持每月1次议战议训，从严抓好2021年军事训练计划贯彻落实，共组织集训18期，分阶段组织进行开训动员、民兵骨干集训、全县专武干部集训、县防汛应急演练及镇应急排轮训，突出抓好民兵队伍森林防火、反恐维稳、抗洪抢险等应急课目和全防护、轻武器操作使用、单兵战术等应战课目训练；有序开展新兵役前教育训练、基干民兵骨干（军训教官）进行“四会教学法”集训；结合部队实兵实装演练任务，先后组织县应急连、岐岭镇、华城镇应急排、卫健局、交通运输局民兵专业分队进行支援保障部队训练。全年机关实训420个小时，全面提升了民兵队伍救援素养能力、民兵应急应战能力。三是编实民兵队伍。积极落实2021年省、市、县民兵整组调整改革会议精神，按照“全年整组、整组全年”的思路，常态抓好基干民兵队伍建设。探索企业编兵，搞好民兵应急力量与地方专业力量共建使用，编实建强应急、专业、特殊三类力量，持续抓好民兵新质力量建设，抓好《广东省民兵工作奖惩办法》的贯彻落实。积极出动专武干部、民兵参与地方疫情防控，坚持岗位练兵、实践练兵，有效检验部队实战能力。四是组织检查验收。组织对各局办、各镇、县直机关民兵整组工作进行检查验收，严格对照民兵整组检查考评细则，当场打分、指出问题，总结会上给各单位主要领导和基层武装部负责人提出要求，并对部分整组工作落后的单位，组织“回头看”，确保问题整改到位。

【国防动员】 持续深化军事斗争国防动员准备，高标准抓好国防动员工作。一是有序推进征兵工作。2021年五华县人武部按照“起点提前、工作提速、标准提高”的目标要求，积极适应“一年两征两退”改革要求，及时调整县征兵工作领导小组成员，规范征兵集中办公运行秩序；严格落实疫情常态化防控要求，积极推进征兵工作落实；积极参加全国、省、市征兵部署及工作座谈会，先后10余次召开征兵工作座谈会和动员部署会，专项研究部署征兵工作；举办大学生征兵答疑会，开设征兵咨询点，指导各镇（县直机关）精准做好兵役登记、征兵宣传及大学生预征工作；高标准开展新兵集中体检、役前训练、“阳光”定兵、交接起运及入伍青年跟踪回访和教育等工作；组织廉洁征兵监督员、纪检组成员认真学习贯彻廉洁征兵法规制度，大力开展廉洁征兵督导，畅通社会监督渠道，稳步推进征兵工作落实落地。二是严密组织潜力调查。坚持“部队提需求、国动委搞协调、政府抓落实”的要求，坚持把潜力调查作为国防动员的经常性基础性工作来抓，分4批次组织县直相关单位和各基层武装部进行数据会审，定期召开潜力调查任务部署会、业务培训会和经验交流会；5月，会同国动委有关部门深入开展国防动员潜力调查，核实并加强大规模作战动员需求和重点动员潜力，全面准确掌握潜力数据情况，为科学制定动员计划提供有力依据。三是扎实开展国动准备，召开国防动员军地联席会议，会同国动委有关部门，扎实做好国防动员准备工作，确保人力、物力、财力动员基础；认真抓好退伍军人、地方与军事专业对口技术人员预备役登记统计和预编兵员核实、点验和返岗训练。

【后勤装备】　建立健全各类保障要素和加强日常监督管理，全面提升综合保障能力“两大抓手”。一是严格执行财务管理制度。坚持党委理财，严格落实党委主体责任和纪委监督责任，加强经费预算使用管理，及时做好经费预算调整工作。认真贯彻落实民兵事业费使用管理规定，及时修订完善本级财务管理规定办法，规范经费使用审批手续，严格预算执行，减少预算外开支。二是开展固定资产大清查活动。按照上级“全员参与、专班清查”的要求组织实施，及时成立资产大清查工作专班，召开专题部署会，重点清查装备资产、房地产资源、设备器材和无形资产4大类资产，汇总梳理原始账目共420条，对营区所有物资器材归类盘点进行登记，尤其加大武器装备清查盘点和日常管理力度，随时做好迎接常态化检查验收；按照军分区统一部署和要求，于11月24日进行集中统管移交，县人武部政治委员周长山带领仓库保管员和部分民兵前往分区槐岗中心库与保障处进行移交枪弹手续。三是实现营区物业社会化保障。立足新时期部队发展建设需要，认真落实《关于加快推进军队营区物业管理社会化保障工作通知》有关要求，有效解决营区维护管理力量薄弱、运维粗放等矛盾问题，把社会化保障模式纳入县政府统一管理；四是抓好后勤行业领域整肃治理。按照军委后勤保障部《关于聚力打好后勤重点行业领域整肃治理攻坚仗的通知》相关要求，县人武部先后迎接了军分区财务自查、省军区财务清查工作，组织营区物业管理社会化保障情况摸底，核实统计上报装备实力、军队保障社会化有关情况、军队有关人员福利待遇政策制度落实情况等，不断持续强化后勤重点行业领域管控。

【按纲抓建】　坚决学习贯彻军委基层建设会议精神，重点在基层抓建、国防教育宣传、双拥共建工作等方面抓好后半篇文章。一是稳步推进基层抓建工作。深入贯彻军委基层建设会议精神，围绕“三个过硬”目标，抓好《军队基层建设纲要》《关于加强军队基层建设的决定》贯彻落实，采取“试点先行、共同提高”的方式推进基层武装部规范化建设，积极抓好基层武装部规范化建设落实，持续夯实部队建设发展基础。加强同县委、县政府的请示报告，落实军事机关职能，积极进行参谋建议，积极探索新形势下专武干部、民兵管理的新路子、新方法，选准配强专武干部和民兵干部，结合2021年换届选举有利时机，在16个乡镇武装部中调整武装部部长14名，副部长、干事15名，其中9人被提拔使用。二是深入开展国防教育活动。会同县委宣传部，进一步健全国防教育组织领导机构，细化工作职责任务要求，抓好年度国防教育工作筹划。贯彻全民国防教育理念，常态化开展国防教育“六进”活动，在辖区学校、村居、企业、社区等地开展国防教育和征兵宣传，在人口流动密集区播放征兵宣传片，进一步提升全民国防意识。三是积极做好双拥共建工作。积极开展辖区拥军支前潜力信息统计，军地合力推动落实退役军人相关工作；深入落实《立功受奖军人家庭送喜报工作办法》，会同县退役军人事务局、民政局等有关单位开展走访慰问行动，先后3次为立功受奖家庭送喜报，突出军人和军人家庭的仪式感、荣誉感、幸福感；积极对接协调驻军及涉军维权事宜，大力支持乡村振兴和城市巩文活动，踊跃组织参与“广东扶贫日”活动，巩固军政军民团结的大好局面，拥军优属、拥政爱民是五华县的优良传统，连续4次荣获广东省“双拥模范县”荣誉称号。

【依法治军】 持续改进工作作风，注重按纲抓建，积极探索部队全面建设规范化、精细化、科学化的新方法。一是加强学习教育。每天交班认真组织学习条令条例、法规制度和政策精神，对重点内容进行抽考，强化全体人员的条令意识和法纪观念。逐条学习《军队基层建设纲要》和《省军区系统战备、训练、工作、生活秩序规范（人武部分册·试行）》，熟悉基层全面建设和“四个秩序”抓建的具体要求，强化依法抓建意识。二是严格隐患纠治。党委定期分析人员思想、保密、训练、管理等形势，加强对重大节日和重要时期安全防范，针对民兵遂行大项任务开展安全风险评估，提高安全预防能力。积极开展安全大检查和保密集中整治、百日安全活动，对照安全大检查评分细则全方位“拉网式”排查，对查找出的问题，明确责任人和整改时限，及时消除不安全因素。三是狠抓制度落实。以条令条例和法规制度为准绳，突出指挥能力、备战能力和使命能力建设，全力推进“四个秩序”抓建，做好办公场地改造，调整办公场所设置，浓厚政治氛围，充实软件资料，规范请示报告、值班执勤、办文办会、日常管理和综合保障等内容；持续巩固县人武部、基层武装部、民兵预备役营（连）“四个基本”建设成果，提高基层人武动员机构建设质量，抓好战备、训练、工作等各项制度的落实和“四个秩序”工作，切实解决基层武装部软硬件配套建设不健全的问题。加强人员管理，严格上下班规定，规范着装，落实请销假制度，正规值班秩序，加强检查督促；加强车辆管理，严格车辆派遣制度，严禁私自出车和违规用车，“四个秩序”不断正规。

【党的建设】 紧紧围绕政治整训开展政治整顿和教育，确保党员干部永葆先进性和纯洁性。一是严格执行政治纪律。狠抓张升民中央军委委员、中央纪委副书记谈话反馈问题和军委巡视问题整改“回头看”工作、省军区巡视巡察反馈问题整改工作，确保问题清零，强化监督检查和预防工作，筑牢拒腐防变的思想防线。二是大力纠治不正之风。深入贯彻《关于加强军队党的政治建设的意见》，压实党委主体责任，纪委监督责任，常态化上好纪律党课，开展法纪警示教育，大力纠治基层“微腐败”和不正之风，严防“四风”反弹变异；严格落实中央八项规定、军委“十条规定”、违规宴请喝酒以及《廉洁自律准则》和《纪律处分条例》等党纪军规，严格落实主体责任和监督责任，强化警示震慑作用。三是不断加强组织建设。贯彻落实民主集中制，提高党委班子依法决策、科学决策、民主决策能力，提高班子管党务党能力，严格落实“三会一课”和主题党日活动，为党员同志过好“政治生日”；形成监督执纪机制，经常性开展日常谈话，对出现问题苗头或倾向性问题的个人进行提醒谈话，达到红脸出汗的良好效果。

【召开五华县人武部党委（全体）扩大会议】 2021年1月29日，五华县人武部党委全体（扩大）会议在县人武部一楼会议室召开。人武部全体干部、文职人员、职工和各乡镇武装部部长参加会议。会议由党委书记周长山同志主持，共分为三个议程：一是党委书记周长山组织传达学习陈煜昌代表党委常委会向军分区党委六届二次全体（扩大）会议所作的“牢记初心使命　砥砺奋斗前行，以优异成绩向党的百年华诞献礼”工作报告，由彭春辉传达段见云“改革创新求突破　凝神聚力抓落实，不断推进军分区建设高质量发展”的讲话精神，由李东山传达军分区纪委向军分区党委六届二次全体（扩大）会议所作的“深化全面从严治党　聚焦监督执纪问责，奋力开创军分区党风廉政建设新局面”工作报告。二是周长山代表部党委向县人武部党委（扩大）会议作“强化责任担当　聚焦备战打仗，努力推动人武部全面建设创新发展”工作报告。三是由党委副书记彭春辉总结2020年党管武装工作情况，传达部党委2021年年度工作任务部署，并传达省军区、军分区先进单位和先进个人表彰对象名单。四是由纪委书记李东山代表部纪委向县人武部党委（扩大）会议作“深化作风建设　聚焦监督执纪，全力推动人武部党风廉政建设创新发展”工作报告。

【组织民兵训练】 修订完善本级战备方案，按照方案要求，分阶段组织训练。2021年1月，组织民兵教练员骨干10人参加市“四会”教学集训；5月中旬，组织镇应急排骨干参加县防汛应急训练演练；5月下旬，组织县应急连进行入队训练；7月，分两批组织镇应急排新入队民兵进行入队训练；8月上旬，组织基干民兵骨干（军训教官）进行“四会教学法”集训；8月下旬，组织岐岭镇、华城镇应急排结合部队实兵实装演练进行支援保障部队行动训练；10月下旬至12月，组织镇应急排分8批开展轮训暨民兵整组群众性练兵比武，郭田镇、华阳镇、双华镇分别荣获第一、第二、第三名；11月中旬，组织名民兵干部骨干参加全市集训。

【召开民兵整组工作动员部署会】 2021年3月31日，召开民兵整组工作动员部署会，传达上级指示要求，对民兵整组任务进行详细部署，明确全县17个基层武装部的整组任务。探索企业编兵，搞好民兵应急力量与地方专业力量共建使用，编实建强应急、专业、特殊三类力量，持续抓好民兵新质力量建设，抓好《广东省民兵工作奖惩办法》的贯彻落实。

【召开五华县2021年定兵大会】 2021年3月13日，在五华县党政大楼一楼大会堂召开上半年“阳光征兵”电脑派号定兵大会；2021年9月6日，在五华县技工学校召开下半年“阳光征兵”电脑派号定兵大会，两次会议均由梅州军分区政治工作处范东阳主任带工作组现场督导。所有役前训练考核合格青年及家长、县纪委、公证员、监督员、专武干部、部分民兵营长、电视台工作人员及部分接领兵干部共约700人参加。按照省征兵办阳光征兵实施办法组织定兵，全程摄像，现场公证，完成定兵，各界反映良好。

【开展后勤重点行业整肃治理】 2021年5—11月，对照省军区下发的问题清单和本级《问题整改方案》，做好上级对后勤重点行业整肃治理的检查准备，于7月21日至25日参加梅州军分区组织的财务自查活动，8月3日至5日迎接省军区财务清查工作，完成上级对后勤重点行业整肃治理的检查考评。

【开展征兵宣传进公园活动】 2021年7月，县人武部联合县委宣传部、退役军人事务局、县人民医院及廉洁征兵监督员到五华县长乐公园开展征兵宣传活动，通过在公园发放宣传单、悬挂横幅、接受现场咨询等方式向过往人员宣传征兵法律法规，同时营造更加浓厚的双拥氛围。

【参加中国共产党成立100周年主题演讲比赛】 2021年7月1日，县人武部组织全体官兵集中观看中国共产党成立100周年大会现场直播。在观看庆祝大会结束后，参加梅州军分区举办的“当好苏区精神接班人 跑好强军兴军接力棒”主题演讲比赛，政治工作科干事钟国林荣获主题演讲比赛一等奖。

【开展扶贫济困捐赠活动】 2021年7月1日，五华县人武部响应梅州市退役军人事务局和梅州军分区政治工作处关于“广东扶贫济困日”开展扶贫济困捐赠活动的号召，持续推进脱贫攻坚工作，发动全体干部、文职人员、职工积极参与扶贫济困捐赠活动，组织现场捐款，23人共计捐款4140元，捐款于7月5日全部捐至梅州市乐善扶贫公益基金会。

【开展党史学习教育活动】 2021年7月7日，开展深化“追寻红色记忆，践悟革命精神”主题教育活动，组织全体官兵到五华县奥体中心红色资源馆进行党史学习现地教学，在讲解员的引领下，重温了五华革命先驱在党的领导下取得新民主主义革命和社会主义现代化建设事业胜利的过程。

【李春平到五华县人武部督导检查】 2021年9月7日，省军区战备建设局上校处长李春平率军地联合检查组到五华县人武部检查民兵整组工作，五华县人武部部长彭春辉就五华县基本情况、单位工作开展情况、存在主要问题及下一步工作打算作了书面汇报。检查组通过查阅资料、现场询问、集合点验等方式，逐条逐项对照检查，同时对五华县梅林镇人民武装部民兵工作进行抽查，并提出相应的指导意见。

【召开五华县人武部党委第一书记任职大会】 2021年10月11日，在五华县公共服务中心三楼大会议室召开五华县人武部党委第一书记任职大会，梅州军分区司令员段见云大校宣读党委第一书记任职决定并颁发任职证书。

【开展安全大检查活动】 2021年2—10月，依据军委国防动员部《安全工作检查考评暂行细则》，对照10个方面42项内容，按照明确的时间节点开展安全保密大检查活动，具体划分为6个阶段：动员部署、组织自查、迎检准备、整改落实、巩固深化、总结报告，共消除安全隐患14项，提高了人武部安全保密管理水平。9月起，组织“百日安全活动”，紧盯17个关键要素查纠隐患、全面防范，深化安全大检查工作成果。

【组织专武干部资格认证考察考核】 2021年12月，县人武部联合县委组织部对2021年度新调整的29名专武干部（结合2021年换届选举有利时机，在16个乡镇武装部中调整部长14名，副部长、干事15名，其中9人被提拔使用）进行资格认证考察考核工作，按照提名、考察、训练、考核和认证等程序进行，考核主要包括军事理论、基本技能、组织指挥、体能考核、论文答辩5个方面。通过专武干部资格认证考察考核，规范专武干部的任免程序，提升专武干部的担当尽责意识。

【召开县委议军会议暨党管武装工作述职会议】 2021年12月7日，县委书记朱少辉在五华县公共服务中心三楼会议室主持召开县委议军会议暨党管武装工作述职会议。会议对2021年习近平主席关于国防和军队建设重要讲话精神摘录及民兵建设“十四五”规划重要内容进行学习，并听取县人武部工作情况报告和各镇党管武装工作述职报告，就如何推进民兵调整改革、加强全民国防教育、加强“四个秩序”规范化建设等相关事项进行研究讨论。

人民防空

【人防警报通信】 2021年，五华县人民防空办公室与人防警报器公司签订维护合同，定期对县城固定警报器、移动警报器进行检查、维修，认真做好五华县城防空警报鸣响工作，检验五华县防空警报设施性能和布局状况，确保警报器鸣响率达到100%，完成“九一八”人防警报试鸣活动。新增东苑新城和客家湾两个警报器安装点。

【人防工程】 严格落实安全生产监管责任，加大行政执法力度，不定期对在建人防工程开展安全工作检查，提高施工单位的安全意识，落实安全责任。督促建设单位、施工单位开展自查自纠，查出安全隐患，强化整改落实，跟踪整改落实情况，及时消除安全隐患。同时为加强人防工程设备的维护管理，保障人防设备的正常运转，与人防设备公司签订维护合同，定期对县城人防工程相关设备进行维护。

【人防宣传】 为深入开展人防宣传“五进”工作，2021年五华县人民防空办公室自发组织活动，充分利用“12·4”国家宪法日、安全生产日等时间节点，组织工作人员开展宣传活动，派发1.8万份相关人防宣传资料到学校、企业、机关等场所，通过宣传提高群众人防意识和国防观念。

五华县退役军人事务局

【思想政治工作】　抓好红梅志愿服务队活动。组建成立梅州市退役军人红梅志愿服务队五华分队，积极开展抗击疫情、社区便民服务、治安巡逻、献爱心、森林防灭火、高考护航、慰问英雄烈士遗属等各类志愿服务活动211次，得到社会各界的广泛赞誉。组织退役军人党员结对帮扶活动。针对全县一万多名退役军人党员，以县服务中心和镇级退役军人服务站为主体，积极发动鼓励社会力量参与，围绕生活、医疗、教育、就业等民生问题开展结对帮扶。积极挖掘优秀退役军人典型。推荐优秀退役军人到各镇村（社区）担任村（社区）“两委”干部。深化“全国模范退役军人”“最美退役军人”钟汉清先进事迹宣传报道，协助做好钟汉清赴京参加中国共产党成立100周年庆祝大会的各项工作。

【移交安置与就业创业工作】　落实政策，着力提升移交安置质量。做好接收报到“一站式”服务工作。坚持实行“阳光安置”。2021年接收的转业士官全部安排在事业单位。推进数字档案室建设工程，做好退役人员军龄核实，档案查询工作，及时完成部分退役士兵社保接续工作。拓宽渠道，着力加大就业创业扶持力度。2021年10月五华县事业单位（综合类）公开招聘中，设置17个退役军人专项岗位给退役军人报考。组织全县退役军人参加梅州市退役军人全员适应性培训。联合县人社局在局一楼大厅举办2021年秋季退役军人专场招聘会。

【拥军优抚工作】　常态化开展信息采集、悬挂光荣牌、送喜报工作。全年共采集信息489条，共悬挂光荣牌320块，送各类立功受奖喜报达197人次。积极做好走访慰问工作。春节前夕慰问驻军和优抚对象。发放“光荣之家”春联2.3万对。积极开展解“三难”活动。全年为重点优抚对象实行“一站式”医疗保障共计46.5万元，对全县部分医疗较困难的重点优抚对象进行临时医疗救助共计金额58万多元，共输送8名重点优抚对象到省荣军医院疗养。11月1日，联合市复退军人医院医疗队到潭下镇开展“关爱功臣送药送医义诊”活动。召开县级以下英雄烈士纪念设施整修工作会议，高位推动县级以下烈士纪念设施管理保护工作。协助县委、县政府做好“9·30”烈士纪念日公祭活动。制作《千五英烈名，万古竟流芳》宣传视频，多角度全方位讲好英烈故事。应邀参加欢送2021年新兵入伍仪式，为每名新兵都送上一张服务联系卡和慰问品，大力营造拥军优属的良好氛围。

（李　玲　钟东云）

2021年12月，五华县现役军人古智强（右五）荣立二等功（县退役军人事务局提供）

五华县退役军人事务局2021年度负责人名录

党组书记、局　长：钟彩扬

党组成员、副局长：周鉴贤

吴振乐

党组成员：陈菊英

综合经济管理

五华县发展和改革局

【计划编制】 五华县发展和改革局积极加强统筹调度，深入开展调研分析，科学分析五华县经济社会发展的内在潜力，找准经济运行中存在的问题，提出加快全县经济社会发展的建议性对策与措施，为县委、县政府提供科学的决策参考。2021年，编制《五华县2020年国民经济和社会发展计划执行情况与2021年计划草案的报告》《五华县2021年上半年国民经济和社会发展计划执行情况的报告》《五华县2021年1—10月国民经济和社会发展计划执行情况与11—12月工作设想的报告》《五华县人民政府关于印发五华县国民经济和社会发展第十四个五年规划和二〇三五年远景目标纲要（2021—2025年）》，经五华县人民代表大会审议通过并予以实施。

【固定资产投资管理】 2021年，省重点项目超额完成年度投资计划，市重点项目完成投资进度率，排名全市第一。2021年五华县列入的重点项目192项，总投资561.38亿元，其中正式项目125个，总投资431.02亿元，年度投资计划74.81亿元，1—12月完成投资54.32亿元，占年度投资计划的72.61%。省重点项目9项，总投资170.07亿元，其中正式项目6个，总投资131.55亿元，年度投资16亿元，1—12月完成投资25.60万元，占年度投资的160.01%。市重点项目37项，总投资287.58亿元，其中正式项目23项，总投资212.86亿元，年度投资计划39.11亿元，1—12月完成投资40.30万元，占年度投资的103.04%。

【梅龙高铁五华段建设】 梅龙高铁规划五华县境内长约29.18千米，总投资约55亿元，途经转水、华城、岐岭3个镇18个村，站场设在华城镇塔岗村五口塘，共需征收土地96.85公顷、拆迁房屋244座、临时用地117.12公顷。梅龙高铁在五华设站来之不易，本局全力以赴做好各项服务保障工作，协调解决好临时安置用地、施工便道、房屋拆迁、信访等问题，2021年五华县已基本完成征拆任务，切实保障梅龙高铁五华段无障碍施工。高铁经济产业园配套基础设施建设正有序推进。

【争取项目资金】 加强与省、市发改部门汇报对接，及时掌握项目投资信息，积极组织项目上报，努力争取更多资金投入，助推全县经济实现高质量发展。2021年度，争取中央预算内资金7329万元，其中五华县城公园片老旧小区配套基础设施改造项目2478万元、五华县迎福片老旧小区配套基础设施改造项目211万元、五华县岩前水库除险加固工程4640万元。积极争取地方政府专项债券，2021年地方政府专项债到位资金8.3亿元。

【规范和简化办事程序】 切实贯彻落实国家、省、市关于政府投资项目建设及产业发展相关政策措施，根据权限范围推进项目审批、核准、备案等工作，加强项目管理。贯彻落实放管服政策，实行一站式一网式服务模式，进一步规范和简化办事程序，严格执行限时办结制，优化审批流程，提高办事效能。2021年，依照法定程序，共完成项目审批422个，项目总投资66.14亿元；完成项目备案191个，计划总投资318亿元。严格实施《五华县发展和改革局投资咨询评估管理实施细则（试行）》，对安排财政预算内投资资金100万元以上的县级权限政府投资项目概算引入第三方咨询机构进行评审。2021年，共组织第三方评审100万元以上项目172个，核减金额6051.87万元。

【价格调控与收费管理】 强化市场价格监测预警，维护市场总体价格平稳。疫情期间着力推进保供稳价，按照上级部门统一部署，设立日报、旬报、半月报、月报制度以及5个市场固定的价格监测点，及时、准确上报上级部门，对保障市场供给和价格稳定起到预警作用。加强对政府服务性收费的管理，针对2021年国际天然气价格波动较大，对上游气价涨跌采取灵活价格联动机制进行调控，保证县城居民用气价格平稳过渡。会同教育部门开展中小学生校内服务、中学内宿生收费的成本调查、成本监审，实时调整收费标准。

【价格认定服务】 认真做好价格认定工作，严格依法认定作业，扎实做好涉案财产价格认定，为公、检、法、司和行政执法部门提供服务。2021年，共受理357宗案件，涉案金额1513.71万元。

【粮食和物资储备管理】 全县在库储备粮食25000吨，食用植物油60吨。本局严格按照地方储备粮管理工作要求实行粮食轮换工作，2021年经县政府批准轮入县级储备粮早籼稻谷7280吨。积极完成“优质粮食工程”“中国好粮油”行动计划和粮食产后服务体系建设任务。完成五华县智能化粮库建设并全面投入使用，实现动态远程监管、粮库在线监控。认真开展2021年粮油供需平衡调查，圆满完成2021年社会粮油供需平衡调查任务。抓紧抓实全省政策性粮油库存市交叉检查发现问题以及梅州市粮食安全跟踪审计问题整改落实，进一步规范粮食储备质量管理。认真落实应急救灾物资储备管理责任，2021年落实县级救灾物资储备资金189.64万元。五华县2020年度梅州市粮食安全责任考核评为“优秀”等次，全市排名第三。

【能源管理与节能工作】 积极对县域内65座在营加油站进行安全生产大检查，2021年共检查加油站6批67次，排查安全隐患4宗，完成整改4宗。开展对全县充电桩进行安全生产大检查，通过检查发现安全隐患有

2 宗，完成整改 2 宗。2021 年，多次牵头组织开展全县成品油市场综合整治和打非治违专项行动工作。据统计，2021 年全县共查处涉成品油刑事案件 1 宗，抓获犯罪嫌疑人 1 名，逮捕 1 人；行政案件 23 宗，抓获 23 名嫌疑人，行政拘留 19 人，查扣涉案成品油 6.16 吨，涉案价值约 11.8 万元。牵头推进独立供电区域农电管理体制改革工作，已完成农网改造自供区 5 个，已同意接管实施农网改造自供区 3 个。做好节能减排工作，根据市、县节能监察工作要求，制订印发《五华县 2021 年节能监察工作计划》。结合五华县实际，组织对 10 家单位和企业进行节能监察。组织召开 2021 年节能形势分析会，扎实做好五华县节能“双控”工作。顺利完成五华县“十三五”节能目标责任评价考核工作。积极开展 2021 年节能宣传和低碳日活动，营造良好绿色节能氛围。

（谢晓玲）

五华县发展改革局 2021 年度负责人名录

局　长：田爱平
副局长：李万年
李　明
李裕强
谢广春
党组成员、纪检派驻组组长：彭千军
党组成员：张建勋
饶建华

五华县市场监督管理局

【常态化疫情防控】 将疫情防控工作与市场监管各项工作统筹谋划，一体推进，发挥农贸市场和进口冷链食品疫情防控专班牵头抓总作用，筑牢市场监管领域疫情防控防线。2021 年，健全完善农贸市场、冻库、进口冷链食品生产经营单位及其从业人员动态台账，严格落实“三强化三覆盖”工作措施，协调相关部门对进口冷链食品、人员、场所每周核酸检测累计 5102 份；督促进口冷链食品从业人员扫码 1024 人次，总体扫码率 100%；围绕织密进口冷链食品疫情防控防线，开展“进口冷链”应急演练和培训工作；投入 7.7 万元于 2021 年 1 月建成进口冷链食品集中消毒点。推进全县 93 个冻库全覆盖登录使用冷藏冷冻食品追溯系统“冷库通”APP，确保进口冷链食品来源可溯。强化药店“哨点”作用，累计收集上报发热类药品购买信息 24.17 万条。

【商事登记制度改革】 深入推进商事登记制度改革，持续优化市场准入环境。推进“互联网+企业登记”，推广应用“广东省企业开办一网通办”平台，于 2021 年 8 月正式上线“银政通”一体机。推进 114 项行政许可服务事项通过互联网实现“跨省通办、省内通办”，全年办理“互联网+”企业登记业务 168 笔。推进电子证照运用，为 76 项政务服务提供营业执照“免证办”。深入推进“就近办”，2021 年 7 月，顺利承接市市场监管局委托下放的特种设备作业人员考核、医疗器械经营备案等 27 项行政许可服务事项；将涉及营业执照、食品药品经营许可的 48 项政务服务事项下放至乡镇办理。联合政务服务数据管理局、公安局等部门，于 2021 年 4 月实现刻章企业进驻政务服务大厅。

2021 年，新增各类市场主体 1.4 万户，同比增长 60.49%。是年末，全县实有各类市

场主体突破7万户大关，达70002户，注册资本（金）702.5亿元。新登记食品经营许可证2059份，食品生产许可证20份，食品生产加工小作坊登记证30份，药品经营许可证55份。是年末，全县实有食品经营主体9351户，食品生产许可主体81户，食品生产加工小作坊132户，药品经营主体320户。新登记特种设备558台（套），是年末，全县在用特种设备总数2530台（套）。

【信用监管】 全县共有7288户企业报送公示2020年度报告，年报公示率达97.72%。发出“双随机、一公开”抽查任务6条，抽查市场主体982户，其中不配合检查情节严重的企业387户，通过登记住所（经营场所）无法联系的被列入经营异常名录的企业105户，检查结果全部通过“梅州市商事主体综合信息管理平台”推送国家企业信用信息公示系统（广东）向社会公示。加强守信激励、失信惩戒，将165家企业公示为2020年度“守合同重信用”企业，将38户企业列入违法失信企业，清吊长期停业未经营企业46户。

【市场监管综合执法】 开展成品油、农村假冒伪劣食品、互联网制售假劣药、市场销售长江流域非法捕捞渔获物、民生领域案件查办“铁拳”行动等专项整治，全年查处市场监管领域案件463宗（其中各镇查处31宗），移送公安18宗。突出抓好案件质量，办理的案件没有被申请行政复议或行政诉讼，在全省药品行政处罚案卷质量评查中获评为满分。将扫黑除恶专项斗争与市场监管各项工作一体推进，向梅州市市场监管局、五华县扫黑办报送有效涉黑涉恶线索8条。

【价格监督检查和反不正当竞争】 召开公平竞争审查部门间联席会议，加强反不正当竞争和反垄断执法，开展校外培训机构、涉企收费专项检查，加强居民生活必需品、客运票价、防疫用品等价格监测，严厉查处价格欺诈等违法行为，全年调处价格消费投诉24宗，查处价格类案件6宗，反不正当竞争类案件3宗。

【特种设备安全监察】 截至2021年底，全县在用特种设备总数2530台（套），其中电梯1965台、锅炉26台、压力容器218台，起重机械185台、场（厂）内机动车辆83台、大型游乐设施1台，压力管道52条。以推动企业落实落细主体责任为目标，约谈全县气瓶充装单位，开展燃气安全等专项整治，发现、督促整改各类安全隐患63处，发出安全监察指令书20份。对1家燃气公司的液化石油气进行抽检，检验合格。

【知识产权培育、保护】 落实知识产权培育项目资金23万元，大田柿花、七畲径茶叶地理标志保护产品制定产品标准，五华红薯、五华绿茶申请地理标志证明商标。全县全年专利授权580件（其中发明专利6件、实用新型专利342件、外观设计专利232件），商标申请注册2645件、核准注册件数2556件，有效注册量9166件。开展非正常专利申请、专业市场知识产权保护等专项整治行动，加强知识产权维权处置工作，受理知识产权投诉案件12宗，查处知识产权案件23宗。

【质量监督管理】 开展“瘦身钢筋”清查整治专项行动，组织五华县85户建筑用钢筋销售企业（个体户）召开产品质量安全集中约谈会议，全体签订建筑用钢筋产品质量安全承诺书。开展电动自行车综合治理，抓好全县 68 户电动车经销店的宣传教育工作，发放、张贴各类宣传资料 430 份。加强重点工业产品质量监督抽检，抽检汽油、柴油、化肥、玩具、童装等 134 批次，其中不合格 19 批次，查处产品质量案件 13 宗。充分发挥县市场监管局牵头抓总作用，协同质量强县相关职能部门对标抓好工作落实，全县整体质量状况呈良好的态势，未发生重大质量安全事故和事件。2021 年 3 月，在 2020 年度梅州市政府对县政府质量考核中，五华县考核总分获得第一，再获 A 级等次。

【食品抽检】 2021 年食品抽检工作列入县十件民生实事高站位推进，五华县通过招投标与四家抽检公司签订合同，委托其对全县范围内的食品进行监督抽检，全年按要求完成抽检任务 4410 批次，不合格 128 批次，不合格率 2.9%。推进农贸市场食用农产品放心消费工程，完成 25405 批次的销售环节食用农产品快检快筛工作，不合格率 1.14%。

【食品安全协同监管】 召开全县食品安全工作会议，投入 90 万元为全县群众购买食品安全责任险，协调食品安全委员会成员单位开展以“尚俭崇信，守护阳光下的盘中餐”为主题的食品安全宣传周活动，累计发放宣传资料 3212 份、发布科普宣传文章 3 篇、LED 屏轮播食品知识 63 条、悬挂横幅 16 条；协调处置食物中毒事件 1 起，以存在问题为导向开展“预防误食有毒野生植物中毒专项行动”，张贴预防断肠草、毒蘑菇等中毒宣传海报 4000 余份。

【食品生产监管】 建立每月“湿粉统一查”工作机制，开展食品小作坊提质行动，对全县 228 家花生油生产经营单位进行规范整治，停产 8 家，179 家单位送样检测 179 批次，合格 145 批次。开展大米生产专项监督检查，从 2021 年 9 月 1 日起，全县大米生产加工企业通过“粤商通”APP 在线报告大米生产加工企业原料信息，严格进货查验。

【集体餐饮监管】 开展春、秋季校园食品安全专项检查，开展食品安全进校园活动 42 场次。以食品安全驻点保障、陪餐，食品抽检等形式，顺利完成中高考、“两会”、中甲联赛等重大食品安全保障任务。重视食品餐饮安全能力建设，开展餐饮行业监管人员培训 2 场次，餐饮服务从业人员培训 20 场次，指导 2000 多名从业人员安装注册“食安快线”APP，并进行考核，合格率 100%。全县 212 家学校食堂“互联网+明厨亮灶”完成硬盘加装等完善工作，县级监控平台进行 AI 抓拍功能升级改造，至 2021 年底，开展网上巡查 231 家次。

【食品流通监管】 开展农村食品、学校及周边食品专项整治，持续加强特殊食品日常监管。推进食品销售经营风险分级管理，完成全县 3580 家食品流通单位的动态风险分级，完成率 76.2%。

【农贸市场升级改造】 制定《五华县农贸市场综合治理行动实施方案（2020—2022 年）》，引进申鹏智慧生活科技（梅州）有限公司（简称申鹏公司），以升级改造—整体租赁—合作经营的模式，用 2 年左右的时间将全县 15 个农贸市场升级改造为现代化智慧农贸市场。至2021年底华城金山市场已基本完成改造，前和市场改造工作正在推进，棉洋市场已签订改造合同；其余市场计划在2022年12月底前全面完成改造。

【“两品一械”监管】 对新冠病毒核酸检测试剂使用单位以及医用口罩经营企业进行检查，未发现违法违规行为。强化不良反应（事件）监测，全年收集上报药品化妆品不良反应706例，医疗器械不良事件410例，全年抽检“两品一械”56批次，查处案件72宗。

【标准化建设】 新增七畲径茶、大田柿花2个梅州市地方标准，梅州市松岗嶂绿色生态茶园有限公司、梅州市智宏信息技术有限公司建设省级农业标准化示范区、农村电子商务服务标准化示范点项目，在广东省标准化试点（示范区）中期评估为良好。

【计量监督管理和认证认可工作】 完成计量器具强检9397台（件），不合格36件；免收基层医疗卫生单位强检器具检定费用23.34万元。新建“二等金属量器标准装置”、“环境试验设备温度、湿度校准装置”和“0.3级标准测力仪装置”3个社会公用计量标准。开展民生计量领域监管200家次，立案查处2宗。对全县获省级资质认定证书的15家检验检测机构实施100%全覆盖检查，联合公安、生态环境、交通运输部门开展机动车虚假检验检测专项整治行动，约谈机动车检验检测机构8家次。开展认证证书和认证标志专项整治，截至2021年底，全县质量体系持证数270张，覆盖企业数66家；上报认证活动数175次，上报认证机构数38家，检查9家，上报企业组织数66家，检查12家。

【广告监管】 牵头召开2021年度五华县整治虚假违法广告联席会议，协力抓好广告市场监管。开展借庆祝中国共产党成立100周年等名义从事商业炒作牟利乱象专项整治，加强宗教用品营销宣传网络和广告监测，聚焦医疗、教育、食品药品等重点领域，从严从快查处虚假违法广告13宗，责令改正2宗。

【网络交易监管】 依托广东省工商局网络市场监管综合信息平台及“红盾云桥”智能协作平台，做好网络经营主体经济户口数据导入、搜索、建档、巡查、办案以及消费者申诉处理、网络交易秩序监管等工作，全面调处网络消费投诉举报6宗。加强网络订餐监管，约谈美团、饿了么两家外卖代理商2次，发出监督意见书2份。

【维护消费者权益】 开展公开集中销毁假冒伪劣商品活动2次，开展“诚信兴商”宣

2021年11月18日，开展农村假冒伪劣食品集中销毁活动（县市场监管局提供）

传月、“3·15”消费维权便民服务、“诚信承诺　放心消费”社会公益活动，将210家商户评选为广东放心消费创建放心消费承诺单位。协同各镇综合执法队加强消费投诉举报处置工作，全年办结工单759件。

（廖萍娇）

县市场监督管理局2021年负责人名录

党组成员、局　长： 曾繁展（12月任职）
傅培强（任至12月）
党组成员、副局长： 曾洪波
钟文锋
李志中
党组成员、总工程师： 李　智
党组成员： 魏洪群
江辉林
刘万群

自然资源管理

【耕地保护】 认真开展农村乱占耕地建房问题摸排和整改工作。全年，五华县自然资源局已牵头全面完成上级下发五华县的60951个图斑的外业调查和系统上报工作，完成率100%。同时坚持“零容忍”的态度，坚决查处顶风新增的乱占耕地建房行为，对2020年7月3日以后新发生的乱占耕地建房，做到该拆除的坚决拆除，该复耕的高标准复耕到位，并确保拆除整治后耕地恢复原状。2021年度，共拆除新增的占用耕地违法建筑41宗，面积7438平方米，有效震慑遏制农村乱占耕地建房现象。

【违法用地专项整治】 重拳打击“两违（违法用地、违法建设）”活动。针对违法用地、违法建设较多的存在问题，五华县自然资源局提请五华县委、五华县政府召开专题工作会议，制发《五华县“两违”专项整治工作实施方案》《关于对城乡私人建房进行严格管控的通知》，对占耕、超规划建设等行为进行严厉打击，在遏制增量的同时逐步消化存量；五华县自然资源局协同农业农村、林业、水务、交通等职能部门的力量，加大巡查、制止、拆除力度。2021年度，先后拆除各类违建30宗，面积3740平方米，全面遏制“两违”易发多发的势头。以案件查处震慑违法用地和违法建设。加强对各镇各部门在违法用地和违法建设行为案件查处工作方面的督察，及时移交案件线索，要求各镇人民政府根据《广东省人民政府关于农村村民非法占用土地建住宅行政执法权的公告》（粤府函〔2020〕84号）的要求，加大案件查处力度，对违法线索进行及时调查取证，符合条件的及时进行立案查处，紧盯各类信访举报、上级督办、领导批示的案件，通过案件查处震慑违法用地和违法建设行为，收到了较好的效果。有效推进违建BS专项整治工作。集中组织对七目嶂省级自然保护区、蒲丽顶省级森林公园、益塘水源保护区等重点区域开展重点排查，对市级及以下自然保护区实施反复排查。截至年底，2019年发现的4个违建BS项目均已拆除处置到位，现已上报对项目进行核销。大力推进土地例行督察整改。据统计，2018年国家例行督察“挂账”违法用地问题中涉及五华县的图斑有10个，面积12.015公顷，其中耕地面积2.582公顷，基本农田面积2.129公顷，属于交通基础设施用地类。五华县采取停工整改、制定整改方案、调整规划、完善用地手续等多种途径，全力推进土地例行督察整改工作。

【卫片执法工作】 五华县自然资源局高度重视抓好卫片图斑整改工作，成立五华县土地矿产卫片执法检查工作领导小组，由县领导分片挂点各镇落实整改，明确责任单位、责任人、整改要求、整改时限等，敢于碰硬狠抓落实，全力确保全面整改到位，并持续巩固2018年、2019年、2020年、2021年四年卫片图斑整改成果。至2021年底，2020年度的各类图斑都已基本整改到位。2021年度，国家共下发五华县305个图斑，面积297.21公顷，涉及耕地面积76.532公顷（含基本农田面积55.73公顷）。五华县通过综合施策、分类施策，齐心协力、通力合作，至2021年底，已复耕1.704公顷，复绿1.408公顷，拆除466.67平方米，已完善用地手续1公顷（其中耕地0.999公顷）。正在完善用地手续1928.2亩（其中耕地380.37亩，包含基本农田20.089公顷，为梅龙高铁项目）。现五华县2021年土地矿产卫片图斑整改工作正有序推进中。

【“126”专项整治工作】 深入贯彻落实习近平总书记关于安全生产重要论述，切实抓好五华县违法用地和违法建设专项整治工作，对全县“六乱”现象进行集中整治，“126”专项整治工作的推进，有力地填补机构改革、职权划转的空白，避免执法工作的脱节。据统计，全县自2020年开展“126”专项整治，各镇拆除违法建筑共拆除违建115宗，拆除违法建筑面积约76085平方米，把234宗违法建设制止在萌芽状态。

【拆旧复垦】 在对全县农村建设用地进行前期摸查的基础上，主动将其与新农村建设和“三清三拆三整治”等工作结合起来，制定《五华县推进拆旧复垦促进美丽乡村建设工作方案》，将任务分解落实到全县16个镇，推进村庄空闲地和废弃闲置地的盘活利用，消除农村安全隐患和脏乱差现象。督促各镇各单位通力配合，全力推进意向摸查、项目申报、规划设计和验收确认等工作，及时解决实施过程中碰到的问题。加强拆旧复垦政策与相关政策的衔接，发挥政策的叠加效应，使农村原有的闲置建设用地不仅发挥种植效益，而且提升农村人居环境和乡村风貌，实现土地变活、闲置变现、乡村变美、村民变富的目标。五华县2018年开始实施拆旧复垦，共实施项目328个、面积115.333公顷，已复垦农用地面积共108.4公顷，市、县收益可达8.13亿元。2021年，五华县自然资源局制定拆旧复垦年度计划，并谋划在6个镇立项实施，截至年底，已立项72个，面积25.333公顷，完成前期的规划设计工作；预计可完成复垦面积300亩，收益达1.50亿元。

【耕地保护工作】 为落实耕地保护目标责任制，五华县自然资源局提请五华县人民政府与各镇人民政府签订耕地保护目标责任书16份，镇与村签订耕地保护责任书401份，有效增强各级各有关单位负责人对耕地保护工作的责任心和危机感；同时经对16个乡镇进行检查考核，报五华县政府同意后，2021年末，五华县耕地面积3.933万公顷，基本农田面积3.322万公顷，均高于市下达给五华县到2021年规划期末的耕地保有量3.784万公顷任务和基本农田保护3.301万公顷任务，耕地保护责任目标得到较好落实。同时建立和实施基本农田保护经济补偿机制，严格按照《广东省人民政府办公厅转发省国土资源厅 财政厅关于建立基本农田保护经济补偿制度意见的通知》（粤府办〔2012〕98号）等有关规定要求，进一步明确各镇人民政府和农村集体经济保护耕地职责，健全规范农村土地管理秩序，建立相应的基本农田保护牌，坚决守住基本农田保护红线。

【土地储备和出让】 结合五华县“一城两带四区”的县域发展新格局，以及县重点项目、县城扩容提质、交通道路建设、文化旅游的发展，加强对土地市场的调控，盘活土地资源，提升城市品位，加快五华县县城扩容提质和重点项目落户，充分发挥土地最大效益，做大做强土地储备和出让工作。2021年度，共收储土地50宗，面积共138.233公顷，其中济广高速五华段收储面积为40.695公顷；共供应57宗土地（其中划拨10宗），总面积296.159公顷（其中划拨面积219.717公顷），总成交价款11.9974亿元（已超过2021年度土地出让价款10.9亿元,其中有偿划拨0.3069亿元）。

【城乡“三旧（旧城区、旧村庄、旧厂房）”改造工作】 以“三旧”改造专项规划为抓手，按照标图建库和实施改造难易度的情况，编制改造方案和规划，做到有计划有步骤地开展实施改造示范试点工作，进一步健全体制机制的改革，提升节约集约用地，优化土地资源要素供给，全县“三旧”改造取得突破性进展。2021年度，共完成新增改造14.5公顷（任务12.667公顷），占任务比114.45%，其中属于老旧小区改造（微改造）项目，面积10.96公顷；完成改造8.024公顷（任务8公顷），占任务比100.29%。

【闲置土地处置工作】 五华县自然资源局根据广东省自然资源厅关于做好疑似闲置土地核实举证专项督查的要求，通过卫星影像对比和省列入疑似闲置土地的调查核实工作。2021年度，上级下达五华县的闲置土地处置的1.467公顷任务数，五华县自然资源局经报五华县政府批准已收回1宗地块0.867公顷,并已退还土地出让成交价款1315万元，另外0.6公顷已督促用地单位开工建设，已按程序在系统中处理完毕。

【批而未供土地“去库存”工作】 密切联系相关镇和部门，主动加强与上级沟通联系，统筹协调推进，重点从加强征地拆迁、加快土地招拍挂、补录相关数据和推进学校用地、城市绿地、梅蓄项目剩余土地供地等六个方面精准发力，加大有效供给力度。截至年底，根据市下达五华县的“去库存”工作初定任务数为2009年至2018年批次用地228.8公顷，已完成267.4公顷，占任务比达117%;2019至2021年批次用地51.467公顷，已完成14.067公顷，占任务比27%。

【土地报批工作】 按照“突出重点、节约集约”的原则，提前介入、主动协调，全力做好高速铁路、工业园区和县城扩容提质等重点项目用地保障。2021年度，五华县经省、市政府批准的农用地转用及土地征收批次（项目）有4个，总面积138.478公顷，极大地保障了梅龙高铁、河东工业园等重点项目用地需求。

【“三调”工作】 五华县自然资源局为做好五华县第三次全国国土调查工作，严格按照上级的统一部署，成立专门机构，精心组织实施，克服重重困难，从组织外业调查举证开始，并经过7轮反复“检查—反馈—整改—再检查”的核查整改，做到全力以赴，精益求精，高质量完成“三调”的各项工作任务，取得重大成果。五华县“三调”总图斑数为222016个，重点图斑数为75682个，五华县“三调”数据库成果国家核查差错率为0.03%（优于国家要求的1%，也优于广东省平均差错率0.09%），项目成果通过省级检查和国家检查，截至2021年底“三调”工作已完成总结验收，进入成果应用等阶段。

【土地开发利用工作】 做好全民所有自然资源资产管理工作。五华县自然资源局落实部、省部署工作要求，全面做好全市全民所有自然资源资产管理工作。2021年度，共办理国有建设用地转让审批及补办出让共78宗，面积4913.83平方米，出让金总金额961.51万元。做好政府公示地价体系建设工作。五华县自然资源局充分保障农村集体和群众利益不受损，为五华县城镇国有建设用地的补办出让、转让及集体建设用地和农用地的流转提供依据。至2021年底，五华县地价体系编制已通过专家评审，下一步按相关要求报省厅备案。做好工业园区低效用地再利用工作。五华县自然资源局坚持严格的节约集约用地制度，摸清各工业园区低效产业用地情况，推进低效产业用地再开发，激活和释放产业新动能、新空间，切实提高五华县产业用地整体利用水平。至2021年底，已按上级要求协助开发园区摸查各工业园区低效产业用地情况，五华县共5个企业存在低效产业用地情况，选定其中2宗低效产业用地来做再开发案例。加强临时用地管理工作。遵循节约集约用地，严格保护耕地，依法合理补偿，严格土地复垦的原则，保障五华县梅龙高铁（五华段）项目、梅州（五华）抽水蓄能电站、景田矿泉水厂、工业园区等重点项目的顺利推进。2021年度，五华县共办理42宗新审批及延期的临时用地手续，批准使用面积1263.52亩，有效缓解五华县用地压力。加强设施农用地管理工作。五华县自然资源局充分认识形势需要，坚决贯彻落实党中央国务院决策部署，将保障生猪养殖用地作为当前土地管理的重要任务，积极主动服务，切实保障生猪养殖用地需求。2021年度，五华县共接到各镇报来使用设施农用地94宗，面积4230.95公顷，其中：办理生猪生产设施农用地58宗，面积118.72公顷，涉及使用一般耕地5.83公顷，已办结的94宗设施农用地项目各镇已按程序全部完成向县级报备工作。加强建设用地供应管理工作。办理新增建设用地供应共41宗，面积74.23公顷，成交价款11.5亿元，全部为网上交易。办理国有建设用地转让审批补办出让111宗，面积0.423公顷，收取土地出让金596.85万元。办理协议出让国有建设用地1宗，面积0.104公顷，收取出让价款170万元。办理国有建设用地划拨供应土地10宗，划拨面积219.72公顷，划拨价款3069万元。办理国有建设用地办理置换土地1宗，置换面积4.465公顷。积极开展地价服务工作。积极开展社会性、公益性、职能性评估任务和技术协调服务工作，做好五华县地价评估咨询、协调和监督服务等相关业务。2021年度，共涉及办理土地使用权补办出让、转让等地价管理服务相关业务共144宗

（其中补办出让16份、转让128份）。

【私人建房用地（规划许可）使用权划转工作】 五华县自然资源局根据新修订的《中华人民共和国土地管理法》，为落实党中央、国务院推进政府职能转变、深化“放管服”改革的要求，贯彻落实省厅《关于贯彻落实自然资源部规划用地改革要求有关问题的通知》，以“多规合一”为基础推进规划用地“多审合一、多证合一”改革，结合五华县实际，理顺县、镇、局各自在私人建房用地（规划许可）审批过程的关系，确保在改革过程中切实维护群众利益，及时解决群众建房用地需求。2021年度，共办理县城范围内国有建设用地私人建房建设用地规划许可证36宗，办理面积2868平方米。

【空间规划编制工作】 扎实开展五华县新一轮（2020—2035年）空间规划编制的准备工作。2021年度，已完成梳理乡镇重点项目矢量化入库及“三调”分类与国土空间规划用途分类衔接工作，完成“三调”地类图斑摸查及现状“一张图”各类数据的标准化入库，已将全县“三调”初步成果纳入基础研究，同时还对全县16个镇的用地需求进行了全面梳理总结，深入各镇全面开展用地规模及布局调研，以此推动县各镇周边地区经济社会事业取得长足进步，五华县国土空间总体规划初步成果已于2021年11月9日通过专家评审会，结合专家意见进行完善修改。积极开展五华县粤北华南教育历史研学基地（中山大学农学院旧址）修缮保护工作。根据《广东省财政厅关于提前下达2021年南粤古驿道保护利用专项资金的通知》（粤财资环〔2020〕124号），2021年省下达五华县南粤古驿道专项资金600万元，用于打造华南教育历史研学基地，完成17处华南研学人文名胜修缮打造、1000平方米建筑物周边整治、4处服务提质设施配套、22个文体研学设施配套、3千米古驿道连接线拓展等任务。2021年度，五华县自然资源局积极协调岐岭镇人民政府，认真做好项目立项、评审、财核、招标、施工等环节工作，项目施工工作有序开展。积极做好村庄规划优化提升工作。五华县自然资源局按照“规划先行、建设有序、管理规范”的原则，引导和促进五华县“美丽乡村”建设的全面开展和顺利实施。2021年度，已向省厅推荐安流镇长江村和半径村作为五华县村庄规划提升试点，并已开展前期踏勘工作。扎实推进五华县重点建设项目调规工作。2021年度，已完成华南寺天池寺（4.667公顷）、梅州五华220千伏华城输变电工程（1.6公顷）、民生项目（2.667公顷）土地调规工作，长乐谷、五华文化广场、公墓山、高铁新城首期等重点项目（合计约44公顷）调规工作正有序开展中。

【永久基本农田核实整改补足工作】 五华县自然资源局按照“上下联动、协同推进”工作原则，加强与农业农村等相关部门协作，严格按照永久基本农田核实整改补足规则，全力推进永久基本农田核实整改补足和城镇开发边界划定工作。2021年度，已经对五华县的线性基础设施、临时用地、违法用地、储备地块、重点项目、产业园、矿山用地、供电用地等拟占用永久基本农田的面积进行核实，截至年底已有初步成果。

【山水林田湖草沙一体化保护和修复工程

项目】 成功推动五华县项目入选全国第一批。通过不懈努力，该项目方案已通过全国竞争性评审环节，并成功入选全国第一批山水林田湖草沙一体化保护和修复工程项目名单，得到国家批复实施。五华县实施山水林田湖草沙一体化保护和修复工程项目涉及的共有 8 个项目，分别为：（1）五华县琴江河、五华河流域废弃矿山治理工程；（2）梅州市牛肝地生态修复工程；（3）五华县牛石水生态清洁小流域治理工程；（4）安流镇土地综合整治项目；（5）五华县水污染防治项目；（6）自然保护地生物多样性工程；（7）生态公益林保护工程；（8）梅州市耕地安全利用与土壤污染修复工程。8 个项目的总投资金额达 9.59 亿元，其中：中央资金 3.8868 亿元,地方需配套资金 5.7032 亿元。

【城乡规划设计工作】 五华县自然资源局持续跟进落实县城规划区、经济开发区、河东工业区及琴江新城等区域重点项目规划任务，落实上级有关政策部署，促进新型城镇化建设发展，借助自然资源厅驻点五华县的契机，不断强化规划质量和技术水平，完善城市规划与地类、土规的工作衔接，增强工作操作规范和技术服务水平。2021 年度，协助组织专家论证达 11 批次、专项评审 4 批次，参与五华县国土空间规划委员会全体会议 4 次，累计编制并获批准上会规划方案 61 个，完成规划用地面积约 500 公顷（7500 亩）。

【规划报建工作】 五华县自然资源局参与做好建设工程审批制度改革工作，积极推进“阳光工程”，做好“阳光审批”，订制发布《关于加强五华县城乡规划区私人住宅建设规划管理的通知》和《关于规范五华县城乡规划区拆迁征地返还用地规划建设管理的通知》等，进一步规范建房规划管理。根据上级文件，结合五华实际，明确建设工程规划许可证豁免项目清单（第二批）。协助做好县国土空间规划委员会相关工作，协助印发《五华县国土空间规划委员会议事实施细则》。2021 年度，共完成规划报建审批项目 301 个，报建面积 1755569.04 平方米，报建投资额 297848.8966 万元，收取城市（村镇）基础设施配套费 6489.18463 万元。

【地质灾害防治工作】 2021 年，五华县共有地质灾害隐患点 104 个，受威胁人口 3327 人，受威胁财产 1.3353 亿元（其中威胁 100 人以上的隐患点 6 处），其中列入省地质灾害防治三年（2020—2022 年）行动实施方案和省十件民生实事地质灾害综合治理项目有 6 处（其中转水镇新民村新中地质灾害隐患点需避险搬迁变更为工程治理）。在册的中小型地质灾害隐患点有 98 处。2021 年须县列入财政预算三年（2020—2022 年）完成治理的中小型地质灾害隐患点有 69 处，所需资金约 1200 多万元，已完成前期的可研、勘察设计等工作；已通过五华县政府常务会议，已立项，准备材料送财政局财审；下一步准备公开招投标，尽快确定施工队进场施工。2022 年需完成在册隐患点 29 处，所需资金约 1.57 亿元。对在册中小型 29 处地质灾害隐患点安装专业监测、财政局已批复政府采购并确定招标单位，按照省市时间要求，在 2022 年 4 月 15 日前完成全部监测点建设。五华县自然资源局持续大力推进地质灾害防治工作，建立完善地质灾害群防体系，全面加大宣传警示力度，要求群众“不住上堂住下堂，不住一楼住二楼”，让避灾意识深入人心，大力提高群众突发灾害应急反应和处置能力，防治成效明显。一是加强组织领导，完善防灾机制。五华县自然资源局根据地质灾害防治有关要求，结合五华县实际，编制《2021 年度的地质灾害防治方案》《地质灾害专项整治行动实施方案》《五华县地质灾害防治三年行动实施方案》，健全地质灾害值班值守、巡查监测、预报预警和速报等制度，确保地灾防治工作有序推进。二是加大地质灾害宣传力度，提高公众防范意识。五华县自然资源局牵头创作五句板、山歌、小品等群众喜闻乐见的节目。通过电视新闻、专题片、短信、发放防灾“明白卡”、发放宣传画册、张贴宣传标语、“进校园，入课堂”“进村入户”等多种形式宣传防灾知识，提高公众的防灾意识。三是加大地质灾害隐患排查，落实防范措施。五华县自然资源局认真组织开展地灾隐患排查，对全县 104 个地质灾害隐患点情况进行全面核查，共更新地质灾害隐患点警示牌 104 处，实现 100%更新。编制 2021 年中小地质灾害点防治方案，按照上级部署结合五华县实际抓好实施。落实地灾点勘探设计，为项目实施夯实基础；同时积极争取五华县政府统筹资金，对潭下镇中村村梧二、潭下镇大玉村上河、转水镇三源村、梅林镇福塘村地质灾害隐患点安装了监测系统，有效实现地灾点的实时预警，从而确保群众的生命财产安全。四是强化汛期地质灾害气象风险预警预报机制。五华县自然资源局借助气象部门的技术力量，切实提高地质灾害预警预防能力，从而提高了地质灾害群测群防能力。2021 年度，共发送地质灾害气象风险预警信息 2 次 4396 人次。五是完善地质灾害网格群测群防体系。五华县自然资源局认真履行组织、协调、指导和监督职能，切实把防范地质灾害作为当前一项最重要的工作任务来抓。提请五华县政府每年与各镇各相关单位分别签订五华县地质灾害防治责任书，进一步明确各镇人民政府镇长为本镇地质灾害防治工作第一责任人，分管领导为直接责任人；建立地质灾害防治工作分片负责责任制，健全和完善了“镇干部包村、村干部包户”“不漏村、不漏户、不漏人”“一对一防控”等防灾体系，完善地质灾害网格化管理，夯实地质灾害群测群防体系。六是扎实推进地灾隐患点的工程治理工作。五华县自然资源局扎实推进潭下镇南华村、龙村镇宝洁小学、河东镇桂田村上村、双华镇虎石村围背、安流镇五福中学、龙村镇黄洞小学、郭田镇三坑村岗塘、郭田镇郭田圩下径塘等地灾隐患点的工程治理工作。2021 年度，大力推进地质灾害隐患点治理工作，大型地质灾害隐患点治理工作正稳步推进中；整治中小型地质灾害隐患点 69 处，占全县地质灾害隐患点数量的 70%，确保群众的生命财产安全。同时积极申报 2022 年的五华县郭田镇三坑村岗塘、转水镇新民村新中、河东镇桂田村上村组等隐患点的工程治理专项资金，积极推进中小型地质灾害隐患点的整治工作。根据《梅州市地质灾害防治三年行动实施方案（2020—2022 年）》文件要求，2021 年五华县需完成在册 69 处中小型地质灾害隐患点综合治理任务，占全县地质灾害隐患点数量的 70%，五华县自然资源局积极争取市财政资金 342 万元，县自筹资金 878.7 万元，共需资金 1220.7 万元。2021 年 10 月 18 日经五华县政府常务会批复，同意开展 2021 年 69

处中小型地质灾害隐患点综合治理工作。截至年底已完成前期的可研、勘察设计等工作；已通过五华县政府常务会议，已立项，准备材料送财政局财审。下一步公开招投标，尽快确定施工队进场施工。

【垦造水田工作】 根据省、市要求，五华县2014年以来需兑现承诺垦造水田任务258.691公顷，其中已购买大丰华高速、华陆高速用地水田指标60.139公顷，仍需兑现承诺任务198.551公顷。为此，五华县从2017年至2020年共推进36个垦造水田项目，预计新增水田面积254.475公顷，验收通过后可超额完成兑现承诺任务。五华县找准报备工作难点，认真反思材料不规范问题，借助省、市工作专班力量，以坚决啃下“硬骨头”的担当、严实细的作风，紧紧围绕时间节点，不断增派人员，制订报备计划，与第三方紧密沟通协调，全力加快垦报备进度。2021年度，五华县已完成市级验收项目27个，入库形成指标27个，面积186.381公顷（含建工集团1.788公顷）。

新一轮垦造水田共三年，全市总任务为800公顷，其中：2021年，全市需完成333.333公顷，市下达五华县需完成垦造水田任务为46.667公顷。为解决五华县用地报批水田指标需求以及县域经济发展需求，五华县主动施压，经市同意计划扩大五华县的垦造水田规模。市政府新一轮三年垦造水田行动计划项目由梅州市嘉建集团负责。五华县自然资源局联合市嘉建集团已踏勘选定19个项目，面积169.909公顷，截至年底已立项16个项目，面积合计129.817公顷；剩余3个项目已完成可研评审2个，面积合计10.092公顷，正在进行民意调查、可研等项目1个，面积30公顷。

【历史补充耕地整改】 五华县涉及历史补充耕地项目有58个、地块144个、1842.2公顷，备案系统新增耕地面积1530.767公顷。根据上级要求，自然资源部核查认定五华县不实的耕地项目有27个120.2公顷，不实的水田指标3.6公顷。根据《国务院关于支持赣南等原中央苏区振兴发展的若干意见》（国发〔2012〕21号）文件要求，龙村镇下滩村、梅林镇琴口村、河东太和苑塘、转水蛇塘、龙村下滩两个项目等8个项目实地为茶园或种植果树，积极争取举证通过认定挽回耕地指标。通过积极争取，8个待省认定的项目已通过省认定4个项目，分别为：龙村下滩两个项目、河东太和苑塘、转水蛇塘，共挽回了27.262公顷耕地指标。2021年度，8个项目均通过市级验收并已完成信息报备。

【开展扫黑除恶专项斗争】 五华县自然资源局认真贯彻落实省、市、五华县委和市局党组扫黑除恶专项斗争决策部署和工作会议精神，充分发挥自然资源行政机关职能作用，扎实深入开展扫黑除恶专项斗争，切实维护社会稳定和自然资源管理秩序。一是建立摸排机制，深挖违法线索。五华县自然资源局结合日常自然资源执法工作，及时深入摸排涉黑涉恶线索，加强对近年来信访案件的排查梳理分析，深挖自然资源领域黑恶势力违法犯罪线索。同时结合工作实际，加强对黑恶势力多发地区的明察暗访，深入查找分析隐藏在幕后的涉黑涉恶线索。截至年底，已摸查移交县扫黑办线索4条，黑恶势力违法犯罪问题得到有效遏制，行业风气得到明显改善。二是加大宣传导向，营造良好氛围。五华县自然资源局进一步推动和促进自然资源领域扫黑除恶的声势和氛围，调动广大人民群众广泛参与的积极性，共投入6万多元，印制660套，4620张的宣传挂图张贴至各村，形成全县自然资源领域扫黑除恶宣传的浓厚氛围。三是加强协作配合，加快案件办结。截至年底，已摸查移交县扫黑办线索7条，办结中央、省、市、县督办的64条线索，办结率达100%。2021年度，五华县自然资源局共受理群众来访56宗，已及时进行解释、回复；来信、网信、上级转办、批办等信访件156宗，现已系统回复办结156宗，均在规定时限内妥善答复信访人，未发生拒办、迟办等情况。

【潭下镇中村村牛角陂石灰石废弃矿井地面突发塌陷修复工作】 2020年，潭下镇中村村牛角陂石灰石废弃矿井地面突发塌陷，导致中村村至福灵村道路中断。为保证塌陷区附近群众生命财产安全，消除治理区地质灾害隐患，五华县政府决定对塌陷项目实施生态修复工程，由潭下镇政府负责项目工程实施。2021年，五华县自然资源局委托广东梅州地质工程勘察院进行现场调查后，编制《五华县潭下镇牛角陂废弃矿井地面塌陷生态修复工程项目实施方案》，工程项目主要建设内容为：对塌陷坑采取苗竹竿与格宾石笼网装石灰石封堵、石灰石回填、泥土压实、路面修复、绿化工程等，投资330万元。2021年度，潭下镇中村村牛角陂石灰石废弃矿井地面突发塌陷修复工作已完工，正准备申请市级验收。

【安全生产】 五华县自然资源局围绕落实国务院安委会重点督导检查组对梅州市非煤矿山安全生产督导检查发现的问题整改，迅速研究制定《五华县落实国务院安委会重点督导检查发现问题隐患整改方案》《五华县开展非煤矿山安全生产打非治违专项执法检查工作方案》《五华县全面开展地下石灰石矿山整顿提升工作方案》，组织开展“自然资源系统安全生产大检查工作”“自然资源系统安全生产月和安全生产万里行”等活动，积极配合应急管理部门组织安全生产大检查和专项安全整治。同时严格落实安全生产“一岗双责”和消防工作责任，结合自然资源职能，积极推进非煤矿山安全生产和消防工作责任制落实，与非煤矿山签订安全生产责任书和超限超载源头管控责任书。2021年6月1日，成立了6个督查小组，对全县16个乡镇的地质灾害防治工作开展情况进行督查和指导，迅速做好“龙舟水”期间防汛和地质灾害防御工作，并于6月4日发出《关于对各镇地质灾害防治工作进行督查和指导的情况通报》。6月18日，专题传达学习习近平总书记关于安全生产的重要论述，特别是对湖北省十堰市燃气爆炸事故的重要指示精神和李克强总理批示精神以及国务院、省、市、县关于安全生产的相关会议精神，并对五华县自然资源局安全生产工作进行再部署、再推动、再落实，并于当日形成《关于安全生产专题工作会议纪要》。6月21日，成立“安全生产”专项督查组，深入全县非煤矿山企业和地质灾害隐患点进行安全检查，对上一次检查指出的问题进行回访检查，从严从实抓好危险化学品、易燃易爆品、煤气、消防、施工等重点领域隐患的排查治理，重点检查矿山企业、地灾治理企业、垦造水田企业安全生产落实情况和防控新冠病毒情况、接种疫苗情况，以及厨房使用燃气的情况（是否使用不达标钢瓶或黑煤气），确保不放过任何一个漏洞、不丢掉任何一处盲点、不留下任何一点隐患。6月25日，发出《关于对各镇自然资源领域安全生产、疫情防控和地质灾害防治工作开展督查的情况通报》。

【绿色矿山建设】 五华县自然资源局进一步推动规范矿业秩序，建立不达标矿山退出机制，确保不符合绿色矿山标准的矿山逐步退出。认真组织开展矿山"六严禁、三严格"措施的宣贯工作，聘请中介机构对18家持证生产矿山进行专家会诊及风险分级评估，实行差异化、动态化监管，重点加强对C级矿山的安全监管，在日常检查过程中对发现的问题和隐患及时要求企业进行整改。截至年底，五华县已创建8家省级绿色矿山。

五华县自然资源局大力实施矿山地质环境恢复治理工程，设立矿山地质环境治理恢复基金，切实保护矿山自然环境，规范矿业市场秩序。

五华县自然资源局坚持"双向维权"的原则，妥善调处矿农纠纷，尽可能把矛盾纠纷及时有效地化解在萌芽状态，维护良好的矿业秩序和社会稳定，促进经济发展，矿农纠纷调处率100%。

【郭田镇景田矿泉水项目】 五华县自然资源局扎实推进五华县郭田镇饮用天然矿泉水矿区的开发利用，切实将"绿水青山转变为金山银山"，为五华县老区苏区振兴发展增添新动能，实现生态与经济齐飞，美丽与发展共赢。2021年度，已编制完成《五华县郭田饮用天然矿泉水资源储量核实报告》，通过评审和广东省自然资源厅备案；已编制完成《五华县郭田饮用天然矿泉水矿产资源开发利用方案》，并通过专家审查；已编制完成了《采矿权出让收益》，提交市公共资源交易中心挂牌出让，并完成采矿权挂牌出让工作，为其办理采矿权登记发证工作。经评估，该采矿权20年服务年限内拟动用的矿泉水资源储量（保有储量）出让收益评估值可达4447.71万元。

【不动产登记工作】 五华县自然资源局高度重视不动产登记工作，推动各类不动产登记事项正常有序开展，进一步大幅压缩登记时限。截至年底，除法人或其他组织建造房屋首次登记、涉及历史遗留问题、非公证的继承等复杂的不动产登记外，实现抵押登记1个工作日内、一般登记3个工作日内办结。2021年度，已颁发不动产权利证书33783本，不动产登记证明11116本。接受查询咨询19828人次。

五华县作为试点县，制定《五华县房地一体的农村宅基地和集体建设用地确权登记试点工作方案》，在保障资金的同时抓紧抓好登记工作，有效做到"五个强"（即强化时间观念，强化质量标准，强化举一反三，强化解决问题，强化长效机制）。2021年度，已完成五华县农村宅基地权籍调查、丈量约25万宗，集体建设用地权籍调查、丈量约1200宗，并已完成在全县调查范围内的调查成果公示。其中有200个行政村已完成数据建库，4个行政村已基本完成登记发证审核；同时分别于11月、12月分批次通过了调查成果市级外业验收，并按照省厅要求，做好权籍调查数据库初步成果汇交工作。

【存量数据整合工作】 五华县自然资源局在清理和整理不动产登记历史资料的基础上，已完成不动产存量数据迁移和档案扫描电子化。通过存量档案材料，对全县存量59622条房产记录，35306条国有建设用地使用权宗地记录，11万条存量宅基地与集体建设用地记录进行梳理，清理历史、无效产权数据，补录缺漏属性信息，根据国家标准建立相关逻辑表格。2021年9月，数据整合成果汇交至省厅并通过检查组检查。

【疫情防控工作和复工复产】 全方位开展疫情防控。自新型冠状病毒肺炎疫情发生以来，五华县自然资源局快速反应、积极行动、全力配合、科学防控，组织全体干部职工签订了保护野生动物承诺书和组织全体党员签订五华县自然资源局疫情防控党员承诺书，并指定工作人员深入各乡镇、创文创卫区域网格化责任地段门店和侨兴苑、矿产宿舍、煤炭公司宿舍小区协助开展疫情防控工作，全方位开展新冠肺炎疫情防控工作。2021年，发出干部职工排查新型冠状病毒调查表332份，共发出宣传单2000多份，悬挂横额标语10条，设置公益广告2条，张贴宣传标语42多条、宣传画1000多张，出动宣传车30余次。抓好企业复工复产工作。对五华县自然资源局主导的垦造水田、拆旧复垦、地灾治理项目及砖厂、石场等生产项目开展防疫督导工作，加强巡查管控，确保安全有序复工；同时组建四个工作组到全县涉及自然资源领域企业开展暖企行动，了解企业防疫工作和复工复产面临的困难，给予指导性的意见和帮助，并要求企业严格按照“四个到位”和“八个一”的规定，不折不扣做好企业复工复产疫情防控工作。积极参与新冠疫苗接种。严格按照省新冠肺炎疫情防控指挥部电视电话会议精神和市、县的工作部署要求，秉着“知情、同意、自愿”的原则，积极对五华县自然资源系统干部职工新冠疫苗接种意愿进行摸底登记。2021年度，五华县自然资源局已组织221名在岗干部职工完成新冠疫苗接种，其中，五华县自然资源局党组成员全体带头接种；另外，还有局54名退休人员也已完成新冠疫苗接种，实现了“应接尽接”。同时五华县自然资源局积极做好无偿献血工作，不断提升干部职工的责任意识和奉献精神。2021年度，无偿献血人数达31名。

【“双创”建设】 借助五华县委、五华县政府高度重视“双创”（创建全国县级文明城市/创建国家卫生县城）建设的有利时机，多措并举开展“双创”建设。一是做好“双创”部署安排工作。多次组织召开“双创”工作会议，对照创建标准要求，制定创建方案，多方部署做好“双创”安排。2021年，被评选为梅州市平安建设先进集体。二是做好“双创”宣传引导工作。认真做好周五宣传日活动（每周五下午由局统一组织干部职工到网格化责任地段开展卫生大扫除）和创文创卫“调查问卷”宣传引导工作，加大对“双创”的宣传力度、提高群众知晓率和参与率，营造浓厚宣传氛围，提高村民爱护环境卫生意识。三是提高“双创”思想认识。要求全系统干部职工深刻认识“双创”行动的重要意义，提高思想认识，将工作人员下沉到包干区域，全面构建精细化管理、人性化服务、多元化参与的工作格局，从而让干部职工实现“要我创建”到“我要创建”的全面转变，积极主动投入“双创”行动中来。

【挂镇联村工作】 五华县自然资源局严格贯彻落实《关于印发〈县直和中央、省、市属驻五华单位挂镇联村工作方案〉的通知》（华办函〔2021〕44号）文件精神，组织人员做好调研，抓紧抓实挂镇联村工作；结合安流镇八个联系村的实地调研情况和自然资源领域优势，研究制定了挂镇联村工作方案，点对点落实联系帮扶工作，积极协助解决村级事务中遇到的困难，全力助力安流镇八个联系村早日实现乡村振兴。自筹资金制作16块森林防灭火宣传牌（每个村2块，每块不少于4平方米）固定竖立在安流镇八个联系村的进山重要路口、重点地段，为安流镇八个联系村营造了浓厚的森林防灭火宣传氛围。2021年度，制定《五华县自然资源局挂镇联村联系时间安排表》《五华县自然资源局挂镇联村工作方案》，并拨付22万元给安流镇八个联系村用于解决乡村振兴工作经费，其中：安流镇河沿村5万元；安流镇丰联村、上布村、联和村各3万元；安流镇红山村、胜利村、石门村、大同村各2万元。

【“回乡联村”活动】 按照“人往基层走、钱往基层投、政策往基层倾斜”的工作原则，17名回乡联村干部，认真做好“回乡联村”活动。并积极帮助联系村解决生产生活难题，积极推进各类民生实事，并协助所联系村谋划好经济发展项目，投入资金34万元，争取上级各部门提供政策、项目和技术等方面的支持，协助干部职工的挂钩镇、村加快推进三清三拆、脱贫攻坚、道路规划、森林防火等乡村振兴工作。2021年，共拨付34万元（每个村2万元）用于局干部职工回乡联村所在村开展乡村振兴工作。

【党员到社区报到开展服务工作】 根据《中共五华县委办公室印发〈关于组织县直和中央、省、市属驻五华单位党组织和在职党员到社区报到开展服务的方案（试行）〉的通知》（华办函〔2020〕34号）文件精神，结合五华县自然资源局实际，参照创文、巩卫等结对挂点社区做法，统一组织五华县自然资源局152名在职党员以党小组分组的形式到水寨镇员瑾村开展党员到社区报到工作，五华县自然资源局党员已全部到员瑾村报到和开展服务工作。同时还起草五华县自然资源局和员瑾村共建协议，进一步明确共建目标、共建形式及共建内容，重点参与党建指导、政策宣传、社区治理、志愿服务、扶贫济困等几项工作。2021年度，已组织152名党员干部到社区报到开展志愿服务6次，每人年度平均服务时长不低于20小时。

【管控意识形态工作】 有效落实意识形态工作相关制度。成立意识形态工作领导小组，将意识形态工作纳入局党组、局党支部重要议事日程、党建工作责任制和年终综合目标考评；按时召开意识形态工作专题研究会，组织局党组和局干部职工进行《习近平谈治国理政》第三卷、中共十九大，十九届二中、三中、四中、五中、六中全会精神等相关理论学习和“自然资源大讲堂”视频讲座学习。消除外来文化入侵风险和反邪防邪隐患。召开党组会议及支部大会、党小组会议，组织五华县自然资源局党员干部深入水寨镇员瑾村大麻、求水、丰联、新和等4个挂点社区村民小组和工业一路（维也纳至工业大道段）网格化路段清理收缴邪教宣传品，严厉打击各类邪教犯罪现行破坏活动，净化社会政治环境。开展新时代文明实践活动。充分发挥新时代文明实践中心阵地作用，严格按照《关于开展新时代文明实践活动的通知》（华委宣通〔2020〕12 号）的要求，进一步加强学习习近平新时代中国特色社会主义思想，培育和践行社会主义核心价值观，推动五华县自然资源局精神文明建设，提升干部职工文明素养，占领意识形态领域的主阵地，牢牢掌握意识形态领域工作的主动权。

【保密管理工作】　做好保密普法工作。针对五华县自然资源局业务重大、涉密性强的特点，选准主题，切实做好“七五普法”“6.25 全国土地日”“保密教育日”的宣传工作，并多次组织全系统领导干部、职工在线进行保密法律知识学习、广东省国家工作人员学法考试、广东省行政执法人员综合法律知识网上考试培训，并取得良好成绩。强化网络保密管控。召开学习会，深入学习习近平新时代中国特色社会主义思想和《中国共产党宣传工作条例》，教育警醒系统干部职工牢记自己作为党员的身份，注意日常生活细节，对网络和自媒体持端正、谨慎的态度，绝不能人云亦云，绝不能传播泄密的信息，在新时代网络大潮中始终保持保密意识。完善相关保密制度。根据《中华人民共和国网络安全法》等相关法律及上级相关部门文件精神，制定《五华县自然资源局网络安全应急预案》《五华县自然资源系统普通密码设备使用管理制度》《五华县自然资源系统政务公开审核制度》等保密制度。加强自媒体管控。逐一建立计算机使用台账，确保每一台电脑从采购至报废全过程的使用情况皆可追溯；同时对涉密电脑进行断网处置，确保不上网，对不涉密电脑逐一张贴“严禁处理涉密信息”的提醒，做到“上网不涉密，涉密不上网”，确保不出现泄密事件。强化网络安全保护措施。动员全局干部职工开展病毒查杀和安全防护加固措施，对发现的可疑终端进行断网隔离，进一步加强对本单位网络的风险监测和排查整改工作，加强学习教育，提高全体干部职工的网络安全风险防范意识。2021 年，邀请电信运营商和华科公司专业技术人员对本单位网络进行全面监测和风险排查，加固安装“天翼安全电脑”系统。

【党风廉政工作】　强化主体责任。坚持把党风廉政建设和反腐败工作作为党建工作的核心内容抓在手上，成立党风廉政建设工作领导小组，全面负责本单位的党风廉政建设工作，制定两个“责任清单”，定期报告党风廉政建设工作情况，并于每年初召开全县自然资源系统工作会议，对党风廉政建设工作进行安排部署，列出年度工作要点和工作清单，严格落实“一岗双责”，将党风廉政建设重点工作任务逐项分解落实到具体部门，健全完善廉政风险动态防控机制。2021 年度，严格执行“三重一大”议事规则和决策制度，实行逐一表态发言制度，“一把手”末位表态制度。加强制度建设。进一步完善《五华县自然资源局党组决议“三重一大”事项制度》《五华县自然资源局进一步落实全面从严治党主体责任清单》《五华县自然资源局 2021 年落实全面从严治党主体责任工作要点》《五华县自然资源系统开展 2021 年纪律教育学习月活动的意见》《2021 年度五华县自然资源局三大“阳光工程”工作任务清单》等制度，从源头上防止腐败的同时，有力地促进机关作风的转变，实现“用制度管人”和“用制度管事”。深入排查廉政风险点。组织对每个部门、每个岗位风险点进行深入排查，研究制定局党组和各股室及班子成员、干部职工的廉政风险排查与防控措施，对局党组和各股室及班子成员、干部职工进行时刻警醒，规范业务工作流程，提高拒腐防变能力。分高风险、中风险、低风险进行排序，具体到每一个岗位、每一个人，在办公场所的显要位置悬挂每一个股室（所）及个人的廉政风险排查与防控措施，对干部职工进行时刻警醒，接受社会监督，2021 年度，继续严格落实廉政风险排查与防控措施自查制度，共清查风险点 180 个，其中高风险点 9 个，中风险点 57 个，低风险 114 个。逐级签订党风廉政建设责任书。2021 年度，共签订党风廉政责任书 34 份，廉政承诺书 36 份，“三个规定”公开承诺书 247 份，实行一级抓一级，层层抓落实的工作格局。落实廉政谈话制度。认真落实主要领导关于“抓早抓小，强化干部教育管理”的要求，细化谈话提醒工作机制，强化日常管理和监督，建立台账，定期开展谈话提醒谈话。2021 年度，共开展日常谈话 55 人次，提醒谈话 3 人次、警诫谈话 3 人次。通过廉政提醒谈话做到防微杜渐，将不良思想和行为消除在萌芽阶段。加大惩治力度。坚持“刀刃向内”，自然资源系统机关作风明察暗访工作小组加大巡查力度，积极支持配合县纪委监委查处五华县自然资源局自然资源系统发生的违法违纪的案件。2021 年度，共查处自然资源系统违法违纪干部 8 人次，其中，被县纪委监委双开 1 人，党内警告处分 3 人次、诫勉处理 4 人次。全力配合做好省委巡视和五华县委巡察反馈意见的整改落实工作。五华县自然资源局严格按照五华县委的统一部署和五华县委整改办的工作要求，把抓好省委巡视整改和五华县委巡察整改工作作为当前的首要政治任务和头等大事来抓，迅速传达部署，强化组织领导、压实整改责任，盯紧突出问题、从严从实从细，全面查摆整改，确保巡视巡察整改工作见实效、惠民生、促发展。省委第四巡视组反馈与五华县自然资源局相关的 3 个方面 9 个问题，五华县自然资源局已完成整改 5 个，取得阶段性成效 4 个；五华县委第一巡察组反馈五华县自然资源局的 6 大方面 25 个问题，已全部完成整改，问题整改完成率达 100%。继续开展“一严双提”活动。继续开展“严肃组织纪律，提高服务意识，提升行政效能”行动，加强干部队伍建设，推动工作落实，进一步明确日常工作的目的意义、工作要求、工作步骤、工作责任等内容。

【模范机关创建活动】 成立五华县自然资源局模范机关创建领导小组。为进一步推进五华县自然资源局深化模范机关创建目标，五华县自然资源局成立了深化模范机关创建工作领导小组，由局党组书记、局长任领导小组组长，统筹部署模范机关创建工作。领导小组下设办公室，承担模范机关创建日常工作。研究制定五华县自然资源局关于深化模范机关创建的实施方案。为确保模范机关创建活动顺利实施，五华县自然资源局组织专门力量研究制定了《五华县自然资源局关于深化模范机关创建的实施方案》，明确总体要求、主要任务和具体的实施细节。梳理模范机关创建活动中存在问题，并逐一解决。局机关围绕“讲政治、守纪律、负责任、有效率”四方面深入剖析排查本单位存在问题，向本单位各股室及社会人员发放征求意见表，经梳理归纳，共有四方面问题，针对问题意见及结合五华县自然资源实际，完成整改落实清单，确保问题按时限整改落实到位，做到敢抓敢管、严抓严管，切实提高机关作风和服务水平。

【日常业务工作】　积极做好2021年正常晋升工资工作。晋升四级调研员1名，晋升二级主任科员3名，晋升三级主任科员2名，实现“零差错”。做好调入人员和新录用人员的工资办理和人事档案审核工作。人事股对原自然资源所4名调入机关的公务员、1名事业单位调入人员和1名事业单位新录用人员的人事档案进行全面复核，并办理工资手续及社保缴费。重新调整有关事业单位岗位设置和人员称职评聘工作。因事业单位机构改革，局属原12个事业单位合并为7个，亟待重新调整事业单位人员岗位设置。持续做好专业技术人员职称评定工作，2021年度评定专业技术初级职称2名，中级职称2名。按照上级要求，完善公务员管理信息系统资料。2021年度全国公务员信息管理系统更新，人事股严格按照五华县委组织部要求，录用完善局机关公务员档案信息，并及时上报。高标准高质量完成领导交办的各项任务工作。其中包括配合纪委工作人员及五华县委组织部审核个人档案信息等。

2021年3月19日下午，五华县自然资源局党史学习教育动员大会在县工业建设集团综合楼6楼召开（杨明俊 摄）

【依法行政工作】　加强组织领导，强化法治建设。五华县自然资源局高度重视法治建设工作，着力构建法治工作领导体系。全面贯彻落实党政机关主要负责人履行推进法治建设第一责任人职责，局主要负责人、班子成员及机关各股室、局属各事业单位主要负责人是本单位或者分管工作领域法治建设的第一责任人。每年召开法治建设领导小组全体会议、专题研究会议，研究部署法治建设重大问题，坚持将依法行政纳入重要议事日程，制定工作计划，保证法治建设工作的高效、有序开展。依法有序应对行政复议和行政诉讼工作。五华县自然资源局认真履行作为被申请人参加行政复议的职责，依法作出行政复议答复并提交有关证据材料。2021年度，行政复议案件0件，行政诉讼案件4件，胜诉率100%（其中1例撤诉、2例未开庭）。大力培育法治队伍建设。领导干部主动参加执法证考试，鼓励本系统执法人员积极参加，提高持证率。截至年底，本系统共有执法证16本，持证率达43%。同时组织干部参加行政诉讼庭审旁听活动，不断提高全系统干部的法治素养和依法办事能力。多措并举学习贯彻法律法规。开展普法教育，依托世界地球日、全国土地日、国家宪法日暨全国法制宣传日等活动，通过设布置宣传展板、横幅，发放宣传手册，局网站发布等方式普法，提高全社会依法保护、合理利用国土资源的自觉性。2021年度，共发放宣传资料1360余份，引导全社会进一步增强底线思维和法治观念，提升保护耕地、节约集约和依法依规用地意识。深入推进政府数字化转型。按要求完成互联网+政务服务平台权利事项库中的事项认领、梳理、维护、信息完善等工作；互联网+监管平台的信息维护、完善和“双随机掌上执法”工作；在政府门户网站上公开三项制度（行政执法公示制度、执法全过程记录制度、重大执法决定法制审核制度）相关的流程图、目录清单、执法文书格式样本等资料，并对三项制度执行情况进行自查。进一步助推依法行政监管方式的改革创新，确保行政工作监管公平、公正，有力地保障行政数据质量。

五华县自然资源局2021年度负责人名单

党组书记、局　长：李定华

党组成员、副局长：张惠明

宋恩育

李锡泉（任至5月）

张新辉（任至6月）

党组成员、总规划师：张育鑫

党组成员：张建国

李仁君（7月任职）

审　计

【简况】 2021年，五华县审计局发出审计通知书的项目17个，出具审计报告项目20个，共查出违规金额654.57万元，管理不规范金额7.94亿元，处理上缴财政607.6万元，应归还原渠道资金52.54万元，应调账处理2636.79万元，提出审计建议64条。在促进经济持续健康发展、规范权力运行等方面发挥积极作用。

【政策落实跟踪审计】 组织开展促进就业优化政策落实情况专项审计调查、五华县疫苗流通和预防接种安全情况专项审计调查、2021年项目推进情况审计调查等。重点关注相关项目的资金使用绩效和决策部署的落实生效情况，并对相关问题提出审计建议，促进政令畅通，发挥政策落实的“促进者”作用。提出审计建议10条。

【财政审计】 严格按照“全省审计一盘棋”要求，创新审计工作方法，扎实推进审计全覆盖。努力构建一级预算审计“横向到边”预算执行全覆盖审计监督体系。审计管理不规范问题资金6.67亿元，提出审计建议17条。

【经济责任审计】 对4个党政机关、事业单位的主要领导干部共7人进行任期经济责任审计，查出违规金额73.77万元，提出审计建议18条。

【企业审计】 对五华县交通投资集团、五华县华宏水利水电工程、五华县水务集团进行资产负债损益情况审计，审计查出违规问题金额6.64万元，管理不规范问题资金1438.03万元，提出审计建议7条。

【公共投资审计】 对五华县华强学校运动场及配套基础设施进行竣工决算审计，审计查出违规问题金额23.86万元，提出审计建议4条。

【民生审计】 组织开展困难群众基本生活保障政策落实情况审计，发挥审计服务民生的职能作用，促进建立保障和改善民生的长效机制，推动党和政府各项惠民富民政策落到实处，维护人民群众的切实利益。

【协助上级审计机关及县直相关部门的工作】 2021年，先后派出11人次配合参与省审计厅、市审计局和县直有关单位各项任务3个。

五华县审计局2021年度单位领导名录

党组书记、局　长：钟冠寰
党组成员、副局长：陈朝霞
　　　　　　　　　邓小坚
　　　　　　　　　刘政民
党组成员、总审计师：江琼新

统　计

【提升统计监测预警能力】 继续坚持围绕全县经济社会发展大局，充分发挥统计监测预警职能，严格执行国家各项统计报表制度，在做精预警监测、做深统计分析、拓展专题分析上下功夫，密切关注宏观政策和经济形势变化，结合各专业特点，关注苗头性问题，充分发挥统计工作的监测预警功能，及时跟踪监测重点行业、重点企业的运行态势，及时掌握重点指标的变化情况，进一步加强与发改、财政、科工商务等部门沟通联系，积极收集包括财政收支、金融存贷、物价消费等在内的多部门数据，对每月经济运行进行综合分析，及时准确把握全县主要经济指标发展状况，加强对相关行业数据和部门数据的跟踪监测预警，提出经济运行中的问题和建议，做好县委县政府科学决策的“风向标”。

根据梅州市地区生产总值统一核算结果，2021年五华县地区生产总值175.84亿元，同比增长5.1%；农林牧渔业总产值70.73亿元，同比增长9.8%；规模以上工业增加值6.44亿元，同比增长4.6%；社会消费品零售总额85.40亿元，同比增长4.5%；建筑业总产值72.45亿元，同比下降1.7%；固定资产投资96.08亿元，同比下降4.5%。

【严控数据质量】 严守“四上”企业进库入口关。严格执行上规企业申报条件、要求和流程。凡新上规入库企业，分管领导和专业人员不仅进行实地查看，而且及时与税务部门进行对接核实，坚决杜绝未达规的企业入库。2021年完成新增20家“四上”企业以及10个5000万元以上投资项目的申报审批工作，其中工业企业3家，贸易业企业2家，建筑业企业4家，房地产企业11家。不断夯实基层基础。组织专业人员到乡镇、企业进行指导、检查和调研，着力于基层困难，发现问题及时解决，把统计法治建设和执法检查落实在平时的月、季、年报表的审核和重大统计数据的评估工作中，进一步严格各环节质量标准和工作要求，指导镇、村及各专业建立主要原始资料和统计台账，加强数据质量管控，确保了应统尽统、应报尽报。不断强化对基层统计培训，进一步打牢统计基层基础。加强镇村、城乡住户、畜禽监测及各专业的统计培训工作，提升统计人员专业素养和业务水平，进一步夯实统计基层基础工作，着力提高统计工作能力和水平。切实加强与部门统计工作的衔接沟通。加强与发改、科工商务、住建、交通运输、农业农村、财政局、人民银行、税务局等相关部门联系和沟通交流，强化部门在普查、调查、地区生产总值核算、“四上”企业入库、投资项目报送、项目调查核实、全面把握行业实情方面的积极作用，确保全县经济发展实绩得到客观真实的反映，做到不重不漏、应统尽统。

【加大统计监测分析力度】 围绕“六稳”“六保”政治落实和经济运行，聚焦经济社会发展重点热点问题，加强经济形势预判和数据解读、综合分析及统计传播，提高统计服务决策的针对性。按时编发统计数据。始终把《统计年鉴》《统计月报》《统计公报》作为“拳头”产品定期编发，向社会各界提供及时、完整的统计数据。每月定期整理统计月报，发送给县领导及主要部门，通过五华县人民政府门户网站向社会公布，为五华县各项指标、数据的参考、查询提供权威资料；强化数据分析。面对新形势、新要求，围绕县委、县政府中心工作，撰写一批有价值的统计分析和信息，充分发挥统计的决策参谋作用。2021 年，共编发工作动态 48 篇、统计信息 24 篇、统计分析 22 篇；强化对企业的服务工作。加强工作调研，密切关注经济形势变化。着力加强对重点行业、主导产业、龙头企业的动态监测，高度关注工业增加值、固定资产投资、社会消费品零售总额、工业用电等重要统计数据。加强分析研究，及时反映经济运行中苗头性、趋势性问题，有针对性的提出对策建议，为企业地发展提供参考数据。

【加强统计法治建设】 深入贯彻执行统计法律法规，加强统计法治宣传工作，在全县各级各部门广泛开展《中华人民共和国统计法》《中华人民共和国统计法实施条例》《统计违纪违法责任人处分处理建议办法》《防范和惩治统计造假、弄虚作假督察工作规定》精神的学习和宣传，不断深化学习效果，依法行政的能力和水平不断提高。制定印发《2021 年度统计执法检查工作方案》《2021 年“双随机、一公开”实施方案》。根据工作安排，对 10 家企业进行统计执法检查。其中：会同县市场监督管理局“双随机、一公开”联合抽查 3 家企业。重点检查账表是否相符，是否统准、统实、统全，是否建立电子和纸质台账，及企业 2020 年年报及 2021 年 1—7 月月报（季报为第二季度）的统计报表台账及历史台账等内容。通过此次检查，确保了统计基础工作更扎实、上报资料更及时、调查流程更规范、统计台账更健全、数据来源更清楚、资料保管更完善，切实发挥依法治统对统计数据质量的保驾护航作用。认真做好 2020 年度县法治建设成效考评存在问题的整改工作。

五华县统计局 2021 年度单位负责人名录

党组书记： 刘晓宇（7 月任职）
局　　长： 严兰芳
副 局 长： 庄旭源
　　　　　李启智
党组成员： 古伟良

城乡建设·环境保护

村镇城市建设

【县城建设】 树牢“发展靠项目、项目靠资金、资金靠争取”的发展思路，紧盯国家和省有关政策导向，主动谋划对接项目，加强与上级部门请示沟通，积极争取更多项目资金投入五华县城乡建设事业。2021年，共争取到上级资金6701.63万元。其中，老旧小区改造3256.43万元，危房改造54.6万元，公共租赁住房20万元，农村生活垃圾处理（涉农资金）1500万元，农村削坡建房风险整治1720.6万元，社区体育公园整治150万元，有效保障相关重点项目建设的顺利推进。全年，共完成公园片、迎福片、华兴北片、华新村、机关巷等老旧小区改造20个165栋，建筑总面积14.37万平方米，惠及居民户数2476户。

【农村削坡建房整治】 严格落实省市关于农村削坡建房风险点排查整治工作要求，全面排查核定削坡建房风险点，全年削坡建房开工数3242户，竣工数3242户，超额完成省市下达3000户的年度目标任务数。通过采取工程治理、以奖代补、联防联控等有效措施，有力提高五华县削坡建房户地质灾害防治能力。

【工程建设管理】 2021年，扎实开展保安全提质量和强监管促规范活动，重点以节前节后复工、“安全生产月”活动、季度安全检查为抓手，进一步加大全县在建工地和15家搅拌站安全生产管理，全力遏制各类建筑施工生产安全事故发生。全年，未发生一般以上安全质量事故，共开展安全检查1368次，出动检查人员2740人次，发出整改通知单1026份，整改率达100%。办理施工许可证121宗；竣工备案60宗，面积118.97万平方米，投资27.989亿元；审查消防设计66宗，面积170万平方米；出具消防验收合格意见和备案表84宗，面积42.68万平方米；人防工程备案7宗，面积4.52万平方米。审核预算项目20宗，金额4043.86万元；审核结算项目6宗，金额17.41亿元，核减1.66亿元，核减率约9.54%。

市容环境秩序管理

【建筑工地扬尘污染管控】 认真督促在建工地清理整顿县城范围内无主暴露建筑垃

圾和堆放行为，加强日常巡查管理，全面落实扬尘治理“六个100%”管控措施，重点检查在建工地洗车槽、冲洗设备、工地出入口硬底化落实情况，严肃查处车辆未遮挡、带泥上路、撒漏、扬尘等违章行为。全年，共督促在建工地清扫路面224宗、面积4800多平方米，督促运载车辆围蔽密封运输42宗，查处偷倒垃圾、建筑淤泥违法行为3宗。

【市容环境治理】 持续深入开展市容环境秩序整治行动，重点整治城区违规占用公共停车位、城区主要干道占道经营、流动摊点、人行道车辆停放秩序、汽修和洗车占道等重点难点问题，集中时间、集中力量有效取缔宏达路、华园市场等“马路市场”行为，全面加强油烟、县城外置空调主机、井盖等专项集中整治，不断提高县城精细化管理水平，有效巩固“创文”“创卫”成果。全年，共发放各类整改通知书、温馨提示等1600多份，清理违规占用停车位物品184件，规范引导车辆停放279宗，督促清理门店占道经营559宗，取缔流动摊档70宗，劝离流动摊贩246宗。

【垃圾分类处理】 积极联合团县委、社区居委和中小学校结合“文明健康 绿色环保”“新时代文明实践活动”等主题，坚持试点带动，先后在纬丰花园、悦景花园、金泰华府、鸿云花园等小区规范布置垃圾分类亭，广泛宣传引导市民群众增强垃圾分类观念。在县政府食堂试点投入日处理200斤的有机垃圾微生物处理设备，实现餐厨垃圾就地化、无害化、资源化处置利用，全力推动五华县生活垃圾分类有力有序有效开展。全年，城区68个公共机构基本实现生活垃圾分类全覆盖，水寨镇公园社区基本建成生活垃圾示范片区。2021年上半年及第三季度，在市第三方评估组两次评估工作中，五华县均取得全市第二名的优异成绩。

【燃气安全和市场秩序管理】 深刻汲取2021年湖北十堰市集贸市场“6·13”燃气爆炸事故教训，持续深入开展全县燃气安全生产隐患排查整治，严格把好燃气经营许可核发工作，组织与各燃气企业负责人签订安全生产责任书，大力开展燃气安全生产培训和应急演练，不断提升燃气企业及其销售点的安全防范意识和事故应急处置能力。全年，共派出检查人员673人次，检查气库25家次，排查隐患107个；检查供应站点83家次，排查隐患265个，已完成整改193个；取缔非法经营瓶装供应站2家。重新审核发放燃气经营许可证5家，重新设立供应站139家。

建筑业与房地产

【建筑业】 2021年五华县共有施工企业45家，其中一级资质6家、二级资质13家、三级资质26家。全年完成建筑施工总产值约83.93亿元，创税约5.04亿元（其中县内缴税1.16亿元）。共获得省级及以上科技进步奖2项；有效工法4项；专利3项；获省级及以上工程质量奖5项；获省级及以上施工安全文明工地2项。县足球文化公园体育场馆工程（第一期、第二期）获得2020—2021年度中国建设工程鲁班奖（国家优质工程）。高规格举办广东省第四届“南粤工匠”高峰论坛，进一步擦亮和打响“建筑之乡”的品牌影响力。

2021 年 12 月 25 日上午，以“大匠南粤（五华）”为主题的 2021 第四届广东“南粤工匠”高峰论坛在五华县举行，进一步弘扬工匠精神，展示五华县建筑业的整体实力，助推五华县创建“建筑之乡”（县住建局提供）

【房地产业】 组织召开全县房地产领域专题工作会议，结合实际制订印发《2021 年五华县房地产市场秩序专项整治工作方案》《关于进一步规范商品房销售信息公示的通知》《关于进一步加强商品房预售管理工作的通知》等制度文件，积极启用新网签系统和存量商品房交易平台，从线上线下全面加强商品房购买合同签订（注销）、预售资金（首付款、按揭款）入账监管，大力规范商品房销售交易行为。坚决打击乱收费、未取得预售许可进行销售等违法违纪行为，不断提高企业依法经营意识，有力推动五华县房地产市场秩序持续健康发展。全年，共有房地产开发企业 68 家，其中三级 5 家、四级 49 家、暂未定级 14 家。审核房地产开发项目 10 宗，建筑面积 72.14 万平方米，投资 33.07 亿元。核发预售许可证 48 宗，预售套数 5476 套，预售面积 729008.06 平方米。全县房屋销售交易 6188 套，同比增长 2.5%；面积 653301.77 平方米，同比减少 14.7%；交易金额 38.4 亿元。其中：住宅销售交易 4437 套，同比减少 15.6%；面积 548419.99 平方米，同比减少 17.5%；均价 5717.06 元，同比下降 5.6%；交易金额 33.8 亿元，创税达 4.8 亿元。

持续开展物业管理专项整治及消防安全隐患专项治理，严格督促物业公司做好经营服务管理，督促落实物业企业有关创文创卫和新冠肺炎疫情防控责任，严格做好疫情防控宣传、人员排查、小区消杀、健康监测等工作。接受县人大物业管理专题视察 1 次，得到了代表们的一致好评。全年，共受理前期物业服务企业合同备案 12 宗，累计受理前期物业服务合同备案 66 宗；物业公司备案 6 家，累计备案 22 家。

重视房地产领域信访投诉受理工作，严厉督促开发企业、施工单位、物业企业落实主体责任，下大力气整治房屋工程质量安全、二次供水、消防和物业服务差、乱收费等问题。全年，共处置信访案件 600 余宗，全面顺利完成了五华县金岸华府 500 多户、国金华府 104 户、锦福华庭二期 99 户等 3 个市级问题楼盘销账工作。

加强公租房信息化管理，建立住房租赁信息服务平台系统。发挥职能作用，大力配合相关部门完成房屋征收工作。全年，共征收房屋 55 座、面积 1.5 万平方米，核定补偿 2652.09 万元；厂房整体搬迁 1 宗，补偿 221.40 万元；留用地返还面积 545.44 平方米，补偿 218.17 万元。

五华县住房和城乡建设局 2021 年度单位负责人名录

党组书记、局长、城市管理和综合执法局局长：冯志强（3 月任职）

曾清华（任至3月）

党组副书记、副局长：张载良

副局长：黄远华

副局长、城市管理和综合执法局

副局长：李　波

总工程师：罗海飞（1月任职）

县纪委县监委驻县住建局纪检

监察组组长：曾庆珣

五华县琴江新城发展中心

【简况】 五华县琴江新城发展中心是县政府直属正科级公益一类事业机构，主要负责琴江新城15.74平方千米规划区范围内的规划建设工作。内设综合部、规划管理部、建设工程管理部、招商引资部、政策法规部、财务部6个部室，及下属单位五华县市政建设投资集团有限公司。

【土地出让】 累计收储土地40.37公顷，出让土地14宗32.19公顷，土地出让收入126789万元，其中2021年出让土地5宗15.13公顷，土地出让收入53300万元。

【招商引资】 充分发挥琴江新城的区位优势，瞄准县产业发展方向，会同县招商服务中心引进税收大、就业多、成长性好，符合发展实体经济需求的梅州市广悦鞋业有限公司落户广州番禺（五华）产业转移园。

【资金争取】 争取国开行、农发行、九江银行等金融机构支持，申请棚户区改造、土地整治、综合管廊控制服务中心、布新南路等项目融资15.802亿元。认真解读革命老区振兴发展政策，瞄准上级部门政策支持和资金倾斜方向，和市政集团合计向上争取项目资金25420万元。

五华县琴江新城发展中心2021年度单位领导名录

党组书记、主　任：吴汉聪

党组成员、副主任：吴东生

钟金榕

周开平

五华县市政公用事业服务中心

【城市管护简况】 2021年，五华县市政公用事业服务中心按照“工作精心，过程精致，质量精品”的工作思路，全面做好环卫、园林、路灯、公园、市政工作，以“绣花式”的管理全面提升城市服务水平，同时不断打造城市服务新亮点，全面推动城市管理向“精细化”“智能化”纵深发展。

【县城环卫保洁】 2021年县城清扫保洁面积827多万平方米，其中城区面积350万平方米、城中村面积477多万平方米。通过“人工普扫+机械清扫+人工保洁+三轮车保洁+洒水降尘”五位一体的作业模式，重点实行人行道人工巡回清洗、主次干道机械冲洗、洒水作业、雾炮降尘作业、机械清洗栅栏，每天保洁时间16个小时以上，实现路面垃圾落地不超过15分钟即清理干净；强化卫生死角清扫保洁、“牛皮藓”清理和淤泥垃圾清理，做到清扫到边、到角、到底，2021年共清理卫生死角6200多处、乱张贴乱涂写5200多处，清理县城淤泥垃圾1800多车；持续开展城中村、城乡接合部环境卫生整治；坚持小区生活垃圾集中收，门店垃圾定时收集，对县城15个城中村实行垃圾上门收运；扎实推进厕所革命，对全县公厕的设施设备进行维护更换，2021年共更换水箱11个、水龙头27个、马桶4个、下水器75只、LED日光灯126套等；为解决垃圾的二次污染和渗滤液污染生态环境难题，垃圾中转站生活污水接入县污水处理管网；推动县城垃圾分类，通过试点小区以点带面、示范带动全县垃圾分类，推行宣传员、专管员、督查员、保洁员等四员的管理制度。

【县城公共绿化管护】 在做好公共绿化常态化管护的同时，积极打造绿化景观。做好枯死、缺失苗木的更补植，2021年共种（补）植乔木约1800株、灌木约16300袋、地被约116000袋；做好行道树、绿篱、草坪的修剪和整形，2021年共修剪乔木约12000株、灌木约8500株、绿篱约91000米、草坪修剪约39000平方米；做好花池的维护、修缮和保洁，2021年共修缮花池缘石600米、修复树穴1694个、人行街砖860平方米；加强绿化苗木的肥水管理和红火蚁等病虫害防治；各大节日期间在县政府内外广场及县城交通岛等关键节点更换种植各色莳花约12.5万袋（盆），共悬挂簕杜鹃5700多盆；在长乐桥底处播（种）格桑花，播种格桑花面积约1000平方米；对县政府内外广场进行景观提升，在外广场大王椰处安装梅州Logo“遇见美好，遇见梅州”，将内广场莳花造型改为梅州Logo；在县城水寨、河东、横陂三个高速出入口分别打造以“水红、杂色、深红色”为主题的簕杜鹃花多花艳景观。

【道路市政设施管护】 做好城区新移交路段易积水点治理，解决工业园区冠华城门口易积水点问题；完善县城管辖路段道路交通基础设施，优化交叉路口信号灯的设置，推动县城示范道路交通标识标线标准化工作，推进变压器护栏安装，全力助推智能交通建设；对水寨镇华兴中路（华伟红绿灯至华二路路口）人行道上的24个圆井盖进行彩绘“美容”，将“美”融入“安全宣传”之中；做好破损路面、人行道街砖、道路栅栏、指示牌、井盖、集雨井损坏修复和排水设施清淤疏导，加强市政基础设施维护，确保30分钟内予以响应，1小时内到达现场维修，2小时内排除故障，坚决遏制次生事故的发生。全年共修复破损柏油路面4490平方米，修复人行街砖3620平方米，破损路面混凝土硬底化修复950平方米，修复路沿石540米，检查、清理沉沙池约7826座，清理排水沟约3280米，更换下水栅约430套，更换圆井盖324套，修复路牌98处，填缝沥青胶约2600米，安装安全网845座。

【县城亮化管护】 推进亮灯监控平台安装运行，对一期路灯运行的162台采集器2G模块升级为4G模块；有效运用亮灯监控平台，对全县城路灯亮灯情况进行单灯监测，及时发现故障并处理；运用两遥时间控制器，确保在应急情况下5分钟内对全城公共路灯和景观照明设施进行开关灯控制；助推能耗双控，2021年6月中旬至12月底，调整亮灯时间，对县城周边路灯采取全夜间隔亮灯和每晚10点过后关闭人行道路灯；全面整治灯容灯貌，拆除乱搭乱挂电线和破旧广告、指示牌；对财贸街周边、粮食局宿舍、法新巷周边、河东大道周边小巷等加装简易路灯30余盏；加强县城公共照明、景观灯和LED显示屏维护管理，2021年共修复路灯和景观照明故障 1992 多处，更换电缆 15000 多米、更换 LED 灯 2758 个、交流接触器 1040 个、景观数码管 3500 条、洗墙灯 1542 个、射灯 1300 个、中国结电源 826 个、LED 灯电源 2390 个、景观电源 1026 个，及时处理撞坏路灯杆事件 48 起，修复工业园区、梅华路、西外环等 70 多处因路面开挖导致的路灯地下线路下沉，全年确保县城主次干道、商业街等的装灯率 100%，亮灯率 ≥98%，背街小巷装灯率 98%，亮灯率 ≥97%。

【公园管护】 在做好公园日常管护的同时，积极打造公园景观亮点。对园内绿化植物进行精细化养护，定期对园内设施设备进行检查，并不断完善公园公共设施，2021 年累计种植莳花苗木 7 万多株，累计播种格桑花 5 万多平方米，补植更换乔木 330 多株，灌木 270 多株，地被 11 万多株，铺植草坪 12500 多平方米，在上坝公园增设 1 个无障碍卫生间，在长乐文化广场增设石凳 25 张，在上坝公园增设石凳 6 张，在狮山公园增设石凳 2 张，在黄基山公园增设防护栏约 60 米，将公园内破旧、模糊的纸质路灯牌更换为不锈钢牌，共更换路灯牌 1081 个；在老河道公园和长乐公园主入口广场各设置 1 个包含生肖贺岁牛、工匠之乡、足球之乡等造型元素的“迎新春庆新年”立体花坛；在长乐公园格桑花海处制作安装景点相框 2 个、风车 5 个；在老河道公园五德柱两边码头处安装防水景观灯 25 米、悬挂藤球灯 35 个，在老河道公园南入口新增足球元素景观 2 套，在老河道公园新增孝文化元素景观 1 套；在长乐公园安装 1 个中国共产党成立 100 周年立体雕塑，在县政府外广场、老河道公园各制作安装 1 套中国共产党成立 100 周年景观；在县城各公园悬挂节庆灯笼、LED 磨砂祥云灯笼 1500 多盏；协助五华县大尚房地产开发有限公司做好老河道公园音乐喷泉项目工程储水池、配电房、设备室、操控室等选址和建设工作，确保配电房与周围环境相协调，截至年底音乐喷泉已正式投入使用；2021 年是老河道公园水质提升与生态构建和维护项目维护阶段第三年，老河道公园水质整治效果（长制久清）评估报告已完成。

2021 年，县委、县政府外广场大王椰处安装梅州徽标及标语“遇见美好，遇见梅州”（五华县市政园林所供）

【数字化城市管理平台】 依托数字化城市管理业务平台，加强对城市管理网格地段视频监控，全年共发现案件 3168 件，处置率为 99.7%，市民举报、投诉、建议 28 件，处置率 100%，同比 2020 年，发现案件数、处置案件数及处置率都有明显提高；数字化城市管理系统增加案件数据对接、地图对接、视频监控对接、督办案件等四大模块并进行系统全面升级，实现省市县三级数字化管理平台互联互通，实现信息互通，上下联动管理。

【工程建设】　垃圾填埋场整改二期工程（主坝应急抢险工程）于 2021 年 7 月完成主体建设，10 月 21 日完成验收；59 座镇村生活垃圾中转站已投入运营 58 座，剩余 1 座待运营；华园路升级改造工程已竣工通车；工业二横路至水寨大道（幸福里）项目已完成立项、施工图审核、预算造价等前期工作。

五华县市政公用事业服务中心 2021 年度单位负责人名录

党组书记、主任：缪千军（11 月任职）
副主任：曾永辉
丁金浪
曾文东

环境保护

【建设项目环境管理】　2021 年，梅州市生态环境局五华分局按照《中华人民共和国环境影响评价法》和《广东省建设项目环境保护管理条例》的有关规定，认真履行环保前置审批权职责，坚持发展经济和保护环境并重，严格把关，防止重污染企业进入五华。对已经审批的项目，加强建设期监管，坚持执行“三同时”制度的落实，把住环保设施竣工验收关，有效地控制了新污染源的产生。2021 年审批建设项目环境影响评价文件 60 个，其中环境影响报告书 4 个，环境影响报告表 56 个，环境影响登记表（网上备案）112 个，备案项目总投资 57381 万元，环保投资 2618 万元。

【主要污染物总量减排】　2021 年，梅州市生态环境局五华分局根据市政府下达给五华县主要污染物重点工程减排量目标，充分梳理减排项目，深挖潜力，严格审核筛选，对符合要求的减排项目做到“应报尽报”，完成上报 8 个减排项目，预计可减排氮氧化物 25.7 吨，化学需氧量 12 吨，氨氮 0.6 吨。

【加强环境执法和信访调处】　2021 年，梅州市生态环境局五华分局开展环保专项行动，打击环境违法行为，确保生产安全及环境安全，维护群众环境权益。组织开展法治宣传，认真落实“谁执法谁普法”工作责任制，开展“环保法律六进”“6·5 世界环境日”“12·4 法制宣传日”等专题活动，组织执法人员和志愿者广泛宣传和普及环保法律知识，提高群众法治意识。全年共发放环保袋、围裙、环保知识手册、法律法规等宣传资料 13500 多份，张贴禁烧秸秆公告 300 多份。定期组织力量开展环保领域安全生产隐患排查，督促企业按要求限期落实整改。2021 年，梅州市生态环境局五华分局共排查安全生产隐患 12 宗，落实整改 12 宗。建立健全行政处罚、环境信访、环境污染事故与纠纷处理等工作制度，强化规范执法。2021 年，梅州市生态环境局五华分局局共出动执法人员 1328 人次，检查企业 374 家次，责令整改 25 家，立案查处 12 宗，处罚金额合计人民币 27 万元。强化信访调处，对群众举报投诉的环境问题进行及时调查解决，确保件件有着落，事事有回音。2021 年，梅州市生态环境局五华分局共受理群众来访来信来电 284 件，已办结 284 件，结案率 100%。全面落实执法“三项制度”，强化审批事前、事中、事后监督，及时做好信息公开公示。

2021年，梅州市生态环境局五华分局在相关信息公示平台公示行政检查283宗、行政处罚12宗、行政许可349宗，无行政强制、行政征收和行政征用案件。定期开展突发事件应急处置法律法规培训，提升干部职工应急处置水平。2021年度，梅州市生态环境局五华分局派出应急处置人员参与本县发生的2起涉生态事件和1起危化品运输车辆引发的事件，有效地控制了危化品的影响范围，未引发污染事故。

【扎实推进污染防治工作】 2021年，梅州市生态环境局五华分局扎实做好污染防治各项工作。

抓好大气污染防治。一是成立工作专班，全力协助县城禁放区水寨镇良美村做好烟花爆竹禁放禁燃工作。在全县上下共同努力下，消除春节期间轻度及以上污染天气。二是强化重点行业挥发性有机物的污染防治，建立了VOCs（挥发性有机物）监管名单，大力推进涉VOCs排放的重点行业的清洁生产工作，指导企业使用适宜高效的治理技术。对五华县列入省重点监管的涉VOCS企业1家、加油站2家落实分级管控及浓度治理。三是联合公安、交通等部门路检共12次，完成率100%；全面完成五华县柴油车用车大户入户检查共4家任务；做好非道路移动机械申报登记203台，超额完成3台。四是督促住建等部门加强施工工地扬尘管控，落实工地“6个100%”防尘措施，从源头上遏制扬尘发生。印发禁止露天焚烧秸秆公告，督促各镇履行属地管理责任，全力管控露天焚烧秸秆行为。

抓好水污染防治。一是根据五华县实施方案要求，联合县农业农村局，有序推进省市民生实事农村生活污水治理工作。截至2021年底，较好地完成省市民生实事的15个自然村生活污水处理设施的建设任务，并通过专家组审核评定，得到市政府的充分肯定。二是开展入河排污口排查。累计排查河、库1652.7千米、排口1556个，并对排口开展溯源排查；完成排污口的名录、调查报告、整治方案编制工作。三是向上争取益塘水库饮用水源保护区及周边水环境整治项目资金2000万元，由县政府授权益塘水库管理所组织实施。截至2021年底，工程完成进度30%。该项目完成后，饮水安全得到进一步保障。

抓好土壤污染防治。一是要求产生危险废物的企业在广东省固体废物管理信息平台进行如实申报，并对申报材料进行现场核实，同时，要求企业做好危废的收集、储存，并与有资质的第三方签订危险废物转移处置合同。2021年，五华县共有42家工业企业和570家机修企业在平台申报，转移处置危险废物179.6吨。二是强化对医疗废物处置的监督管理，严格执行备案制度。2021年，全县82家医疗机构的医疗废物统一交由金川医疗废物处置有限公司处置，全年共转移处置医疗废物489.35吨。三是要求产生污泥的企业严格执行联单管理制度，完善污泥管理台账，并报梅州市生态环境局五华分局备案。2021年依法依规转移处置污泥5534吨。

【开展重点环境问题专项整治】 建立每季度定期研究通报重点环境保护问题制度，要求各镇和各单位对所管辖的区域和行业存在的重点环境问题进行认真排查，并对重点环境问题排查整治情况进行汇总，筛选出本季度重点环境保护问题提交县政府常务会议研究，会议通过后实行挂牌督办，限时办结，2021 年列入重点问题 31 宗，按时完成 30 宗，1 宗未到时限。

2021 年 11 月 24 日下午，省政府第五调研评估组到五华县开展农村生活污水治理民生实事调研及评估工作（黄彤华 摄）

【环境监测】 每月对各镇水环境质量进行监测，按城市水质指数进行排名，对排名末位的镇进行预警，并要求该镇做好污染源的排查整治。每月完成县城集中式饮用水源桂田水库、蕉州河、益塘水库出水口及其上游的水质监测，监测结果均能达到Ⅱ类标准；每季度完成 28 个镇级饮用水源、产业转移园纳污河上下游、农村环境质量和万里碧道河段的水质监测；每半年完成入琴江 6 条支流及五华县韩江二、三级 11 条支流的监测。做好县城空气质量实时自动监测工作，保持与生态环境部 24 小时联网。完成县城生活污水处理厂、工业园污水处理厂的监督性监测和镇级生活污水处理厂的进出水水质监测（其中对县城生活污水处理厂每月监测两次）。全年共监测厂矿企业 59 厂/次。

从监测结果来看，2021 年省、市考核断面水质优良率达 100%，集中式饮用水源地水质达标率 100%，县城空气质量优良天数比例达 99.4%。

【抓好中央环保督察整改】 坚持把环保督察交办案件办理和反馈问题整改工作放在重要位置，第一时间会商研判，第一时间落实责任，第一时间现场调处，坚持问题导向、目标导向、结果导向，层层压实责任，全力推动生态环境问题立行立改、边督边改。中央第四生态环境保护督察组进驻广东期间（2021 年 8 月 27 日至 9 月 27 日），共交办五华县 96 宗案件。截至 2021 年 12 月底，已办结案件 86 宗，阶段性办结 10 宗，办结率达 89.6%。2021 年中央环保督察反馈问题涉及五华县共 14 个，正按整改要求有序推进整改。

梅州市生态环境局五华分局 2021 年度单位领导名录

局　长：邓瑜文

副局长：谢炳泉

　　　　温浪文

供　电

【简况】 2021 年，五华供电局党建工作获市局年度 A 级评价考核，经营业绩获市局年度 B+考核评价，实现历史最优。

【全社会用电】 2021 年 1—12 月五华县全

社会用电量累计13.96亿千瓦时，同比增长12.47%。其中：工业累计用电量3.84亿千瓦时，占全社会用电量27.48%，同比增长13.55%。城乡居民生活累计用电量6.24亿千瓦时，占比44.67%，同比增长5.66%。第一产业（农、林、牧、渔业）用电量累计0.28亿千瓦时，占全行业用电量3.60%，同比增长40.40%；第二产业（工业、建筑业）用电量累计4.53亿千瓦时，占全行业用电量58.59%，同比增长14.00%；第三产业累计用电量占全行业用电量37.80%，同比增长24.67%。五华县各电源上网电量21894.34万千瓦时，同比增长42.68%。其中，水电上网电量4854.72万千瓦时，同比降低53.15%；光伏上网电量6413.83万千瓦时，同比增长28.70%；垃圾发电上网电量累计10490.66万千瓦时；沼气、余热发电上网电量累计135.13万千瓦时。

【落实上级决策部署坚定有力】 坚决贯彻落实党中央、国务院重大决策部署，全面服务“双碳”战略，积极落实公司构建新型电力系统服务“碳达峰、碳中和”行动计划，引领能源绿色低碳转型。6月30日前实现16个乡镇充电桩全覆盖；全年合计投运41个充电枪，投运枪数全市第一，为群众绿色出行提供能源保障。全年完成可量化电能替代项目60个，完成替代电量506万千瓦时，替代电量完成值全市第二；完成498户分布式光伏接入，同比增长380%，并网容量为17.78兆瓦，同比增长351%，清洁能源实现全额消纳，加快构建以新能源为主体的新型电力系统。巩固脱贫攻坚成果同乡村振兴有效衔接，安排专人参与水寨镇乡村振兴工作，捐赠35万元建设大沙村光伏项目。投资1.37亿元改善农村电网基础设施，有效提升五华苏区供电能力和服务水平。全力防范化解重大经营风险，确保资金链安全稳定，民营企业款项实现应付尽付。

【安全生产局面总体平稳】 扎实推进安全型企业建设，全年未发生四级及以上事件，电网连续安全稳定运行14年。严抓“铁腕反违章，同心保平安”从严治安20条举措，建成作业风险监控中心，落实“1+4”现场作业风险管控机制，作业现场违章率同比降低14.68%。实现5535件工器具全生命周期电子化管控。围绕保命教育、事故事件和违章案例组织学习251场（次）。扎实开展安全隐患大起底大排查大整治，在临近电力线路鱼塘周边加装400块禁止钓鱼警示牌，清单销号式完成1610个安全隐患治理，有力防范和化解各类安全风险。圆满完成中高考、中甲联赛以及庆祝中国共产党成立100周年系列活动等重要保供电任务和“护网2021”网络安全保障活动。全年未发生企业级泄密事件。毫不松懈抓实疫情防控，牢牢守住不发生聚集性疫情底线。

【改革创新变化日新月异】 三项制度改革取得新突破，完成63名技能班组持证不合格人员降岗聘任，增强职工的上进心和危机感，打破铁饭碗、终身制、论资排辈的消极思想。落实电力市场化改革政策，核查代购电用户档案4.3万户，高效完成工商业用户的政策告知及799户中压用户补充协议签订。专业协同实现现货市场跨年跨月连续结算“零差错”。推进数字化转型，完成9个需求应用场景，助力实现电网运行、企业运营、客户服务数字化。率先完成配网机巡自动驾驶基础数据采集，实现配网自动驾驶航线全覆盖，全量完成精细化自主巡检 3600 千米。创新光伏支付模式，上下联动、多专业协同，主动精简支付资料，创新远程沟通模式，实现光伏支付“一次都不跑”。率先推广低压费控模式应用，低压客户缴费周期不断前移，应用户数达 13.24 万户、占比 36.21%，连续 10 年实现电费回收率 100%。

【电网发展取得长足进步】 高质量开展“十四五”电网规划年度修编，谋划实施“电网建设年”行动，全力支撑五华“实体经济、乡村振兴”发展。成立主网项目建设和前期工作 11 个专班，建立周报机制，实时把控项目进度，及时解决存在问题。履行属地职责，攻坚克难，提前完成线路塔基青赔交地，促成梅州兴宁静脉产业园 PPP 项目、梅州抽水蓄能电站接入系统工程如期竣工投产。实现 110 千伏河东变电站项目用地开工时取得土地不动产权证，取得历史性突破；助力 110 千伏河东变电站如期投产，率先实现配套 2 回 10 千伏线路同步建成投运。按期完成 500 千伏敬州站“三通一平”工作，春节前实现线路塔基全部交地。取得 500 千伏敬州站配套 220 千伏线路工程和 35 千伏小都输变电工程可研批复，完成 110 千伏长乐、35 千伏新桥、双华输变电工程选址选线，顺利投运第 3 座 35 千伏益新台区变，为全市台区变建设和运维积累经验。配网项目有序建成投运。总投资 1.37 亿元建成 263 个配网项目，其中小水电自供区接管项目 6 个、低电压台区治理项目 55 个、网架完善项目 13 个，特别是仅用 26 天完成棉洋红星小水电接管，获百姓高度赞誉；2021 年项目提前投产 54 项，提前投产率达 52%，配网可转供电率提升至 65.97%，配网自动化有效覆盖率提升至 70.07%，自愈线路回数由 2 回增加至 53 回，中压网架评分同比提升 10.11 分，助力“两提一降”工作目标实现。

【优质服务提升用户获得感】 积极应对电力供应紧张形势，全力落实“四保”要求，实现错峰不拉闸，全社会用电量同比增长 12.5%。规范、科学、精准开展有序用电管理，建立用户负荷可灵活调增调减工作机制，将“四保”工作要求落到实处。全年参与有序用电工业用户 315 户、执行有序用电 54 天，梳理出超计划限电线路 2 条，签订灵活调整负荷用户 34 户，用电特性调查走访 155 户。落实分时电价政策，完成 523 个电能表分时费率调整工作，有序实施计量装置技术改造，完成 127 个不具备小时表码负荷记录采集的电能表和负控终端改造，有效引导企业移峰填谷。持续优化用电营商环境，实现全域 160 千瓦及以下小微企业用电报装“零投资”。落实“获得电力”综合监管发现问题整改，从严整治业扩“体外循环”。推动现代供电服务体系建设，积极挖掘客户多元化服务需求，全年成功推广“南网在线”10 项增值服务。新装客户绑定率达 95.83%，全市第二。第三方客户满意度为 87 分，以满分完成考核。

五华县供电局 2021 年度单位负责人名录

总经理：陈瑜辉

工业·园区建设

五华县科工商务局

【简况】 2021年以来，五华县科工商务局在县委、县政府的坚强领导下，在县人大的监督和县政协的支持下，坚持以习近平新时代中国特色社会主义思想为指导，认真贯彻落实习近平总书记对广东重要指示批示和视察广东重要讲话及十九届历次全会精神，不忘初心、牢记使命，加快构建“一城两带四区”发展新格局，打造业兴人和、长治民乐的“工匠之乡·宜居五华”，扎实推动全县经济社会健康平稳发展。2021年，全县46家规模以上工业企业完成产值34亿元，同比下降1.7%，完成增加值6.4亿元、同比增长4.6%；完成工业投资24.85亿元，同比增长13.7%，其中完成工业技改投资1.32亿元，同比下降46.4%；社会消费品零售总额达到85.4亿元，同比增长4.5%；完成外贸进出口总额1.73亿美元，同比增长11.98%；实际利用外资644万美元，同比下降53.3%。

科技服务

【创新驱动发展】 加强科技合作和科技项目申报，着力提升企业研发水平。2021年，五华县有10家企业提交高新技术企业的申报材料，其中康奇力药业、井得电机、联基电子、联安科技、即刻科技、生长地、裕兴工程机械、华阳包装、完善环境等9家企业通过专家评审，创五华当年申报高企数量的历史新高；21家企业进入2021年科技型中小企业入库名单，华智星、生长地2家企业成功认定2021年梅州市工程技术研究中心；积极推进五华县企业与广东省科学院梅州产业技术研究院等高校院所深度合作，规模以上企业设立研发机构比例达到28.2%。累计征集2021年省科技创新战略和乡村振兴战略专项资金项目21个；选派20名农村科技特派员，立项支持20项科研项目，共资助资金95万元，服务五华县涉农领域科技创新。着力打造科技孵化平台，培育打造“星创天地”1个新试点，促进8个“星创天地”提质增效，完善运营管理体系，提升创新创业服务水平。

工商业服务

【主导产业不断壮大】 聚焦五华县制造业和科技创新的重点领域、关键环节和重大问题，高标准、高质量做好《五华县制造业高质量发展“十四五”规划》和《五华县科技创新“十四五”规划》的编制工作。围绕市“5311”绿色产业体系，对照市对县工业“1+N”产业规划，根据五华县实际，着力培育以辉骏集团、骏兴电器、井得电机等企业为龙头的装备（先进）制造主导产业，同步培育以精荣科技、联基电子、神牛摄影器材等企业为领衔的电子信息产业，以香雪智慧中医药、康奇力和长乐烧、百岁山矿泉水项目等为代表的制酒制药和包装饮用水产业，以红木产业园为代表的红木产业和以大昌粮贸为代表的农产品加工产业，加快形成特色鲜明、经济效益不断提升的绿色工业“1+4”产业体系。2021 年，“1+4”产业体系累计实现规模以上工业产值 22.96 亿元，增加值 3.46 亿元，分别占全县规模以上总量的 67.5%和 54.1%。

【企业发展质量不断提升】 调整印发《县领导直接联系开展服务企业工作方案》，推动暖企稳企服务向纵深延伸。充分发挥财政专项资金撬动作用，在工信、科技和商务等领域协助企业申请产业共建、设备更新项目、产业创新能力和平台建设资金累计达 1522 万元，有效缓解企业投资压力，助力五华县经济增长。深入“上规”（指小微工业企业年主营业务收入达到 2000 万以上）培育、企业开展调研工作，加大对拟培育上规企业政策的宣传力度，掌握培育企业的生产经营情况，积极协调解决企业存在的困难问题，充分运用中小微企业信贷风险补偿资金、上规奖励资金等政策助力企业发展壮大。2021 年实现恒意电子、光大环保能源等 10 家工业企业“小升规”。

【工业和信息业转型升级】 支持五华县 5G 基站和信息基础设备建设，大力推进“互联网+”，提升工业信息化水平。五华县 5G 基站至 2021 年累计共建有 617 个，4G 基站本年新建有 127 个，基本实现县城 5G 信号全覆盖，全县 4G 信号盲点稳步消除。围绕将重点企业打造成 5G+工业互联网标杆示范项目和推动企业实现“上云上平台”接入工业互联网标识解析体系的目标，开展梅州市工业互联网三大行动实施方案宣贯工作，引导企业提升信息化水平。

【推动商贸流通发展】 指导五华县 2020 年首次达到限额以上的 5 家商贸流通企业在 2021 年申请科技扶持奖励资金合计 50 万元。指导鑫港城百货举办促销狂欢节，在 11 月 6—7 日促销期间，销售额达到 22 万元。马汕加油站、水月云天酒店、鑫荟鲜超市（华城店）、风行菜篮子等 4 家企业已成功申报 2021 年限额以上贸易企业。加强对拍卖行业和二手车交易市场经营者和经营主体的监督管理，用好二手车交易发票统计数据，督促企业落实报送交易信息的主体责任。帮助企业利用展会平台拓展国际市场，组织、协助企业参加第 130 届广交会线上线下展、第四届进博会等展览会，帮助新办理进出口业务的企业尽早开展进出口业务，支持企业宣传产品、签订订单，提高五华县内外贸水平。

【推进电子商务发展】 扎实推进国家电子商务进农村综合示范县项目实施，顺利举办直播带货人才培训。完成全县 16 个镇的 16 场电商学员线下培训和 6 场线上培训，合计共培训 1162 人。大力推动 2018 年国家电子商务进农村综合示范 500 万元尾款项目实施，并顺利完成五华县第一、二、三农产品初加工和商品化预处理中心及直播带货人才培训项目的结题验收。推动农商互联完善农产品供应链“桃花缘鸭蛋产后商品化处理项目”建设，并成功进行项目验收。运用专项资金推动农商互联完善农产品供应链项目“广东汉光超顺农产品产后商品化处理设施建设”，项目完成进度95%以上，“中农批农产品冷链物流集散中心建设”有序推进。

【创新招商模式】 创建番禺（五华）大湾区经贸发展中心。2021年3月8日，番禺（五华）大湾区经贸发展中心挂牌揭幕，这是五华县作为老区苏区主动融入粤港澳大湾区的重要举措，进一步提升番禺对口帮扶五华产业的共建成效。该中心靠前服务拟到五华投资的大湾区企业，吸引粤港澳大湾区企业落户番禺和五华，这是五华县招商引资的模式创新。

【落实行业安全生产和疫情防控监管】 开展春节、五一、国庆等重点时间节点和日常安全生产检查、疫情防控工作。持续开展货车非法改装专项整治工作，落实“一岗双责”安全生产责任制，建立健全餐饮场所燃气安全管理制度，认真履行民爆生产销售企业安全生产监督管理责任，深入开展安全隐患排查。牵头做好餐饮商场超市疫情防控专班工作，健全疫情防控常态化工作体系，建立疫情防控台账，通过实地查看、现场询问、翻阅台账等方式，对16个乡镇疫情防控工作进行检查并组织落实“回头看”。2021年共出动检查人员275人次，重点检查餐饮服务场所共330间，共发出整改通知330份，立行立改330间。

（钟汉初　李伟平）

2021年3月8日，广州番禺与梅州五华合作共建的梅州五华（番禺）大湾区经贸发展中心正式挂牌揭幕（科工商务局提供）

五华县科工商务局2021年度负责人名录

党组书记、局长：

李杜强（任至9月）（9至11月空缺）

傅培强（11月任党组书记、12月任局长）

党组成员、副局长： 胡伟雄　缪伯腾　古永元　翁凯荣　曾奋凌　汤伟平

党组成员： 刘展明

党组成员、派驻纪检组组长： 刘应靠

副局长（挂任）： 黄勇麒

广东五华经济开发区

【简况】 为构建县域“一核两区三组团”发展格局，五华县依托广东五华经济开发区广州番禺（五华）产业转移工业园、河东绿色生态工业小镇、华城工业园、安流生态产业园四个产业园区，发挥四轮驱动效应，加快工业经济发展。其中，广州番禺（五华）产业转移工

业园是依托广东五华经济开发区，与番禺区合作共建，高起点规划、高标准建设的工业园区，于2015年2月获省批复纳入省级产业转移园管理。园区总规划面积20平方千米，首期12.2平方千米，截至年底建成区面积扩大至10.5平方千米。广州番禺（五华）产业转移工业园进园企业累计105家，其中投产企业65家（规模以上企业26家）、在建企业6家、筹建12家、停产企业22家，吸纳用工约1万人，初步形成五金机电、食品饮料、医药制造、家居建材、再生资源利用等主导产业。河东绿色生态工业小镇是广东梅兴华丰产业集聚带的重要组成部分，规划总面积25平方千米，首期4平方千米，截至年底已完成征地663.2公顷、平整203.33公顷，正在同步推进土规、林地调整以及供水供电、交通路网、排污净化、通用厂房、标准厂房、绿色能源科技中心、综合服务中心等基础设施和配套服务项目建设，全面拉开开发架构。河东工业园重点培育发展先进装备制造、电子信息、生物制药和医疗用品、农副产品深加工产业。同时，引进一批成长性好的项目，进一步扩大园区的规模。截至年底已有富胜实业、富鑫通精密机械、嘉富包装机械、如翼实业等19个项目签约落户，计划总投资65.74亿元、固定资产投资57.85亿元，投产项目3个，在建项目4个，筹建项目12个。安流生态产业园地处安流镇半田村、半径村、吉水村交界处，园区总规划面积10.37平方千米，截至年底已征地60公顷，已丈量土地面积68.67公顷，平整土地6.67多公顷。有嘉信装饰材料、华南城工业物流园等14个项目意向进驻园区，其中，经县政府常务会议审议同意入园项目3个。华城工业园位于华城镇规划区内北部，距离梅河高速公路出口500米，园区总规划面积80公顷，已出让用地18.58公顷，已完成园区控制性规划工作。截至年底，已引进梅州市冠华杭萧装配建筑股份有限公司、梅州市神牛摄影有限公司、广东冠华传导科技有限公司等3个项目落户。2018年7月，经省经信委等部门同意将河东、安流、华城三个园区符合土地利用规划的区域一并纳入依托广州番禺（五华）产业转移工业园带动发展的产业集聚地范围，享受省产业转移政策。

【园区经济】 2021年，五华县产业园管委会会同相关部门，主动下沉企业，加强暖企服务行动，协助企业解决用工、用水、用电、用地和融资贷款等实际问题，保障企业正常生产经营。全年园区实现工业总产值27.56亿元，全口径税收4.26亿元，工业税收1亿元，分别同比增长1.65%、10.25%、8%。其中规上工业总产值26.06亿元，规模以上工业增加值4.29亿元，规模以上工业企业税收5570万元，分别同比增长1.72%、7.3%、11.83%；完成固定资产投资31.14亿元，同比增长-6.27%；工业固定资产投资3.19亿元，同比增长-32.458%。

【园区建设】 按照“先急后缓、先易后难”的原则，认真谋划项目，向上争取地方政府专项债券资金1.07亿元，推动重点基础设施和服务配套项目加快建设。广州番禺（五华）产业转移园新建污水管网13.74公里，外环路三坑移民安置区周边污水管网启动建设；工业六路联长段完成硬底化1公里，兴业大道延长线完成硬底化500米；馒头岭安置区、罗湖安置区内部道路完成硬底化2公里，公墓山道路完成硬底化545米、完成工业大道路面（进场大道到技工学校段）维修3公里；河东园3栋职工宿舍正在加快装修，预计2022年5月交付使用，标准厂房一期12栋、二期4栋建成可交付使用、通用厂房3栋可交付使用，化裕、油新水质净化厂已完成主体建设70%，建成110千伏油新变电站，创业路1公里完成硬底化。此外，园区新增绿化面积约3公顷。

2021年2月4日，广东五华经济开发区与五华县大昌粮贸发展有限公司举行签约仪式（陈宝连 摄）

【园区招商】 2021年，园区围绕主导产业定位，加大建链、强链、补链、延链招商力度，主动外出对接行业协会、商会，跟进洽谈一批意向企业，引进“打粮食”企业落户。引进12个项目落户（大昌粮贸、蜀芯电子、生长地、金西湖、荣晟科技、百阳物流、宏贵实业、雅玛西电子、恒思越科技、博郵文化科技、榕辉工艺、广悦鞋业），计划总投资12.71亿元，分别同比增长233%、131%，招商选资工作取得良好成效。

【园区管理服务】 一是全力帮助企业降低成本。严格落实省“实体经济十条”措施，根据《五华县降低制造业企业成本支持实体经济发展的若干政策措施》（华府〔2018〕3号）文件，不断健全暖企行动，从降低社会保险成本、降低企业用电成本、降低企业土地成本、降低企业融资成本，以及支持工业企业盘活土地资源、支持企业开展技改事后奖补、产业共建奖补等方面降低企业负担，引导企业用足用好政策措施，推动企业做大做强。据统计，园区为香雪制药、红木文化产业园等8家企业降低用地成本5780万元；对明珠星钟表等8家企业进行1445万元的物流补贴；通过售电服务的方式降低15家企业约200万元的用电成本；为仁隆电子、隆华塑胶等企业节约用工成本约300万元。二是全程代办服务。积极加强与县自然资源局、住建局、科工商务局、发改局等业务部门沟通联系，主动为企业提供全程代办服务。2019年被广东省工业园区协会授予“四星级服务园区”荣誉称号。2021年，为金西湖、润兴生物等4家企业办理报建手续，积极协助百阳物流、大昌粮贸等12家企业办理土地使用证（不动产权证），办证面积34.4万平方米，不断为企业提供“一站式、保姆式、101分”优质服务，不断优化营商环境。

（陈　坡）

广东五华经济开发区管理委员会2021年度负责人名录

党组书记、主　任：彭国阵

党组成员、副主任：钟　军（任至2月）
李柳明
古盛森（1月任职）
杨依杰（4月任职）

党组成员、党工委副书记：罗志军

党组成员：陈益辉
　　　　　陈爱忠

五华县招商和企业服务中心

【简况】　五华县招商和企业服务中心是根据《中共五华县委机构编制委员会关于印发〈五华县招商和企业服务中心机构编制方案〉的通知》（华机编〔2021〕4号）文件精神，在撤销五华县白蚁防治研究所，整合五华县科技创新服务中心、五华县生产力促进中心、五华县中小企业服务中心和五华县国有集体企业改革留守事务中心设立的，为五华县人民政府直属公益一类正科级事业单位。于2021年4月1日正式挂牌成立。主要贯彻执行国家和省、市关于对外开放、对外经济技术合作的方针政策；负责全县招商引资、科技创新、企业服务与孵化、电商产业发展政策的宣传贯彻和协调相关工作等。

【梅州五华（番禺）大湾区经贸发展中心挂牌揭幕】　为不断夯实番禺对口帮扶五华产业共建成效，优化丰富帮扶内容，吸引粤港澳大湾区企业家落户番禺和五华，靠前服务拟到五华投资的大湾区企业，本着“机制创新、优势互补、互联互通、互利共赢”的原则，广州番禺与梅州五华合作共建梅州五华（番禺）大湾区经贸发展中心，于2021年3月8日挂牌。

【招商引资】　2021年，围绕电子信息、五金机电智能家电、制酒制药、家居建材、农产品加工和建筑产业、电商智慧物流的“5+1+1”主导产业，利用政府标准厂房、盘活闲置土地、完善设施配套、提升服务水平、优化营商环境，通过以商引商、产业链招商、商会节会等加强项目招商，共引进梅州市蜀芯电子有限公司、五华县百阳物流产业有限公司、梅州市恒思越科技电子有限公司、广东省印象华云数据有限公司、广东生长地实业股份有限公司、广东荣晟科技有限公司等16个项目，计划总投资87.8亿元，全面完成2021年市下达五华县70亿元的招商引资任务。

五华县招商和企业中心2021年度单位负责人名录

主　任：邱明峰（3月任职）
副主任：胡高文（2月任职）
　　　　钟　军（2月任职）
　　　　张育光（3月任职）

2021年4月1日，招商中心举行挂牌仪式，张裕副县长（居中）和招商中心班子成员参加活动（县招商中心提供）

交通运输

公路建设和养护

【高速公路建设】 2021年县交通运输局积极配合、协调高速公路建设部门做好相关工作。高速公路建设全年完成投资5.64亿元，丰华高速五华段于2021年6月28日正式建成通车；优化高速公路出入口布局，成功争取增设兴华高速转水和锡坑出入口。

【国省县乡公路建设】 2021年，县交通运输局着力抓好交通重点项目建设，不断加强领导，加大投入，全力以赴打好交通建设大会战。全年投入公路建设资金1.49亿多元，完成省道、农村公路共21个工程建设。

【“四好农村路”建设】 持续推动“四好农村路”高质量发展，完成农村公路危桥整治10座。加强农村公路质量监督管理，加强农村公路桥梁安全保障水平。推进“四好农村路+”融合发展，助力乡村振兴。建设“美丽农村路”，Y138工南线评为2021年梅州市“十大最美农村公路”，Y138工南线入选2021年度广东省“十大最美农村路”提名路线，并被交通运输部评为“平安绿色放心路”。

【县养公路养护管理】 县交通运输局坚持“建设是发展、养护也是发展”的工作理念，遵循“安、畅、洁、绿”的养护方针，强化养护管理，提升养护管理质量。2021年，投入资金300多万元，对Y304线华阳至龙村段，X003线梅林至龙村段等路段的树木进行补种，进行开展绿色廊道建设工作，种植樟树等乔灌木近20000株。投入资金183万元，完成C055线等9条线路共15.227千米村道安防工程。投入资金200万元，完成S340线宫前服务区、S223线华新停车区的建设任务。2021年以来，受“龙舟水”持续强降雨影响，造成S223隘龙线等9条线路水毁严重，县交通运输局采取有力措施，积极开展抢修复工作，共投入水毁抢修复资金210万元，及时恢复路况，使路况质量恢复到原有水平或进一步提高。

综合执法

【运力与运量】 2021年，全县共有营运客车211辆，客位7801座；营运货车824辆，核载9308吨。全年公路运输完成旅客周转量 7017 万人千米，完成货物周转量 80052 万吨千米。

【综合行政执法工作】　2021 年，五华县交通运输局加大对运输市场的监控和管理力度，全年共出动执法人员 8199 人次，出动执法车辆 1923 车次，检查车辆 4292 辆次，检查货运源头企业 338 家次、客运企业 62 家次、危运企业 93 家次、货运企业 87 家次、汽车维修企业 214 家次、驾驶培训学校 5 家次。共立案 305 宗，结案 305 宗，结案率 100%，人均案件数 8.02 宗，执法信息系统办案率 100%，罚款总额 57.26 万元。

【行业安全管理】　五华县交通运输局坚持把交通行业安全生产工作放在突出位置，按照“安全第一、预防为主、综合治理”的方针，以贯彻实施《中华人民共和国安全生产法》为主线，以建立安全生产长效管理机制为目标，以防范重特大事故为重点，进一步加强交通行业安全管理。认真落实安全生产责任制，层层签订行业安全生产责任书，修订完善各级管理制度和应急预案。严格把好道路旅客运输安全、危货运输安全、营运车辆的安全例检等准入关，利用 GPS 等现代化车辆监控设备，对客运车辆进行动态管理。进一步完善各类应急预案，快速妥善处置突发事件。加强应急队伍建设和应急物资储备，积极参加、组织应急演练，不断提高应急反应能力。组织执法人员在全县范围内开展安全生产大检查，强化安全生产基础管理，着力构建安全生产长效机制，保证交通行业安全有序、健康发展。

县交通运输局 2021 年度负责人名单

党组书记、局长： 何伟雄
党组成员、公路事务中心主任： 曾　宏
党组成员、副局长： 胡国坚
李志勇
温锦高
邓朝阳
党组成员： 李雪辉
周威恒

普通国省干线公路工作

【事业单位改革】　五华县公路事务中心积极主动与县委编办、人社局、财政局等单位沟通协调，单位人员经费于 2021 年 4 月和 9 月分两批全员纳入财政核拨，有力地保障队伍稳定。

【公路建设】　积极抢抓中央和省扶持老区苏区振兴发展政策机遇，牢固树立“项目为王”的理念，敢于善于、谋深做实公路建设项目，G355 线油田至横陂段新改建工程等 11 个项目已列入广东省普通国省道“十四

2021 年，G238 线（原 S228 线）五华县五华大桥改建工程（县公路中心提供）

五”发展规划，估算总投资51.5亿元，居全市前列。做实做细前期工作，投入1119万元经费完成G238线五华县城段改线工程等5个项目和9个养护项目的前期工作。加快建设步伐，投入2.95亿元完成和加快了G238线（原S228线）五华大桥改建工程等14个国省道重点项目建设。

【公路养护】 2021年投入3872.8万元，有效提升路况水平，确保公路安全畅通：一是加强日常养护，提升路域环境，投入600多万元完成国省道321.216千米日常养护和路面保洁任务。二是加快路面改造，全力提升路况，投入900万元，推进“迎国评”省道路面改造及附属设施工程。三是加快水毁修复，确保安全畅通，投入764万元，推进S238线K168+698—K168+848等4个重点水毁修复工程，投入678.3万元推进国省道系统防范化解道路交通安全风险“一清一灯一带”“平安村口”、美丽公路、智慧公路等工作。四是加强公路绿化，优化出行环境，投入753.5万元，推进公路绿化提升工程及日常绿化管护；投入177万元建成东山等3个公路驿站、完善驿站绿化和城市CI亮化工程。五是积极探索养护管理体制改革新模式，将128千米国省道养护推向市场，有效实现“一降一升”，即养护经费大幅降低和路况水平稳步提升。

【路政管理】 加大路域环境的整治力度：上路巡查297天3564人次，巡查里程58700公里，清理路障628立方米，整治污染公路车辆403辆次，拆除违章广告牌12块22平方米、条幅广告605条，告知交通综合行政执法局处理22宗，发出违法行为告知书22份，有效保护路产路权。

【美丽公路】 按照《梅州市普通国省干线公路“美丽公路”建设五年行动计划方案（2021—2025年）》要求，围绕“畅通、安全、舒适、美丽、绿色”建设目标，科学有效谋划，投入333.31万元建成G238线华城至水寨段和G355线水寨至安流段2条“美丽公路”，均入选梅州市“十大最美普通国省干线公路”，G238线华城至水寨段还被评为梅州市2021年度“美丽公路”创建示范路。

2021年，G238线“美丽公路”建设示范路（县公路中心提供）

【智慧公路】 首期投入100万元建设“5G智慧公路”，已完成“5G智慧公路”监测大厅和视频实时监测点建设，现可依托“五华县交通综合信息管理平台”初步实现数据分析和管理。

【安全生产】 全面落实安全生产“一岗双责”制度，落实安全生产责任制，层层签订安全生产责任书，坚持按时召开安全生产例会。积极开展“安全生产月”活动，悬挂横幅标语 20 条，设置宣传栏 6 块，印制宣传资料 1000 份和发放宣传物 1000 份。加强季节性检查和专项检查，检查企业 90 家、道班（养护中心）120 个次，排查并完成整改安全隐患 50 宗。全年未发生安全生产事故。

【“双防”工作】 积极落实疫情防控常态化工作措施，在职干部职工接种疫苗率达 100%；全方位开展公路路肩“三清”大行动，有效截断火灾源头，做好公路防灭火工作。

【法治建设】 健全学法制度，制订学法计划，组织单位全体干部职工进行网上学法，扎实推进法治政府建设工作，加强《中华人民共和国宪法》《中华人民共和国国家安全法》《中华人民共和国民法典》等法律法规的宣传学习，开展法律专题讲座 2 次，发放宣传海报 400 份、宣传手册 1000 份，有效提升干部职工的法治意识和依法行政水平。

【综治工作】 加强扫黑除恶、禁毒、禁赌、禁邪等宣传，签订责任书 120 份，印制宣传海报 300 份、悬挂横幅标语 10 条。认真做好接访、解释、劝导、调处等维稳工作，共调处办结各类来信来访件 44 件（次），同比下降 10.2%，办结率 100%，及时化解矛盾纠纷，有效维护发展稳定大局。

【工会工作】 发挥工会服务基层、服务大局的职能作用，积极开展职工文体活动，投入 56.2 万元开展慰问和健康检查、送温暖、送清凉等活动；筹措资金 170 万元建成万华道班、转水养护中心“职工小家”，有效增强干部职工的凝聚力和向心力。中心工会获评省“先进职工之家”称号，万华道班、转水养护中心分别获得省、市“模范职工小家”称号。

【创文创卫】 主动承办“永远跟党走·幸福在路上”新时代文明实践活动，开展“创文巩卫”集中整治 17 次、专项清理 12 次，做好垃圾分类工作和网格化责任区及挂点七都村的保洁净化工作，有效提升了文明、卫生水平。

【挂镇联村】 扎实开展挂镇联村工作，五华公路事务中心主要负责人深入挂点的双华镇禾沙、华拔等 7 个联系村开展对接工作，结合“我为群众办实事”实践活动，共投入 18 万元支持挂点镇村的道路、桥梁等基础设施建设，助力乡村振兴。

（曾耿兴　廖志华）

五华县公路事务中心 2021 年度负责人名录

党组书记、主任： 曾　宏
党组副书记、副主任： 游展航
党组成员、副主任： 曾泗庆
张伟彬
党组成员、总工程师： 孔　科
党组成员： 谢永佑
李超权

五华汽车运输有限公司

【简况】 2021 年，五华汽车运输有限公司共发出班车 21025 班次，完成客运量 36.65 万人，完成旅客周转量 10995 万人千米；总营收2415.44万元、净利润亏损1198.89万元，国有资产总值6670.78万元。安全行车1250万公里，没有发生重特大交通责任事故，四项安全指标均控制在市粤运公司下达的年度安全指标范围内，公司未发生治安和民事纠纷事件。

【经营工作】 全力抓好自营车的主线经营工作。推行激励机制，充分调动驾驶员的工作积极性。实行分线管理员制度，细化管理。加强县内各乡镇的客源组织工作。加强日常运营管理工作。加强管控，采取上路稽查、定点检查和查看车载视频等措施加强管理力度，加强专线班车的管理。大力发展旅游+业务。开展租赁和网约车业务。发展通勤业务。加强公交车运营管理工作。按时完成清理变相挂靠车辆工作。积极争取政府支持，开通五华县城第5、6路公交。

【安全工作】 2021年度共投入车辆106台，驾驶员200名，总行驶里程2200万千米，上路安全检查108天，检查车辆2136台次，悬挂横幅标语22条，共发出安全提示信息44008条，全年无发生同等以上责任交通事故，安全行车四项指标为零。

【精神文明建设】 一是关心员工生活，加强企业文化建设。坚持每月举办一次员工集体庆生活动，既丰富员工的业余文化生活，又增强员工归属感与集体荣誉感；继续做好发放员工的“生日利是”工作，得到员工一致好评；二是坚持“送温暖”和“六必访”制度，使职工感受到企业的关心和温暖，增强企业的凝聚力、向心力和战斗力。

五华汽车运输有限公司2021年度单位负责人名录

总 经 理：刘旭根
副总经理：张治军
　　　　　刘文讯
　　　　　沙　富

邮政·通信

中国邮政储蓄银行五华县支行

【简况】 2021年，中国邮政储蓄银行五华县支行在分行党委的正确领导下，以中共十九大精神统领全局，认真贯彻分行经营战略决策，坚持效益、质量、规模协调发展的方针，外拓市场开发与营销，内抓能力建设和管理，全力促进各项业务的持续健康发展。以“党建引领 合规首位”为指南，支行实现全年安全无事故。

【业务经营】 2021年，中国邮政储蓄银行五华县支行各项业务稳健发展，全年取得较好的绩效。至2021年末，实现全年收入6315万元，个人储蓄存款月日均109926万元，同比增加7963万元，增幅7.81%，公司存款时点余额29302万元，比年初减少2651万元，零售信贷余额12.41亿元，净增7950万元。

【全力助推乡村振兴】 2021年，全面贯彻落实县委、县政府推动金融支持乡村振兴工作的要求，立足新发展阶段，贯彻新发展理念，发挥中国邮政储蓄银行五华县支行资源禀赋优势，做好“三农”金融服务工作，推动“三农”金融业务高质量发展，积极助力全面推进乡村振兴、巩固拓展脱贫攻坚成果。依托政府、协会、企业等资源，根据五华县地方的经济实际，结合中国邮政储蓄银行五华县支行服务“三农”的定位，推出适合五华县乡村振兴的金融产品，研究制定综合金融服务方案，加大地方农业特色优势产业支持力度。截至2021年12月，邮储银行五华县支行2020年涉农贷款结余71657万元，年净增30114万元，监管目标6500万元，完成进度463.29%。普惠型涉农贷款结余28441万元，年净增4019万元，监管目标3000万元，完成进度133.96%。小企业涉农放款3户合计放款2020万元。

（林 旻）

中国邮政储蓄银行五华县支行2021年度单位负责人名录

行　长：温天传

副行长：叶　辉

中国电信股份有限公司五华分公司

【简况】 2021年，中国电信股份有限公司五华分公司（以下简称五华电信）全县宽带端口数达到26.8万个，实现县城主要区域的5G网络信号覆盖，农村区域4G覆盖率达97.8%，并承接政务、党建、教育等重点信息化项目建设。

【光纤网络】 按照国家"宽带中国"发展战略，2021年五华电信共投资1800万元，用于宽带骨干网提速改造及光纤到户网络建设，全年新增光网端口2.5万个，累计光网端口容量达到26.8万个，全面完成铜缆退网，实现县城及29个乡镇圩镇区域及农村区域的全光网络覆盖，可为全县绝大部分家庭用户提供网速千兆以上的光纤宽带接入服务，让"宽带中国、信息惠民"走进五华县千万家庭。

【网络建设】 实现县城区域及乡镇圩镇区域的4G网络信号100%覆盖，农村区域20户以上自然村覆盖率达98.5%。2021年共完成无线网及其配套工程投资1350万元。新增132个4G无线基站，实现县城及乡镇圩区域、高速、国道、省道沿线4G网络信号100%覆盖，农村区域覆盖率达97.8%，使无线网络覆盖和通信业务质量得到进一步提升，城乡用户共享天翼高速4G网络。

实现县城区域5G信号基本覆盖，2021年共完成83个5G基站建设项目，县城范围的党政军大楼、金融、车站、医院、学校等重点区域基本完成5G信号覆盖，即可实现基于5G网络的各项智能应用。

【网络安全】 顺利完成"抗疫助学""矿难救援演练""2021年高考中考""平安五华"等通信保障任务。

【降本增效】 通过网络优化、设备退网、接入网机房和退网简化改造等节能技术，比2020年同期共节约用电42.5万元，同比下降18.4%，逐步推进传统交换缩容和其他老旧通信设备缩容及对空闲机架下电，2021年共完成10个接入网局、0个S1240AG局、0个接入网机房的退网退租、10个接入网机房的简化（传统设备退网，只保留光网设备）、更新改造13台机房空调整，每月可节电约21600千瓦时，有效进行节能减排、降本增效明显。

【社会责任】 助力"抗疫助学""2021年高考中考""平安五华"等项目顺利实施。

一是集全公司之力，以最大的力度保障"2021高考中考"通信网络安全畅通；对于2021高考中考，五华电信对全县5个高考考场的视频监控网络、办公网络的主干线路开展全面巡检整治工作，同时为县公安局的高考便民服务站应急开通5条公安网、视频监控10路，以最快最便捷的方式服务考生。高考和中考期间，中国电信网络运行稳定，保障能力强，实现网络"零中断"，圆满完成各项通信保障工作。

二是持续推进建设平安项目，打造平安城市。2021年主要对工业园中英文实验学校及周边、河东大道至油田等，累计加装约250路平安视频监控图像，提升宜居宜业的治安环境，进一步服务广大群众百姓。

三是全力配合市政工程、高速公路建设、公路改造、圩镇改造，配合做好乡村振兴建设管线迁移美化整治，做好管线迁移，积极争取省、市公司的支持，有效支撑县委、县政府重点工作建设，助力地方经济发展。

四是五华电信坚决贯彻落实中央政府

提出加大网络提速降费力度的相关要求，为各行业单位、中小企业等提供质优价廉的专线网络，并累计安装开通393条专线/电路，并完成15个单位线路的搬迁工作。电信光纤专线速度快、安全、稳定及服务好，为各行业单位提供专业的网络支撑，五华电信的优质服务也充分得到客户的肯定和好评。

【“互联网+”】 互联网+政务：根据市政府的统一安排部署，五华电信已完成广东“数字政府”政务云梅州节点的承建工作，在此基础上，全面完成县、镇、村三级政务外网升级改造工作，按2021年已制定迁移上云计划，持续推进五华县政务系统迁移上云，统一接入市级“数字政府”政务云平台，实现与省、市、县平台之间的安全互认、数据互通、资源互用、监控互动。

互联网+“疫情防控”：根据县委县政府的统一安排部署，通过中国电信云网融合，在疫情防控工作中，与县公安局、县医疗保障局等主管部门共同推进，对疫情密接隔离点进行精准布控。通过平安乡村项目建设，全力打造“全域覆盖、全网共享、全时可用、全程可控”的治安防控系统，形成全方位、全天候、立体化的科技型群防群治、联防联治体系，推动五华县域社会治理水平和治安防控能力再上新台阶。

互联网+“网络安全”：（1）在中国共产党成立100周年、年度网络护网行动、网络安全普查工作等热点节点，密切联系公安网警、重要党政军客户，外部联合监管部门宣传造势，通过积极争取上级支持并充分利用现有的各种资源，整合网络、平台、技术，打造安全大脑、安全防护+安全服务、云堤等安全防护平台，保障五华县网络信息安全。（2）2021年，持续深耕公安、金融、供电、气象、燃气等行业，重点关注对气象环境监测、燃气安全监测、安防视频监控等重点项目，以通道型业务为主同时拓展物联网及天翼云业务，同时聚焦智慧城市、工业物联网、企业商业等新兴领域的物联网领域，建设NB-IoT窄带新型物联网，不断提高五华县公共安全管理的科技含量和综合治理水平。

互联网+医保“镇村一体化”：2020年，在梅州市医疗保障局、梅州市卫生健康局和梅州市社会保险基金管理局3大部门联合统筹指导下，以五华县双华镇为试点，搭建以双华卫生院为中心，镇内18个村级卫生站为延伸，通过中国电信云网融合，实现双华镇医保普通门诊“镇村一体化”。在此基础上，2021年积极落实县委、县政府相关工作部署和要求，切实履行央企社会责任与担当，积极向上争取资金支持，充分利用先进技术整合网络、平台资源，投资建设云资源平台替代传统硬件部署方式，切实为政府减轻负担。

（胡启炀）

中国电信股份有限公司五华分公司2021年度负责人名录

总 经 理： 彭福彬

副总经理： 张德君

吴水胜

宋迪强

移动通信

【业务发展】 2021年，中国移动通信集团广东有限公司五华分公司（以下简称五华移动）贯彻落实上级战略部署，紧抓 5G 时代机遇，加快高质量发展，全面推动手机用户“4G 向 5G 升级”，5G 用户数占比达 23%，5G 用户人均流量环比提升超 190%。全面推动宽带客户“百兆向千兆升级”，建成千兆端口超 10 万户，千兆宽带用户数突破 0.5 万户，不断满足人民日益增长的美好文化生活需求。开展总经理接待、一线面对面、用户监督委员面对面等“以人民为中心”发展思想系列服务文化活动，进一步提升服务质量，做好客户服务工作。

【基础网络建设】 2021 年，五华移动持续完善移动通信网络建设，全年新建 5G 站点 339 个，基本实现县城、乡镇及部分行政村 5G 网络覆盖；新建 4G 站点 104 个，累计建成 4G 基站 2063 个，基本实现县城、乡镇、行政村连续覆盖。加快光纤网络的覆盖建设，2021 年新增光纤端口数 3.6 万个，光纤端口数达 25.18 万个，覆盖用户数 35.7 万户。

【信息化发展】 2021 年，五华移动深入拓展行业信息化应用，以优势连接服务和基础设施资源为依托，持续提升信息技术应用价值。全力配合县委县政府搭建五华县威光体育馆临时接种点，助力疫苗接种工作；与五华县公安局联合开展五华县流动人口（出租屋）智能管理平台项目建设，提升对出租房和流动人口工作的法治化、规范化、信息化管理水平；协助县政府以构建“基层管理一张图、乡村旅游一张网、农家土产一商城、应用整合一入口”为理念，利用五华县“数字政府”公共支撑能力，将华城镇为试点，搭建了五华县数字乡村信息化平台，实现了“乡村治理”工作的统筹精细管理、资源共享、精准服务。

【精准扶贫】 2021 年，五华移动积极履行社会责任，强化责任担当，深入落实精准扶贫、乡村振兴驻镇帮扶工作。上半年协助开展老田村脱贫户后续防返贫工作、红薯种植的户数面积和销售渠道交接工作。下半年大力推进挂点村军营村产业发展，集约 3 队酒江潭、6 队白石岗两处连片土地 30 亩作为丝苗米种植示范点，免费发放谷种，积极鼓励村民种植。大力推进军营村沿河两岸和河道清理工作，打造“四小园”微景观。在酒江潭建成党建示范场所，推进打造以天堂山大峡谷、白云庵、天堂山茗茶园等景点串珠成链的生态旅游线路；把枫华农业茶园打造成以生态观光、养龟文化、休闲垂钓、蔬果采摘和客家风情民宿为板块的生态休闲区，建设千亩茶旅体验园，并在茶园内设立双华镇党校第二分教点，打造成双华镇党建活动示范点。大力推进“三清三拆三整治”任务，拆除危房、废弃猪舍、露天厕所茅房等 1600 平方米。

（钟秀容）

中国移动通信集团广东有限公司五华分公司 2021 年度负责人名录

总 经 理：颜建标

副总经理：陈运峰

黄　鼎（任至 1 月）

中国联合网络通信有限公司五华县分公司

【简况】 2021 年，中国联合网络通信有限公司五华县分公司积极响应国家网络强国、数字中国战略，致力加快本地信息基础设施建设，推进“双千兆”发展，打造千兆5G、千兆宽带，坚持5G网络应用双领先的发展原则，高起点规划建设5G网络，充分发挥联通数字化优势，从加强基础设施建设、产业数字化、治理数字化、服务数字化等四个方面开展扶村工作，加速打造数字乡村示范镇，真正提升基层治理能力现代化水平。

【网络建设】 2021年，中国联合网络通信有限公司五华县分公司深入推进“以客户感知和体验”为中心打造高品质网络，大力推动5G+千兆光网的“双千兆”网络建设战略，致力于为用户构建全场景、立体化、高速率的用网环境，居家、工作、出行全覆盖，多元化满足用户各类网络接入及应用需求，着力实现网络质量和客户口碑双提升。完成通信基础设施、网络覆盖补强加大投资释放、加速信息基础建设，助力通信网络数字化升级，为数字经济发展创造良好条件，全年完成投资1112万元，重点在5G建设、县城乡镇补强、本地工业园专租线接入、国标小区光纤到户等方面加速建设，满足群众接入千兆光纤网络，进一步缩小城乡“数字鸿沟”。克服疫情期间人财物资源紧张等困难，顺利完成疫情检疫点、防控点、网络保障任务，同时完成中国共产党成立百年、两会等网络重保。

【客户服务】 2021年，中国联合网络通信有限公司五华县分公司开展“百倍用心，十分满意”活动，“落实高品质服务，提升客户满意度”将客户体验、客户响应放在第一位，以5G为引领，聚焦投诉集中的网络、业务与服务问题，网业服协同，开展攻坚，标本兼治，快速实现一升一降，投诉率降30%、满意率提升40%；对外承诺“一屏速办”（查得准、办得顺、教得快、服务全），对内聚焦办理不成功痛点，开展“大起底”行动，校验前置，APP办理成功率探针等举措，快速降低办理不成功业务投诉。

【防范打击电信网络新型违法犯罪】 中国联合网络通信有限公司五华县分公司联合技工学校举办“为民服务办实事，反诈宣传入校园”讲座活动，现场为学生安装反诈软件，让学生全面了解网络诈骗的主要手段和应对技巧，有效提高学生反诈的防范意识，还多次组织员工联合各村镇街道办等单位进行反诈主题宣传活动，为村民安装反诈软件，发放反诈宣传单2万张，为保护人民群众“钱袋子”贡献力量，也树立五华联通良好的品牌形象和社会认知。

中国联合网络通信有限公司五华县分公司2021年度单位负责人名录

总经理： 钟志坚

农业·林业·水利·气象

农业农村

【简况】 2021年，全县农业农村工作坚持以习近平新时代中国特色社会主义思想为指导，全面贯彻中共十九大和十九届二中、三中、四中、五中、六中全会精神，贯彻落实中央经济工作会议、中央农村工作会议及中央一号文件精神，坚持稳中求进工作总基调，走生态优先、绿色发展道路，以推动农业农村高质量发展为主题，以深化农业供给侧结构性改革为主线，谋划做好各项工作，全面推进乡村振兴，加快农业农村现代化，促进农业高质高效、乡村宜居宜业、农民富裕富足。

2021年9月23日，五华县聚焦“庆丰收、感党恩”主题，举行“琴江稻米香、球王故里美”五华县庆祝2021年中国农民丰收节活动，加快推进五华县丝苗米省级现代农业产业园建设（县农业农村局提供）

【粮食生产】 实行粮食安全党政同责，鼓励引导经营主体开展撂荒复耕和抗旱保春耕。2021年完成粮食种植面积56066.67公顷，全年粮食总产34.52万吨。全年完成撂荒水田复耕面积1226.67公顷。落实农机购置补贴，2021年共补贴农机具831台、补贴资金66.732万元，扎实推进农业机械化水平，水稻综合机械化水平达73.57%。全面落实政策性农业保险，2021年合计完成承保能繁母猪1.7211万头、育肥猪30.215万头、仔猪31.0774万头，茶叶投保面积279.87公顷，水果1065.4公顷，水稻53406.67公顷。

【特色农业】 坚持以项目为抓手，加强政策扶持，加快发展“菜篮子”“米袋子”“果盘子”“茶罐子”“水缸子”。

落实茶叶、红薯专项奖励，制定出台梅州柚奖补政策，大力实施茶叶和丝苗米现代农业产业园、“一村一品、一镇一业”、广东金柚优势特色产业集群、农业产业强镇等项目，带动全县特色产业加快发展。其中，茶叶产业园已全面建成并通过省级验收，丝苗米产业园稳步推进。据统计，2021年新种水果面积1400公顷（其中梅州柚扩种1316公顷），新种茶叶面积336.67公顷。华阳镇叶新村等16个村被认定为第二批省级“一村一品、一镇一业”专业村，累计认定专业村58个。

【生猪稳产】 扎实推进安流、华城、河东、潭下、华阳生猪定点屠宰场迁建工作，积极推进大型现代化养猪企业建设，落实“三农”领域补短板项目，加快恢复生猪生产。2021年底生猪存栏32.8万头，生猪出栏53.25万头，牛出栏1.66万头，家禽出栏507.81万羽，肉类产品5.59万吨。

【农业基础】 大力推进高标准基本农田在建、续建项目建设，不断改善农业生产条件。2021年度3066.67公顷高标准农田建设项目（转水、水寨、河东、郭田等镇）已全部进场施工，预计2022年3月可全面完工。继续推进2018年度梅州市五华县高标准农田建设3086.67公顷，工程已全面完工。推进耕地土壤污染防治工作，完成受污染耕地安全利用任务354.654公顷，全县受污染耕地安全利用率达100%。全面完成果菜茶有机肥替代化肥项目，有序推进广东省2021年绿色种养循环农业试点项目。

【农业经营主体】 积极宣传发动，鼓励有条件的经营主体申报各级农业龙头企业、示范农民专业合作社和示范家庭农场。2021年新认定县级农业龙头企业6家、县级示范农民专业合作社8家、县级示范家庭农场7家；至2021年底全县共有县级以上农业龙头企业120家、示范农民专业合作社124家、示范家庭农场31家。

【品牌建设】 坚持品牌强农，积极开展绿色食品、有机食品、“粤字号”等品牌创建工作。2021年新增粤港澳大湾区“菜篮子”生产基地23个，新增“粤字号”农业品牌5个，新增绿色食品3个（分别是广东汉光超顺农业股份有限公司的苦瓜和菜心、五华县俊丰园蔬菜种植专业合作社的南瓜），累计认定省级“菜篮子”基地12个、粤港澳大湾区“菜篮子”生产基地28个，培育“粤字号”农业品牌31个、“三品一标”产品56个。五华县五华高山红薯广东省特色农产品优势区入选2021年广东省特色农产品优势区名单。

【脱贫成效巩固】 持续巩固拓展脱贫攻坚成果，完成精准扶贫档案验收移交，强化扶贫项目资产管理。加强农村低收入人口常态化帮扶，截至11月30日止，全县共有脱贫不稳定户241户833人、边缘易致贫户52户217人和突发严重困难户28户120人。加强脱贫攻坚政策体系和工作机制同乡村振兴有效衔接、平稳过渡，成立五华县乡村振兴局、镇乡村振兴办。全面推进驻镇帮镇扶村，16个驻镇帮镇扶村工作队共93名队员已全部进驻到位。深入开展“党政机关+企事业单位+科研力量”组团结对帮扶，全面提升镇村发展能力，促进农民富裕富足。扎实开展2021年度广东扶贫济困活动，截至12月31日止共认捐5600万元。五华县消费扶贫专馆等4个消费扶贫馆建成运营。

【乡村振兴】 深入实施农村生活污水治理攻坚行动，2021年新建100座村级生活污水处理终端设施；新建公厕106座，户厕新建或改造100户，实现无害化卫生户厕普及率达100%。实施村内道路建设攻坚行动，已覆盖自然村1645个，已完成总里程4418.443千米。加快推进农房管控和风貌提升工作，先后在安流镇半径村，转水镇新华村、五星村，潭下镇品畲村，长布镇元坑村开展创建新农村示范试点工作，积极推动开展五华县华城十村联动、河东六村联动、潭下七村联动、龙村四村联动风貌带建设。在全县择优选取12个行政村开展特色精品村创建，示范引领全县生态宜居美丽乡村建设。截至2021年底创建美丽宜居村472个，比上一年度增加53个。

【农业服务】 积极培养精勤农民，加大农业科技培训力度，加强农作物病虫害的预测和防控，加强农业安全生产监管，农业社会化服务水平不断提升。积极培养精勤农民。2021年引导农业经营主体注册登录广东精勤农民网院线上学习1.5万多人，培养高素质农民160人。加强病虫害防治。加强对草地贪夜蛾、稻水象甲、红火蚁、柑橘黄龙病等的监测及防控。2021年来，共印发病虫情报（含警报）6000多份，发放宣传资料2万多份、应急药物20多吨，累计防治面积6666.67多公顷次。加强农产品质量安全监管。2021年累计共出动农业执法人员1180人次，检查农资经销门店450间次，农产品生产基地320个次；共抽取1082个农产品样品进行农残定性检测和定量检测，合格率100%。开展农产品监督性抽检及接受上级例行性、监督性抽检共计903批次。推广实施食用农产品合格证，累计已开证主体358家、带证销售1.47万吨。立案查处经营、运输未经检疫生猪、农药兽药、渔业案件14宗，依法罚没款7万元。未出现因农资质量问题而引发的农产品质量安全事件。

2021年6月8日，五华县乡村振兴局揭牌成立（县农业农村局提供）

【农村工作】 深入推进农村综合改革。开展农村承包地确权登记颁证成果质量复查工作。全面铺开农村集体产权制度改革工作。推进低收入村综合整治，向63个经济薄弱村选派第一书记，同时向县直单位派驻第一书记的村选派乡村振兴驻村工作队；通过实施2021年扶持村级集体经济试点工作壮大村级集体经济项目和支持相关村贷款贴息发展光伏项目等方式，发展村级产业项目。扎实推进依法行政。严格执行“三项制度”，推行权责清单制度，推进“两法”衔接及政府信息公开。顺利完成行政复议体制改革目标，基本形成统一高效的行政复议体制。2021年县农业农村局行政应诉案件3宗，均胜诉。共收到行政复议申请54宗，不予受理9宗，受理43宗，已办结40宗。多措并举做好疫情防控。全面落实农村疫情防控各项措施，严格执行“两本账”的“月报告”“零报告”制度；切实加强农村地区新冠疫情防控的宣传工作，累计发放各类宣传资料、图画38000多份。开展“同心抗疫”，组织农业等企业向广州支援的物资两批累计150多万元。毫不松懈抓好非洲猪瘟、口蹄疫、禽流感等重大动物疫情防控，积极做好猪肉等重要农产品生产保供稳价工作。

【安全生产】　统筹推进农业领域安全生产各项工作。全力抓好农业生产安全。坚持“党政同责、一岗双责”“综合治理、失职追责”，扎实开展农资打假、生猪私屠滥宰、农业投入品和农产品质量监督抽检等专项行动，保障农业生产安全。深入推进涉农维稳工作。加强农村不稳定因素排查和化解，妥善处理涉农不稳定线索问题，大力做好信访工作，2021年共妥善处理网络信访件18件，办结率100%。一年来未出现群体性上访及越级上访事件。禁毒禁赌工作稳步推进，本单位干部职工未发生涉毒涉赌事件。做好第一轮中央环保督察反馈意见整改验收销号工作和第二轮中央环保督察转办涉农案件调处工作，其中，第二轮环保督察共收到转办案件34件，已全部办结。抓好畜禽养殖业污染、牛蛙养殖污染及沼气安全生产专项整治工作。积极做好其他安全工作。“三防”管理、农业应急、“河长制”等各项工作扎实开展。及时发布预警信息和技术指导意见，认真做好农业“三防”工作。实行领导带班，局机关干部职工24小时值班制，全力做好农业应急各项工作。

【队伍建设】　大力推进全面从严治党，扎实开展党史学习教育活动，不断锤炼干部队伍过硬作风。认真开展党史学习教育活动。紧扣目标要求，强力推进各项任务，引导全局党员干部增强“四个意识”、坚定“四个自信”、做到“两个维护”。党史学习教育期间，局党组举办党史学习教育读书班共11期，开展集中学习100多场次、开展主题党日活动10场541人次，订购指定书目398册，制作宣传横幅、标语、海报和宣传栏等共计95条（张），编发党史学习教育简报32期。五华县农业农村局党史学习教育先进经验先后在省党史学习教育简报第175期采用和“掌上梅州”“无线梅州”APP等市级媒体报道5次，县级媒体报道3次。大力抓好党建工作。制定《2021年党建工作要点》，全面落实党组书记全面从严治党第一责任人责任、各级党组织从严治党主体责任和班子成员“一岗双责”。坚持民主集中制原则，落实“三会一课”、民主评议党员、双重组织生活会等组织生活制度。2021年来召开48场次党组会、党组中心组理论学习会13场次。深入实施《三年行动计划》，开展模范机关创建活动，大力支持驻镇帮镇扶村、驻村第一书记和挂镇联村、回乡联村等工作。四是做好省委巡视组反馈意见整改落实工作及“回头看”工作。

五华县农业农村局2021年度单位负责人名录

农业系统党工委书记、农业农村局党组书记、局长：李国昌

党组副书记、副局长：张育彬

党组成员、副局长：杨　尚
张德祥
廖新辉
黄仪鹏
党组成员：张奎导
黎碧尧（5月任职）
卢新茂（9月挂职）
杨炜宏（11月任职）
县纪委派驻农业农村局纪检监察组
组长、党组成员：廖学宁

烟　草

【简况】 统筹抓好疫情防控和烤烟生产。稳定烟农队伍和种烟积极性，持续调整优化种植布局，科学分解计划，在努力保持五华县种植规模稳定的基础上将有限计划资源向优质烟区进一步倾斜，严格规范合同签订和移栽面积核查。2021年，落实种烟镇9个、种烟村46个、种植户数152户、种植面积604.93公顷、合同约定收购量122.5万公斤，实际收购烟叶127.6万公斤，烟叶种植规模化、集约化、职业化水平进一步提高。

【科技兴烟】 加强重点技术和重大专项实施。抓好三项主推技术的推广应用，持续开展地膜清理回收，田间废膜清理比例达100%、回收综合利用率达97.84%，引导烟农以改装植保喷雾器开展简易水肥一体化，指导合作社以华城镇西林村烤房群开展采烤一体化服务。综合开展无毒育苗、移栽前病毒病检测筛查、采收前20天禁止使用农药等绿色防控重大专项，减少化学农药使用，提高烟叶质量安全性。

【专业化服务】 抓好合作社建设，增强合作社服务主体功能。指导合作社有效开展专业化育苗、机耕、土壤保育、植保、烘烤、分级等各项专业化服务，合作社专业化服务水平和服务质量进一步提高。

【烟叶收购】 抓好烟叶收购调拨工作。深化流通模式改革，全面实行专分散收、原收原调，加强质量把控，提升优质原料供应保障水平。根据全市统一部署于6月15日开磅收购烟叶，收购等级8个，上等烟占比66.66%、中等烟占比33.34%。

五华县烤烟生产办公室2021年度单位负责人名录
党支部书记、主任：缪千军
副主任：周裕标
古子春

林　业

【林业生态建设】 2021年，五华县林业局在县委、县政府的正确领导和上级林业主管部门的具体指导下，以创建县级国家森林城市和全面推行林长制为抓手，大力实施“绿美五华”三年行动，积极培育森林资源，狠抓森林资源管护，顺利完成各项工作任务。全县林业用地面积233173.33公顷，占县域面积（323933.33公顷）的71.98%，有林地面积205033.33公顷，生态公益林面积136100公顷，森林覆盖率为69.21%，活立木总蓄积量790.73万立方米。全面完成林业生态工程建设任务，包括2020年碳汇林工程、五华县天云岭2021年困难立地生态修复项目、华陆高速公路（五华段）沿线2021

年林地景观提升项目、兴华高速五华段沿线及水华线 2021 年重点地段火烧迹地复绿项目、五华县 2021 年高速公路沿线取（弃）土场复绿和景观提升工程，合计新造林面积 757.31 公顷；全面完成省下达五华县 2021 年新造林抚育工程总面积 66572 公顷；全面完成兴华高速公路（五华段）沿线 2019 年撂荒地和林中空地带状绿化工程 302.67 公顷、五华县高速公路景观廊道绿化提升项目等在建工程 101.07 公顷抚育补植任务；发动全县上下义务植树 200 多万株。扎实推进森林公园建设，做好蒲丽顶森林公园维护等工作；推进天云岭森林生态综合示范园二期建设，完成项目进度 60%。深入贯彻落实习近平生态文明思想，坚持生态优先、绿色发展，全面深入推行河长制湖长制，被梅州市委、市政府授予“2020 年梅州市全面推行河长制湖长制先进集体”称号。

【“创森”工作】 五华县是梅州市首个启动创建国家森林城市的县，2020 年全面铺开创建工作，形成“县级森林城市—森林小镇—森林乡村”三级联动的创森工作格局。2021 年，结合五华县实际，制订《五华县创建国家森林城市宣传工作方案》，充分利用报纸、广播、横幅、网络媒体等多种形式进行广泛宣传；举办“森林城市 · 绿美广东”暨梅州市建设高质量国家森林城市主题宣传活动，印制“创森”宣传单 8 万份发至各镇，大力传播绿色生态理念。联合广东广播电视台梅州记者站，在五华县双华镇举办主题为“同创森林城市 共享绿美五华”的直播，直播间反响强烈，获得超过 13.5 万次的点击量，营造全社会了解“创森”的良好宣传氛围。加强森林乡村建设，提高群众生产生活环境质量，改善村容村貌，有序推进潭下镇金石村、转水镇新民村绿美古树乡村建设。转水镇三源村、郭田镇郭田村、华城镇铁炉村、横陂镇新联村、双华镇苏区村、长布镇青岗村、周江镇红源村、潭下镇模石村、潭下镇布坪村等 9 个行政村被认定为“广东省森林乡村”。

2021 年 4 月 24 日，在五华县长乐公园书卷舞台举办“森林城市 · 绿美广东”暨梅州市建设高质量国家森林城市主题宣传活动（县林业局供图）

【森林资源管护】 2021 年，为巩固林业生态工程建设成果，实现“绿水青山就是金山银山”，五华县林业局严抓森林防火、严管森林资源、严处涉林案件、严防森林病虫害，多举措抓好森林资源管护工作。

严抓森林防火　从严落实森林防火“网格化”管理责任，充分发挥瞭望台和森林防火临时检查站作用，落实 24 小时值班值守人员，加强“扫一扫”登记管理，做到严防死守。创新宣传方式，加大宣传力度，强化隐患排查和火源管控，开展“猎火”专项行动，会同公安部门严厉打击野外违规用火行为，2021 年全县查处野外违规用火行为 333 宗，罚款 257 宗，行政拘留68人，刑事拘留10人。制定《五华县“一网三行动”森林防灭火水平提升工作方案》，推进“一网三行动”工作。全县共规划开设森林防火隔离带1811.29千米，组织开展30282户山边住户森林火灾隐患整治和“以水灭火”演练。同时，推进森林火灾风险普查工作。

严管森林资源　全面推行林长制，印发《五华县全面推行林长制工作方案》，初步建立以党政领导责任制为核心的县、镇、村三级林长责任体系，设县级林长35名、镇级林长228名、村级林长2140名、护林员830名、林管员495名，完善相关制度，建立“林长+检察长”工作机制，启动建设“智慧林长平台”。加强林地保护管理，全面完成森林督查和森林资源管理“一张图”更新工作；严把使用林地审批关，积极做好建设项目使用林地报批工作，2021年共受理完成林地报批32宗，面积193.33公顷；严格控制森林采伐量，2021年共受理采伐申请79宗，出材量11.32万立方米；加强自然保护地管理。强化野生动植物资源保护管理，有序推进五华县自然保护地整合优化和勘界立标工作。

严处涉林案件　严格按照上级要求，大力开展打击毁林专项行动和毁林违建乱象清理整治专项工作，严厉打击破坏森林资源行为，2021年，全县共查处毁林违建乱象专项行动案件12宗，其中刑事立案1宗，行政案件11宗，涉及违法占用林地面积2.32公顷，复绿面积1.26公顷。

严防森林病虫害　切实做好林业有害生物调查监测工作，全面掌握五华县主要林业有害生物的发生动态。认真开展2021年松材线虫病秋季疫情专项普查工作，2021年度清除松材线虫枯、病死松树2.1万多株，防治作业面积24446.67公顷，完成2021年1333.33多公顷马尾松毛虫防治任务，防治效果明显。

【林业产业】　发展壮大林业优势产业，高质量完成2020年油茶低产低效林改造任务666.67公顷和2021年油茶低产低效林改造任务966.67公顷；同时，积极打造龙头企业，2021年成功申报省级林业龙头企业3家，积极配合做好国家储备林储备用地上报工作。

【乡村振兴】　切实做好巩固拓展脱贫攻坚成果同乡村振兴有效衔接各项工作，落实三个领导班子成员分别带队联系五华县潭下镇竹梅村、长布镇石础村、栋岭村、横江村、栋新村、太平村、梅塘村、大径村等8个村，帮助人民群众办好事办实事，全力助推乡村振兴。抽调2名干部到潭下镇竹梅村驻村协助工作。

五华县林业局2021年度负责人名录

局　　长：温定基
副 局 长：曾维强
朱燎原（任至7月）
叶朝阳
钟远声（7月任职）
总工程师：林　森
党组成员：李坤源（5月任职）

水　务

【简况】　2021年，全年实施水利重点项目共22宗，总投资约16.4亿元。其中实施的重点项目有：华城水厂至县城供水管网工程、11 宗水库除险加固工作、大都河、牛石水生态清洁小流域治理工程、五华河转水镇段、河口段碧道项目，益塘水库饮用水源及周边水环境综合整治工程、大都河蕉州河水系连通工程、转水黄青片内涝治理工程等，重点工作还有全力做好新冠肺炎疫情常态化防控工作、全面推行河长制、非法采砂专项整治等工作。

2021 年 11 月 15 日上午，五华县水务局举办五华县农村集中供水水费充值机捐赠仪式（县水务局提供）

【重点水利项目建设】 2021 年，完成华城水厂至县城供水管网工程管网铺设，并通水运行。开展 11 宗水库除险加固工作，其中岩前水库顺利推进，福灵水库等 8 宗小型病险水库除险加固已完成主体工程建设，下桥、连塘水库已开工建设，同时列入 2022 年度任务的 12 宗小型水库除险加固已完成初步设计编制；大都河、牛石水生态清洁小流域治理，五华河转水镇段、河口段碧道项目，益塘水库饮用水源及周边水环境综合整治工程、大都河蕉州河水系连通工程、转水黄青片内涝治理工程正稳步推进；加快韩江五华段综合治理、五华县自来水厂一期改造工程、中小河流治理二期等工程前期工作进度。

【民生水利建设】 基本完成 2021 年 19.67 万人农村集中供水攻坚任务。2021 年度第一批实施的 62 个行政村集中供水工程项目已基本完工，大部分进入装表入户阶段；第二批 32 宗项目均已进场，已经完工准备验收的 8 宗，总体完成进度约 65%；第三批 13 宗项目，已进场正在施工中。2021 年度面上村专项债项目（第一批）农村集中供水工程 37 个村正在进行合同签订等前期工作。全力推动县城污水处理厂（三期）扩建工程，截至年底总体完成进度约 92.5%，厂区已进入试运行阶段。

【水旱灾害防御工作】 2021 年，全县平均累计降水量 941.7 毫米，较常年（1518.8 毫米）偏少 38%。桂田水库持续处于低水位，县城及周边地区用水形势异常严峻。五华县水务局从最不利情况出发，提前研判，精心部署，通过科学调度桂田水库及三渡水库原水、新增蕉州河应急抽水机组和实施城乡供水管网连通工程等多项措施，全力组织抗旱保供水。完成琴江引水至蕉州河应急水源工程建设，全力保障县城及周边地区生产生活用水需求。

【河长制工作】 2021 年，全年共投入约 835.45 万元，累计清理河流长度 535.27 千米，

2021年7月14日上午，五华县召开全面推行河长制工作领导小组会议（县水务局提供）

清理水域面积26.42平方千米，累计清理水面漂浮物约10.35万吨。强力推进“清四乱”常态化规范化，经水利部遥感调查、县级自查，2021年度五华县“四乱”问题共34宗，截至年底已全部完成销号整改工作。按照水利部要求和标准化建设的标准，完成57宗小型水库标准化建设工作并全部通过市级验收，56宗历史遗留问题小型水库除险加固竣工验收任务已全部完成，并达到河长制和质量考核标准。

【依法治水】 铁腕整治非法采砂，县镇联合巡查执法累计出动执法人员6950人次，出动挖机、铲车、运输车等51台，废除下河非法采砂道路265条，清理乱堆乱放河砂187处约1280立方米，查处涉嫌非法采砂行为13起、非法装运河砂4起，依法暂扣一批非法采砂作业工具，整治人工“蚂蚁搬家式”非法采砂65起，全县河道采砂管理秩序明显好转。按照“法治先进县”创建要求，规范行政审批程序，严格执行信息公开制度，法治水务建设有序推进。按时按质受理办理人大建议、政协提案6件，受理办理各类信访件294宗，办结率为100%。

【水利行业管理】 2021年，局属单位克服各种困难，班子队伍保持稳定，单位运行总体正常。售水收入3396万元，同比增长7.9%，县城污水处理厂（三期）扩建工程总体完成进度约92.5%。落实最严格水资源管理制度，加强取用水监管，规范取水许可审批，全面完成水务局节水型机关建设并通过项目验收。五华县340宗小水电清理整改核查评估和4宗小水电退出试点工作顺利完成。持续加强水库安全运行管护，完成116宗水库安全鉴定工作，其中鉴定为三类坝的水库有33宗。按照水利部要求和标准化建设的标准，完成57宗小型水库标准化建设工作并全部通过市级验收，56宗历史遗留问题小型水库除险加固竣工验收任务全部完成。

【其他工作】 精神文明创建成效显著，积极支持挂点的转水镇开展重点地区禁毒专项整治“回头看”工作，多个月度考核排名位居全县前列。严格落实安全生产“一岗双责”，强化安全生产监督检查，确保各种安全防范措施落到实处，水利工程、水管单位未发生任何生产安全事故。人事管理、计划财务、勘察设计、质量监督、工青妇等各项工作同步有序推进。

【水务队伍建设】 坚持以习近平新时代中国特色社会主义思想为指导，全面贯彻落实中共十九大和系列全会精神，深入贯彻习近平总书记对广东系列重要讲话、重要指示批示精神，机关党建工作不断加强，狠抓意识形态管控，高质量抓好省委巡视整改落实，党员干部“四个意识”明显增强，“四个自信”更加坚定，“两个维护”更加自觉。坚持以人民为中心，集中解决一批群众关心的饮水安全、涉河违法建设、非法采砂、城乡污水处理能力等方面的问题。坚持全面从严治党，严格落实“一岗双责”制度，认真贯彻执行党风廉政建设责任制和中央八项规定，有效转变工作作风，加强队伍建设和管理，健全完善机关管理制度，强化重点领域风险防控，营造风清气正的干事创业氛围。

五华县水务局 2021 年度单位领导名录

党组书记、局　长：李文伟
党组成员、副局长：黄敬阳
何定标
陈幼文
党组成员、总工程师：曾文周
党组成员、人事监察股股长：周桂红

蓄　能

【梅蓄项目下闸蓄水专题报告顺利通过专家审查并启动下闸蓄水】　3 月 28 日至 30 日，国家水规总院组织专家组赴梅蓄项目开展上、下水库工程蓄水验收工作。3 月 30 日下午，国家水规总院在梅蓄项目部主持召开梅蓄项目下闸蓄水验收会议，会议审议通过梅蓄项目下闸蓄水专题报告。4 月 8 日，县政府联合梅蓄业主项目部在梅蓄电站举行梅蓄项目下闸蓄水启动仪式。

2021 年 4 月 8 日，在梅蓄电站举行梅蓄项目下闸蓄水启动仪式，市委副书记、市长张爱军（左 5），市委常委、副市长孙春明（右 4），市政府秘书长陈亮（左 2），县委书记吴晖（右 2），县委副书记、县长朱少辉（左 1）参加了活动（蓄能办提供）

【梅蓄项目二期列入国家能源局《抽水蓄能中长期发展规划（2021—2035 年）》并取得市发改局核准批复】　2021 年以来，在省、市、县各级党委政府高度重视和全力协调下，积极谋划梅蓄项目二期落地工作，积极沟通省、市有关部门，进行汇报请示。截至年底，梅蓄项目二期已列入《广东省能源发展“十四五”规划》以及广东省 2021 年重点建设前期预备项目，国家能源局综合司已将梅蓄二期列入《抽水蓄能中长期发展规划（2021—2035 年）》。梅蓄项目二期所涉的专题基本完成，移民安置规划大纲已上报，正在上报省政府审批流程；移民安置规划报告已基本完成编制，待后征求意见后逐级上报送审。12 月 28 日，梅蓄项目二期工程取得市发改局核准的批复（梅发改核准〔2021〕13 号）。

【梅蓄项目首台机组正式投产运营】　11 月 30 日，梅蓄项目首台机组试运行并网发电；12 月 15 日 24 时，首台机组完成 15 天可靠性试运行考核；12 月 17 日，梅蓄项目举行一期首台机组移交生产见证会，并正式移交给梅州蓄能发电有限公司运营；其他三台机组正在围绕2022年5月底前

2021年12月17日，梅蓄项目一期首台机组正式移交生产见证会举行（蓄能办提供）

实现全部发电的目标，开展紧张施工。

【县政府与南方电网调峰调频发电有限公司签订《合作推进梅州五华三渡水抽水蓄能电站项目开发建设框架协议》】 为实现中国“力争2030年前实现碳达峰，2060年前实现碳中和”的目标，蓄能办根据县委、县政府的工作部署和任务安排，积极主动谋划新抽水蓄能电站项目落地，主动跟踪对接南方电网调峰调频发电有限公司。9月10日，蓄能办与调峰调频发电有限公司规划部、梅蓄公司和勘察设计公司对三渡水项目现场进行查勘。10月19日，五华县人民政府与调峰调频发电有限公司签订投资约100亿元的《合作推进梅州五华三渡水抽水蓄能电站项目开发建设框架协议》。截至年底，正开展项目前期准备工作。

2021年10月19日下午，县政府与南方电网调峰调频发电有限公司签订《合作推进梅州五华三渡水抽水蓄能电站项目开发建设框架协议》（蓄能办提供）

五华县蓄能办2021年度负责人名录

党支部书记：古伟炎
主　　任：邹伟鹏
副 主 任：张俊杰
　　　　　刘德方
　　　　　周　勇

气　象

【气候概况】 2021年，全县气候特点是：气温异常高、雨量异常少、台风影响轻。

气温　年平均气温22.9℃，较历年平均气温偏高1.5℃，年极端最高气温38.7℃，年极端最低气温-1.2℃。10月气温与历年平均持平，其余月份气温均偏高：2月气温偏高4.2℃，3月气温偏高3.5℃，5月气温偏高3.1℃，9月气温偏高2.6℃，4月气温偏高1.6℃，12月、7月、1月、6月、8月和11月气温略偏高。

降水　年降水量941.7毫米，较历年平均偏少39%，其中汛期（4—9月）降水量704.4毫米，占全年降水量的75%，其他月份占全年降水量的25%。降水量时间分布不均匀，降水量偏多的月份有：10月偏多103%，12月偏多62%；降水量偏少的月份有：1月偏少99%，9月偏少74%，3月偏少69%，2月偏少64%，11月偏少57%，8月偏少55%，4月偏少53%，7月、5月、6月偏少幅度较小。

日照　年日照时数2385.8小时，比历年平均偏多28%。10月日照时数偏少1成以上；其余月份日照时数均偏多，其中2月日照时数比历年平均偏多10成以上。

台风　2021年汛期内仅有1个台风对五华县有影响。12月21日，受罕见的冬季台风“雷伊”（历史上12月进入南海最强台风）影响，五华县普降大到暴雨。

【防灾减灾】　2021年，五华县气象局继续加强部门联动，做好防灾减灾和公共安全气象保障工作。7月，五华县气象局、应急管理局、住房和城乡建设局和文化广电旅游体育局联合印发重点单位气象灾害防御专项执法检查工作方案，开展重点单位气象灾害防御专项执法检查，加强对气象灾害防御重点单位的服务指导、监督检查和技术支撑。

9月，气象局召集县委编办、住建等16个单位召开《广东省防御雷电灾害管理规定》（以下简称《规定》）宣贯研讨会暨防雷安全管理联席会议，通过此次研讨会，能更好地使《规定》在五华县有效落地实施，有助于各成员单位积极主动研究解决涉及防雷安全的有关问题，相互配合，形成合力，共同抓好全县防雷安全生产工作。

气象局组织业务人员到县园区办，与负责人共商推动区域气候论证和区域雷电灾害风险评估业务，积极联系省气象局业务部门与园区对接。同时加强景区气象安全监管，主动联系省气象公共安全技术支持中心对南洋山景区玻璃栈道开展雷电灾害风险评估。

【气象服务】　2021年，县气象局认真履行职责，努力守好防灾减灾第一道防线，全面做好各项气象服务工作。制作46期《重大气象信息快报》，为县委、县政府科学决策提供依据。

继续加强与自然资源局的合作，全面开展好五华县地质灾害预警信息的发布工作。2021年联合发布地质灾害预警57次，发布地质灾害服务短信总计86万余条。

年初制定《五华县2021年人工影响天气工作计划》，并定期组织开展人工影响天气安全检查，开展作业人员培训，扎实履行各项安全管理职责。2021年共开展人工影响天气作业12次，发射火箭弹46枚，对增加水库蓄水、降低森林火险等级等起到积极作用。

气象局深入梅州蓄能电站开展调研和现场气象服务，与项目负责人共商推进气象保障服务；到景田集团五华百岁山矿泉水项目部和光伏发电站开展实体经济项目气象服务需求调研，助力乡村振兴。

2021年，推动气象与农业、林业深入融合，与县财政、县农业农村局、县林业局等部门沟通，申报的“五华绿茶·中国气候生态优品品牌创建”“五华县森林火险精细化预警预报平台”2个涉农项目通过审核。

全年共发布预警信号126次，其中暴雨黄色预警信号17次、橙色预警信号12次、红色预警信号1次；雷雨大风黄色预警信号41次、橙色预警信号2次；高温黄色预警信号12次、橙色预警信号5次；寒冷黄色预警信号4次、橙色预警信号7次、红色预警信号4次；森林火险黄色预警信号8次、橙色预警信号3次、红色预警信号4次。

县气象局2021年度负责人名录

局　　长：罗锡浪
副 局 长：魏伟良
纪检组组长：张志榕

商　贸

五华县供销社

【简况】　五华县供销社根据县委县政府赋予职能负责全县供销系统的组织、指导、协调和管理工作，积极履行工作职责，认真完成县委县政府交办的各项任务。县社机关下辖有：华供企业管理有限公司、福华百货有限公司、华保再生资源回收有限公司、农业生产资料有限公司、烟花爆竹专营有限公司及基层供销社 18 个，全系统干部职工 989 人。获 2021 年度全省供销合作社系统综合业绩考核“县级优胜单位三等奖”，连续 3 年获此殊荣。

【经济指标完成情况】　2021 年供销系统完成商品总购进 251759.56 万元，比上年同期 85014 万元增长 196%，商品总销售 282894.69 万元，比上年同期 91638 万元增长 208.7%，其中农业生产资料销售 169332.71 万元，比上年 35295 万元增长 379%。利润总额完成 268.01 万元，比上年 62.26 万元增长 342.7%，继续保持全市供销系统前列。

【召开“六代会”】　根据省社《关于加快推进全省供销合作社系统“三会”制度建设的通知》（粤供合〔2020〕15 号）文件要求，县级及以上供销合作社到 2021 年必须实现基层社理事会组织建设全覆盖。五华县供销社仅用 2 个星期的时间完成“六代会”的资料文稿、会务安排、代表推荐、组织联络、后勤保障等各项筹备工作，于 2021 年 12 月 24 日至 25 日，在五华县城胜利召开五华县供销合作社第六次代表大会，并顺利选举产生新一届理事会理事和监事会成员。

【构建助农服务综合平台和乡村助农服务中心】　按照省、市供销社的部署，五华县供销社高度重视助农服务综合平台构建工作，按照省社年初现场会议精神，县社多次进行研究部署，成立领导小组，结合县委县政府关于推进乡村振兴战略实施方案的要求，研究制定实施方案并实施，截至年底，已获得当地县级财政资金支持 260 万元，其中 100 万元投入县域助农服务综合平台，每个镇级助农服务中心各投入 10 万元；五华县供销系统 1 个县域助农服务综合平台和 16 个镇级助农服务中心已经建成并运营，全面完成省、市社下达的任务。经省委省政府的严格检查验收，被评为粤东片“优秀”。

【推进“粤菜师傅”工程】 为深入贯彻落实省委、省政府实施“粤菜师傅”工程的工作部署，切实抓好广东省人力资源和社会保障厅关于《广东省“粤菜师傅”工程实施方案》《广东省供销社贯彻落实“粤菜师傅”工程的实施意见》的落实，县社努力向上争取资金近40万元，大力发动职校或培训机构开展“粤菜师傅”培训，其中2021年7月在龙村镇金龙村、湖中村等举办“粤菜师傅”培训班中培训结业200名学员。技能培训是作为促进农民就业、保障农民增加收入的关键举措，培养乡村实用厨艺人才既能弘扬客家特色饮食文化，又是提高供销合作社服务“三农”、助力脱贫攻坚能力重要抓手。

【其他工作】 积极抓好“双防”工作，投入近2万元资金添置各种设备，制作疫情防控、森林防灭火宣传牌、印刷宣传资料，完善网格化管理等；积极开展驻镇帮镇扶村工作，筹措5万多元资金帮扶挂钩村，派专人负责协助安流镇福龙村、福西村、福陂村、福华村和低坑村开展脱贫攻坚、乡村振兴建设等工作；积极参与“回乡联村”工作，较好完成县镇各项工作任务，特别是实施乡村振兴战略工作方面，“两美”建设成绩显著；组织干部职工认真完成县委、县政府的造林绿化任务。

五华县供销社2021年度单位领导名录

主　任：黄柳宗（12月任职）
副主任：曾松林
魏洪伟
古水文（12月任职）

烟草专营

【简况】 2021年，五华县局（分公司）紧紧围绕广东烟草高质量发展战略和市局（公司）“128”工作思路，完成年度工作任务，取得较好成绩。全年实现销售总额104293.5万元，毛利31493.76万元，税利28813.49万元。

【烟叶生产】 始终坚持严标准提质量，烟叶生产实现新成效。2021年2公顷以上的专业户达到129户，种植面积584.4公顷，占到总面积604.93公顷的96.61%；抓好三项主推技术和两个重大专项的推广应用。持续开展地膜清理回收，引导烟农以改装植保喷雾器开展简易水肥一体化，指导合作社开展采烤一体化服务，烟叶生产管理水平不断提升；实施土壤保育和绿色防控重大专项，烟叶质量安全性明显提高。抓好烟叶收购工作。继续实行专分散收、原收原调，加强烟叶质量管控，等级比例控制合理。全县共收购烟叶127.6万公斤，占合同约定收购量的99.88%，其中：上等烟89.31万公斤，占69.99%，中等烟37.84万公斤，占30.01%。开展“我为烟农办实事”活动，有效降低烟农劳动成本，减少旱情造成的损失，并提高烟农烘烤质量及烟草专卖法律、烟叶收购政策的知晓率。

【卷烟营销】 开展零售客户基础信息核实工作以及挡位与实际经营能力不符专项清理行动，卷烟规范经营水平持续提升。通过开展“我的业务我学习”“我的客户我辅导”“我的终端我维护”活动，营销队伍整体素质、服务能力明显增强，客户现代化经营水平以及店面终端形象得到有效提升。组织党员志愿者分别深入各乡镇的6户残疾客户、8户困难客户店中，帮助整理店面、卷烟陈列等，彰显烟草企业的社会责任担当。以全市农网建设现场会为契机，不断提升农村网建工作质量。打通农网服务“最后一公里”，全力助推农网零售客户终端形象提升改造。2021年，完成9条终端形象提升示范街，其中农网7条，已完成1305户零售客户的终端形象提升，占有效零售客户数的40.58%，辖区零售客户的整体终端形象有明显提升。全年累计销售卷烟2.96万箱，实现销售收入（含税）10.86亿元，实现毛利（不含税）2.898亿元，卷烟单箱结构3.66万元，对比2020年增加1516.43元。

【专卖管理】　涉烟案件和查处数量创历史新高。全年共查获各类涉烟违法案件123宗，涉案卷烟1422.799万支，总案值1432.62万元，同比分别增长0.82%、65.12%、22.66%。成功申报国标三级1个、省标三级2个。专卖零售许可证办证率持续下降。持证零售户3221户，对比新合理布局规定实施前减少78户，降低2.4%，办证量得到有效控制。烟草公安执法协作无缝对接。实现对涉嫌无证运输车辆100%拦截。共查获无证运输案件14宗，查获卷烟1133.472万支，案值1169.68万元，分别同比增长180%、381.22%、176.89%。配合公安部门运用智慧新侦查、大数据智能化应用等新手段，严厉打击涉烟违法犯罪。2021年，刑拘涉案嫌疑人员22人、逮捕8人、判刑21人。大要案查办实现新突破。2021年，查获5万元或5万元以上案件36宗，案值1395.86万元，同比增长200%、338.03%。其中：15万元以上真烟案件5宗，同比增长500%。查获假冒卷烟注册商标案实现“零的突破”。2021年查获2个非法印制卷烟注册商标标识窝点及2个非法仓储点，共查获商标标识307.27万个、各类生产机器12台，涉案商标标识金额177.48万元，现场抓获涉案嫌疑人11人。制假窝点本地幕后老板被绳之以法实现“零的突破”。积极协助公安机关采用高科技技术——声纹鉴定，以“零口供”确认该案1名当地幕后老板的犯罪事实，将主犯绳之以法。依法严管违法违规卖烟大户持续深入。共查获非烟大要案23宗，涉案卷烟283.67万支，案值254.34万元。责令停业整顿11户，取消经营资格7户。

【企业管理】　扎实开展QC（质量控制）、分层分类对标、精益管理等工作，强弱项补短板，严控各项费用支出，提升企业管理水平。2021年，局（分公司）“降低烟叶烘烤的烤前损耗”课题获市局（公司）第十届优秀质量管理小组成果发布会三等奖；抓好员工培训和技能鉴定工作，有效地提升员工队伍的整体素质。组织内部培训18次，11人通过各类技能鉴定；重点突出“四个强化”，全面推进法治烟草建设，顺利通过五华县2021年国家机关“谁执法谁普法”履职报告评议，并以综合得分第二的成绩获评“优秀”等次。

【精神文明】　组织45名高级岗位以上人员到扶贫挂钩村慰问贫困户，走访慰问122户贫困户；组织全体干部职工开展“6·30”爱心捐款活动，共计捐款1.91万元。派出6名员工到扶贫挂钩村开展森林防火值班、疫情防控宣传等工作。做好网格化责任区域和

3个帮扶村民小组的创文巩卫工作，帮助解决制作、更新创文巩卫宣传牌（栏）的经费问题。组织21名员工参加无偿献血。做好乡村振兴组团结对帮扶工作。在新一轮乡村振兴工作中，继续选派2名优秀员工驻镇帮镇扶村（其中：1人担任挂钩村——杞水村第一书记、1人为乡村振兴驻村工作队员），并帮助解决制作森林防火宣传牌的经费问题。

（沈剑波）

五华县烟草专卖局（分公司）2021年底负责人名录

副局长、副经理（主持全面工作）：
叶劲松（任至12月）
局长、经理：叶劲松（12月任职）
副　局　长：江锦扬
副　经　理：李远东

盐　业

【简况】 2021年，广东省盐业集团梅州有限公司五华分公司以坚决贯彻落实党中央、国务院和省委、省政府关于国有企业改革的路线方针政策和决策部署，积极深入推进落实广东盐业混合所有制改革任务，按照“强品牌、提品质、增品种、优服务”及“以盐为基、以盐带路、严把盐关、广开‘盐’路”的战略部署，为树立坚定的信心与定力，持续提升企业经营能力，完成企业各项工作任务，确保食盐市场主渠道、主力军的作用，保障食盐质量安全和供应安全。

【盐业作风整治】 2021年，广东省盐业集团梅州有限公司五华分公司按照《关于印发2021年党风廉政建设和反腐败工作要点的通知》（粤盐党〔2021〕48号），开展作风整治专项行动，狠抓作风建设，把纪律挺在前面。制订客户经理市场营销考核办法，明确客户经理营销推广、品牌宣传、客情维护、货架维护、市场访销等工作职责和要求。完善薪酬激励机制，激发员工工作积极性。

【盐业市场供应】 疫情就是命令，防控就是责任。广东省盐业集团梅州有限公司五华分公司，面对疫情，能积极奔赴一线，进行食盐直配直送，充实社会库存量，做好食盐粤盐品牌宣传与食盐保供稳价，避免出现抢盐现象。2021年，广东省盐业集团梅州有限公司五华分公司牢固树立“市场为导向、顾客为中心、效益为目标”的经营理念，以全面提升企业经营能力为目标，落实各项经营工作。提升网络体系建设，强化市场竞争意识。广东省盐业集团梅州有限公司五华分公司作为五华全县人民的食盐市场供应单位，积极配合县市场监督管理局，狠抓市场监管一刻不放松原则，肩负着9958家流通环节食品经营（包括食盐批发企业）、餐饮服务经营、小作坊经营使用食盐安全等访销工作。积极对食盐市场进行访销与粤盐品牌宣传，针对在市场访销发现违规购进外省盐的认真做好登记，及时向当地市场监督管理局汇报和沟通，保障了全县人民食盐的安全。

（广东省盐业集团梅州有限公司五华分公司办公室）

广东省盐业集团梅州有限公司五华分公司2021年度负责人名录

经　理：钟　春（任至10月）
副经理（负责全面工作）：
曾文宾（10月任职）

财政·税务

五华县财政局

【简况】 2021年，在县委、县政府的正确领导下，五华县财政局始终坚持以习近平新时代中国特色社会主义思想为指导，认真贯彻落实中共十九届历次全会精神，紧紧围绕县委县政府的决策部署，开拓创新，狠抓落实，有力推动全县经济社会的持续健康发展。

2021年全县一般公共预算总收入1169610万元，同比增长26.20%，其中：县本级一般公共预算收入121552万元，为年度预算(调整预算)的100.21%,增长15.24%；上级补助收入655481万元；债券转贷收入235521万元；上年结转57678万元；调入资金99314万元；动用预算稳定调节基金64万元。

县本级一般公共预算收入121552万元，为年度预算（调整预算）的100.21%，增长15.24%；县本级一般公共预算收入按税收收入与非税收入占比划分：税收收入73305万元，增长3.13%，占县本级一般公共预算收入的比重为60.31%；非税收入48247万元，增长40.26%，占县本级一般公共预算收入的比重为39.69%。

【财政收入稳定增长】 全力抓好县本级一般公共预算收入。积极主动介入税收征收工作，深入掌握税源情况，加强收入分析预测，增强工作主动性。积极发挥组织协调作用，及早下达收入任务，及时跟进管理，做到抓早抓紧抓落实。认真开展税收清理清查，堵塞税收征管漏洞，挖掘增收潜力，确保依法征收，应收尽收。加大非税收入监管力度，加大调剂力度，将留存专户未缴的非税收入逐步有序安排缴库，确保财政收入保持稳定增长。2021年县本级一般公共预算收入121552万元，增长15.24%，增速和总量均居全市第二。

大力争取上级支持收入。动员各镇各单位，积极向上争取项目和资金支持。深入研究国家产业发展政策，吃透省扶持方向，以生态环保、旅游产业、城乡基础设施、农业产业化、乡村振兴等为重点，对口包装项目，努力向上争取项目和资金支持。2021年，全县43个单位（含四大集团）累计向上争取项目资金558705.97万元，完成总目标金额（514200万元）的108.66%，有力支持县域经济的发展。全力向上争取债券资金支持。立足本地资源优势、产业优势，针对五华县经济社会发展的薄弱环节，重点筛选储备一批有规模、上档次、后劲足、竞争力强的项目向上申报，全力争取债券资金支持。2021年，争取新增债券资金90624万元。争取再融资债券。2021年，争取再融资债券216700万元。

土地储备出让收入平稳增长。根据县域经济发展和城市建设总体规划，坚持“依托项目抓储备”的思路，保障土地储备经费，加大土地资源整合力度，提升土地利用效益，促进节约集约用地和提高政府对土地的宏观调控能力。全年筹集资金13151万元，收储土地50宗，面积138.2公顷；出让土地62宗，面积1433公顷；全年实现土地出让收入127498万元。

【加大重点建设项目投入】 积极筹措资金，实施积极的财政政策，拨付42445万元用于“三大抓手”工作方面，加大固定资产投入，激发县域经济活力。聚焦财源培植，拨付8750万元用于县城工业园、河东工业园等园区基础设施建设和扶持企业发展；聚焦县城扩容提质，拨付20380万元用于城市基础设施、足球小镇、远恒佳教育城等方面建设；聚焦交通公路，拨付13315万元用于县内道路建设、升级、改造、维修等方面，完善路网结构，促进协调发展。

【服务民生支出持续加大】 注重教育优先发展。教育惠民政策得到有效落实。拨付教育惠民资金7737万元，确保各项惠民政策得到有效落实。教育设施得到不断完善。拨付学校建设、校舍安全保障、义务教育薄弱学校改造、教师周转宿舍和标准化课室等资金共10589万元，有力地保障学校建设等工程项目的顺利推进。文化惠民工程得到扎实推进。扎实做好县委党校迁建及苏区博物馆项目建设推进，拨付县委党校迁建项目建设资金3457万元，如期竣工验收。大力推进县档案馆新馆改造，投入1037万元加快工作进度。投入13761万元用于中小学信息化建设，有效提升中小学信息化建设水平。

不断提高医疗保障水平。拨付1773万元用于新冠肺炎疫情防控，按照“特事特办、急事急办”原则，优先保障疫情防控经费，加快资金拨付使用。拨付18640万元用于提升公共卫生服务能力，保障卫生强县和强基层卫生各项工作顺利进行。拨付3415万元将基本公共卫生服务经费标准提高到每人79元，使109万人享受健康教育、预防接种等29项免费基本公共卫生保健服务。提升妇幼老龄健康服务，拨付196万元为城乡35～64岁贫困妇女免费筛查乳腺癌、宫颈癌；拨付320万元为群众提供公平可及、优质高效的出生缺陷综合防治服务，预防和减少出生缺陷，提高出生人口素质和儿童健康水平。继续做好退役士兵基本养老保险补缴清理核实工作，拨付款项用于退役士兵基本养老保险补缴，切实保障退役士兵合法权益；拨付9682万元用于退役安置、优抚对象生活补助。

加大底线民生投入。足额保障社保基金支出，拨付61395.58万元用于机关事业单位基本养老保险支出；拨付34262万元用于城乡居民养老保险支出。提高基本民生保障水平，拨付13167万元提高低保对象补助标准；拨付9200万元提高残疾人生活补贴和护理补贴标准；拨付4658万元提高特困人员基本生活标准；拨付1391万元提高孤儿基本生活最低养育标准。积极做好帮扶弱势群体工作，拨付157.5万元，为315户重度残疾人进行居家无障碍改造；拨付175万元为精神障碍患者医疗补助，减轻弱势群体家庭负担；拨付4973万元为特困、低保人员等特殊人员参加2022年度城乡医保参保缴费，在政策范围内基本医疗救助比例达到80%以上。大力推进全县养老服务体系建设，拨付977万元用于改善“五保”老人生活环境，发展农村日间照料养老服务。

深入推进涉农资金统筹整合改革。2021年，五华县向省级申报涉农项目共获得省级涉农转移资金71113万元，争取涉农资金总量连续3年位居全市第一。在资金安排上，按照集中财力办大事的原则，五华县优先保障完成省对市县考核事项任务目标，统筹确定实施的涉农项目，发挥涉农资金对乡村振兴大事要事的保障作用。涉农资金用于农村生活污水处理、农村人居环境整治、全域推进农村集中供水全覆盖等民生实事领域逐年提升，据统计，2021年安排6.37亿元，占比达90%。

推动强农惠农政策落实。大力推动农业产业发展。拨付11426万元用于粮食生产稳定提升、推进垦造水田、撂荒水田复耕复种、保护基本农田和生猪稳产保供等工作，有效稳定农业生产，促进农民增收。落实惠农补贴政策。拨付9812万元用于发放生态公益林补偿、耕地地力保护补贴和大中型水库移民后期扶持直补等各类惠农资金。实施乡村风貌提升工程。拨付2402万元用于实施村庄风貌提升，着力打造12个特色精品村，推进农村“厕所革命”，改善乡村环境。

全力支持生态发展区建设。拨付7313.56万元用于建设100座村级生活污水处理终端设施和推进“三清三拆三整治”环境基础整治任务，显著改善农村人居环境。拨付4580.82万元用于大都河、坪田水等生态清洁小流域治理，岩前水库除险加固，推进万里碧道建设、涝区治理等，推进农业基础设施建设，提高防洪抗灾能力。拨付2752万元用于支持“河长制”工作，健全“河长+检察长”“河长+警长”机制，严厉打击非法采砂、涉河违建、占河填土、倾倒垃圾等行为，全面提升河库管护水平，促进水资源、水生态环境治理。拨付1952.21万元用于培育和管护森林资源，提升梅龙高铁五华段沿线森林景观，营造706.67公顷高质量水源涵养林，抚育中幼林11106.67公顷，新建生物防护林带80千米以上，实施400公顷的大径材培育工程，推进实施森林城市创建，打造潭下、转水绿美古树乡村2个，推进生态林业建设。拨付1500万元用于镇村生活垃圾中转站运营维护，美化城乡环境、减少二次污染。

五华县财政局2021年度单位负责人名录

财政局党组书记、局长；国资局局长：
赖伟胜

财政局党组副书记、副局长：曾小强

财政局党组成员、副局长：
徐建力
张国财（11月任职）

财政局党组成员、县纪委监委驻县财政局纪检监察组组长：吴国辉

财政局党组成员、总会计师、预算股股长：陈粤晖（11月任职）

财政局党组成员、二级主任科员：
李红兰（11月任职）

财政局党组成员、国库股股长：
魏益龙（11月任职）

税　务

【税费收入】 2021年，组织税费收入38.4亿元，同比增收1.8亿元，增长4.92%。其中组织国内税收收入19.57亿元，组织费金收入18.83亿元。全年累计新增减税降费11727万元。

【税收征管】 五华县税务局紧紧围绕深化改革战略部署，全面压实主体责任，坚持一级抓一级，层层抓落实，集中力量落实中办、国办的《关于进一步深化税收征管改革的意见》（以下简称《意见》）和广东省实施方案，积极推动税收征管改革，有序推动《意见》落实，进一步提升税收管理服务水平。一是精确执法，规范税务执法行为。通过健全“一月一巡查”等制度，进一步完善执法内控监督管理机制及内部岗责体系，形成全方位、立体化内控监督工作运行格局，以问题为导向完善税务执法方式，规范税务执法行为和行业税收管理，正确行使税收执法权和行政管理权，确保各项税费政策执行到位，稳步推进行政执法“三项制度”工作，“税收执法三项制度一体化管理平台”可查询全过程记录数量达到4226条。二是精细服务，提高纳税服务质效。坚持聚焦纳税人需求导向，打造团队化、专业化、个性化的纳税服务品牌，严格贯彻落实首问责任制、一次性告知、延时服务等，总结梳理汇编各行业税费相关政策，编印成册后发放给纳税人，共印制、发放宣传资料48230份。做好税务服务前置工作，为纳税人缴费人提供定制贴心服务，对新办纳税人、新项目落地提供上门“一对一”个性化辅导，助力企业平稳发展。同时，建立健全“回头看”机制，通过走访企业、座谈会、政策宣讲等形式问需求、送政策，累计召开83场纳税人座谈会、12场培训和政策宣传会，确保纳税人应知尽知、应享尽享，切实减轻企业负担，助力企业发展壮大。三是精准监管，提升税收治理效能。扎实开展税源实地查验工作，税收大数据分析和税种管理水平全面提升，建安、房地产、成品油、木材加工、机动车销售、矿产资源等重点行业的税收监管得到进一步加强。顺利完成所得税汇算清缴，6198户企业完成2020年度企业所得税汇算清缴，申报率达99.92%，入库税款同比增长58.31%；2020年度个人所得税综合所得年度汇算申报率、退税办结率、补税办结率和补税入库率均达到100%。平稳开展增值税专用发票电子化试点工作，已有170户纳税人纳入试点。持续做好“先完税、后变更”的股权转让税收管理，股权转让入库税款5227万元，同比增长446.6%。有序推进土地增值税清算工作，完成7个土地增值税清算项目，实现清算入库4853.57万元。促成“交房即交证”工作落地，房地产企业在交房前为购房者开具发票和申报缴纳税款，2021年契税入库10057.68万元，同比增长49.34%。认真落实县政府规范全县矿山、采砂及混凝土搅拌站等若干行业税费管理工作会议要求，制定资源性行业税收管理指引，强化数据管税，资源性行业入库税费5088万元，同比增长7.5%。扎实做好社保费和非税收入工作，退役士兵社保费和2022年度城乡居民基本医疗保险等专项工作顺利开展；水土保持补偿费、防空地下室易地建设费、城镇垃圾处理费、土地闲置费和国有土地使用权出让收入等十项非税收入顺利划转征收。四是精诚共治，强化信息协同共享。勇于发扬基层首创精神，联合县财政局、政数局等部门，共同推动建立了五华县涉财税源数据共享机制，从县公安局、供电局等部门获取民爆物品、企业用电等新的涉税信息共享内容，构建全县涉税数据共享应用新格局，加大部门协同共治，成效明显，2021年，共获取第三方涉税信息达3万条，跟踪收入约1.8亿元。

【纳税服务】 2021年，五华县税务局牢固树立“以纳税人、缴费人为中心”的服务理念，不断深化“放管服”改革，大力优化税收营商环境，持续开展“便民办税春风行动”和助力小微企业发展“春雨润苗”专项行动，不断增强纳税人、缴费人满意度和获得感。2021年度全省纳税人满意度调查中，五华县税务局位列全市第2名，全省第17名。智能办税服务深入拓展。进一步整合全县纳税服务资源，大力推广网上办税模拟学堂，持续加大电子办税的推广辅导，同时在全市首个智能办税服务区的基础上，将智能办税建设延伸至农村基层分局，截至年底已有18台办税自助终端机投入使用，成功构建“网上办税为主+自助办税为辅+实体办税兜底”的多元化纳税服务体系。办税缴费效率持续提升。进一步梳理和简化办税流程，减少办事环节，简化办事程序，压缩办理时间，积极推动“放管服”各项改革措施落地生效，为五华经济发展创造良好的税收营商环境。便民服务举措落实落细。以纳税人缴费人需求为导向，围绕“优化执法服务 办好惠民实事”主题，持续推进“春风行动”新举措，共10大类100项便民措施已百分之百落实到位。制定税收优惠政策宣传辅导效果跟踪回访行动工作方案，针对企业提出的诉求，及时响应处理，做到“诉必应，应必答，答必果”。

【队伍建设】 五华县税务局严管厚爱持续提升干部管理水平，严格规章制度落实，抓好纪律作风建设，充分发挥正向激励作用，队伍整体呈现昂扬向上、奋发有为、勇于担当的新时代特征。加大学习教育培训力度。倡导“以自主学习为主，集中学习为辅”的学习模式，以形式多样、内容丰富的培训方式，不断加强政治理论学习和税收业务知识学习，鼓励干部职工自主学习报考“三师”提升竞争力，截至年底累计拥有“三师”资格8人次，全面提升干部队伍的综合素质。深入开展作风纪律问题专项整治。聚焦纪律作风专项整治工作4大方面11个问题，统筹推进三个阶段各项任务的落实落细，343人自查报告问题452条，深入开展整改。以专项整治为契机形成长效机制抓严作风建设，严格执行请休假制度和上下班考勤纪律，加强对工作纪律执行情况的监督检查，保持队伍良好的纪律作风。充分发挥正反激励作用。将绩效管理和数字人事考评结果运用在干部选任、职级晋升、年度考核、评先评优等方面，实行奖优罚劣，达到激励先进，鞭策后进的积极作用。2021年共有21名公务员实现职级晋升，选拔任用5名正股级干部、5名副股级干部，基层干部交流轮岗42人，干部队伍的结构得到优化。群团工作取得新成效。工、青、妇等群团组织紧紧围绕党委的工作部署和工作实际，开展丰富多彩的活动，建设团结活泼的五华税务家园，助力税务工作有序开展，系统内获得“五华县青年文明号”“梅州市巾帼文明岗”“省模范职工之家”的荣誉称号。（朱 渊）

国家税务总局五华县税务局 2021 年度负责人名录

党委书记、局长： 李郁轩（3 月任职）

党委副书记、副局长（正科级）： 江荣中

党委委员、副局长： 罗　伟（8 月任职）

魏少宾

张远辉

党委委员、纪检组组长： 张　伟（12 月任职）

金融·保险

中国人民银行五华县支行

【简况】 全年，中国人民银行五华县支行坚持以习近平新时代中国特色社会主义思想为指导，深入学习贯彻习近平总书记关于党史学习教育和“七一”重要讲话精神，认真贯彻落实党中央和县委县政府的各项工作部署，以党的政治建设为引领，主动担当，积极作为，切实防范化解重点金融风险，践行“金融为民”工作理念，为助推五华县域经济金融高质量发展注入强大金融合力。

【服务实体经济】 保持信贷合理适度增长。结合县域经济发展需要，紧紧围绕县委县政府经济工作会议和上级行工作部署，按照社会融资规模和信贷增速，加强政策引导、窗口指导和管理督导，组织银行机构科学调配信贷资源，重点加强对乡村振兴、民营和小微企业等领域的支持力度，确保信贷总量合理增长，至2021年末，全县金融机构各项贷款余额209.75亿元，同比增长10.37%；存贷比达61.40%，同比提高1.27个百分点。助推货币信贷政策落地生效。贯彻落实总行关于3000亿支小再贷款政策要求，引导地方法人银行用好新增再贷款额度，投向“三农”、小微企业、民营等关键领域和重要环节，2021年新发放支小再贷款0.92亿元，帮助了61个市场主体节省融资成本138万元。继续推动地方法人银行落实普惠小微贷款应延尽延政策，支持地方法人银行机构采用无还本续贷、还旧借新等方式对89户普惠小微企业贷款实施延期操作，涉及贷款本金1.32亿元。发放普惠小微信用贷款支持计划资金0.18亿元，引导地方法人银行发放信用贷款2.84亿元，惠及企业和个体户531户。强化金融政策与地方政策链接。会同五华县财政局、金融局以“征信+信贷+融资”为模式，建立五华县实体经济“应急转贷”专项资金，累计为31家企业办理转贷业务2.92亿元。加强五华重点项目财政和信贷资金的双向协同，引导金融机构加大对主导产业、优势产业、农业现代化产业等重点项目信贷支持，至2021年12月末，辖内银行业金融机构为当地重点项目发放贷款共计16.56亿元，其中对循环经济、污水处理、垃圾处理、抽水蓄能电站等绿色项目，累计发放4.74亿元绿色贷款；对大昌粮贸公司等省级现代农业产业项目累计投放信贷2.92亿元，打造“生产+加工+研发+品牌”

的产业链；对足球产业项目累计发放2.28亿元，打造五华足球小镇特色乡村品牌，带动周边配套产业发展，助力五华县入选首批全国县域足球典型；给予道路交通建设提供金融支持，累计为大丰华高速建设项目提供2亿元贷款资金支持，进一步打通梅州各县区的交通枢纽。

【金融创新工作】　积极探索金融与绿色生态环境协同发展。引导金融机构加大对垃圾分类处置、建设“无废城市”等重点生态工程建设的绿色信贷投放力度，为晟华环保和光大环保共投放2.6亿元的贷款，建成59个垃圾中转站，建成日处理垃圾量超700万吨，年发电量10039万千瓦时的循环经济产业园，不断推动绿色金融纵深发展。加快信贷产品和服务方式创新。全面做好巩固脱贫攻坚成果同乡村振兴有效链接，搭建金融支持乡村振兴服务体系，引导金融机构将信贷资金投入美丽乡村建设，结合美丽乡村示范带和美丽乡村示范点，创新推出“客乡风貌贷”，助力农村人居环境改善和乡村风貌整体提升。以扶持农业龙头企业、农民专业合作社等经济组织和农副产品加工的农户为主体，指导辖区涉农金融机构先后创新推出“助保贷”“真猪贷”“林权贷”“红木产业贷”“光伏贷”等特色金融产品，推进实现金融产品创新与乡村振兴的深度融合，截至2021年12月末，全县涉农贷款余额134.99亿元，同比增长13.02%。如期按质上线数字财政系统，实现国库资金无纸化、标准化。联合县财政局，组织代理银行成立工作专班，按照“统一要求、统一规范、统一标准”的原则，明确业务流程、参数设置、国库系统操作等7个工作要求，统一辖区系统参数、单据格式、业务报文格式、预算单位代码规则和凭证编码规矩等5个要素规范，将标准化贯穿国库支出无纸化业务全流程，确保全辖如期按质上线“数字财政”。加强工作预判，建立应急预案机制，确保财政资金第一时间清算，有效防范财政资金垫付损失风险，截至2021年12月末，通过“数字财政”系统审核办理财政资金支出35810笔、109.34亿元。

【金融服务民生】　大力开展移动支付便民支付工程。选取华城镇推进移动支付示范镇建设，截至12月底，已建成示范街区1个、示范点30个，华城镇117户商户均已完成“一码通用”改造，示范镇共发生移动支付交易笔数8.16万笔、金额10186.54万元。不断优化服务领域支付环境，围绕服务民生重点和百姓衣食住行，打造“移动支付+智慧校园”“智慧医疗”“示范街区”“智慧市场”“智慧乐园”等便民、惠民场景，让百姓的生活实现“一码通用”。推进支付服务适老化改造，组织银行机构加大对农村地区银行卡助农取款服务店移动支付升级改造，助力老年群体跨越“数字鸿沟”，享受多样化的金融服务。推动支付服务降费政策落地见效。督导银行机构落实账户服务、人民币结算、电子银行等五方面12项降费措施，降低自动取款机（ATM）跨行取现手续费，截至12月底，各银行机构共为市场主体让利748万元，切实减轻市场主体经营压力。认真开展征信管理和服务工作。加强与政府、企业联动沟通，鼓励政府、企业在工作中使用信用报告，进一步扩大征信产品的应用领域，推广应用个人信用报告自助查询机查询业务，依法合规提供信息服务，截至12

月末，共查询个人信用报告20136份，查询企业信用报告514户。督导金融机构继续完善3个征信查询代理点，缩短服务距离，不断满足信息查询主体需求。提高辖区金融知识普及率。利用“3·15”国际消费者权益日、“金融知识普及月”和“美好生活·民法典相伴”主题宣传等活动积极推动对外普法及金融宣传活动入商圈、进工厂、到志愿服务一线开展宣传活动18（场）次，发放宣传资料万余张，五华县电视台媒体报告2次，新闻媒体“南方+”APP平台宣传报告3期，将普法工作和金融消费者教育活动有机结合，提升金融普法实效性，守住农民的“钱袋子”。聚力打造国债服务工作矩阵。借力助农取款服务点，实现国债下乡行政村全覆盖，通过构建国债轮值宣传机制，在国债发行期间，组织承销机构以月为周期，“突出重点人群、突出特色亮点、突出宣传成效”，扫除边远区域国债宣传盲点，打通国债服务五华苏区振兴发展的“最后一公里”；多举措开展国债到期提醒兑付工作，鼓励承销机构为高龄客户、行动不便等特殊群体开通国债兑付绿色通道。2021年共组织国债下乡宣传11次，派发宣传资料6579份，宣传受众共619人次，撰写国库国债方面宣传、巡查宣传13篇，被“南方+”APP采用2篇、地方政府批示1篇。

【金融风险防控监测】 坚持以大概率思维应对小概率事件，关注重点领域风险和排查工作，压实金融系统综合治理责任，守住不发生系统性金融风险的底线。重点加强监测地方法人银行风险状况，关注其信贷资产质量情况。在各金融机构及每个基层网点设立金融稳定信息员，对投资公司、担保公司、非法集资等高危机构和高风险领域进行动态监测和预判。继续落实房地产贷款集中度政策，督导地方法人银行做好涉房贷款压降。稳步实施存款保险制度，2021年开展存款保险制度宣传7场次。畅通金融消费权益保护渠道，2021年妥善处理9件金融消费投诉案件，坚持和发展新时代“枫桥经验”，牵头成立金融纠纷人民调解委员会，与五华县法院、司法局、金融局等部门签订《全面推进金融纠纷多元化解机制合作协议》，进一步完善金融矛盾纠纷多元预防调处化解综合机制建设。不断深化警银合作联动，加大对扫黑除恶、电信诈骗等违法行为的打击力度，截至12月末，辖区银行机构协助公安机关查询违法案件412件，查询涉案人数717人、涉案单位47个，冻结涉案交易501笔，冻结涉案资金共5969.92万元，向公安机关移交电信网络诈骗线索1条。

中国人民银行五华县支行2021年度负责人名录

行　长： 陈　丽
副行长： 张远飚
　　　　　张文钦

中国农业发展银行五华县支行

【简况】 2021年，中国农业发展银行五华县支行（以下简称农发行五华支行）以习近平新时代中国特色社会主义思想为指导，认真贯彻中共十九大和十九届二中、三中、四中、五中、六中全会精神，全面落实2021年总行及省、市分行党的建设工作会议和年度工作会议精神，坚持党建统领，坚守农业政策性银行主责主业，全力服务地方乡村振兴，各项工作稳步推进、成效突出。

【发挥政策性银行作用】 全面服务粮食安全。2021年，农发行五华支行支持县级储备粮轮换8530吨，其中轮换县级储备粮早籼稻谷7280吨和原粮1250吨转储备大米875吨。

助力美丽乡村建设。投放改善农村人居环境固定资产贷款支持五华县镇村生活垃圾中转站项目建设。该项目建成后，将建立并完善63座垃圾中转站，全面覆盖五华县16个镇，惠及当地农村115万多人口，改善农村人居生活环境，全面提升五华县环卫基础设施建设水平，切实解决垃圾污染环境问题和保护县域内生活环境质量，将改善全县人民的卫生环境和生态环境、提高人民生活质量。

【存款业务】 为进一步降低资金成本，提高经营效益，牢固树立“存款增效、存款兴行”意识，认真落实总行和省、市分行存款工作部署，积极转变存款营销观念，不等不靠，主动出击。强化高层营销，行长经常带队拜访政府各部门，深入走访企业，多措并举稳存增存。以贷款项目为引线，积极主动与客户沟通，深入了解目标客户的资金使用规律，制定个性化营销方案，顺利完成上级行下达的存款营销任务。

【信贷风险防控】 农发行五华支行高度重视信贷风险防控，坚持问题导向，加强信贷各环节管理，严格信贷准入、客户调查，强化贷后监测，密切关注地方政府财政状况和债务化解进展，强化各类风险综合管控。

【柜面基础管理】 一是完成重要岗位轮换。按照营业网点柜面人员管理规定，农发行五华支行及时完成柜面重要岗位人员轮岗。二是做好对账管理工作。三是落实查库管理规定。

【运营条线任务】 提升账户管理水平。严格按照人民银行和中国农业发展银行五华县支行账户管理相关规定，开立、变更、注销银行账户按时完成各系统的操作。超额完成电子业务。根据省分行下达的存量有效客户和电子业务替代率目标任务，农发行五华支行积极采取有效措施，主动与企业沟通协调，加强宣传和解释。

【反洗钱管理】 农发行五华支行严格执行客户准入制度，及时做好新核心系统、账户管理系统、反洗钱管理系统的客户身份信息采集、录入。针对存量客户和日常交易，严格执行反洗钱风险防控规定，详细了解客户经营状况和交易资金来源、用途，持续关注受益所有人信息变更情况，及时提示客户更新身份资料信息。

中国农业发展银行五华县支行2021年度单位负责人名录

行　长：杨永东

副行长：吴远彬

中国农业银行股份有限公司五华县支行

【简况】 中国农业银行股份有限公司五华县支行坚持以习近平新时代中国特色社会主义思想为指导，牢牢把握稳中求进工作总基调，以党建为统领、以服务实体经济为己任、以实现高质量发展为目标，全力以赴抓业务发展，大力加强作风建设和队伍建设，实现各项业务持续稳健有效发展。2021 年荣获梅州市分行“2019—2020 年度先进支行”；荣获梅州市分行“2019—2020 年度先进集体”等荣誉称号。

【业务发展】 2021 年，中国农业银行股份有限公司五华县支行各项业务稳健发展，中国农业银行股份有限公司五华县支行实现拨备前利润 16559 万元，同比增加 2582 万元，增幅 15.59%；实现拨备后利润 16161 万元，同比增加 4053 万元，增幅 33.47%。2021 年末，中国农业银行股份有限公司五华县支行各项贷款余额 43.61 亿元，比年初增加 6.58 亿元。其中法人贷款余额 11.61 亿元，比年初增加 0.91 亿元，个人贷款余额 32 亿元，比年初增加 5.66 亿元。同时，全行不良贷款余额 1293 万元，不良贷款占比 0.29%，不良率仍控制在较低范围，信贷资产质量保持良好。

【乡村振兴】 抓住全面实施乡村振兴战略机遇，举全行之力，按上级行服务乡村振兴指引、要求，以资产业务为抓手，深耕乡村蓝海市场，进一步扩大客户规模，提升服务“三农”品牌形象。另外，中国农业银行股份有限公司五华县支行高度重视乡村振兴驻镇人员选派工作，充分发挥“千人驻镇助力乡村振兴行动”平台作用，共选派七位金融助理驻镇工作，积极加强与当地政府联系，深入开展乡村振兴金融服务。并要求金融助理在金融服务乡村振兴中要不断学习，将农行金融产品深入千家万户之中，提升农行金融服务水平；要始终带着家国乡村情怀干事创业，彰显农行服务“三农”的大行担当，勇担重任，不负使命，不负农行。支行党委全力支持金融助理各项工作，关心关爱，协同作战共同进取，助推乡村振兴取得实效。

【客户服务】 中国农业银行股份有限公司五华县支行全力提升服务客户能力，线上线下全面服务，保障业务正常进行。农行微信公众号及掌银不断推进。积极向客户宣传电子化线上服务的便捷，引导客户优先使用线上金融服务，鼓励客户多使用掌上银行、网上银行等电子渠道。加强对公账户的维护、管理，引导客户熟练使用企业网银、单位结算卡、电子回单箱等方便、快捷的结算产品。

中国农业银行股份有限公司 2021 年度负责人名录：

党委书记、行长： 陈新宇（任至 10 月）
卓琦超（11 月任）
党委委员、纪委书记： 刘斌泉
党委委员、副行长： 邓永忠
党委委员、副行长： 黄明霞
党委委员、副行长： 李　军

中国工商银行五华支行

【简况】 2021 年度，中国工商银行五华支行（以下简称五华工行）各项贷款继续保持增长。年末时点余额为 206619 万元，比年初增加 28344 万元，信贷结构进一步优化。各项存款时点余额为 178786 万元，比年初增加 15292 万元。年末时点“存贷比”为 115.6%，比年初上升 6.53 个百分点。全年中间业务收入 783 万元。实现拨备前利润 6544

万元，因降低客户融资成本比 2020 年同期减少 263 万元。全年安全运营无事故，确保平安金融。

【支持地方经济建设情况】 2021 年，五华工行认真贯彻落实紧紧围绕“与客户共同成长、靠服务创造价值”的主线，推进客户拓面提质各项工作，因地制宜服务支持好实体经济，切实加大实体经济的支持，同时主动“减费、让利”，持续降低小微企业融资成本。2021 年度五华工行累计发放近 12.5 亿元贷款，比上年多投放 3.6 亿元；其中投放公司信贷约 9.5 亿元，比上年多投放 3.5 亿元。到年末，各项贷款余额达 20.66 亿元，比年初增加 2.83 亿元，年末存款余额 17.88 亿元，比年初增加 1.53 亿元。时点“存贷比”（贷款余额 ÷ 存款余额）高达 115.6%，比年初上升 6.53 个百分点，向总行拆借资金支持五华县地方经济发展。

中国工商银行五华支行 2021 年度单位负责人名录

党总支书记、行长：黄朝松
副 行 长：陈丽娟
内控主管：张永平

中国建设银行股份有限公司五华支行

【简况】 2021 年，中国建设银行股份有限公司五华支行持续提升综合服务能力和价值创造力，全力促进各项业务持续健康发展，在上级行和当地政府的大力支持和指导下，支行全体员工共同努力，取得较好的成效。2021 年实现经营安全目标和业务发展目标。全年实现账面净利润 9040 万元，比上年增加 1740 万元；实现中间业务收入 987 万元。

【业务经营】 负债业务持续发展。一般性存款余额 27.57 亿元，比年初新增 2.33 亿元，新增当地市场排名前列，创历史新高；其中：企业存款余额 12.31 亿元，个人存款余额 15.26 亿元，比年初增长 2.1 亿元。2021 年各项贷款余额 30.37 亿元，比年初增长 7.47 亿元，存贷比从年初的 89% 提升到 130%，贷款新增及存贷比提升在系统内及当地排名第一，体现国有大行之担当，实现资产业务快速发展。2021 年，实现涉农贷款（乡村振兴类）投放 3.85 亿元，助推五华乡村振兴工作的深入开展，全力支持五华地方经济和中小微企业的发展，提升脱贫攻坚与乡村振兴的有效衔接，为推动五华经济的快速发展、为实现中华民族伟大复兴的中国梦作出新的更大贡献。

中国建设银行股份有限公司五华支行 2021 年度单位领导名录

行 长：曾庆青
副行长：曾伟军

五华惠民村镇银行

【存款结构稳中向优】 坚持“存款立行”理念，紧紧围绕“扩大市场、提升总量、优化结构”的总体目标，加大精准营销力度，认真做好资金组织工作。截至 2021 年末，五华惠民村镇银行各项存款余额 10.56 亿元。

【加大支农支小】 始终坚守“支农支小”的市场定位，充分发挥“短链条、决策快”的优势，突出本源导向，主动下调贷款利率，加强主动服务，以客户为中心，由“坐商”向“行商”转变，主动了解企业经营情况和融资需求，为企业提供存款、贷款、结算等一体化服务和个性化贷款方案。加大对“三农”和小微企业的信贷支持力度，多措并举促进小微企业融资增量、扩面、降价。充分利用延期还本付息政策工具，对提出延期还本付息申请的企业，做到应延尽延，解决企业资金周转问题，为企业办理110笔延期还本付息业务共2.37亿元。充分利用应急转贷平台的优惠政策，量体裁衣、精准发力，发挥“救命钱”作用，切实为中小企业解决融资贵难题提供有利的渠道，为企业办理16笔“应急转贷”业务共0.66亿元。截至2021年末，该行各项贷款余额为7.24亿元，涉农贷款余额6.82亿元，小微企业贷款余额6.3亿元。

【提升合规管理】 以“内控合规管理提升年”活动为抓手，抓住关键、补齐短板、加固底板，进一步加强经营风险管理，提升内控效能。加强员工行为排查、履职回避、岗位轮换和强制休假，强化监管规定学习、内部制度培训、案件警示教育，加大各项业务重点环节、关键部位的检查监督等，牢固树立合规意识，厚植合规文化，扎实推进全面风险管理工作。2021年，实现全年无案件，无重大违规问题，无重大责任性事故。

五华惠民村镇银行2021年度负责人名录

董事长：郭广平
行　长：王　成
副行长：王　洋
魏尚坤
魏标洪

2021年5月23日，五华惠民村镇银行总部营业大楼主体工程封顶（邓秀兰 摄）

广东五华农村商业银行股份有限公司

【简况】 2021年，广东五华农村商业银行股份有限公司（以下简称五华农商银行）高举习近平新时代中国特色社会主义思想伟大旗帜，积极贯彻落实金融监管政策，持续加强党的全面领导，存贷款业务规模持续增长，履行五华金融长子的责任担当，积极融入五华经济发展的大潮流中，全县开展广东农村金融（普惠）户户通工作，全年取得较好的经营业绩和工作成效。截至2021年末，各项存款余额134.77亿元，增加13.29亿元，增长10.94%。存款市场占有率39.46%。各项贷款余额82.28亿元，增加7.39亿元，增长9.86%，贷款市场占有率39.23%，市场份额与年初基本持平，存贷款市场份额继续保持全县第一。

【服务县域经济发展】 五华农商银行发挥本地金融主力军的作用，积极践行“支农支小，服务三农”的使命，不断加大对小微企业、实体经济的支持力度。一是涉农贷款稳步增长，支农支小力度不断加大，服务县域企业发展的质量不断提高。截至 12 月末，涉农贷款余额 64.41 亿元，较年初增长 4.88 亿元，占比 78.29%；小微企业贷款余额 41.22 亿元，较年初增长 5.50 亿元，占比 50.10%，比年初上升 2.40 个百分点。二是围绕县委县政府打造业兴人和、长治民乐的“工匠之乡 · 宜居五华”的发展战略，大力支持县域民生基础设施工程建设，截至 12 月末，五华农商银行支持县内的省市县重点建设项目授信金额 4.95 亿元，贷款余额 4.92 亿元。三是深入践行“勤劳金融”发展理念，大力推动“信用村”建设，对河东镇高车塘村、华城镇葵富村、安流镇半径村等三个村开展整村授信试点，累计发放贷款 71 户，贷款金额 2356.18 万元。四是紧抓乡村振兴发展战略机遇，推出“客乡风貌贷”“真猪贷”“光伏贷”“悦农小微贷”等普惠型信贷产品，提升服务质效。截至 12 月末，新发放“真猪贷”2 笔、贷款金额 380 万元，“客乡风貌贷”9 笔、贷款金额 45 万元，“悦农小微贷”2 户、贷款金额 66 万元。

2021 年 3 月 16 日，五华农商银行行长卢春林（右一）为五华县河东镇高车塘村整村授信 1000 万元，助力乡村振兴（农商行提供）

【积极履行社会责任】 五华农商银行作为本地的金融机构，积极履行社会责任。一是积极开展“3 · 15”消费者权益保护日、金融知识万里行等宣传活动，增强消费者金融知识水平；二是充分利用 LED 显示屏、户外宣传等多样化方式开展非法集资宣传活动，提高公众防范非法集资的意识；三是组织开展反诈拒赌支付安全等活动，提高客户的金融防范意识。2021 年度共开展各类宣传活动 15 场，发放宣传折页 1.69 万份，覆盖群众达 47700 多人次；成功拦截电信诈骗案例 3 宗，为客户挽回资金损失 10.9 万元。

【普惠金融发展增速】 五华农商银行秉持普惠金融理念，大力开展各项普惠金融工作，进一步增强支农支小工作力度，改善农村金融服务环境，为广大城乡居民提供便捷、优质的金融服务。一是与县政府签订了在全县范围内开展普惠金融户户通工作的战略合作协议，通过政府的高位推动，对接群众生产生活金融需求，支持乡村振兴。二是继续细化做实网格化走访，做好客户信息需求建档及服务跟进工作，提高客户满意度。截至 12 月 31 日，共收集并完成客户信息建档 272541 户，共发现贷款需求 1984 笔，金额 16.6 亿元，解决贷款需求 957 笔，金额 13.9 亿元。三是向县内的 447 个村居派驻“金融特派员”，充当好惠民政策的宣

2021 年 3 月 31 日，五华农商银行董事长黄捷辉（左二）到香雪制药公司和明珠星钟表公司走访，了解企业需求，推介金融产品（农商行提供）

2021 年 9 月 15 日，五华农商银行与中国人民银行五华县支行开展进校园反假货币宣传活动（农商行提供）

传员、乡村振兴的参谋员、金融风险的防控员和普惠金融的服务员，发挥金融“毛细血管”功能。

广东五华农村商业银行股份有限公司 2021 年度负责人名录

党委书记、董事长： 黄捷辉
党委副书记、行长： 卢春林
纪委书记、监事长： 杨旭华
党委委员、副行长： 张仟来
幸　强
黄文钦
苏　刚

中国人寿保险股份有限公司五华县支公司

【简况】 2021 年，中国人寿保险股份有限公司五华支公司深入学习贯彻习近平新时代中国特色社会主义思想，紧紧围绕党中央的决策部署开展工作，在县委县政府、人民银行及上级公司的正确指导下，把握工作重点，转变思想观念，加强规划，深入一线，践行营销规律，坚持高质量发展，积极开展各项工作，优化保险保障服务。中国人寿五华支公司为五华人民群众提供重大疾病保险、年金险、意外险、团体意外险以及自建房保险等保险保障规划，为五华经济稳定发展保驾护航。

【经营情况】 2021 年，中国人寿五华支公司实现总保费 9516 多万元，全年共处理死亡给付、医疗给付赔款支出、伤残支出、满期给付、退保金、年金等等支出 2823 万元，为五华县的经济发展和人民群众的生活安定起到良好的风险保障作用。

积极与县有关职能部门沟通，经常组织并推进银龄安康工作，与县卫健局有关领导一同到各镇沟通，同步指导各镇制定方案，参加各镇启动会，根据各镇制定的方案，及时到各村派发凭证和自付费办理业务。

积极与县妇联沟通，结合省公司的捐赠，县妇联进行配套捐赠，合计对全县 18～65 周岁农村妇女共 24700 名进行捐赠，人均保额 1 万元，对其他 18～60 周岁妇女人员，市公司出资为全县共 9982 名妇女进行赠险活动，另有妇女赠险升级，增收保费 33 万多元，其中有 2 名被保险人进行给付，得到了群众的好评。

中国人寿保险股份有限公司五华县支公司 2021 年度负责人名录

总　经　理：刘东彬（任至 2021 年 9 月）
总　经　理：陈东录（2021 年 10 月任）
总经理助理：周婷婷

中国人民财产保险股份有限公司五华支公司

【简况】　中国人民财产保险股份有限公司五华支公司是五华县唯一的国有控股财产类县正科级的保险公司。2021 年度经营的险种主要有：机动车辆险类、财产险类、责任险类、意外伤害险类、短期健康险类和政策性业务共 40 多个险种。

【业务经营】　2021 年，中国人民财产保险股份有限公司五华支公司实现收取保费 11566.2 万元，其中车险 4885.5 万元，非车险 6680.7 万元，其中农险业务 4255.7 万元，医保补充“保尚保”业务 949.4 万元，为受灾企业和保户共支付赔款 3968.8 万元简单赔付率 34.31%，上缴税款 303 万元。

中国人民财产保险股份有限公司五华支公司 2021 年度负责人名录

经　　理：曾　超
经理助理：廖国山
张俊权
公司主管：钟广宁
朱龙辉（任至 6 月）
黄　冲

教　育

综　述

【全县中小学的基本情况】 2021年，全县有660所学校，其中幼儿园222所（含民办幼儿园168所），完全小学160所，教学点220个，初级中学25所，九年一贯制学校19所，高（完）中学校12所，中职学校1所，特殊学校1所。全县专任教师14172人，其中学前教育3293人（含民办幼儿园教师1717人），小学5635人，初中3249人，高中1872人，中职学校73人，特殊教育50人。在校学生226124人，其中学前教育学生47713人，小学生103115人，初中生48968人，高中生24245人，中职学生1794人，特殊教育学生289人。

【学位扩容】 完成五华县小都中学和横陂镇第三小学扩建工程、五华中学运动场、田家炳中学学生宿舍楼、安流镇第一小学教师周转宿舍楼、华新中学运动场、五福中学运动场、安流中学学生宿舍楼、郭田学校教学楼、城镇中学学生食堂和学生宿舍改造项目、登畲中学学生食堂、大都中学学生食堂、潭下镇第一小学综合楼等一批学校项目建设，不断改善办学条件。落实《五华县住宅区配套中小学校幼儿园建设和产权移交管理办法》，完成1所小区配套幼儿园移交政府举办为公办幼儿园，增加公办幼儿学位270个；收购华城镇新安幼儿园举办为公办幼儿园，增加公办学位180个。深入推进集团化办学，分别成立兴华中学教育集团、水寨中学教育集团，探索组建“紧密型”“协作型”“合作型”教育集团，不断提升城乡教育质量和办学水平。修订《五华县城区义务教育阶段公办学校积分入学实施办法》，进一步完善积分入学办法和程序，严格学区招生规划和招生计划，着力破解“大班额”问题。推行学区化管理办学，建立“教育局—学区学校”的教育直管模式，优化资源配置，新添一批九年一贯制学校。截至年底，已调整中兴中学等10所初级中学为九年一贯制学校。

【强师兴教】 加强师德师风建设。制定《五华县教育系统加强师德师风建设工作实施意见（2021—2023年）》，开展一系列师德教育活动、评优评先、“十大教师标兵”等评选活动，发挥优秀教师的示范引领作用，提高教师思想政治素质和职业道德水平。多渠道充实教师队伍。通过市级引进急需紧缺全日制研究生 3 人，华师专场招聘紧缺学科人才 8 人，部分中小学（幼儿园）公开选调 79 名教师，夏季招聘教师 121 人、特岗教师 94 人，充实缺额学校的教师队伍，缓解边远农村小学、教学点教师紧缺问题，优化学科结构。加强教研队伍建设。配齐各学科教研员 43 名，是全市第一个配齐教研员的县（市、区），遴选首批中小学教师教育培训专家 100 名；培训 20 名小学、初中校长，建设高素质专业化的名校长队伍；在全县范围遴选首届“名校长、名教师工作室”主持人 20 人，发挥名师引领作用，不断提升五华县中小学校长、教师队伍的专业化水平；7 人入选梅州市名教师、名校（园）长工作室主持人，1 人评选为正高级教师。积极开展师资培训。采用线上线下相结合的方式，对相对应学科的教师进行教学理念、课标、教材教法的培训，培训人数达 10188 人；抓好各项研训项目的研究、优化与实施，完成县级教师培训 48 期 21733 人次，提高五华县教师师德素养和教育教学能力；与北京师范大学珠海校区、嘉应学院合作，结合“三区”培训计划，制定培训方案，通过对学校行政领导、教师进行有计划、分层次、分类别培训，整体提升教师队伍素质。

【教学质量提高】　着力打造高效课堂。认真抓好常规教学工作，扎实开展“聚焦课堂教学变革，构建科学评价体系”活动，在 2021 年的全市展示活动中，3 人获得一等奖，4 人获得二等奖，20 人获得三等奖。积极承办省教育研究院走进粤东西北教研帮扶、省中小学“百千万人才培养工程”乡村教育活动，学习交流先进教学经验，提升教学教研水平。五华县教师发展中心成功申报广东省基础教育县级教研基地，水寨中学、兴华中学分别成功申报广东省基础教育高中校本教研基地和初中校本教研基地，积极开展基地建设，加强教学研究，助力教学质量提升。2021 高考参考人数 8345 人，优先投档人数 500 人，上线率 5.99%；本科人数 2776 人，本科上线率 33.27%，比 2020 年增加 3 个百分点。

【特色教育】　开展校园体育活动。开展小学、初中、高中校园足球三级联赛，有全国、省级、市级青少年校园足球特色、推广学校 88 间。积极承办 2021 年广东省青少年校园足球夏令营、2021 年梅州市“市长杯”青少年足球联赛（初中组）全市总决赛、2021 年广东省“省长杯”青少年足球联赛（高中、中职组）全省总决赛等赛事，取得“市长杯”高中男女组、初中女子组、小学男子组 4 项冠军，初中男子组、小学女子组 2 项亚军，中职组 1 项季军；“省长杯”女子组冠军，男子组第七名的好成绩。开展艺术进校园活动。发挥青少年活动中心阵地作用，推进 16 个乡镇的乡村少年宫建设，实施“校内课后服务 430”工程，深入落实“双减”政策，举办书法、绘画等系列公益课程和心理健康讲座，丰富学生的课外生活，在全市率先实现校内课后服务全覆盖。组织学生参加广东省第七届中小学生艺术展演活动，获一等奖 1 个、二等奖 2 个、三等奖 4 个。组织教师参加广东省首届美育教师基本功大赛，获一等奖 4 个、二等奖 3 个、三等奖 4 个，音乐舞蹈类和美术书法类获奖教师数均居梅州市各县区的前列。县第一小学获评广东省中华优秀文化传承学校，华强学校、河东镇第一小学获评广东省艺术教育特色学校，高级中学、县第一小学入选创建广东省文明校园先进学校名单，高级中学获梅州市最美校园。

【教育扶贫】 对1.3万名建档立卡义务教育贫困生拨付1115.49万元生活费，资助经济困难学生2.98万人2738多万元。先后组织志愿教师143人次到岐岭镇龙岭小学等山区学校开展助学支教活动7场，开拓农村孩子的视野。到12个乡镇22所中小学校开展“保蓓计划”72节性教育课程，受益学生6000余人，共计发放暖心包3500份，为儿童青少年送去暖心关爱。深入实施“百企帮百村”行动，引导和发动鸿艺集团、敏捷集团等企业在教育扶贫上积极探索新路径，助力脱贫攻坚。

普通中小学教育

【校园安全工作】 扎实做好常态化疫情防控工作。密切关注疫情形势，做好重点人员排查，严格落实校园疫情防控措施，坚决把好校门入口关，开展学校大规模核酸检测和应急处置演练，深入开展爱国卫生运动，集中清理校园及周边环境卫生，全力推进师生、教职员工疫苗接种。建设校园安全防控体系。投入2100多万元为全县公办中小学校和幼儿园聘请715名专职保安员；投入11.6万元为全县中小学校和幼儿园(含民办)安装一键式报警装置和视频监控，全县逐步推行校园安全防控体系建设，建设人防、物防、技防为一体的全方位、立体化现代校园治安防控体系。提高应急处置能力。开展防疫、消防、地震等应急演练共1500多场，强化校园禁毒、禁赌、防溺水事故、学生交通安全等工作，加强食品安全管理，关心关爱留守儿童和家庭特困学生；强化校园周边治理，排查精障人员。各类事故得到有效控制，未发生重大安全事故。开展交通安全、防溺水专项整治。全县各学校共排查出1300多起学生骑摩电现象；通过专项整治行动，未成年人驾驶摩电上下学的现象大为减少。实现“县安全文明校园”全覆盖，23所中小学校被评为“市安全文明校园”，8所中小学校被评为“省安全文明校园”。

【德育工作】 1.德育科研成果喜人。2021年五华县有4项梅州市德育科学“十三五”规划立项，9个德育专项立项，一个省级立项。2.强化德育阵地建设。强化五华县中小学生研学实践教育基（营）地的规范运营，挖掘更多适合五华县中小学生的研学项目，使五华县研学实践教育形成自己的特色。2021年10月25日开始，为进一步推动五华县中小学生研学实践教育活动深入开展，县教育局安排全县小学四年级、六年级、初中二年级、高中一年级的学生共51235人分别到五华县三个研学营地进行研学活动。充分发挥学校德育室、青少年活动中心、乡村学校少年宫等活动场所开设有利于青少年成长的德育活动，第二课堂活动活跃开展，有效提升学生的综合素质。开展全县中学生心理普查工作，全面掌握了解中学生心理现状，并对有心理问题的学生开展有针对性的疏导；组织186位教师参加心理“B证”的培训考证；校外未成年人心理健康辅导站自2021年共接受电话、微信、网络咨询45人次，开展团体辅导16场次。各校积极开展“爱心父母+留守儿童”“党徽暖童心”“七彩假期·情暖童心”等关心关爱留守儿童活动54场（次）。

【教科研训一体化建设】 提升教研员专业素养，筑牢五华教研根基。重视教研队伍建设，创造优良的教科研工作环境，激励教研员不断进取，通过高规格培训、专家引领等方式，打造一支高素质、创新型教研队伍。发挥教研员引领作用，打造优秀教研团队。制定《五华县教师发展中心教研员工作量化考核指标》《2021—2023年五华县中小学教研员能力提升实施方案》等制度，进一步明确教研员的工作目标、任务和能力要求，充分发挥教研员在教育教学中“研究、引领、指导、服务”的职能作用；重点培养各学科共约200人的骨干教师，打造每学科约10人的教研团队，优化教研团队建设，不断壮大学科带头人队伍。以课堂教学变革为抓手，推动教与研的有机融合。以开展“聚焦课堂教学变革，构建科学评价体系”活动为抓手，通过教研员的示范引领，促进教师改进教法，切实提高课堂教学效率。2021年3—5月，高中教研员到挂钩学校上示范课、初中教研部全体教研员到河口中学上课，小学教研部教研员到河口小学上课，试图探索教研训一体化的新路子。以抓实常规教学为支撑，实现教学方式全面转变。制订《关于加强中小学教学常规管理的指导意见》下发到学校，供学校领导和老师学习研讨，并于11月30日至12月3日组织中小学教学常规工作检查，促使教师从以课标为依据，以教材为蓝本，更新教育理念，实现教学方式的转变；积极落实“双减”政策，教研员根据相关精神到学校与学科教师共同研讨作业设计，通过作业分层设计，提高学生学习的效率，切实减轻学生学业负担。以区域教研联盟为载体，助推五华县教育均衡发展。把全县划分为（南、中、北）三大区域，在全县进行“区域教研联盟”大教研活动的实践探索；统一全县各学段各学科的教研活动时间（含校本教研），从2021年9月开始执行；积极承办广东省教研院“走进粤东西北（梅州）教研帮扶活动”和2021年“百千万人才培养工程”省级培养对象走进乡村巡教讲学活动，推进课程实施，促进五华县基础教育均衡发展。采用线上线下相结合模式，构建教科研训一体化。为打通教师专业成长的瓶颈，2021年暑假期间42位教研员培训采用线上线下相结合的方式，对相对应学科的教师进行教学理念、课标、教材教法的培训，培训人数达10188人；抓好各项研训项目的研究、优化与实施，一年半来完成县级教师培训48期21733人次，提高五华县教师师德素养和教育教学能力。其中初中道德与法治学科受省教研院委托，承办以党史教育为主题的广东省首届“思政一起来备课”集体备课网络直播活动，该活动直播观看达到16万多人次，得到省教研院领导的充分肯定和线上线下老师的一致好评，开启广东省思政学科集体备课教研活动的新里程。实施名师名校长培育工程，助推五华教育整体提升。与北京师范大学珠海校区、嘉应学院合作，结合“三区”培训计划，制定培训方案，通过对学校行政领导、教师进行有计划、分层次、分类别培训。遴选首批中小学教师教育培训专家100名；建设高素质专业化的名校长队伍，重点培养20名小学、初中校长，提升五华校长队伍的整体水平；在全县范围遴选“名校长、名教师工作室”主持人，充分发挥名校长、名教师的引领作用，不断提升五华县中小学校长、教师队伍的专业化水平。加强自身培训队伍建设，激活教育协同创新活力。通过教学示范课、专题讲座等形式，有效指导各学校和老师们快速熟悉活动方案及操作流程，为学校开展教学评比发挥示范引领功能，给全县的各学科教师提供良好的参考范式，有效促进五华县课堂教学评比展示活动的顺利开展。

【3个基地建设】 五华县教师发展中心成功申报广东省基础教育县级教研基地，水寨中学、兴华中学分别成功申报广东省基础教育高中校本教研基地、广东省基础教育初中校本教研基地。2021年8月，3个省级基地已通过专家认证并启动。申报成功后，各项目负责人联合基地负责人对如何做好基地项目建设工作进行3次开会研讨，并积极做好项目启动的相关准备工作。结合项目建设要求，找出五华县教育发展中存在的短板，切实解决学校管理问题、育人问题、教育教学效能问题，充分发挥好基础教育县教研基地、校本教研基地的示范、辐射、带动作用。充分利用现有资源，发挥学校在校本教研中的作用，通过多种途径和形式，促进教师综合素质的全面发展，创新校本教研机制，落实校本研修任务，强化校本教研保障，提高校本研修水平。

【教学教研成绩】 2个项目获广东省教育科研立项（2021年省级课题），4个省级课题研究工作正有序进行，16个市级科研课题获立项，1项课题成果荣获梅州市教育教学“一等奖”，1位教研员的实验课——“实验：探究平抛运动的特点”入选2021年广东省中小学实验精品课，1人荣获市深度学习微课评比一等奖。市级名师工作室2个，县级名师工作室6个，在市县起到辐射带动作用。在省级以上刊物发表专业论文63篇，出版专著1本，还有1本正校对中，计划12月出版。教研员的教育科研水平和命题水平得到提高，在“课堂教学变革，构建科学评价体系”的教学评比系列活动，获得一等奖的有：高中1人、小学2人；二等奖：高中3人、小学1人；三等奖：高中14人、小学6人。特别是通过举办有针对性的各学科高考备考培训，在2021年的高考中，录取重本院校及小三门专业院校共376人，比2020年344人增32人；本科录取率对比2020年增加3个百分点。

【文体卫工作】 扎实做好疫情防控工作的同时，开展小学、初中、高中校园足球三级联赛，有全国、省级、市级青少年校园足球特色、推广学校88间。积极承办2021年广东省青少年校园足球夏令营、2021年梅州市“市长杯”青少年足球联赛（初中组）全市总决赛、2021年广东省“省长杯”青少年足球联赛（高中、中职组）全省总决赛等赛事，取得“市长杯”高中男女组、初中女子组、小学男子组4项冠军，初中男子组、小学女子组2项亚军，中职组1项季军；“省长杯”女子组冠军，男子组第七名的好成绩。组织学生参加广东省第七届中小学生艺术展演活动，获一等奖1个、二等奖2个、三等奖4个。组织教师参加广东省首届美育教师基本功大赛，获一等奖4个、二等奖3个、三等奖4个，音乐舞蹈类和美术书法类获奖教师数均居梅州市各县区的前列。

【师德师风建设】 始终坚持把师德师风建

设放在教师队伍建设的首位，常抓不懈。一是3月下发《五华县教育系统加强师德师风建设工作实施意见（2021—2023年）》（华教字〔2021〕23号），通过开展一系列师德教育活动，切实提高教师思想政治素质和职业道德水平，教师敬业立学、崇德尚美呈现新风貌。二是在全县教育系统开展“十大教师标兵”评选活动，经学校自行组织活动推荐上报候选人，县级初选审查、网络投票等评选出9名“十大教师标兵”，以此发挥优秀教师的示范引领作用，切实提高对师德建设重要性的认识。

【师资队伍建设】　及时招聘紧缺学科教师。通过梅州市2021年第一轮引进急需紧缺研究生人才3人，华师专场招聘紧缺学科人才8名，分别到五华县高（完）中任教，以解决学科结构性不均衡现状。充实中小学师资队伍。根据各校编制、实有教师数等情况，2021年对“县管校聘”中部分分流的学校缺编教师公开选调补充79名教师；为充实边远农村小学、教学点的教师队伍，确保山区学校教师配备，2021年夏季招聘教师121人、特岗教师94人。

【管理改革】　完成2020年中小学教师职称评审通过人员的聘用工作（高级419人、中级237人、初级172人）。完成中小学教师职称评审办法和教师水平评价标准修订的征求意见和深化中等职业技术学校教师职称制度改革实施工作方案。

【人事其他业务】　抓好档案室各项业务工作，规范干部人事档案管理。在档案的接收、整理、提供利用等方面，做到认真鉴别、分类准确、编号有序、目录清楚、装订整齐。审档1147份、建档434份、转递87份、归档16097份。严格执行请假审批制度，做好计划生育登记管理，落实计划生育重大事项报告制度。做好工会服务工作，慰问生病住院局机关干部职工校长25人次；慰问去世的局机关干部职工及校长家属11人次。

职业与成人教育

【招生工作】　加强宣传。各中职学校和初级中学通过采取标语、横额、专栏、简报、校讯通、专题会议、新闻媒体等多种形式不断加大发展职业教育的宣传力度。如在各镇主要路口树职业教育宣传牌，每个村挂3—5条宣传标语，全面印发致全县学生家长的公开信，出版宣传专栏，免费发放《2021年梅州市高中阶段学校招生报考指南》，让初中毕业生获取充足的招生信息。同时，要求各初中、完中认真做好初中毕业生升学引导工作，让初中毕业生做出最合理的升学选择。

明确任务。县教育局根据巩固提高“普高”“教育强县”和“创先”工作的目标，制定招生和送生计划：县内中职学校计划招生800人（不含非全日制），输送外县市中职学校4900人（不含非全日制），并将应届初中毕业生送生任务分解到各初（完）中。

根据送生任务，各送生学校要将送生任务分解到各班，层层落实责任，并结合本校实际，制定奖惩措施，确保送生任务的完成。通过定目标、分任务、定制度、强管理等措施，狠抓招生和送生工作的落实，各中职学校和初级中学的工作力度也大大增加，通过多方努力，成效显著，2021年县职校招生全日制学生846多人，技工学校招生1615人，超额完成计划数。

联合办学。协助县职校加强对外交流与联合办学，特别是要加强校企合作，达到人才培养过程中学校与社会接轨的零距离过渡。重点是督促县职做好番禺区帮扶五华县职业技术学校沟通工作，促成广州东华职业学院在县职开设“3+2”中高职贯通班（社会文化艺术专业）。另外，促进县职在专业建设方面实现校企深度合作，进一步优化创新学校专业设置，与东莞承正教育科技有限公司以专业共建的形式进行合作办学，合作专业：工业机器人技术应用。

【管理工作】 扎实落实好防疫工作措施。要求县职校严格按照上级防疫部门的要求制订好防疫工作方案，根据学校实际情况和学生特点订好“两案九制”，设置好各项防疫设施及场所（如健康观察点、防疫隔离室），准备好充足的防疫物资（如消毒用品、口罩、测温仪等），做好校园内各种场所的日常消毒工作，做好师生健康监测工作、测温工作等，保障学校师生的生命健康安全。

认真加强职业学校常规管理。重点是抓好防流控流工作，牢固树立质量意识，以质量求生存、效益求发展。针对职中学生流失大的问题，专门到有关学校进行调研，通过座谈、个别访问等形式总结出中职学生流失大的主要原因。同时，学校也积极召开各类学生会议，有效做好学生思想工作，同时加强管理，调动教师与班主任积极性，通过多做谈心工作和解决贫困生生活问题等，确保学生稳定不流失。此外，还不定期到校检查其教学管理落实情况，通过检查督促，提高办学质量。

规范完善中职招生宣传管理工作。为进一步促进中学输送职校生源工作，规范管理，有序输送，继续抓好中职招生宣传的规范管理，确保全县的中职招生宣传和送生工作有序健康发展。

加强对职业学校的检查督促。帮助他们完善和健全各项规章制度，加强教学管理、内务管理，更新观念，采取措施，拓宽生源，优化教学，提高教育教学质量。

积极开展各专业技能竞赛，如计算机专业的制作比赛、社会文化艺术专业的“七个一比赛”、动漫专业技能比赛、数字创作、电脑制作技能大赛等。

学生实习就业工作形势好。2021 年要求学校推荐就业的学生全部被推荐到东莞、深圳、惠州等珠三角地区对口单位实习就业，实现就业率 93%。

稳步推进社区教育和老人教育。充分发挥镇、村成人技校和社区教育点的主阵地作用，大力发展社区教育和老人教育，一年来，持续开展好书推荐、好书诵读、书友会、书香之家、读书之城、智能学习等线上线下活动。广泛开展微信读书、数字化阅读等活动，采用作家与受众、传播者与受众网络互连、线上线下互动等多种活动方式，组织社区居民广泛参加读书活动，营造全民参与、全民阅读、全民智学的氛围。以网络互联互通加强国家通用语言文字教育，传承中华优秀传统文化的阅读活动力度。

【专干的业务培训】 继续加强专干的业务培训，提高他们的思想、业务素质，增强他们爱岗敬业、开拓创新的意识。通过举办各类型业务讲座，创造性地开展工作，指导专干加强理论研究。

【做好镇成人技校的职业教育培训工作】根据各镇成人技校的办学实际，主动牵线搭桥，中职学校与镇成人技校联合办学，开展职业教育培训、社区教育和老人教育工作，同时落实责任，分期分批深入到有关镇成人技校，对办学条件、册籍资料建设、教学设施设备等进行重点细致的督查，发现问题，及时改进，有力地促进职业教育培训、社区教育和老人教育办学水平的提高。

五华县教育局2021年度单位负责人名录

党组书记、局长：黄国标（任至12月）
张伟雄（12月任职）
党组副书记、副局长：陈雨新
党组成员、副局长：甘森华
罗冬枚
县纪委监委驻县教育局纪检监察组
组长、县教育局党组成员：陈汉庭
党组成员：李玉琪
钟党正
曾利联

五华开放大学

【教师队伍建设】 2021年，学校现有在编教职工18人，其中中级职称4人，初级职称2人，外聘教师15人（有高级职称12人），借用教师6人。学校重视师资培训，加强政治和业务的培训，全年有7名教师参加2021年广东省高校新入职教师岗前培训，同时其余教师也参加县委县政府或上级开放大学组织的各种培训，实现全员培训。

【疫情防控工作】 学校高度重视学校疫情防控工作，把学校疾病预防控制工作作为学校重中之中来抓，召开专题会议进行预防控制工作的研讨，及时传达学习并坚决贯彻落实习近平总书记重要指示批示和中央、省委、市委、县委对新型冠状病毒感染的肺炎疫情防控工作相关文件、会议精神，统一思想，密切关注、及时应对、强化措施，按照县新型冠状病毒感染的肺炎疫情防控指挥部的要求，坚决扛起疫情防控的应尽之责，将疫情防控工作与提升基层党组织组织力、提升基层治理水平有力结合起来，提高政治站位，全力做好新型冠状病毒感染的肺炎疫情防控工作。

【开设全日制大专班教学点】 面对学历教育优势不再凸显的实际，及时调整学历教育发展思路，争取广东理工职业学院于2021年秋季学期，在学校开设全日制大专专班教学点，并结合五华经济社会发展实际，在本校开设法律、行政管理、文化服务与管理3个专业，招收近一百人，大大提升学校学历教育的竞争力，开创广东开放大学体系唯一一座县级基层开放大学开设全日制大专班学历教育的先河，多次在广东开放大学体系的重要会议上受到领导的高度赞扬，做强做优学历教育，丰富学校发展内涵。

【抓实课研】 按照省教育厅、广东开放大学关于申报课研项目要求，认真研究对照，结合学校实际，选定“县域‘家校社一体’协同育人社区教育示范基地”继续教育质量提升工程项目作为课研申报项目进行申报，并获得认可，有力地促进本校教研工作的开展。

【招生工作】 五华开放大学招生工作以疫

情防控要求为准绳，严格落实防控措施，实现防疫和招生两不误，面对招生形势压力重、竞争大的实际，通过多种方式的宣传，使本校的招生现状有新的改善，2021 年招生人数全年达到 800 多人，实现近几年来的新突破，进一步巩固在梅州开放大学体系中招生工作及招生人数的领跑位置。

【新闻宣传工作】 2021 年 3 月，学校被广东开放大学评为“广东开放大学体系新闻宣传工作先进集体”，冯少波副校长被评为“广东开放大学体系新闻宣传工作先进个人”。

【人才培养工作】 面对多年来学校中层干部存在断层发展的现象，经多方考察、群众推荐，走足干部推荐考察任用程序后，分别将他们提拔任用为办公室主任、教务室副主任、招生办副主任，让他们有一个新的平台、新的舞台，展现新的作为；同时根据上级有关推荐到村担任第一书记等工作部署要求，结合学校相关干部素质能力的实际，推荐陈丽敏、吴浪龙到华城镇兴中村分别担任第一书记、产业指导员，协助该村开展党建、乡村振兴等工作，得到县委组织部门的充分肯定。

五华开放大学 2021 年度负责人名录

校　长：吴明辉

副校长：巫文清

冯少波

社会科学

党史研究

【《中共五华县地方历史（第二卷）》编纂】《中共五华县地方历史（第二卷）》的编纂工作始于 2012 年，经过历年来的扎实推进，于 2021 年送中共党史出版社审核完毕，排成样稿再次审核，全书 21 章 68 节，约 35 万字，系统地记述 1949 年 10 月中华人民共和国成立至 1978 年 12 月中共十一届三中全会召开这一历史时期，五华各级党组织带领全县人民进行社会主义革命和建设的各项实践活动，是中共五华县委党史研究室组织编写的又一部党史著作。

【党史丛书征研编写】 2021 年是中国共产党成立 100 周年。五华县委党史研究室为推动五华党史学习教育纵深发展，献礼建党百年，在省、市党史业务的工作部署和县委、县政府精心统筹谋划下，积极组织人力编辑出版党史系列丛书。一是完成《五华县革命老区发展史》编写和出版。该书记述内容时间跨度 95 年，从大革命时期的 1922 年起至中共十九大后 2017 年止，全书有 10 章 47 节，约 35 万字。于 2021 年“七一”前出版发行。二是完成《广东中央苏区五华革命简史》编写和出版。该书简要讲述在新民主主义革命时期，五华苏区地方党组织坚持贯彻上级党组织的指示精神，带领当地人民群众进行艰苦奋斗的革命历史。内容吸收五华中央苏区最新研究成果，征集收编一批珍贵的党史历史图照。全书共 12 万余字。于 2021 年“七一”前出版发行。三是完成《中国共产党五华县历史 100 年大事记》编印。该书的史料收录时限为 1921 年至 2021 年 3 月上旬，时间跨度为 100 年。全书史料来源主要以《中共五华党史大事记（新民主主义革命时期）》《中国共产党五华县历史大事记（1949.10—2004.12）》为基础，参考《中国共产党五华地方历史（第一、二卷）》《五华县志》（1991 年版、2010 年版）《东江革命根据地史料汇编》和党的相关历史文献、报刊、网站和县内档案、年鉴等，吸收五华在中央苏区历史方面研究的最新成果。该书约 15.3 万字，于 2021 年 5 月印发。四是完成《红色印记——五华县革命遗址概况》编印。该书是对 2019 年 11 月至 2020 年 5 月期间开展的新一轮革命遗址大普查的成果转化利用。书中图文并茂地收录了全县 173 处革命遗址，包括新民主主义革命期间党的重要机构旧址，重要党史人物的故居、旧居、活动地，重要事件、重大战役战斗遗址，具有重要影响的革命烈士事迹发生地或墓地，反映重要历史活动、进程、思想、文化的各种遗迹和近年来兴建的涉及新民主主义革命各类纪念馆、展览馆等，地域范围分布为全县行政区域内的16个镇。该书约12万字，于2021年8月印发。五是完成《五华长征人物谱》编写和出版，该书是为纪念在20世纪30年代中国工农红军在二万五千里长征过程中做出伟大牺牲的五华籍红军。书中图文并茂地收录目前有据可查参加长征的五华籍红军及其革命伴侣的生平。共收录红军长征人物事迹10篇、留守红军人物事迹2篇，编排顺序大致按人物卒年先后排列。该书约5.5万字，于2021年11月印发。

【党史宣传教育】 2021年，五华县委党史研究室在党史学习教育期间，充分发挥党史宣传教育职能，为广大党员干部群众和全体师生接受光荣革命传统教育提供更多鲜活的党史学习教材。一是积极动员业务骨干主动挖掘丰富的五华党史资源，先后撰写《半世生涯戎马间 情牵故里赤子心》《炉火中的锻造与新生》《五华水运船运的兴衰纪略》等10多篇党史文稿，在《南方日报》《源流》《当代广东》《广东史志》《梅州日报》省、市、县各级报刊等新闻媒体平台上发表。二是协助县委组织部结合党史学习教育，充分整合县内红色资源，串珠成链，规划“重温五华红色历程，感受工匠家国情怀”五华县红色教育线路，为全市党员干部提供主题突出、特色鲜明的红色教育线路。认真抓好党史教育微视频制作，与县有关单位联合制作《千五英烈名 万古竞留芳》等微视频7集，合计时长35分钟，协助梅州电视台拍摄制作《“红色印记·光辉历程”五华篇》4集宣传纪录片，配合县委宣传部推出“中国共产党建党100周年回眸梅州五华”红色专题海报，进一步擦亮五华苏区红色品牌。

【革命旧址保护利用开发】 2021年，五华县委党史研究室为推动五华原中央苏区振兴发展，结合高质量构建“一城两带四区”发展格局的工作思路，进一步做好革命遗址的活化利用，增厚“宜居五华”的红色底蕴。一是做好革命遗址修缮。2021年，县委党史研究室主动邀请专业团队分别以“五华县农民运动遗址群红色革命遗址保护利用项目”“五华县长征人物红色革命遗址保护利用项目”和“长布镇中共后东特委遗址群红色革命遗址保护利用项目”进行提前策划申报，为五华县争取2021年度广东省红色革命遗址保护利用项目经费1696万元。二是做好革命遗址布展。协助做好曾国华故居、黄国梁故居、安流中学革命历史陈列室的布展工作。曾国华故居、黄国梁故居、安流中学革命历史陈列室均已建成和布展完毕并向公众开放，成为五华干部群众接受爱国主义教育、革命传统教育和党史教育的经典红色革命遗址。三是做好革命遗址利用。2021年，黄国梁故居、竹山阻击战遗址群等2处革命遗址被公布为第二批梅州市中共党史教育基地，古大存故居、五华革命烈士纪念碑、五华奥体中心红色体验馆等3处革命遗址被公布为梅州市党史学习教育实践基地，全县有12处革命遗址入选首批广东省革命文物名录，古大存故居被公布为“梅州红十景”之一，古大存故居、曾国华故居被公布为省级文物保护单位。

五华县党史研究室 2021 年度单位负责人名录

主　任：古江南
副主任：江连辉
副主任：曾招祥

地方志工作

【《五华年鉴》编纂工作】 2021 年，五华县人民政府地方志办公室（以下简称县方志办）按照《广东年鉴》《梅州年鉴》组稿工作编写大纲要求，及时研究、制定和布置编纂工作计划，落实撰稿人员，明确任务分工，条目在相对固定的基础上，各卷年鉴均根据实际有所增减。同时坚持"一年一鉴"的工作要求，确保每年按时按质出版。

【镇村志修编工作】 县方志办启动镇、村志编修工作，结合实际，制订《五华县镇、村志编纂工作方案》，坚持从点到面、从易到难稳步推进工作。截止年底 3 个试点镇（水寨镇、龙村镇、华城镇）和 3 个试点村（龙村镇塘湖村、华城镇铁炉村、水寨镇澄湖村）的镇村志编纂工作正在有序进行，其中水寨镇已初步完成资料的收集，铁炉村和塘湖村的村志即将完成初稿的编辑。

【图书资料数字化工作】 2021 年，根据省市的工作布置和要求，县方志办将继续做好存量图书资料的数字化入库。至 12 月底，已完成 2 本存量图书资料的数字化入库，还有 3 本正在进行。

【广东省情系列微视频五华篇（"长乐烧"酒微视频）拍摄】 为加强地方志资源的开发利用，努力为群众提供丰富、优秀的精神文化产品。根据上级布置要求，县方志办圆满完成"长乐烧"酒微视频拍摄工作，视频时长 3 分钟。

【"广东乡村集萃系列丛书"编纂工作】 为充分开发利用全县自然村落历史人文普查数据，县方志办结合地方志书、地情书及其他相关资料，完成五华足球、五华石艺等五份专题上报"广东乡村集萃系列"丛书编委会；五华红薯等 16 份专题上报省情网"产业产品"栏目。

【其他工作】 县方志办全力配合中央电视台《中国影像方志》广东卷五华篇的摄制工作，为摄制组提供全粤村情（五华卷）、五华县志、五华年鉴、梅州古驿道（五华篇）等 30 份资料。此节目视频 39 分钟，于 2021 年 12 月 2 日在中央电视台播出。

五华县人民政府地方志办公室 2021 年度单位负责人名录

主　任：陈宗书（6 月任职）
　　　　王培金（任至 6 月）
副主任：黄培邦　　钟定云

档案管理

【档案馆藏】 2021 年，五华县档案馆共接收档案 5849 卷、59222 件（文书档案 154 卷、32231 件，专门档案 5695 卷、21531 件，照片 5331 张、光盘 129 张）。截至年底已有 99 个全宗的档案实行电脑检索，共著录案卷目录 18916 条，文件级目录 383484 条，已全面完成馆藏档案文书档案纸质档案数字化扫描工作。

【档案开发利用】 开展现行文件利用和档案资料开发工作，按规定已向社会开放档案共 9623 卷，2021 年新增 57 卷，完成到期开放档案的 100%。2021 年共接待利用者 481 人次，提供档案 60 卷、460 件。

【档案馆新馆投入使用】 原五华县食品药品监督管理局和五华县质量技术监督局办公大楼，楼高 4 层，总建筑面积为 3459.79 平方米，划拨给五华县档案馆改造新馆，主要用途为五华县档案馆存放档案资料及办公使用。并于 2021 年 1 月 2 日的政府常务会议通过五华县档案馆新馆改造事宜。档案馆改造建设内容主要有钢结构工程、改造工程、安装工程，县档案馆已于 8 月搬迁至新馆办公。

五华县档案馆 2021 年度单位领导名录

馆　长：邱小梅（4 月任职）

文化·旅游·体育

五华县文化广电旅游体育局

【简况】 2021年，五华县文化广电旅游体育局（以下简称县文广旅体局）坚持以习近平新时代中国特色社会主义思想为指导，围绕县委、县政府的中心工作，立足本局工作实际，做好疫情防控工作的同时，大力实施文化惠民工程，扎实开展群众文化活动，在广东省第十届中青年戏剧演艺大赛中，五华取得1金1银8铜和“优秀组织奖”的佳绩。加快旅游重点项目建设，中国内地现代足球发源地梅州五华·元坑遗址景区开始运营，热矿泥温泉度假区一期建设已完成；有序推进全域旅游发展，新增元坑、双龙山为国家AAA级旅游景区；全县共接待游客578.9万人次，实现旅游总收入46亿元，分别同比增长3.35%和8.03%；大力实施“体育+”战略推进体育与旅游产业融合发展，2021年五华被国家体育总局确定为101个全国县域足球典型之一（广东3个，梅州唯一）；大力提高体育竞技水平，五华首次代表广东参加第十四届全运会，两支足球队分别获得五人制足球男子乙组冠军、五人制足球男子甲组亚军，创造梅州足球历史；12月22日，中甲联赛收官，梅州客家足球队成功实现冲超目标，成为中超历史上首支主场设在县级城市的球队，让五华成为全国唯一同时拥有男女足两支国内顶级联赛球队的县。切实抓好森林防火和安全生产工作，确保安全无事故，被评为2021年度县级热心消防公益事业先进集体。

【重点项目建设】 2021年，县文广旅体局牵头的省市县重点项目11项，其中，五华县横陂镇运动休闲建设项目、五华县热矿泥温泉山庄升级改造项目、梅州五华苏区革命历史博物馆项目、五华县曲棍球训练基地综合楼项目、五华县游客服务中心建设项目等按照年初确定目标基本完成，其他项目正在加快推进中。

【基层文化设施建设】 以满足人民日益增长的精神文化需要，提升五华县公共文化服务效能，使全县广大基层群众享受到更加丰富的基本公共文化服务，助力文旅强县建设。一是2021年完成五华新丰寨农业旅游发展有限公司、益塘水库、元坑3个粤书吧建设，先后在梅林镇宣优村、岐岭镇双头社区等11个村建立图书馆服务点，完成50个村级服务点的建设，实现全覆盖。二是5月完成五华县非物质文化遗产展示馆提升工程，组织广东长乐烧酒业股份有限公司、五华县一建工程有限公司、广东薪火文化传媒有限公司分别建立长乐烧制作工艺非遗乐园、五华石雕就业工坊、五华金木雕就业工坊，推动非遗项目产业化发展。

【文化建设】 五华县图书馆全年共采购图书8842册，征集地方文献130多册。共修复古籍8册920页，《通典》修复完成。开展各类活动32次，培训、讲座24场次630多人次，展览（含线上展览）18场次7199人次。创排《红土百姓》红色大戏等3个采茶剧新节目和《少年李惠堂》等3个木偶剧节目，在广东省第十届中青年戏剧演艺大赛中，木偶剧团、采茶剧团为五华取得1金1银8铜和“优秀组织奖”的佳绩。

【文化惠民活动】 2021年，五华县文化馆主办“平安五华 喜迎新春”送春联送祝福公益活动，文化志愿者惠民演出走进五华县特殊教育学校，“迎中秋 猜灯谜”等活动；承办五华县“狮鼓贺元宵”活动，五华县2021年“庆国庆 颂党恩”线上直播文艺演出活动。五华县博物馆举办《民间艺术的瑰宝——五华雕刻工艺精品展》的展览活动和“回顾光辉历程探寻红色记忆”电影海报展。协同梅州市社科联共同举办“梅州红色文化名片巡回展”五华县巡回展览活动，进社区、进校园巡回展出9场次，共接待观众3万多人次；举办梅州市五华县先进模范人物风采展、中国共产党成立100周年电影海报展、梅州红色文化名片巡回展览、文化名人的历史印记图片展等红色展览。开展非遗文化进校园、进景区、进乡村、进企业等演出80多场次，围绕2021年“文化和自然遗产日”活动主题“人民的非遗，人民共享”，开展线上云展播系列活动五次。

【推进客家文化生态保护实验区建设】 成立五华县客家文化生态保护区事务中心，建立五华县非物质文化遗产数据库，初步建立国家级、省级、市级、县级四级非遗项目保护体系。截至2021年底，共申报4个市级非遗代表性项目，12个县级非遗代表性项目；1个国家级非遗项目代表性传承人，2个省级非遗项目代表性传承人，2个市级非遗项目代表性传承人，25个县级非遗项目代表性传承人。

【扎实做好文物保护和活化利用工作】 完成曾国华故居、黄国梁故居等6处文保单位的修缮和布展工作；锡朋楼和五华县人民政府旧址（福庆楼）升级为市级文物保护单位；古大存故居、华城东征军政治部旧址（宗圣祠）等12处文物保护单位入选广东省首批革命文物名录；古大存故居、黄国梁故居被评为梅州市文物保护单位活化利用优秀实践单位。将长春楼等10处文物点申报为县级文物保护单位。县博物馆征集到具有历史价值、科学价值、艺术价值和教育价值当代文物品800多件。全国重点文物保护单位狮雄山遗址本体保护工程获国家文物局批复同意实施；元坑球源入选“梅州十景”；东江军魂——古大存故居入选“梅州红十景”；狮雄山遗址和长乐学宫入选“梅州文十景”；李惠堂旧居和李威光故居入选“梅州十四大名人故（旧、祖）居”。

【稳步推进旅游项目建设】 1月16日，中国内地现代足球发源地梅州五华·元坑遗址景区开始运营，迎来第一批游客；热矿泥温泉度假区一期建设已完成；利用省涉农资金新（改）建旅游厕所11座，同时在全国旅游厕所管理系统更新完工信息并完成“百度地图”APP定位工作；完成长布镇源潭村文化服务中心的“两中心融合”建设工作。新增元坑、双龙山为国家AAA级旅游景区；成功申报益塘水库知青楼为梅州市五星级旅游民宿，龙狮湖管理中心“敏捷·回家乡”为梅州市四星级旅游民宿。

【旅游业稳步向好】 1月1—3日和4月11—14日，联合南方卫视成功举办“新发现 心体验”广东人和百家旅行社自驾游五华旅游推介活动（一、二期），举办乡村旅游打卡、美食活动等，聚集人气，促进五华文化旅游消费。截至12月，全县共接待游客578.9万人次，实现旅游总收入46亿元，分别同比增长3.35%和8.03%。

【群众体育发展态势良好】 2021年，群众体育工作继续保持向前发展势头，组织举办“五四”青年篮球邀请赛、第四届职工运动会、第七届乡镇足球联赛、第六届机关企事业单位足球联赛、首届“奥园冠军城杯”篮球邀请赛、校园足球三级联赛暨“县长杯”足球赛、县青少年足球赛、梅州市首届“体育彩票杯”空手道锦标赛等赛事，全年赛事达2000多场次。2021年度国民体测任务基本完成，国民体质测定标准达到合格率以上的城乡居民达到95%以上，完成常态化体质测定人数2300人。

【竞技体育再创佳绩】 7月，五华首次代表广东参加第十四届全运会，两支足球队分别获得五人制足球男子乙组冠军、五人制足球男子甲组亚军，创造梅州足球历史；12月22日，中甲赛事圆满收官，梅州客家足球队成功实现冲超目标，成为中超历史上首支主场设在县级城市的球队，让五华成为全国唯一同时拥有男女足两支国内顶级联赛球队的县；2021年参加梅州市九运会获得金牌数排名第三的佳绩，足球总分第一（获得10个组别中的5个冠军、3个亚军、2个季军），拳击获得1块金牌，武术套路获得2块金牌，田径获得6块金牌，男子、女子曲棍球分别获得冠军，空手道获得7块金牌，武术散打获得2块金牌，跆拳道获得6块金牌；举重获得1块金牌。2021年获得市以上足球赛事冠军7个。

【体育产业发展良好】 2021年新增体彩网点4个，共有48个体彩网点，体彩总销量2300多万元，同比增长21%。

【体育项目建设】 全年注册体育协会共有23个；会员约有4600人。至2021年底，五华县共有足球场地291块，篮球场553个，羽毛球场386个，乒乓球场628个，健身广场、社区体育公园358个，健身步道279个。

【安全风险治理】 认真贯彻落实安全生产工作部署，着力防范化解安全风险和排查整改各类事故隐患，县文广旅体局旅游部门配合局执法股先后开展执法活动34次，对旅游景区明码标价、亮照经营工作、景区环境卫生整治、旅游安全等工作进行彻底整治，有效规范五华县旅游市场秩序。组织出动700多人次，对旅游景区、星级宾馆、旅行社、网吧、KTV和公共文化体育单位进行森林防火和安全工作大检查，发现隐患112宗，限期整改112宗，整改率达到100%，县文广旅体局被评为2021年度县级热心消防公益事业先进集体。保障广电安全播出，指导电视台、网络公司开展安全播出和安全生产全面系统自查，发现安全隐患12条，已全部督促整改落实完毕。加强农村广播电视网络（小片网）的治理，全年小片网的监督管理共出动267人次，拆除小片网、设备设施75家，私人卫星接收器176套。

【推进行政执法体制改革】 积极推进政府职能优化，调整下放县级文化市场行政执法职权，进一步理清县文广旅体局与镇执法单位权责关系，推动职权下放，执法重心下移，已下放第一批2项、第二批58项职权至16个乡镇执法机构。

【巩固脱贫攻坚成果】 发挥组织引领作用，抓党建促乡村振兴，全力以赴巩固拓展脱贫攻坚成果。一是开展“送温暖、献爱心”活动，组织全局系统机关干部职工开展2021年“扶贫济困日”献爱心慈善活动，动员全体干部职工踊跃捐款，共计27716元。另外，还定向捐款4000元，帮扶湖田村2户因学致困的贫困家庭。二是开展反电信网络诈骗和新冠疫苗接种排查登记活动，到华城镇湖田村、塔岗村协助村委会排查登记，帮助400多户家庭完成反诈骗APP安装和疫苗接种登记排查工作。

五华县文化广电旅游体育局2021年度单位负责人名录

党组书记、局长：

陈兆祥（12月任职）

张伟雄（4月任职，任至12月）

廖焕雄（任至4月）

党组成员、副局长：

邱明峰（任至3月）

曾经纬

汤汉高（任至11月）

郑越兴（任至11月）

魏俊林

曾晓东

李国华

梅州市五华龙狮湖管理中心

【简况】 梅州市五华龙狮湖管理中心是五华县人民政府直属正科级公益一类事业单位。管理中心内设综合服务部、党群服务部、财务部、发展规划部、建设工程部、招商引资部6个职能部门，核定事业编制30名；实有在职干部职工20人（其中在编人数16人）。办公地址为：梅州市五华县龙村镇登畲大街17号。

【旅游总规编制】 梅州市五华龙狮湖管理中心会同广东财经大学旅游规划设计院到相关景点实地考察，积极提供规划相关资料，召开龙狮湖旅游总规初审会，进一步完善后报县委县政府审批。

【人居环境】 联合登畲居委和一善志愿服务队清理中心周边村、街道等卫生死角，同时对单位周边的污水河流进行整治改造，打造节点，提升人居环境。2021 年，根据新一轮国土空间规划，管理中心统筹谋划、主动作为，针对性分析，差异化打造，高起点设计，分片区推进打造一个集生态、休闲、娱乐为一体的龙狮湖登山公园，为市民游客提供休闲新去处解决周边群众健身休闲去处。

【星级民宿】 主动作为，积极向市申请星级民宿。“敏捷·回家乡”民宿在 2021 年梅州市民宿质量等级评定中被评定为五华县境内首间也是唯一一间四星级民宿。

【文化旅游产业】 2021 年，管理中心始终围绕“文化+旅游”做文章，深入挖掘辖区文化旅游资源，精心组织策划报道，唱响龙狮湖声音。一是组织干部，深入挖掘龙狮湖辖历史文化，助推龙狮湖文化旅游产业迈上新台阶。二是充分利用微信公众号、抖音号、电视传媒等媒体在“五一”“国庆黄金周”“元旦”等节日时节推出“吃在龙狮湖”“游在龙狮湖”“住在龙狮湖”系列推送，提升旅游宣传质量与效能，提升龙狮湖美誉度和知名度。三是成功举办“住敏捷回家乡民宿·品龙狮湖茗茶”雅集、“醉美龙狮湖”摄影大赛等活动，推出体现龙狮湖美丽风光与特色民俗的摄影佳作，吸引游客来访，助推龙狮湖旅游开发。

【基础设施建设】 扎实推进旅游基础设施建设，提升游客幸福感。一是竖立 13 个自驾游交通标识牌，为游客提供良好指引服务。二是对子秀坪、先河石臼群等纯天然的景点，开辟人行便道，方便旅客安全游览。三是积极推进登云嶂、雷公肚、云岐圣峰 3 个省级茶园进出道路硬底化工程和其他基础设施，提升游客幸福指数。四是积极向上申请资金，在翻新村口建造一个旅游厕所，方便游客使用。

2021 年 9 月 10 日，“醉美龙狮湖”摄影大赛开镜仪式在梅州市五华龙狮湖管理中心举行（曾晓燕 摄）

梅州市五华龙狮湖管理中心 2021 年度单位领导名录

主　任：龙夏辉

副主任：温妙禄

刘展雄（3 月任职）

卫生·医疗

五华县卫生健康局

【医疗卫生概况】 2021年，全县现有公立卫生健康单位40间（县级10间、乡镇卫生院30间），村级卫生站518间，民营医疗机构9间。全县设置病床4836张，其中县级公立医疗机构1579张、乡镇卫生院2129张、民营医疗机构1120张、其他机构8张，每千常住人口病床数5.17张。各级各类医疗卫生机构现有执业（助理）医师1925人、注册护士2317人，每千常住人口执业医师数、注册护士数分别为2.1、2.53；全科医生数445人，每万常住人口全科医生数为4.85；全县配备乡村医生530人。

【统筹推进常态化新冠肺炎疫情防控工作】 结合县级疫情防控指挥体系的调整和完善，相应调整充实由县卫健局牵头的2个工作组、6个工作专班以及其他需相关班组的负责人，并每个专班指定一个股室牵头对接相关工作，统筹落实相应防控措施，建立“一把手统筹抓、分管领导分工抓，各股室各司其职、各医疗单位互联互动”的疫情防控工作格局，并定期召开形势研判会，适时调整防控策略，合理调整工作任务，确保防控措施的科学有效实施，全力防范疫情输入。同时，突出医疗机构感染防控，加强预检分诊和发热门诊（诊室）管理，结合大数据信息对接落实“三人小组”落地核查工作，强化卫生应急物资储备、集中隔离场所筹备、全员核酸检测等三大准备工作，加强医疗救治、流行病学调查、核酸检测三支队伍建设，对中高风险等重点地区人员迅速排查并落实核酸检测，全面做好党代会等重要会议和大型活动的核酸检测和疫情防控保障工作，切实筑牢“外防输入，内防反弹”防线。

【建立适龄人群新冠病毒免疫屏障】 五华县于2021年3月21日全面启动18～59岁人群大规模接种工作，7月1日全面放开60岁以上人群疫苗接种工作，7月26日启动12～17岁人群疫苗接种工作，11月启动3～11岁人群疫苗接种工作，并启动第三针加强免疫接种。新冠疫苗接种工作启动以来，全县卫生健康系统统筹资源，全面确保疫苗分发的及时性，建立24小时值班值守制度，开启“5+2”“白加黑”模式，真正做到“苗随来随接，即接即送”，确保每一支疫苗第一时间配送至每一个接种点，最大限度提高疫苗配送速度，实现疫苗库存“隔日清、隔日结”。同时，及时精准对接市级疫苗调配分发，细致做好疫苗分发计划，结合疫苗分配数量，对各接种点疫苗需求、库存数量、接种能力进行科学分析评估，高效按时按质完成每一批次疫苗接种任务。截至12月31日，全县3～11岁人群第一剂次接种率覆盖率为83.96%，全程接种率覆盖率为78.82%；60岁以上人群第一剂次接种率覆盖率为77.81%，全程接种率覆盖率为71.22%；加强针接种已完成接种人数占加强免疫人数比例为53.49%，为五华县构筑全人群免疫屏障打下坚实的基础。

2021年11月11日，暨南大学附属第一医院托管五华县人民医院签约仪式在五华县党政大楼举行，图为签约仪式现场（县卫生健康局提供）

【推进医疗卫生基础设施建设】 五华县人民医院门急诊医技住院综合大楼、妇幼保健计划生育服务中心大楼、梅州谷城医院（民营）综合大楼分别完成主体建设，县精神卫生中心门急诊大楼、县人民医院深圳大楼升级改造、郭田镇卫生院迁建项目正在推进，进一步促进提升全县医疗卫生基础设施水平，着力建强卫生健康事业发展硬件平台。同步推进疫情防控重点项目建设，县人民医院、中医医院、疾控中心、明鑫医院等4个核酸检测实验室先后建成投入使用，增建第二、第三人民医院核酸检测实验室项目正在实施，保障全县新冠病毒核酸检测“应检尽检”“愿检尽检”需求。

【深化医药卫生体制改革】 强化政府决策智力支持，于1月22日挂牌成立“五华县卫生健康事业发展总顾问办公室”，特聘原广州军区总医院院长刘坚教授担任全县卫生健康事业发展总顾问，为卫生健康事业发展牵线搭桥、招才引智，助推加快发展。同时，深化医药卫生体制改革，突出完善疾病防控体系、推进建立现代管理制度、推动落实公益一类财政保障机制等重点任务；制订乡镇卫生院绩效工资制度实施办法，着力推动基层卫生院健康运行。县政府与暨南大学附属第一医院于11月11日签订托管县人民医院协议，托管移交工作正在筹备中。县中医院与广东葛洪中医药研究院签订紧密型中医医共体，与南方医科大学中西医结合医院挂牌共建肿瘤、妇科专科联盟，大力推动服务能力提升。第二、第三人民医院全面推进“二甲”创建工作，促进完善“以县城为中心，安流、华城为南北两翼，其它卫生院为枢纽，村级卫生站为网底”的三级医疗服务格局。

【提升综合健康服务水平】 进一步巩固创建“全国基层中医药工作先进县”工作成果，扎实推进市级创建“全国基层中医药工作先进单位”相关工作，全县30间乡镇卫生院设置中医诊疗区或中医馆（其中五星级2间、三星级28间），90%以上行政村卫生站能够开展中医药服务，中医药的传承创新取得新的进展；积极开展出生缺陷综合防控和城乡妇女“两癌”检查项目，切实提高全县城乡妇女健康水平和出生人口素质，全年五华县城乡妇女免费“两癌”检查项目目标人数8219人，已完成宫颈癌检查8565人，完成乳腺癌检查7474人，“两癌”检查完成率104.25%。强化家庭医生签约服务，全县共组建家庭医生服务团队254个，完成常住人口家庭医生签44.18万人。全县基本公共卫生服务人均经费补助标准提高至79元，推动国家基本公共卫生服务下沉到村，巩固和完善镇村基本型卫生服务一体化管理，重大公共卫生服务项目受益人群逐步扩大。

【严重精神障碍管理治疗工作】 县卫健局积极落实医疗救助政策，加强对基层卫生院精防人员的技术指导、质控等工作，深入开展严重精神障碍患者复核诊断评估工作，落实门诊发药工作，有效提高患者服药依从性，进一步提高全县严重精神障碍患者规律服药率和规范管理率，不断提高全县严重精神障碍患者管治水平及服务能力。2021年，五华县被省精神卫生中心授予“广东省严重精神障碍管理治疗先进县”称号。

【促进人口平稳均衡发展】 把依法实施三孩生育政策、提高优生优育服务水平、促进普惠托育服务发展、促进老年健康列入五华县卫生健康事业发展“十四五”规划之中。依法实施三孩生育政策，清理和废止相关处罚规定，依法依规妥善处理历史遗留问题，做好三孩生育政策实施前后奖励扶助和制约处罚措施的衔接；深入开展婚育新风进万家活动，倡导适龄婚育、优生优育，构建新型婚育文化，提高优生优育服务水平。实施妇幼健康保护工程，健全母婴安全保障体系，完善县级危重孕产妇、新生儿救治体系和发热门诊规范化建设，提高危重孕产妇和新生儿救治、妇幼重大传染病防控和妇幼突发公共卫生事件应急管理能力；促进普惠托育服务发展。将婴幼儿照护服务纳入经济社会发展规划，支持社会力量举办婴幼儿照护服务机构；强化老年人健康服务，积极应对人口老龄化，全面开展老年健康教育活动，提高老年人健康素养，推进医养结合、“银龄安康行动”等工作，做好老年人健康管理，建立完善老年健康服务体系，提高老年人生活质量和健康水平及健康保障；保障计划生育家庭权益，对全面两孩政策调整前的农村部分计划生育家庭奖励对象、城镇独生子女父母计划生育奖励对象、独生子女伤残死亡家庭特别扶助对象、计划生育手术并发症人员，由县财政投入经费为2400多户计划生育家庭办理意外伤害保险，持续抓好各项计划生育奖励扶助制度和优惠政策的落实。认真做好全员人口信息系统数据更新和完善工作，加强人口监测，健全人口预测预警制度。

2021年五华县卫生健康局单位负责人名录

党组书记、局长： 刘锐锋

党组副书记、副局长： 刘志中

党组成员、副局长： 曾豪达
曾国强

党组成员： 宋国强
薛奕良
赖伟钧
张锡文

社会生活

民政工作

【社会救助】 2021年，五华县城镇、农村低保对象最低生活保障人均补差水平分别为每月631元、286元；城镇、农村特困人员供养标准分别为每人每月1280元、920元。不断加大对低保、“五保”的核查、抽查、督查和公示力度，全年共退出低保1471户6226人，新增低保774户2383人；退出特困268人，新增特困89人，确保动态管理下的“应保尽保、应退尽退”。截至2021年底，全县有低保12934户36381人，其中：农村低保12672户35950人，城镇低保262户431人；特困人员3795人，其中：集中供养240人，分散供养3555人。每季度末，把新增、取消的低保、特困人员、孤儿、事实无人抚养儿童等信息及时报送县乡村振兴局，共享信息资源。及时把建档立卡无劳动能力对象9106人（其中低保5772人、特困3062人、孤儿和事实无人抚养儿童272人）纳入兜底保障；对不符合条件的经调查核实后及时反馈，全力做好巩固脱贫攻坚同乡村振兴有效衔接工作。

【基层政权和区划地名】 坚持法定程序不变动，依法依规全面完成全县413个村、34个社区换届工作，共选出新一届村（社区）“两委”干部2676名，书记、主任“一肩挑”比例99.6%，“两委”干部“交叉任职”比例87.6%，女性“两委”干部742名，占比27.7%，女性书记（主任）43名，占比9.6%。完成“双百工程”社工招聘以及人员整合工作，实现16个镇级社会工作站全覆盖，48个社会工作服务点挂牌运作。“双百社工”对服务对象实行包片包村包户网格化管理，落实惠民政策，打通为民服务“最后一米”。扎实开展区域界线联检工作，完成第四轮梅州市与河源市行政区域界线五华段的联合检查工作。

【社会事务】 2021年，五华县孤儿基本生活最低养育标准集中供养、分散供养分别为每人每月1883元、1227元；重度残疾人护理补贴和困难残疾人生活补贴分别为每人每月243元、181元。至2021年底，孤儿356人，其中：分散供养343人，集中供养13人；事实无人抚养儿童667人；残疾人“两项补贴”对象34765人次。每周派出宣传车深入各镇、村（社区）宣传殡葬政策，严格执行约谈制度，狠抓安葬（放）设施违规建设经营和违建墓地专项整治工作。2021年共发现违规建坟51宗，完成整治41宗，10宗正在整治中，切实巩固遗体火化率100%。同时，印发21万份关于加强殡葬管理禁止非法建坟的公开信，发至全县16个镇447个村（社区）；各镇与各村各户签订20万份殡葬承诺书。通过民政网站、印发宣传手册等方式深入开展惠民政策进村居宣传活动，使政策深入人心、家喻户晓，切实做到“政策找人”。

【养老服务】 2021年10月，建立五华县特困供养机构“双院长”制，由中标运营方万福颐养院派驻1名执行院长外，再各任1名辖区内镇民政部门负责人为监管院长，明确各院长工作职责，共同做好养老服务机构的监督管理工作，不断推进特困供养机构供给侧改革。按时为127名百岁老人发放每人每月200元长寿保健金；为27797名80～99周岁老人发放每人每年200元高龄津贴。完成21个农村居家养老设施设备建设和70户特殊困难老年人家庭适老化改造。通过开设“长者饭堂”助餐示范点，采取试点先行、示范带动的方式持续推进“长者饭堂”助餐服务，不断满足老年人用餐服务需求。

【社会组织管理】 坚持党对社会组织的全面领导，扎实开展社会组织党建摸排和组织建设“双同步”工作；完成30%（10家）社会组织“双随机、一公开”抽查工作；开展打击非法社会组织专项行动和社会组织法人治理专项整治。通过以上举措，确保五华县社会组织健康发展。截至2021年底，全县有依法登记的社会团体152家，民办非企业单位214家。

【未成年人保护和流浪人员救助工作】 联合县教育局、深圳市社联社工服务中心举办“为爱护航”未成年人性教育安全保护活动，覆盖16个乡镇，22所中小学校，共服务5699人次。结合创建全国县级文明城市和“美丽梅州·美好家园”城乡环境大提升行动，深入到县城车站、桥梁、广场、公园等区域，加大对流浪乞讨人员的巡查救助和流浪精神障碍患者的救治力度，努力实现主要街道、公共场所无流浪乞讨人员。全年共救助流浪乞讨人员56人次，为11人长期滞留的流浪乞讨人员办理户口，为13人办理收养登记。

【福彩中心】 截至2021年底，五华县有42个福利彩票销售点，年内新增3个，填补郭田、转水镇的空白。全年福彩销售1888万元，超额完成年度福彩销售任务1700万元，完成率112%。

【婚姻登记】 结合“我为群众办实事”实践活动，于2021年6月21日前实现婚姻登记“跨省通办”“全城通办”。全年共办理结婚登记8296对，离婚登记1502对，自《中华人民共和国民法典》实施以来，离婚登记同期下降51.2%。

【基础设施建设】 2021年，五华县民政局把民生工程建设作为提升民政公共服务水平重要抓手，想方设法推进工程建设进度。一是加快推进五华县救助服务站和未成年人保护中心综合体前期工作，力争2022年兴建部分主体工程，争取2023年投入使用。

二是加快推进养老服务医养结合，完成华福中心卫生院建设，将尽快完成验收交付，投入使用。三是督促公办养老机构公建民营供给侧改革中标运营方五华县万福颐养院完成河东、龙村敬老院适老化提升改造。四是加快推进转水镇公益性生态公墓建设，全年完成700多个墓穴，占年度500个墓穴目标的140%，公墓的建成将有效解决转水镇以及附近镇遗体火化骨灰安葬问题。

2021年11月8日，县委书记朱少辉（中）率队到河东敬老院调研民政工作，县政府副县长赖俊香（左二）陪同调研（县民政局提供）

2021年12月15日，五华县医养结合项目华福中心卫生院一角（龙董良 摄）

五华县民政局2021年度单位负责人名录

党组书记、局　长： 江锦城（任至7月）
李文高（7月任职）

党组成员、副局长： 邓志荣
曾宪猛
周泗红（3月任职）
黄文柱（任至2月）

党组成员、办公室主任： 李清兰

人力资源和社会保障

【就业服务管理】 2021年，五华县城镇新增就业4351人，完成市下达任务4000人的108.78%；城镇下岗失业人员再就业2944人，完成市下达任务2500人的117.76%，其中就业困难对象再就业956人，完成市下达任务210人的455.24%；城镇登记失业率为2.29%。积极搭建劳动力供需平台，全年开展线上线下招聘会60场，进场企业数量达283家，提供就业岗位10757个，协助园区企业新招工2352人。“促进就业3.0”政策红利得到释放，2021年全县共申请中央和省级就业创业专项资金1332.01万元；申请创业担保贷款145笔，共3881万元，贴息232.74万元；企业和个人享受就业创业政策扶持3303人次。

【培训和职业能力建设】 2021年，全县开展“粤菜师傅”技能培训588人，完成年度目标任务数的196%，带动创业就业人数412人；开展“广东技工”等各类技能培训10483人次，完成年度目标任务数的104.83%；开展家政服务培训2938人次，其中妇婴护理（母婴服务）1530人，完成率665%；家庭保洁（居家服务）318人，完成率117.78%；居家养老照护（养老服务）890人，完成率1113%；医护服务（医疗护理）200人，完成率100%。

【技工教育工作】 2021年，五华县技工学校有教职工194人（其中高级职称10人，中级职称29人，技师等级18人，中级工、高级工等级共51人，一级教师30人），在校生4271人。2021年，省级专家组对学校创建省重点技工学校完成评估并表决通过；口腔义齿制造、建筑施工两个专业被列为全省技工院校重点专业，共完成专业提升专项资金300万元；580名毕业生分别获得电工、数控、汽修、幼教、烹饪、电商专业中级等级认定。加大校企合作力度，2021年派出6批次1200多名学生到企业进行顶岗实习。

【人事人才管理】 2021年，县人社部门接收各类流动人才档案6990份，办理高校毕业生调档函1550份，目前在库高校毕业生档案共53222份，在库企业人员档案10918份。2021年，五华县人力资源服务产业园获评广东省首批省级人力资源服务产业园，同时，五华县乡村振兴人才驿站揭牌，全县16个镇已完成人才驿站基础建设。全年完成引进博士人才任务2人，事业单位引进全日制硕士研究生7名；建立五华籍博士人才库，目前在册博士85人；建立专家人才库，有农业和畜牧类、建筑类、教育类、医学类等高层次人才共132人。全年按相关规定为机关事业单位工作人员办理县内调动949人（含改革转隶、选调等人员），调往外县47人，调入本县19人，恢复聘用资格1人。

【专业技术人员管理】 2021年，五华县人社部门按照《广东省人力资源和社会保障厅关于印发广东省职称评审管理服务实施办法及配套规定的通知》要求，认真做到规范职称评审程序，加强评审管理，强化评审服务，保证评审质量，全年审核审批各行业专业技术资格资料高级528份，中级280份，初级209份。

【劳动保障检查、劳动人事争议仲裁】 2021年，五华县人社部门开展劳动保障监察和劳动人事争议仲裁工作，立案受理各类劳动人事争议案件237件，较2020年增长76.86%，其中调解208件，裁决29件，受理案件涉及劳动者259人，较2020年增长93.28%，涉案金额871.70万元，较2020年增长23.80%，案件均在法定审限内结案，仲裁结案率100%，其中仲裁终结率92.82%，调解率90.93%；处理劳资纠纷案件559件，同比增长236%，涉及农民工1657人，为劳动者追回工资等待遇金额共计2686万元，按时结案率99%；受理信访案件178件，同比增长79.79%，结案率100%。

【职业技能鉴定和劳动关系】 2021年，五华县人社部门按照《广东省人力资源和社会保障厅广东省财政厅关于印发广东省职业技能提升》（粤人社规〔2019〕43号）文件精神，严格审核程序，认真审查审核材料，开展专项职业能力的鉴定，其中妇婴护理1218人，客家风味菜烹饪218人，网商运营322人，汽车美容56人；认定一批职业资格等级证书，其中五华县技工学校等级认定电工30人，数控车床5人，保育师303人，汽车维修检验工139人，中式烹调师100人，梅州市国友义齿有限公司等级认定口腔修复体制造工77人。

【社会保险管理】 2021年，五华县参加职工养老保险6.72万人，失业保险4.43万人，工伤保险6.28万人。职工“三险”收入58358万元，较2020年增收14951万元，增幅

25.6%。城乡居民基本养老保险参保人数44.83万人，征缴收入3002万元。机关事业单位养老保险参保人数2.19万人，征缴收入19768万元，同比增收1125万元，增幅3%；职业年金征缴收入17992万元，同比增收1329万元，增幅7%。职工“三险”支出83357万元，同比2020年增支8153万元，增幅10.8%。企业职工基本养老保险离退休人数3.9万人，平均待遇水平1806元/月，城乡居民养老保险领取待遇人数14.3万人，平均待遇水平236元/月。

【养老与失业保障】 2021年，县人社部门办理就业登记8884人，失业登记3014人，认定就业困难人员1151人。按政策为机关事业单位工作人员336人办理退休手续。办理下岗工人退休48人。发放失业补助金2493人次，金额103.63万元，向11位参保职工、失业人员发放技能提升补贴17700元。

【被征地农民养老保障】 2021年，县人社部门按照要求，协助做好国土征地报批以及被征地农民养老保障工作，已批复征地项目68批次，应保障17573人，涉及保障资金15815.7万元，保障资金县过渡户已全部核拨到各镇被征地农民养老保障专户。全县已落实被征地农民养老保障对象7308人、落实保障资金6577.2万元，未落实保障人数10265人、未落实保障资金9238.5万元。及时为被征地农民办理参保手续，做到应保尽保，2021年已到60周岁领取待遇人数3374人，每人在领取基础养老金180元/月基础上，再领取被征地养老保险金119.75元/月。

【工伤认定和劳动能力鉴定】 2021年，县人社部门受理工伤申请126件，认定116件，不予认定5件，撤销认定5件。受理劳动能力鉴定申请82人次，其中已鉴定工伤伤残等级69人次，伤情未稳定待稳定再申请鉴定10人次，确认工伤复发2人次，确认辅助器具配置1人次；受理职工非因工伤伤残或因病丧失劳动能力程度鉴定申请13人次，鉴定因病完全丧失劳动能力8人次，未达完全丧失劳动能力5人次。

五华县人力资源和社会保障局2021年度负责人名录

局　　长： 郑遂方（12月任职）
黄永响（任至12月）
副 局 长： 廖旭标
薛志东（任至7月）
曾放群
朱燎原（7月任职）
党组成员： 周运芳
曾发明
李　峰

社会保险基金管理

【实现“稳服务，零感染”目标，严格落实疫情防控措施】 按照相关疫情防控工作指引（指南），确保人民群众生命安全和身体健康，重点做好社保大厅工作人员和办事群众的身体健康监测工作，在办公场所做好宣传与消毒防控工作，抓好办事人员进场、退场秩序工作，通过人社网、“粤省事”、社保微信公众号等渠道积极推行社保服务事项“不见面”办理等防控措施，实现疫情防控与公共服务两不误。

【应保尽保】 与时俱进，深入推进各项社会保险体制改革，充分利用大数据平台，弄清参保底数，创新宣传方式，简化缴费程序，分类施策全力推动各项社会保险精准扩面征缴、关系转移、接续等工作，多层次筑牢社会保险体系，努力实现应保尽保。2021 年，企业职工基本养老保险参保人数 6.72 万人，失业保险参保人数 4.43 万人，工伤保险参保人数 6.28 万人。全县职工“三险”收入 58358 万元，同比 2020 年增收 14951 万元，增幅 25.6%。其中企业职工养老保险收入 56789 万元，同比 2020 年增收 14570 万元，增幅 25.6%；失业保险收入 1081 万元，同比 2020 年增收 255 万元，增幅 23.6%；工伤保险收入 489 万元（完成任务数的 85%，原因是按粤人社规〔2021〕4 号文规定按照国家有关部署，自 2021 年 5 月 1 日至 2022 年 4 月 30 日期间，在实施本通知规定的工伤保险行业基准费率标准和继续执行费率浮动办法的基础上，全省各用人单位的工伤保险缴费费率统一阶段性下调 50% 执行），较 2020 年增收 126 万元，增幅 25.7%。城乡居民基本养老保险参保人数 44.83 万人，征缴收入 3002 万元。机关事业单位养老保险参保人数 21917 人，征缴收入 37171 万元，同比增收 1125 万元，增幅 3%；职业年金征缴收入 19768 万元，同比增收 1329 万元，增幅 7%。

2021 年 6 月 23 日，联合国家税务总局五华县税务局在县工业园开展特定人员参加工伤保险的宣传工作（李智贤 摄）

同时做好特定人员参加工伤保险工作。按照《转发〈关于单位从业的超过法定退休年龄劳动者等特定人员参加工伤保险的办法（试行）〉的通知》梅市人社〔2021〕2 号的文件要求，为进一步完善社会保障体系和扩大工伤保险覆盖面，更好地化解各类单位工伤风险和维护劳动者权益，组织人员落实村（社区）党组织委员会和村（居）民委员会参加工伤保险、缴纳工伤保险费工作。截至年底，已落实全县村（社区）“两委”2650 人参加工伤保险。

【应发尽发】 对标对表核发各项社保待遇，确保各项待遇及时足额发放到位，让每一个参保人都能及时享受到改革发展的成果。

各项待遇发放不受疫情影响，各项社会保险待遇未按期办理认证的，不暂停待遇的发放。对疫情防控期间未能及时办理申领待遇的，先预约登记，后提交相关材料，按规定补发待遇，确保各项社保待遇按时足额发放，按规定调整社保待遇。工伤保险一次性工亡补助金提高至 87.67 万元。2021 年全县职工“三险”支出 83357 万元，同比 2020 年增支 8153 万元，增幅 10.8%。其中企业职工养老保险支出 81556 万元，同比 2020 年增支 7692 万元，增幅 10.4%；失业保险支出

509 万元，同比 2020 年增支 3 万元，增幅 0.5%；工伤保险支出 1292 万元同比 2020 年增支 458 万元，增幅 54.9%。企业职工基本养老保险离退休人数 3.9 万人，平均待遇水平 1806 元/月，城乡居民养老保险领取待遇人数 14.3 万人，平均待遇水平 236 元/月。

坚持民生为本，民生实事在落实落地中实现惠民。一是提高社保待遇。全面提高退休人员待遇，并于 6 月 30 日前把调整增加的基本养老金发放到位。工伤保险一次性工亡补助金提高至 87.67 万元。二是落实失业补助金、职业技能提升补贴和稳岗返还补贴政策。2021 年以来，发放失业补助金 2493 人次，金额 103.63 万元，向 11 位参保职工、失业人员发放技能提升补贴 17700 元。三是积极助力乡村振兴工作。落实好困难群体城乡居保最低缴费标准全额代缴养老保险费政策，2021 年已全面完成全县符合参保条件特殊人群 48905 人的代缴登记工作，其中低保特困人员共有 17584 人，重度残疾、精神和智力残疾人员共有 16643 人；保障全县 14.3 万人及时享受城乡养老保险待遇，其中困难群体 1.95 万人享受了待遇。四是加大社保卡应用力度。新增退休人员使用社保卡发放养老待遇人数达到 100%，已退休人员使用社保卡发放养老待遇人数达 83%以上，进一步发挥社保卡便民、惠民作用。

稳妥推进机关事业单位养老保险退休“中人”新办法核算待遇工作。2021 年以来，五华县按照省、市统一安排部署，稳步推进“退休中人”新办法核算待遇工作。五华县 2014 年 10 月 1 日至 2017 年 12 月 31 日的退休“中人”1207 人，1156 人已按新办法发放待遇，占比 95.7%，未复核发放待遇 51 人其中：教育系统 42 人因缴费未满 15 年需补缴后复核，截止年底因五华县财政困难暂未拨付补缴资金；5 人已死亡家属放弃补缴；1 人受到处分因政策未明暂未复核；3 人因系统、档案遗失或不齐等问题，暂无法办理关系转移。

【管好参保人的钱袋子】 进一步完善各项基金风险防控机制，常态化加强内部监督与检查，制定了 2021 年社会保险稽核内控工作方案、社保基金问题专项整治方案、“清数”“筑墙”实施方案和业务经办人员的用户权限管理制度。充分利用大数据全方位对各项基金的运行分析和研判，与公安、法院、检察院、司法、民政等部门建立月报信息共享制度，同时建立健全投诉举报制度，及时发现和纠正重复参保、内外勾结、欺诈冒领等违规行为，确保各项基金安全完整，高效运行。2021 年，共稽核户数 1163 户，稽核人数 41607 人，稽核企业参保证明申请 16 次，协查协办证明 280 宗，对城乡居民养老保险股、失业保险股等 8 个股室进行业务核查及专项检查，整改落实各项违规领取社会保险待遇 92 人，追回金额 45.88 万元。在“清数”“筑墙”行动中，接收疑点数据 244319 条，完成数据核实 242699 条，完成核实 99.34%（其中工伤、失业、企业养老、机关事业单位养老保险的核实工作全面完成），需修正数据 103296 条，已修正 3175 条，完成修正 3.07%；核查出应整改问题 3469 条，已整改 337 条，完成整改 9.71%；应整改中涉及应追回基金 27 人涉及金额 134785.45 元，已追回 23 人，追回金额 124859.45 元。

【服务好人民群众】 不忘初心、牢记使命，

2021 年 12 月 8 日，联合河东镇人民政府在河东人民广场开展志愿服务活动（李智贤 摄）

努力学习党史和社保各项业务知识，熟练掌握各项业务的具体操作规程和操作方法。深入推进智慧社保，大力推动社保服务事项限时办结制、领导干部“走流程转作风”“我为群众办实事”等活动，各项业务经办实行“互联网+社保”，争取社保服务事项百分之百实现网上办，努力让数字多跑路，让群众少跑腿，坚持服务群众“最后一公里”。一是大力推进电子政务建设。五华县社保业务有 103 项服务事项放到广东政务服务网。据统计，城乡居民养老保险待遇申领、城乡居民养老保险个人账户一次性待遇申领、退役军人养老保险关系转移接续申请、企业职工领取养老保险待遇资格认证等公共服务事项网上共申报 25030 件，已办结数 24385 件，办结率 97%，其余不符合要求的申请已被不予批准或终止办件。二是推进“快办”服务。压缩办结时限，高频服务共压减 15 项业务审批环节，85 项经办事项提速 50%以上，14 项事项实现秒批秒办；对符合办理条件的事项实现“最多跑一次”；实现社保系统内工伤保险待遇申领、失业保险待遇申领等 5 个项目相关实现打包办。三是快速推进“领导干部走流程转作风”工作。按照省、市社保局的部署工作要求，结合党史学习教育的契机，制定《五华县社保局领导干部“走流程转作风”活动实施方案》。2021 年，局领导班子成员和业务主要负责人以办事人员、经办人员身份全面体验线上线下办事流程，解决个人补收业务、个人历史信息维护业务、领取资格认证等社保服务事项“办事不便、流程不优、效率不高”等问题。四是认真落实向乡镇下放政务服务事项工作。按照县委县政府的要求，进一步深化五华县乡镇体制改革，配合政数局切实做好政务服务事项下放工作，通过加强沟通联系协调，五华县社会保险基金管理局梳理出一批政务事项下放到乡镇办理，截至年底已经下放养老保险参保缴费凭证申请、城乡居民养老保险费断缴补缴申报、城乡居民养老保险缴费申报等第一批下放事项共 11 项，继续深入推进第二批政务事项下放。

五华县社会保险基金管理局 2021 年度负责人名录

局　长：李　峰

副局长：郭裕华

刘少波

廖雪梅

医疗保障

【医药、医用耗材采购】 组织全县公立医疗机构参与跨区域联合集团采购、国家药品集中采购、医用耗材联盟采购等，大幅降低药品耗材采购供应价格，降低药占比和耗材占比，提高医疗机构的效益，减轻群众购药负担。2021 年 1—12 月五华县定点公立医疗机构医用耗材采购总额为 12828.41 万元，其中线上采购金额为 10074.62 万元，线下采购金额为 2753.79 万元,线下采购率为 21.47%；药品采购总金额为 14446.44 万元，其中线上采购金额为 14344.89 万元，线下采购金额为 101.55 万元，线下采购率为 0.7%。

【医保信息化建设】 推进上线省信息平台工作，按照建设全省统一的医保信息平台部署，推进接口对接联调、网络接通、操作培训、测试、试运行各项准备工作，截至 2021 年底 42 家定点医疗机构和 201 家定点药店上线国家医疗保障信息平台。全面完成全县定点医药机构的机构信息赋码工作；完成医保医用耗材、医疗服务项目、疾病诊断及手术操作等对码工作；动态维护审核 42 家定点医疗机构代码、226 家定点药店代码、150 条定点药店药师代码数据、1546 条医保医师代码、2257 条护士代码数据等信息业务编码标准信息维护工作。开展医保电子凭证激活推广和医疗机构系统接入工作，联合支付宝深入乡镇、企业、医疗机构、机关单位广泛宣传推广医保电子凭证，发放宣传资料 1 万余份，截至年底已激活约 30 万用户。完成全县 42 家医药机构医保电子凭证系统更新安装，并按要求配置扫码设备。

【医保经办业务】 2021 年城乡医保参保 1115895 人，预计总收入 95966.97 万元。1—12 月基金支出 65376.73 万元（不含 4—12 月核酸费用、1—12 月疫苗接种费用、4—12 月定点医疗机构每月申报统筹基金支付金额），享受报销 521118 人次。2021 年职工基本医疗保险 1—12 月享受住院和特殊门诊报销支出 12079.64 万元，享受报销 52296 人次；职工生育保险 1—12 月享受报销支出 356.12 万元，享受报销 1005 人次。

【医保基金监管】 开展专项治理“回头看”工作,追回 25 家医院违规医保基金 11524.26 元，联合公安、卫健、市场监管等部门研究制定 2021 年五华县打击“假病人”“假病情”“假票据”等欺诈骗保突出问题专项治理实施方案，建立工作联合机制，推进医保基金监管“护金行动”，深入贯彻落实《医疗保障基金使用监督管理条例》，投入 12 万元印制宣传手册、宣传海报、宣传环保袋等，采取“线上+线下”多种渠道开展宣传，进一步提高公众正确认知和主动参与基金监管的积极性，营造全社会关注并自觉维护医保基金安全的良好氛围。持续保持打击欺诈骗保、强化基金监管高压态势，确保医保基金安全高效、合理规范使用，提升人民

2021 年 5 月 19 日，五华县宣传贯彻《医疗保障基金使用监管条例》暨义诊活动（县医保局提供）

群众的医疗保障获得感。

【医保扶贫】 2021年1月至12月，对低保户、“五保户”、精准扶贫建档立卡户、孤儿、因病致贫患者等困难群众进行医疗救助共合计救助81468人次，共支出医疗救助金4274.20万元；累计资助特殊人群参加城乡居民医保92490人，共支出医疗救助资金2959.68万元。

2021年11月9日，广东省应急管理厅党委书记、厅长王中丙（居中）率队深入梅州市五华县，抽查在建项目工地和非煤矿山安全生产工作落实情况（五华县应急管理局提供）

【疫情防控】 全力以赴做好留院观察点以及临时接种点防护物资，办公耗材以及现场饮用水、工作人员伙食等后勤生活保障。成立7个督查组不定期到定点药店检查售卖感冒发热、喉咙肿痛药品进行实名登记情况，持续发挥定点药店“哨点”监测作用，织密疫情防控网。全力做好核酸检测医保结算工作。全面推进核酸检测相关费用医保结算工作，2021年，医保基金结算约751.08万元，享受人次166302人次。 （李宇宁）

五华县医疗保障局2021年度负责人名录

局　　长：严彩忠（12月任职）
　　　　　郑遂方（任至12月）
副 局 长：李千山
　　　　　曾梅花
党组成员：张平锋
　　　　　温国忠

五华县应急管理局

【日常安全监管】 2021年，五华县应急管理局严格按照《五华县危险化学品事故应急预案》，进行棉洋服务区危险化学品槽罐车泄漏事故、岐岭危化品运输车辆追尾事故以及润兴生物危险化学品气体泄漏事故处置。同时，深入开展烟花爆竹、危险化学品，工商贸行业、非煤矿山等方面安全生产检查。据统计，在烟花爆竹、危险化学品及工商贸行业方面，共检查企业465家次，发现隐患991项，其中立即整改623项，限期整改368项，发出执法文书78份，经复查，已全部整改完毕，整改率达100%；在非煤矿山方面，共出动执法人员338人次，检查生产经营单位79家（次），发现问题和隐患96处（其中已整改和消除事故隐患75处），下达执法文书47份，停产整顿4家，会同市局立案查处2起；在行政执法方面，共检查生产经营单位109家（次），共排查出安全隐患550项、已立即落实隐患整改538项。截至年底，督查市、县挂牌督办的安全隐患治理落实128宗。2021年，共立案查处17宗，已结案12宗，共处罚款38.16万元。

【基层应急管理能力建设】 2021年11月，全省基层应急管理现场会在五华县华城镇成功举办，这也意味着五华县16个镇、447个村（社区）都已经形成省、市、县、镇、村五级联动“一体化”指挥平台，真正打通应急管理的“最后一公里”，为全省首例。截至年底，五华县应急管理局已接待河源、惠州、韶关、阳江等市到五华县应急管理局交流学习基层应急管理建设经验220人次。

【安全生产专项整治三年行动工作】　五华县应急管理局继续落实抓好危险化学品、非煤矿山、建筑施工、消防安全、道路交通、工业园区等重点行业领域安全生产专项整治三年行动工作任务。截至年底，全县各行业领域开展安全生产专项整治，共排查出一般隐患3788处，整改3685处，整改完成率达97.3%；排查重大安全隐患问题13处，整改完成11处，并建立重大隐患问题清单，明确责任人和完成时限；县各牵头部门共成立检查组140个，督导检查次数340次，检查单位796家，督导问题877个，行政处罚20.79万元。

【应急处置及防灾减灾救灾】　2021年，以华城镇西区社区作为综合减灾社区创建示范样板，重点推动转水镇转水社区、龙村镇龙村社区创建2021年度全国综合减灾示范社区。在防灾减灾方面，支持14个行政村（社区）各5万元经费，统筹用于综合减灾示范社区建设和“十个有”建设，以点带面，充分发挥典型示范作用，引领带动五华县其他行政村（社区）“十个有”建设，筑牢防灾减灾救灾的人民防线。在森林防灭火方面，一是整合资金约700万元用于森林防火隔离带建设；二是统筹资金约114万元用于采购防灭火物资；三是投入资金约180万元，加大对县森林防火视频监控、瞭望台、森林消防水池、防火隔离带、生物防火林带的维护管理工作。

2021年12月16日，五华县举行危险化学品生产安全事故应急演练（五华县应急管理局提供）

【应急救援力量】　五华县森林消防大队，于2021年12月31日正式挂牌成立。截至年底该队伍有45人，是一支装备精良、技术精湛、训练有素、统一管理、统一指挥，具备专业救援能力、应急反应能力、快速投送能力的森林消防专业队伍，同时兼顾洪涝、地质灾害和事故灾难应急救援任务，实行准军事化管理。

【宣传教育活动】　一是结合各类专题培训、“法律知识网上培训”“互联网+应急管理干部教育”“宪法宣传周”等系列活动，将学法、用法与依法行政、廉洁勤政、精神文明建设有机结合起来，有效规范执法人员的执法行为准则，同时，通过专家授课、线上课堂、有奖竞答、“五进”宣讲等线上线下相结合的方式，多措并举全面推进新《中华人民共和国安全生产法》学习宣贯培训，营造良好的安全生产法治氛围，提高政府安全监管人员、企业负责人、安全管理人员、作业人员的法律责任和安全意识。二是开展各类宣传活动。五华县应急管理局结合防灾减灾宣传日、安全生产月、森林防火宣传月等宣传点，广泛开展防减灾系列法律法规宣传教育，并多次组织各企业、乡镇应急办工作人员开展新《中华人民共和国安全生产法》专题宣讲会议，推进安全宣传“五进”。2021 年，共开展法律法规宣传 8 场次，发放宣传材料共 5000 多份，利用应急管理局政务网、南方号发布相关法律知识及信息 50 余篇，阅读量达 1 万余次。

五华县应急管理局 2021 年度单位领导名录

党委书记、局　长： 温全瑞（3 月任职）
曾召辉（任至 3 月）

党委委员、副局长： 黄文柱（2 月任职）
徐安优
陈活祥（5 月任职）
蔡　文（任至 3 月）
张育中（任至 3 月）
康　炜（任至 3 月）

党委委员： 谢如锋
温舜初
何元清（任至 3 月）

消　防

【简况】 2021 年，五华县消防救援大队坚持以习近平新时代中国特色社会主义思想和重要训词精神为指引，深入贯彻落实习近平总书记关于安全生产、消防应急救援等重要指示批示精神，以党建带队建，聚焦防火、灭火两个中心任务，在急难险重任务中勇敢逆行，实现队伍和县域内火灾形势的持续稳定，未发生较大及以上和有影响的火灾。2021 年，大队获评省消防救援总队“基层建设先进大队”“执勤训练先进单位”，水寨消防救援站获评总队“基层建设先进消防站”“先进基层党组织”“广东省青年文明号”。吴涵博、钟伟权、张嘉顺 3 名指战员被记“个人三等功”。

【防火监督】 五华县政府办公室印发《五华县消防安全责任制实施细则》，进一步细化明确各方责任，理顺综合监管与行业主管的职责边界，压实单位主体责任。五华县消防安全委员会实现实体化运作且成效较好，首批 3 家消防所挂牌并试点运行，承担县乡镇体制改革行政执法权限下发试点任务。积极联合各部门开展三年专项整治、“百车南粤万村行”“打通生命通道”“三小”场所、出租屋（群租房）和电动自行车消防安全隐患排查、居民自建住宅消防安全专项治理等行动，排查“三小”场所 14924 家，消防信息化管理平台录入 6000 多家，开设逃生窗口 2720 个，实施防火分隔 1796 家。联合县公安、交警、住建、住保中心等单位，指导 14 家物业小区规范管理消防车道。建成大型商业综合体微型消防站，健全工作制度并常态化运行，并召开重点行业消防安全“五化”管理工作现场会。发动专职消防队、消防志愿者队伍开展“百车南粤万村行”进村消防宣传培训 434 次，推动“全民消防学习云平台”注册，依托“防灾减灾周”“安全生产月”等活动深入开展消防安全宣传及培训活动。乡镇、行业、企事业单位消防安全负责人、管理人参加消防安全宣传教育培训 23 次，组织 3734 家中小微企业参加实名制消防安全培训。五华县政府组织开展“119”

消防宣传月活动，举行五华县第二届消防运动会。

【作战训练】 2021 年，共接警出动 382 次，出动消防车 628 辆次，指战员 3060 人次，抢救财产 780 多万元，完成转水、安流、河东等地的多起山火扑救任务，成功处置“4・16”“4・21”“5・8”3 起危化品泄漏事故。组织开展“六熟悉”80 多次，熟悉单位 60 多家，制修订预案 45 份。选派 20 人次参加专业技术实训。在 2021 年全市多种形式应急救援队伍消防业务技能大赛中，6 人次进入单项前三甲。针对城市火灾开展情景模拟、真烟真火、初战控火救人等实战演练 12 次。组建地震救援轻型队、水域救援分队、森林消防灭火专业队、危化品处置专业队 4 支专业救援队伍，开展综合实战演练 8 次。开展高层建筑、水域、地震、森林火灾扑救等应急救援演练 10 次。

【消防队（站）建设】 五华县政府常务会宣贯《关于推动新时代消防救援工作高质量发展的意见》《广东省消防“十四五”规划》《梅州市消防工作“十四五”规划》。2021 年地方消防业务预算批复经费比 2020 年提高 205 万元，增长近 20%。投入 90 万元购置配备个人防护装备等各类器材装备，投入 195 万元购置一台 12 吨水罐泡沫消防车。2021 年，五华县继续健全“1+N”执勤力量模式，即 1 个国家综合性消防救援站水寨站和安流、华城、龙村、长布、河东 5 个专职消防队。专职消防队营房建设长足发展，长布专职队于 1 月入驻新营房，龙村专职队完成独立营房外墙装修，华城专职队独立营房开始主体施工，安流专职队营房改造已进入土地收储阶段。同时，投入 20 余万元对安流专职队营房进行改造修缮，投入 30 余万元对长布新营房进行装修。专职消防员待遇水平大幅提升，按照不低于平均工资水平标准保障政府专职消防救援队伍人员工资福利待遇，落实保障政府专职员高危补助 1000 元，将国家队指战员和政府专职消防员的日常诊疗费用全部纳入报销范围。

五华县消防救援大队 2021 年度单位负责人名录

政治教导员： 王德虎

中级专业技术职务： 侯　令

各镇概况

水寨镇

【简况】 水寨镇地处县城，是五华政治、经济、文化中心。总面积99平方千米，辖24个村委会、453个村民小组和4个居委会，全镇总人口36678户141912人，耕地面积1335.45公顷，其中水（旱）田993.23公顷、旱地341.91公顷、水浇地0.31公顷。2021年，全镇一般公共预算补助收入6119万元，一般公共预算支出6119万元，全镇农村集体经济收入890.2万元。

【党建工作】 2021年，水寨镇认真贯彻《加强党的基层组织建设三年行动计划》，着力抓好基层党组织建设。积极谋划增设新城社区和园岭社区，成立碧桂园等小区党支部、驻镇帮镇扶村党支部、公园片区老旧小区改造工程临时党支部；开展“两新”组织党建摸排和组建“双同步”工作，新成立“两新”党组织3个，全面提高党组织覆盖面；加快“一支部一品牌一特色”党建示范建设工作，建成6个村级党建示范点、4个“两新”党建示范点、1个奥园商圈党支部示范点；强化党建阵地建设，筹资80多万元升级改造府前、坝心等村（社区）党群服务中心，筹集20余万元高标准兴建河尾等村党员会议室。筑牢基层党组织战斗堡垒。圆满完成镇村两级换届工作，村（社区）书记“三个一肩挑”比例达100%，学历、年龄实现一升一降；做足做实村级换届选举“后半篇文章”，开展“防飘、防懒、防失、防散”教育，打造有干劲有活力的干部队伍；持续推进“头雁”工程和后备干部“123”工程，培育村级后备干部168名。严格按规程优化设置机关和村（社区）党委15个、党总支9个；河尾、澄湖软弱涣散党组织实现脱帽。强化党建引领乡村振兴。构建“党建+特色产业”“党建+基层治理”“党建+人才培养”发展新模式。

【经济产业发展】 水寨镇坚持实业兴镇、产业强镇，巩固推进暖企服务行动，促进带动镇域特色产业全面发展。根据各村区位分布和发展定位，因地制宜谋划制定全镇产业分布图。大力推广党员能人组团带动型、党员责任区带动型、党员先行承包带动型等带动模式。2021年新增光伏发电、梅州柚种植、黑豆种植等产业5个势头强劲。丝苗米、马铃薯、高山红薯等产业逐渐壮大，农业发展势头向善向好。全镇现有 14 个农业产业基地，县级农业龙头企业 2 家，农民专业合作社 5 家。

【财务管理】 水寨镇坚持“量入为出、勤俭节约”原则，认真做好各项费用的指标监管，从严审核“三公”经费的支出，切实增强财政资金的调控力和预算约束力。健全财政资金监督治理机制，规范用款计划审批、财政资金调整、资金拨付审核等业务流程。全面加强农村集体“三资”管理，充分发挥“三资”交易平台功能，及时纠正个别村财务报账程序不规范等问题；强化自查自纠和整改落实，集中解决镇级财务历史遗留问题，津补贴发放更加规范，镇级财政健康运行。

【国土村建】 水寨镇持续规范管控私人建设报批及乡村建设规划审批，结合“126”专项整治行动，从严打击辖区内违法占耕、占道、占用河堤等违法用地及违章建筑行为。2021 年，依法组织开展违法建设整治行动 24 次，拆除违章建筑 30 宗，面积 7110 平方米；查处违规占用林地 1 宗，罚款 1 宗，移交县森林分局查处 0 宗；整治卫片执法图斑 18 宗，复耕复绿 14 宗，其中复耕 5.25 公顷，复绿面积 0.22 公顷。进一步加强耕地保护，高标准基本农田建设、撂荒田地复耕复种工作扎实推进。地质灾害防治和隐患房屋排查整治工作常态化开展。

【美丽乡村建设】 以罗湖、善坑村创建“特色精品村”为先行示范，制定《水寨镇特色精品村创建方案》，以“净化、硬化、亮化、绿化、美化”为主要内容，实施“水寨高速口—罗湖北延线”农房管控和风貌提升工程，以及“四小园”示范建设，整体提升村容村貌。全面实现城乡供水一体化，乡村道路管理、养护、运营能力全面提升。推进高标准基本农田建设，逐步实现集中连片，增加有效的耕地面积，发挥规模效益，截至年底已实施建设高标准农田 120 公顷。

【生态文明建设】 落实“林长制”，深入开展森林防火，扎实推进“一网三行动”，累计开设防火带 100 千米。落实“河长制”，坚决打击污染直排行为，全年开展“五清”“清四乱”11 次，累计清理河道 14 千米。持续开展露天焚烧秸秆、扬尘污染、燃放烟花爆竹等重点治理工作。贯彻实施“绿美五华三年行动”，“五山联动”高标准建设罗湖公园等生态休闲场所，打造“城中氧吧”，辖区生态环境质量持续改善。

【安全生产】 水寨镇全面落实安全生产工作责任制，常态化开展专项整治行动，着力加大对烟花爆竹零售户和批发户、加油站、燃气零售门店、萤石矿、砂场、石场及商业城、敬老院、“三小”场所、出租屋等重点场所的隐患排查整治，2021 年水寨镇共计开展夜查行动 241 次，发现存在问题 398 个，对检查发展的重大安全问题，迅速明确整改责任人，制定时间表、路线图，做到挂图作战、对账销号，建立“日汇报、周研判、月检查”机制，全面压紧压实整改工作责任，检查发现问题全部完成整改。加强应急管理，认真组织学校安全隐患、危险源大排查大清理大整治专项行动，扎实开展接送学生车辆安全隐患专项整治、消防车通道集中治理行动和消防安全、火灾防控、电动自行车消防安全专项整治工作，持续抓好“安全生产月”“安全生产万里行”和“敲门行动”，全镇安全生产形势持续稳定。

【社会治理】 水寨镇高度重视矛盾纠纷排查调处力度，积极妥善化解信访积案和矛盾纠纷,全镇全年共办结上级交办案件 107 宗，办结 107 宗，办结率 100%；受理 12345 政府热线 608 宗，办结 608 宗，办结率 100%；组织调解调处其他各类案件 180 宗，按程序办结 180 宗，办结率 100%；指导和协助各村（居）人民调解委员会化解各类矛盾纠纷 165 件。全覆盖落实信访重点人员和重点群体“一人一策一专班”稳控化解工作，配合公安机关继续抓好扫黑除恶专项斗争工作，全力维护社会平安稳定。坚决打击治理电信网络新型违法犯罪，突出重点人员打击治理；强化群众宣传引导，2021 年持续加大宣传力度，受众人数达 11 万人次。

【社会风险防范】 水寨镇积极开展道路运输安全、全民禁毒、反邪教、防范非法集资等宣传活动，加强突出事件报道的舆论热点管控力度，群众风险防控意识明显提升。维护政治安全八个专项行动、社会矛盾问题八个专项行动稳步推进，扎实做好“六稳”工作，全面落实“六保”任务，全镇政治安全社会大局稳定。

【乡村振兴】 水寨镇立足创建城乡融合发展示范区的发展定位，扎实做好防止返贫动态监测工作，巩固拓展脱贫攻坚成果同乡村振兴有效衔接，围绕乡村振兴“九大攻坚行动”，全面推进乡村产业、人才、文化、生态、组织振兴。着力谋划产业布局，实施产业兴镇行动，针对水寨片、大坝片不同功能定位深度调研、科学布局，形成 8 个“十四五”乡村振兴重大项目，启动大坝片 13 村联动工程。聚力引才留才，率先在全县建成首个镇级和罗湖、黄狮新村等村级乡村振兴人才驿站。发挥新时代文明实践中心所站作用，大力培育和践行社会主义核心价值观。加强法治宣传教育，建立健全基层司法调解等纠纷调处机制，实现村级法律顾问全覆盖。发挥村民议事会、理事会和村规民约作用。推进人居环境综合整治，全镇 80%以上的村达到干净整洁村标准。深化乡村治理，完善“基层党组织+数字水寨”治理模式，大力推进市域社会现代化治理，持续开展共产党员“亮身份、作表率”和党员志愿活动。建立“党支部+党小组+村民小组长”网格化管理制度，成立“党员+群众”志愿小分队，划分责任片区，明确党员“责任单”，实行村级治理梯级管理，实现党员干部群众齐发力促治理的发展格局。

【巩卫创文】 水寨镇持续巩固卫生城市基础，深化市场“六乱”整治和“十个专项”整治提升行动，持续开展 “两美”行动，全年创建 105 户美丽庭院、“星级文明户”，圩镇建管水平进一步提升；争取资金 6000 余万元，全面推进公园片区、华兴南片老旧小区基础设施升级改造，居民小区管理和市政设施逐步完善；澄湖堤安置区外立面改造成效明显，黄狮新村村史馆全面建成。全力助推五华县争获创建全国县级文明城市提名资格，狠抓精神文明创建，依托新时代文明实践所（站）、文化站等开展文明实践活动 242 场、核心价值观教育实践活动 34 场。持续完善村规民约和市民公约，垃圾分类、

"一盔一带"交通秩序提升等工作全面深入推行。志愿服务活动常态化开展，"双百"社工打通服务群众"最后一米"，全年组织环境整治、"双创"宣传等志愿活动 200 余场次，城市文明内涵全面提升。

【文教卫生】　水寨镇稳步推进教育现代化先进镇创建步伐，被评为 2021 年"助力教育先进镇"。投入 120 万元建成平湖社区足球场，学校基础设施建设进一步完善；全面提升公共卫生服务保障水平，开展计生优质服务活动，落实全镇 600 名农村适龄妇女"两癌"免费检查。大力开展无偿献血活动，425 名干部群众参与献血。统筹安排各群众艺术团体、体育团体和各类协会的文化体育艺术活动，群众日益增长的精神文化需求得到进一步满足。

【社会事业】　水寨镇深入开展先进模范等评优评先活动，大布村李志强获评"2021 年第二季度五华好人"，罗湖村罗春良获评"2021 年第四季度五华好人"，善坑村薛利兰获评"2021 年度五华好媳妇"。强化就业创业服务，今年新增就业 372 人、城镇下岗失业人员再就业 250 人、农村劳动力转移就业 552 人。积极推进畜牧业发展，全年开展生猪屠宰检疫 8 万多条，养殖和屠宰环节违禁药物监测共 1100 多份，确保市民吃上放心肉。市场监督管理工作有序推进，市场秩序规范稳定。社会救助、社会治理服务体系进一步完善，今年共医疗救助 9 人，临时应急救助 116 人，新增特困供养人员、低保户、孤儿累计 159 人。统筹推进公益慈善和扶老、助残、救孤、优抚等事业发展，最大限度保障困难群众基本生活。妇女儿童、工会、宗教、侨务、统计、档案、关心下一代、残疾人等各项事业取得新发展。

【法治建设】　水寨镇坚持依法行政，突出用制度管权管事管人，坚持决策权、执行权、监督权既相互制约又相互协调，镇政府自觉接受党内监督、人大监督、民主监督、司法监督，确保在法律允许的范围内行使权力。以公园社区为试点，创新"五治"相结合的社会治理方式，市域社会现代化治理工作有效开展。持续加强"中心+网格化+信息化"建设，认真开展普法和法治宣传工作，依法行政和《中华人民共和国民法典》等宣传教育工作全覆盖推进。充分发挥镇聘律师作用，整合"一村（社区）一法律顾问"资源优势，驻村律师定时定点到村（社区）指导人民调解工作，累计解答法律咨询 3100 余人次，开展法治宣传 58 次，参与调解镇村矛盾纠纷 86 宗，运用法治思维和法治方式解决了一批历史遗留问题。

【作风建设】　按照科学执政、依法行政、廉洁从政工作要求，大力抓好机关干部职工、村"两委"干部的学习培训和管理，努力提升干部科学执政、依法行政，提高科学发展能力水平。持续实行机关干部职工上下班指纹打卡考勤、挂牌上岗制度，有力推动机关作风进一步好转。抓好公共服务中心信息化、规范化建设；持续推进"数字政府"改革和"粤省事"APP 实名注册，镇村"沃视通"视讯系统全面覆盖，实现线上线下功能互补，机关服务水平进一步增强。认真执行人代会决定、决议，主动接受县镇人大代表监督，充分发挥镇人大代表中心联络站和村级人大代表联络站作用，积极采纳选民和群众的意见建议。

水寨镇2021年度领导名录

党 委 书 记：黎辉文
党委副书记：朱清辉
何昭辉
陈建辉
黄胜才（9月拴任）
党 委 委 员：周展红
丘飞龙
钟坚平
谢春云
李　婷（8月任职）
人民代表大会主席：
张仲坤（任至5月）
池宇华（9月任职）
人民代表大会副主席：钟水清
镇　　长：朱清辉
副 镇 长：周展红
刘远新
黄帼欢
陈威宏（7月任职）
温楚辉（7月任职）
刘伯强（7月任职）
黄运昌（7月任职）
纪 委 书 记：谢春云
二级主任科员：黄文尖

河 东 镇

【简况】 河东镇位于五华县中部，地处县城，总面积236平方千米。辖43个村委会3个居委会。2021年末，耕地总面积3402.64公顷，其中水田2798.94公顷，旱地527.35公顷，水浇地76.35公顷。全镇有30072户154434人，其中农业人口57158人，非农业人口97276人。2021年，镇级财政收入1亿元、支出1亿元。

【项目建设】 重点项目建设。加快推进河东工业园建设，完成征拆并平整土地33.33公顷，500千伏变电站主体建设完成，塔基加快征拆中，建成后将对工业园用电提供有力保障，新建成河东工业园政府标准厂房3栋，其余配套设施进一步完善。完成增塘安置区土地征收任务，圆满完成美术馆和110千伏油田输变电工程塔基征地拆迁工作，有序推进丰华高速联岭互通平南圩镇连接线等项目。

基础设施建设。完成S226线油田圩镇至郭田坪上段15千米路面改造工程，完成平南中学至黄坑村4千米路面扩宽改造和油田圩镇1.7千米水沟工程。对河东卫生院新门诊大楼一楼进行整体重新布局和升级改造，筹资100多万元新建太和村党群文体广场。黄湖村文化广场、平南社区文化公园基本建成投入使用。扎实推进“两水”建设，18个村完成集中供水保障，17个村正提升改造中，群众用水质量进一步提升。

【产业发展】 农业产业发展。深入实施“一村一品、一镇一业”，因地制宜发展茶亭岗金柚、沙渴琴江香粘优质稻、高车塘食用菌、黄坑“农业+生态旅游”等特色产业，在原有基础上扩建禾尚田金柚基地46.67公顷，油新烟叶基地33.33公顷、“琴江香粘”优质稻基地33.33公顷，复耕复种水稻、旱地作物约333.33公顷。

工业产业发展。发挥河东工业园优势，大力培育引进优质企业，现已入驻工业园区的企业有宏贵实业、大昌粮贸、生长地、荣晟科技、金西湖实业，大部分企业厂房已建设完成，等待投产使用。

【生态治理】 环境改善。村容镇貌不断变好，卫生保洁机制进一步完善，建成运营6个生活垃圾中转站，3个圩镇、3条国省道全面实施无桶化管理、实行上门收集。深入开展人居环境整治，大力推进“126”专班工作，进一步规范圩镇秩序。全面推进“两美”行动，常态化开展城乡环境卫生整治，带动广大群众自行清理房前屋后、背街小巷卫生死角；持续推进圩镇“六乱”整治，再掀“三清三拆三整治”热潮，利用闲置土地打造小菜园、小果园、小花园、小公园等“四小园”，助推生态建设。

污染防治。深入推进河长制工作，全年镇、村河长巡河1541人次，跟踪发现河道问题26宗，已全部完成整改，2020年全镇共建成运行污水处理设施12个，完成年度中小河流综合治理工程任务、桂田水库供水水源地保护工程和水库养殖水体污染整治工作，进一步改善全镇水生态环境。主动作为打击盗采自然资源、破坏生态环境行为，强化监管，严肃执法，2021年共抓捕非法盗采人员8人，有效保护河东绿水青山。

森林保护。进一步落实森林种管护工作，全面贯彻林长制，压实责任做好森林种、管、护，在天云岭、幸福山等地植树造林21.2公顷，狠抓森林防灭火工作，严格落实网格化管理，94个临时检查站和3个瞭望台坚持值班值守，严控野外火源，严管重点人员，严抓防火宣传，全年共查处违规野外用火16宗，罚款7.58万元，行政拘留9人，有力震慑野外违法用火行为。

【民生福祉】 扎实做好脱贫后评估工作。在全镇2014户6229名建档立卡贫困人口全部如期脱贫的基础上，全面落实“四个不摘”措施，健全防止返贫动态监测和帮扶工作机制。建设河东镇消费帮扶专馆，驻镇帮镇扶村工作队借助帮扶专馆平台，积极联系本单位和原扶贫帮扶单位，帮助销售河东农产品约200万元，带动农户增收。

扎实提升医疗教育水平。对河东卫生院新门诊大楼一楼进行整体重新布局和升级改造，镇医疗卫生水平进一步提升。扎实开展医保缴费宣传工作，完成医保缴费人数约12万人，较好地完成上级任务，扎实开展医疗救助，完成“两癌”筛查469人，有力守护群众生命健康安全。筹集600多万元成立河东镇教育发展基金会，并充分发挥好基金会作用，积极开展奖教奖学，营造尊师重教的良好氛围，被县评为“助力教育先进镇”。

扎实提升公共服务水平。按照“该办必办、全力速办和最多跑一趟”原则，三个服务中心审批提速、服务提质、范围提升，全年完成业务14537件，有效解决群众烦心事忧心事，提升群众幸福感和满意度。

【社会大局】 严格落实疫情防控措施。树牢“人民至上、生命至上”理念，坚持“外防输入、内防反弹”总策略，筑牢常态化疫情防控严密防线，大力推进新冠疫苗接种，有力构建全民免疫坚固屏障。

深入推进法治河东建设。大力开展普法宣传，进一步完善政府工作规则、重大行政决策程序，加强执法队伍培训，提高执法能力水平，提升政务信息公开水平，提高依法履职能力。

大力抓好信访工作。有力化解信访矛

盾，全年共受理各类信访事项和矛盾纠纷案件111宗，办结111宗。

扎实推进平安河东建设。开展打击涉黑涉恶势力专项行动，深挖深究线索16条。严厉打击电信网络诈骗，全镇动员宣传安装“国家反诈中心”APP，安装人数43500多人，积极沟通劝返滞留缅甸人员10人。

紧紧筑牢安全生产防线。加强食品药品、非煤矿山、道路交通非法营运等重点行业和重点领域的安全监管整治，系统防范化解安全风险，河东镇未发生重大安全生产事故。

【政府效能】 加强思想建设。河东镇坚持以习近平新时代中国特色社会主义思想为指导，持续引导广大党员干部深入开展党史学习教育，深入学习贯彻习近平总书记“七一”重要讲话精神和中共十九届六中全会精神，做足做实各项理论学习功课，持续提升广大干部理论素养和政治水平、增强清正廉洁意识。大力开展“我为群众办实事”实践活动，深入开展支部结对共建和志愿服务活动。

加强法治政府建设。坚持以习近平新时代中国特色社会主义思想为指导，深入学习贯彻习近平法治思想，加强党对法治政府建设的领导，明确镇党政领导为第一责任人，全面履行镇党政主要领导第一责任人职责，坚持一把手负总责，分管领导具体抓，形成党委、政府统一领导，充分发挥考核评价对法治政府建设的重要推动作用，全面提升全镇各部门、3个镇级公共服务中心和46个村（社区）村级公共服务中心的服务水平、办事效率，对200余名办事人员开展多场次综合性业务能力培训，强化政府信息公开，拓宽民主监督渠道，开展普法宣传，营造法治氛围，提高执法水平，2021年，河东镇已成立由镇长江志彤任主任的综合行政执法委员会，综合行政执法队下设4个中队，共64名执法队员，累计开展行政执法立案49宗，已办结44宗，移送3宗，未结案2宗，罚款约44.2万元，开展行政检查1028多次。

河东镇2021年度领导名录

党委书记： 叶定思

党委副书记： 邓日新（任至3月）
江志彤（任至5月）
徐伟权（任至5月）
戴文平（5月任职）
张远生（5月任职）
闵　娜（9月任职）

党委委员： 戴　勇
魏智华
张勇鹏（任至3月）
杨英辉（8月任职）
曾文彬
宋更杰（任至6月）
张赛新（任至6月）
谢福金（任至5月）

人民代表大会主席： 张志英

人民代表大会副主席：
宋更杰（9月任职）
张锦贵（任至5月）

镇长： 邓日新（任至3月）
江志彤（9月任职）

副镇长： 戴文平（任至5月）
戴　勇（9月任职）
张赛新（9月任职）
曾世田
朱仲平（任至6月）

胡高文（任至 2 月）
廖剑龙（9 月任职）
陈　灏（9 月任职）
李文浩（9 月任职）
曾　尚（9 月任职）

纪委书记：曾文彬

转水镇

【简况】 转水镇位于五华北部，距离县城 13 千米，东北与兴宁市刁坊镇、福兴镇相连，全镇总面积 158.5 平方千米，辖 21 个村委会和 1 个社区，有 18425 户 73904 人。2021 年末，耕地总面积 2414.93 公顷，其中水（旱）田 1871.4 公顷，旱地 543.53 公顷。2021 年转水镇财政总收入 4192.7 万元，总支出 4192.7 万元，收支基本平衡。

【农业】 稳步推进农村集体产权制度改革，全面完成全镇 21 个经济联合社和 432 个经济社农村集体产权制度改革工作，颁发股权证 17892 份。发放 2020 年度耕地地力保护补贴 200 多万元。大力推广优质杂交水稻，推广种植优质稻 2666.67 多公顷，丝苗米 400 公顷。支持梅州柚发展，全年新增种植面积 13.33 公顷。积极宣传发动群众购买政策性水稻保险，全镇水稻保险参保率达 90%以上。全力做好撂荒复耕复种工作，在矮车、五星集约 16.67 多公顷撂荒水田推广“稻虾”种养，在五星村集约 16 多公顷撂荒地发展蔬菜种植。扎实推进里塘垦造水田项目和青塘、长源、下潭、新民、矮车、维龙等 6 个村的高标准农田建设。

2021 年 10 月 15 日，矮车村澄岭背昔日长满杂草的撂荒地被改建成“致富园”全景（周瑜城 摄）

【法治建设】 强力推进乡村法治建设，认真总结民主法治村（社区）创建工作经验，积极准备申报国家与省级示范村。长源村、里塘村被评为 2021 年度广东省“民主法治示范村”。强化普法宣传教育，2021 年组织镇村干部学法用法培训 4 场，机关干部职工参加学法考试，参加率和通过率 100%。通过微信公众号、悬挂横幅标语、发放宣传手册等方式加大习近平法治思想宣传力度，全年共发放宣传资料 8 万多份，解答群众咨询问题 165 人次，悬挂宣传横幅 300 多条，营造浓厚的宣传氛围。

【产业发展】 继续大力发展汉光超顺农业产业园、新丰寨农旅园、潮发农业等农业龙头企业，鼓励各村根据自身优势大力培育“一村一品”，其中流洞村规划塘鲺养殖项目约 4 公顷，五星村养殖脆肉皖 4 公顷，益塘村获评广东省“一村一品，一镇一业”赤眼鳟专业村。持续壮大富民兴村产业，推动青塘、蛇塘、奮维等村发展光伏产业，进一步优化奮维柚果基地、五星华硕农业、矮车生长地、下潭美宏灵芝、新华宏辉油茶等农产业。不断擦亮“旅游风情小镇”品牌，大力推介发展“农业+红色+旅游”产业，深入挖掘圩窝里、荣槐楼、文奎塔等红色资源，提升旅游接待能力，推动美丽乡村和红色文化旅游景点串珠成链。

【重点项目】 按照县委、县政府的工作部署，稳步推进梅龙高铁、红木产业园二期工程、国防教育基地、客天下旅游产业园、枫林塘刁屋土储板块、矿山机械智慧产业园征地拆迁工作。采取有效措施，完成梅龙高铁（转水段）的征拆任务，为梅龙高铁无障碍施工提供用地保障。积极配合做好万里碧道二期建设工程。

【人居环境】 建立长效管护机制，持续开展圩镇“六乱”整治，巩固“广东省卫生镇”成果，结合美丽圩镇建设，引领群众广泛参与到创国卫工作中，聘请第三方公司对“创卫”工作进行评估，找准创建重难点，进一步完善圩镇道路、自来水、生活垃圾和污水处理等基础设施建设，稳步推进创国卫工作。以改善和优化人居环境为重点，持续加大“三清三拆三整治”力度，2021 年全镇共清理房前屋后垃圾、村巷道建筑材料乱堆乱放等 857 处，拆除危房、废旧猪牛栏等 65 处，整治垃圾、污水、管线等 457 处。

【基础设施】 巩固“四好农村路”示范镇创建成果，全面落实“路长制”责任，完成 3.5 千米的建设里程，通过外出乡贤集资捐资，完成里塘村约 5.1 千米的沥青路面铺设，兴建同心桥，谋划建设柯树潭大桥和连接道路，进一步完善转水交通路网。全力支持青塘村黄青片涝区治理工程立项建设，有序推进下潭村芋陂坑水库除险加固工程。加快推进“村村通”自来水工程，自来水管网铺设全覆盖，保障群众用上“放心水”。深入推进厕所革命，新建公共厕所 4 间，加快雨污分流建设，投入 2899 万元新建生活污水处理设施 17 座。

【水利建设】 坚持河道巡查监管，规范河道管理秩序，严厉打击盗采河砂、禁渔期捕鱼等非法行为，切实管护好五华河、练溪河、矮车河的生态环境。联合县水政执法大队共出动 240 多人次，组织有力执法行动 10 多次，共扣押铲车 1 辆、大型运输车 1 辆、三轮摩托车 3 辆，电鱼机 2 台。大力开展“清四乱”专项整治行动，共拆除涉河违建 2 宗、面积 610 多平方米，清理河湖“四乱”问题 10 宗，河道秩序得到进一步规范。

2021 年 8 月 24 日，“同心桥”建成通车（周瑜城 摄）

【城乡建设】 积极推进转水镇总体规划布局的实施，进一步规范和完善私人建房审批制度，坚决遏制土地违法行为，牢牢守住耕地保护红线，大力开展“两违”专项整治行动，全年依法拆除违法建筑 4 处，共计 800 多平方米。全力抓好卫片执法整改，共整治图斑点 38 个。全面开展农村削坡建房风险排查整治工作，共完成 169 户风险点整治，实现降风险、减存量、遏增量的工作目标。

【安全生产】 严格落实“党政同责、一岗双责、齐抓共管”的要求，扎实开展安全隐患排查活动，不定期对辖区内各中小型企业、“三小”场所、商超等人员密集场所进行检查，共检查 214 次，发现安全生产隐患 92 处，隐患整改率达到 100%。深入开展燃气安全、烟花爆竹行业等各类风险隐患排查整治，依法取缔非法燃气经营点 6 个，无证烟花爆竹店 13 间，确保人民群众生命财产安全。

【资源管护】 切实履行林政管理职责，严厉打击乱砍滥伐林木和违规野外用火等行为，加强对违规占用林地建房、建坟等行为的管控，有效保护转水镇的林业资源。全面落实“一网三行动”工作，严格落实网格化责任，深入开展森林火灾隐患摸排和整治，打造下潭村、三家村火灾隐患整治示范点，建设森林防火隔离带 150 多千米，加强“以水灭火”实战演练，有效提升森林火灾应急处置能力。抓好林业重点生态工程建设，推进新民绿美古树乡村、三源村省级森林公园等工程。

【脱贫攻坚】 保持现有帮扶政策总体稳定，严格落实“四个不摘”要求，加强对全镇 7 户边缘易致贫户和 7 户脱贫不稳定户的动态监测，防止出现返贫现象；加强与驻镇帮镇扶村工作队的协调联动，形成合力，全力做好巩固拓展脱贫成果与乡村振兴有效衔接工作。动员广州市番禺区帮扶单位向新华小学捐赠课外书 2000 本、文具 600 套，联系广州市中大岭南工商企业家协会，为矮车小学捐赠课桌椅 400 多套、电教屏 5 台，解决五星村重点监测户刁某平孩子上学难、里塘村精神障碍老人入户难等问题。

【民生保障】 全面推进民政“应保尽保，主动保障”的精准救助政策，清退不符合条件的低保户、特困人员，做到“应退尽退”。镇级社会工作服务站正式挂牌成立，并规划设立 5 个社会工作服务点，持续改善民生服务。关心关爱残疾群体，完成 29 户贫困重度残疾人家庭无障碍设施的改造，完成全镇 1278 名残疾人“两项补贴”认证。完善城乡医保参缴、报销制度，大力宣传 2021 年度城乡居民医保和养老保险政策，协助 6000 多人完成城乡居民养老保险资格认证。全面落实被征地农民养老保障工作，完成 393 人被征地农民的养老保险缴纳。

【平安法治】 全面开展反新型电信网络诈骗宣传活动，全域推广反诈 APP 安装注册，保护群众财产安全。抓细精障患者救治救助和服务管理，健全矛盾纠纷排查调处机制，完善信访积案化解制度，妥善解决一批历史遗留问题。全年无进京赴省访、集体访，共受理网上信访案件 117 件，信访答复 117 件，办结率 100%，无省、市、县交办重点信访案件。全年镇村共调解各类矛盾纠纷 113 件，调解成功 109 件，调解成功率达 96%。全年共收到有效警情 920 起，立刑事案件 33 宗，侦破 21 宗；受理、查处各类治安案件 57 宗，抓获逃犯 8 人，逮捕犯罪嫌疑人 18 人，直诉 7 人，全力维护社会治安稳定。

【文教体卫】 深入推进新时代文明实践活动，完成镇级、居委、黄龙、里塘等镇村文明实践所（站）建设，积极实施良好村风民风孕育工程，五星村刁燕娴获评“梅州市自强不息好少年”，新华村曾纪娣获评“梅州市孝老敬亲好媳妇”。抓好常态化疫情防控，坚持“人民至上，生命至上”的理念，结合实际，充实镇村“三人小组”人员架构，做好防疫物资储备，及时落实国内中高风险地区和重点关注地区来（返）转水人员的核实、核查、登记和“四个一”管理措施，深入推进“一老一小一加强”疫苗接种工作，全力筑牢疫情防控线。积极组织开展无偿献血活动，全年超额完成无偿献血工作任务。征兵、宗教、“两癌”筛查、统战侨务、妇联、统计等各项事业得到有效落实。

转水镇 2021 年度领导名录

党委书记： 张　勇（1 月至 6 月）
彭云洪（6 月至 12 月）
党委副书记： 古志宗
林冠雄
黎碧尧（1 月至 6 月）
陈　锋（6 月至 12 月）
党委委员： 程东雄
孔章城
邓文斌（1 月至 6 月）
田润民（1 月至 6 月）
钟育钦（1 月至 8 月）
曾远洋（5 月至 12 月）
魏明星（1 月至 6 月）
谢文彬（8 月至 12 月）
杨　丹（8 月至 12 月）
人民代表大会主席：
戴俊浩（1 月至 6 月）
徐伟权（9 月至 12 月）
人民代表大会副主席： 曾伟强
镇长： 古志宗
常务副镇长： 曾远洋（5 月至 12 月）
副镇长： 徐坤华（1 月至 6 月）
李冬婷
邹尚锋
詹煌裕
朱丽娴
陈　义
纪委书记： 邓文斌（1 月至 6 月）
谢文彬（8 月至 12 月）

华城镇

【简况】 华城镇地处五华县北部，是老县城，全国重点镇之一，距县城水寨 27 千米。全镇辖 34 个村 3 个居委会，现有人口 13.8 万人。总面积 247.5 平方千米，耕地面积 2866.67 公顷，山地 1.6 万公顷。华城交通便利，广梅汕铁路、国道 205 线和梅河高速公路穿境而过，铁路、高速公路均设有上落站和出入口，梅龙高铁五华站也落户华城。华城是梅州市乡镇街道体制改革试点镇、广东省数字乡村发展试点镇、广东省城乡融合发展中心试点镇。全镇地方财政总收入 4395 万元，一般公共预算收入 4221 万元，税收收入 3933 万元。

【疫情防控】 2021 年，华城镇严格贯彻落实好上级有关疫情防控的各项决策部署，持续筑牢“外防输入、内防反弹”的严密防线，扎实有效做好常态化疫情防控各项工作。压实镇村“三人小组”职责，织密织牢联防联控、群防群控两张网，加强对中高风险地区来人和有关人员梳理排查，建立健全工作台账，做到数据实、情况清、底数明。坚持以大概率思维应对小概率事件，组织开展疫情防控综合应急演练和全员核酸检测演练，做好药品、防疫物资、抢救设备等应急物资的储备和统筹调度，提升应急处理能力。安全有序、蹄疾步稳推进新冠病毒疫苗接种工作，不断夯实疫苗接种工作基础，提升人群接种率，完成各年龄段人群疫苗接种约12万人次。

【城乡建设】 2021年，华城镇坚持新型城镇化和乡村振兴“双轮驱动”，巩固提高城乡融合发展水平。建成长寿山森林公园项目，稳步推进沿江路（乌陂河—华城大桥）道路、十字街老旧小区改造、金山市场改造以及华城自来水厂至新桥片区饮用水引水工程等项目。交通路网持续完善，环城街完成升级改造，下乌陂桥头路、西门街中心路成功扩宽，Y138工南线入选广东省最美农村公路。

【梅龙高铁】 2021年，华城镇上下迎难而上、提速推进，提前完成梅龙高铁华城段建设红线范围内约46.67公顷土地征收和182座房屋征拆，确保无障碍施工。梅龙高铁（五华段）首座隧道公王祠隧道提前贯通。始终坚持“一专班负责、一竿子到底”的原则，全力保障好梅龙高铁建设方的各项需求，认领工作任务，倒排工作时间，主动靠前服务，高铁经济产业园建设项目正稳步推进，力争早日通车。

【乡村振兴】 2021年，华城镇大力推进农业农村现代化，继续深入推进“一村一品、一镇一业”项目，天庄农业、天草农业、葵富鹰嘴桃基地、茶树菇种植、蔬菜种植以及花卉种植等向规模化、产业化、数字化发展，中国联塑集团花卉种植项目进展顺利，新桥腐竹厂顺利投产并扩大经营，全镇农业产业发展实力显著增强。同时，加快补齐农村基础设施短板，大力实施“一村一韵”“一村一点”微改造项目建设，顺利打造“城乡融合·十村联动”新农村建设示范片区。实现巩固拓展脱贫攻坚成果同乡村振兴有效衔接，按照“四个不摘”要求，推动过渡期内脱贫攻坚政策平稳转型、无缝对接、有效衔接，防止返贫和新增贫困。2021年5月，顺利举行全市实施乡村振兴战略现场推进会。截至2021年，全镇累计37个村（居）完成村村通自来水设施建设，完成15条村污水管网、38座污水处理终端建设。

【生态建设】 2021年，华城镇全力打好污染防治“三大战役”。全面落实“河长制”工作，紧盯河湖治理顽疾，常态化实施河湖“五清四乱”行动，完成五华河华城段、新桥河等中小河流综合治理主体工程，完成乌陂河6座蓄水景观陂头工程。常态化推进秸秆禁烧工作，坚持全面禁烧、全年禁烧，完善网格化管控体制，坚决打赢蓝天保卫战，空气环境质量稳中向好。铁腕整治中央环保督察案件、大力开展畜禽养殖专项整治，生态环境持续改善。

【综治维稳】 2021年，华城镇坚持把常态化开展扫黑除恶斗争作为一项重大政治任务，全面开展“平安华城”建设，确保元旦、春节、全国两会、庆祝中国共产党成立100周年期间政治安全、社会和谐稳定。大力打击电信网络诈骗、黄赌毒等违法犯罪行为，建立信访工作长效运行机制，共受理各类矛盾纠纷案件203宗，已调处198宗。大力开展各类宣传活动，营造全民防诈反诈的浓厚氛围，实现华城镇参与诈骗人员和发生被骗案件“双下降”的工作目标。群众安装注册“国家反诈中心”APP7.8万多人。

【安全生产】 2021年，华城镇坚持“安全第一、预防为主、积极应对”的原则，积极适应全灾种、大应急任务需要，借船出海、借梯登高，全力推进应急管理力量下沉、服务下延，严格履行安全生产“一岗双责”工作机制，狠抓消防安全、安全生产等重点领域安全问题，持续开展安全生产大检查。5月，华城镇西区社区成功创建全国综合减灾示范社区。11月9日，华城镇黄埔村、西区社区作为现场观摩点，圆满举行全省基层应急管理能力暨稀土自发光示范路建设现场会。

【文教卫生事业】 2021年，梅州市华城教育发展基金会发放奖学金60余万元。五华中学运动场已建成并投入使用，华城镇中心幼儿园、禾岭小学扩建工程等项目顺利推进，教育发展质量全力提升。依托新时代文明实践站所、农家书屋等阵地，持续推进农村移风易俗，开展“欢度佳节庆中秋，喜迎国庆跟党走”新时代文明实践活动，举办首届华城镇文化旅游节暨2021年元旦嘉年华系列活动、“全民国家安全教育日”文艺演出和“感党恩，跟党走，庆五一”文艺演出等。华城镇获评2019—2020年度梅州市精神文明建设先进集体，湖田村、齐乐村获评梅州市文明村镇。

【数字乡村建设】 2021年，华城镇坚持协调推进、部门联动、重在创新原则，稳步推进5G基站布局建设，全力打造华城数字乡村信息化平台，包括电脑后端操作系统以及“华城数字乡村”手机微信小程序。建设华城数字科技馆，占地面积约80平方米，设有“华城数字乡村起源展项”“华城数字乡村平台操作展项”“公共法律服务展项”三个展项。同时，深入推进电子商务进农村、平安校园建设、“互联网+医疗健康”、智慧普法和智慧监控等项目，新建400多路视频监控，为打通服务群众“最后一公里”提供有力科技支撑。

华城镇2021年度单位领导名录

党委书记： 张少凡（任至11月）
曾映贤（11月任职）

党委副书记： 吴恺平（5月任职）
李俊标（任至5月）
邹定芳
张治华（5月任职）

党委委员： 钟伟东
曾振培（5月任职）
康　炜（任至3月）
田永青（7月任职）
曾庆青（任至7月）
李小娟
张治华
张国礼（7月任职）
温捷兴（任至5月）
黄伟权（任至5月）

宋庆材（任至6月）

人民代表大会主席：吕中华

人民代表大会副主席：

曾庆青（9月任职）

田永青（任至7月）

镇　　长：李俊标（任至5月）

吴恺平（9月任职）

副 镇 长：曾振培

康　炜（任至3月）

钟录梅（9月任职）

朱仲平（9月任职）

陈耀华（9月任职）

魏兆文（9月任职）

谢琼杨（9月任职）

曾晓林（9月任职）

李　勇（任至5月）

李茂青（任至5月）

岐岭镇

【简况】 岐岭镇地处梅州市西部，五华县西北部，距县城49千米，总面积154.6平方千米，辖25个村民委员会和2个社区委员会，约7.8万人。山地面积10800公顷，其中生态公益林8066.67公顷；耕地面积1783公顷，其中水田1517.93公顷、旱地265.07公顷。2021年，镇级财政收入4060.10万元。

【农业发展】 擦亮农业产业品牌，培育乡村发展新动能。全力抓好特色农业发展，大力推广福悦农业发展有限公司南薯品牌，种植蕉芋23.33多公顷，着力抓好厂房设备、农业机械设备、滴灌建设等升级工作。撂荒水田复耕复种200多公顷；新增柚果种植面积约20公顷；全力抓好特色农业发展，大力推广福悦农业发展有限公司南薯品牌；黄塔村新建香菇、蛋鸭基地。

【企业发展】 在推动岐岭镇打造“客家酒镇·古韵岐岭”的进程中，岐岭镇的企业事业稳步发展，2020年及2021年，长乐烧连续两年入选“华樽杯品牌价值两百强”，长乐烧承建的“五华县丝苗米产业园”之富硒稻米产品加工与仓储物流中心建设项目及其配套工程正式动工，项目占地面积约24000平方米，总投资5260余万元，进一步发展扩大品牌知名度。岐岭镇各大企业单位：中共岐岭镇非公有制企业第二联合支部委员会、中共五华县眉山水泥有限公司支部委员会、中共梅州市客联酒业有限公司支部委员会、中共岐岭镇伟冠建材科技有限公司支部委员会、中共广东佰仕伟业饮料有限公司支部委员会在2021年发展稳定，并将各项工作落到实处。为打造“客家酒镇·古韵岐岭”迈出崭新的一步。

【基础设施】 2021年重点项目梅龙高铁（岐岭段）征拆工作取得优异成绩，截至年底，红线内共需征地面积约34.25公顷，已完成征地约34.26公顷、占总征地面积的100.03%；临时用地应征42.67公顷，已征地约49.8公顷、占临时用地应征总面积116.72%。已登记评估房屋59座（红线外10座），已签订59座房屋征收协议，截至年底已全面完成房屋签约任务。

【乡村振兴】 全面开展防返贫监测。通过农户自主申报、部门信息预警和基层干部排查三种途径，及时分析研判，确保可能致贫的所有农户都纳入监测范围。全镇共有三类人员监测对象33户94人，其中脱贫不稳定贫户31户87人、边缘易致贫户1户2人、突发严重困难户1户5人。对7户的返贫监测户进行人居环境提升：改造厕所、对住房漏水进行修复、搭建铁皮瓦、线路整改、安装楼梯扶手、厨房改造等。

“三清三拆三整治”工作已基本完成，拆除破旧“三舍”470多座、4.38万平方米；“EPC”（设计采购施工）项目已完成53个，完成率100%；镇级污水处理厂和13个村级污水处理设施已投入使用；建成15个综合性文体设施。

深入推进厕所革命，全面完成厕所新建改造任务，岐岭镇户厕改造工作摸排整改持续进行，岐岭镇户厕13685户，公厕70个。2021年完成3户厕所改造。完善公共卫生设施。

产业、消费、教育帮扶：统筹资金2138.34万元，通过就业、“公司+合作社+脱贫户”的模式，共建成30个帮扶产业项目（其中仍在实施的项目有22个，提前终止项目2个，结束项目5个），按一定投资金额比例返还收益，实现资源变资产、资金变股金、村民变股东，确保脱贫户长效收益。积极与番禺区帮扶工作队衔接，陪同帮扶工作队走村入户，通过座谈会、现场考察、问卷调查等方式，帮助帮扶工作队了解全镇情况，用好帮扶工作队眼界高、经验足、资源广、政策熟的优势，共同谋划五年帮扶计划，探索乡村振兴项目。围绕“统筹发展规划”和“连片开发”，谋划好产业发展工作具体推进计划，因地制宜，在皇华、鲁占、黄福、荣福、王化、龙水6个村，组织实施“一村一品”。

大力推进消费帮扶工作，引进番禺区石基供销社对接岐岭镇五华县福岭源种养专业合作社和五华县排中种养专业合作社，共帮助消费3.5万公斤柚子，涉及金额18万元。同时主动对接电商平台，与岐岭镇电子商务服务中心合作，积极拓宽供销渠道。启动“互联网+帮扶”模式，充分利用电商这个庞大的产品销售平台，落实消费帮扶，进一步扩宽农村供给侧与需求侧的商品传输通道，丰富特色农产品的销售渠道。

全镇建档立卡脱贫人口7~15周岁的应落实义务教育的适龄儿童人数有396人，其中在校生人数有393人，2021年秋季非在校生人数有3人，义务教育阶段入学率为99.24%，无因贫辍学学生；监测对象人口中7~15周岁的应落实义务教育的适龄儿童人数有21人，其中在校生人数有20人，2021年秋季非在校生人数有1人。监测对象在校生人数有40人，其中应落实教育生活费补助的有40人，已落实教育生活费补助的有40人，落实率为100%。

2021年岐岭镇建档立卡脱贫人员基本医疗报销共520人，医保基金支出923903.07元，重点监测对象基本医疗报销共29人，医保基金支出47858.48元；大病保险报销共108人，大病保险基金支出45222.37元；重点监测对象大病保险报销共8人，大病保险基金支出22573.41元；建档立卡脱贫人员“应急临时”救助共27人，救助金额64472元；重点监测对象“应急临时”救助共6人，救助金额12272元。

就业帮扶：一是加强就业培训。在2021年度巩固脱贫攻坚工作过程中，全镇多次举行农技、岗前、电商、上门培训等，特别培训对返贫监测户有劳动力人员进行培训，对返贫风险有劳力户进行就业跟踪服务，通过一系列的就业帮扶措施，大大加强脱贫户劳动力人员的就业能力，2021年，岐岭镇落实就业务工的建档立卡脱贫户共648户1040人。二是提供就业岗位。继续为全镇脱贫人员开放公益性就业岗位，在全镇各村招聘脱贫户保洁人员，为有劳动能力的脱贫户进行优先提供公益性岗位，2021年岐岭镇为7位脱贫人员提供公益性岗位，同时计划结合新农村建设工作，招聘新农村建设管护人员，扩招公益性岗位，加强供需配合。

【文教卫生】 2021年，岐岭镇各项升学考试再创佳绩：高考方面，2021年本科上线11人，其中一本线入围1人，实现低进高出的办学目标；中考续写辉煌，综合排名全县第10名。岐岭镇教育发展基金会正常运营；一年来，在基金会会员的共同努力下，在岐岭镇全体村民的大力支持下，基金会全体同仁秉持公正、公平、公开的原则，宣传基金会宗旨，规范基金会运转，登记每一笔捐款，核实并及时发放符合条件的奖学金，发放孝亲敬老物质，基金会各项事务健康运转并逐步迈入正轨。超额完成县下达的献血任务，献血人数达221人，共采血48900毫升；“两癌”检查人数达295人。

【生态建设】 压实“林长制”责任，持续推动绿美岐岭三年行动工作，大力开展植树造林活动，加强森林防灭火基础设施建设，实施最严管控措施，全力保护岐岭森林资源。压实“河长制”责任，严厉打击涉河违建、倾倒垃圾、非法偷采砂等行为。为确保“清漂”整治工作的顺利开展，岐岭镇成立“清漂”整治工作领导小组，在2021年5月18日前完成“清漂”任务，基本实现全镇河流水面无成片漂流物的目标。岐岭镇严格按照县的工作部署和本镇的工作方案，全力以赴、加快推进，不得把水面漂浮物、底泥污染物、河流障碍物等从辖区内往辖区外推、从上游往下游推、从小河往大河推，要主动做好服务，重点加强对县镇村级交界断面的监督、监测和监控，确保交界断面“清漂”工作真正落实到位。

【民生保障】 积极开展低保五保清理核查工作，2021年共清退不符合条件低保户45户、173人，五保取消（死亡）14人；低保合格率排全县前列，全面实现“应保尽保，应退尽退”动态管理，2021年底全镇共有在册低保户697户1804人，五保户187人，退役军人优抚对象383人，残疾人两项补贴对象1373人，发放补贴资金469多万元，发放医疗救助金155.9万元。完成4户农村危房改造。发动群众参加城乡居民医疗保险45194人；受理城乡居民医疗保险报销997宗，城乡居民养老保险申领、注销业务481宗，核实、追回超领待遇2人，城乡养老人员征缴5089人，办理就业人数256人、失业登记149人。

【平安创建】 筑牢基层法治根基，构建乡村治理新体系。始终坚持以加强构建综治维稳体系、加强社会管理工作力度为抓手，立足乡村治理生态的新变化，着力推动乡村全面振兴。积极稳妥处置化解各类矛盾纠纷，充分发挥“中心+网格化+信息化”作用，网格活跃度均达100%以上，上传网格事件866件，对各领域风险的排查化解和监测预警得到加强，重大精神障碍患者排查管控工作扎实开展，有力推动了综治信息系统建设。2021年以来，镇综治中心共受理矛盾纠纷276件，办结276件，办结率为100%；五华县信访业务管理系统受理信访案件116件，已办116件，按时办结率100%；综治信访维稳中心接待咨询600多人（次），开展矛盾纠纷排查21次，排查纠纷线索160多条，没有发生大规模集体性上访事件，信访形势总体趋于平稳。

【社会治理】 突出打好扫黑除恶专项斗争三年攻坚战，完善社会治安防控体系，严厉打击盗抢等各类犯罪活动。深入推进扫黑除恶重点整治工作，2021年以来上报扫黑除恶线索0条、接收县扫黑办扫黑除恶线索5条，立刑事件30宗、治安处罚37人。突出开展打击制毒犯罪工作，深入开展禁毒宣传活动，排查出易制毒场所6处。突出开展“126”专项整治工作，严格落实安全生产责任制，成立工作专班突出抓好非煤矿山、建筑施工、交通运输等行业领域安全隐患排查整治，做好地质灾害、森林火灾等自然灾害监测预警和应急处置，排查整改隐患2585个；着力推进“两违”专项整治工作，共拆除违章建筑4处共570平方米。

【民生实事】 2021年，岐岭镇始终坚持以民生实事为抓手，不断完善民生短板。推进村村通自来水二期工程，进一步保障岐岭片区群众饮用水安全，截至年底集中供水第一期工程完成进度达到95%，基本实现孔目村、王化村、清溪村、朝阳村4个行政村全域的集中供水，朝阳村管道铺设已完成100%，清溪村完成90%，孔目村完成100%，王化村完成90%；北源正常施工，双山、鲁占准备进场，双头片主水管准备进场铺设。

岐岭镇为创建广东省卫生乡镇的目标，把创卫为民、提升群众满意度作为创建广东省卫生乡镇的出发点和落脚点，持续推进爱国卫生运动、常态化疫情防控、积极开展健康知识宣传及普及、人居环境整治、美丽乡村补短板强弱项、严格落实周末卫生日制度，强化集贸市场管理和环境整治，加强食品安全监督，强化病媒生物防控等工作，坚持以乡村振兴为引领，推动创建省级卫生乡镇建设，进一步提高城镇的卫生水平和环境质量，激发全镇人民的卫生意识，在全镇营造“讲文明、爱卫生”的良好氛围，以“爱卫运动”为推手，塑造乡村振兴新风貌。广东省爱国卫生运动委员会公布2021年广东省卫生城镇名单，岐岭镇喜获“广东省卫生乡镇”荣誉称号。

岐岭镇2021年度领导名录

党委书记：严季岳

党委副书记：戴天平
谢万形（9月挂任）
刘志标（任至5月）
廖天华（任至5月）
刘汉灵（5月任职）
张小娟（5月任职）

党委委员：林 振（5月任职）
张小娟（任至5月）
刘宝雄（8月任职）
张 想
曾益锋（任至6月）
陈玉萍（8月任职）
梁文彬（8月任职）
钟奇云（任至7月）
张雄光（任至6月）
何胡涛（任至6月）

人民代表大会主席：翁颖明

人民代表大会副主席：
钟奇云（8月任职）

何　森（任至6月）

镇　　长：戴天平

副 镇 长：林　振

刘宝雄

张　燎（任至5月）

钟录梅（任至5月）

张雄光（8月任职）

何胡涛（8月任职）

何　森（8月任职）

钟　锐（8月任职）

李铠名（8月任职）

纪委书记：张　想（8月任职）

综合行政执法队队长：张恒正（5月任职）

潭下镇

【简况】 潭下镇地处五华县西北部，距离县城35千米，因境内潭下河河道弯曲，形成许多河湾潭角且潭深而称潭下。镇域面积258平方千米，辖21个村委会和1个居委会，全镇总人口63078人。自然资源丰富，山地面积20733.33公顷，约占全县山地面积的1/10；耕地面积1498.2公顷，素有“五华粮仓”之美誉。潭下镇以“互联网+”为抓手，加快互联网与传统产业、特色产品融合发展，推广电商“招牌”，做强产业“品牌”，培育一批特色农业产业，全力建设“电商强镇·富庶潭下”。2021年，全镇预计实现生产总值10.91亿元，比2020年增长2%；财政预算收入3159万元，支出3100万元，其中：地方预算税收收入共250万元，比2020年增长9.5%。

【基层治理工作】 2021年，潭下镇始终以“稳定压倒一切”的思想贯穿综治维稳工作，狠抓综治、维稳各项工作落实，定期召开专题会议研判，及时化解各类矛盾纠纷，确保了镇域社会大局持续稳定。经常性开展法治宣传教育，引导群众依法反映诉求。累计开展法治宣传教育24次，镇综治中心共受理群众信访案件52宗，已办结51宗。扎实推进全民禁毒工作，组织禁毒宣传“六进”活动24场次，发放宣传单2.6万余份；对辖区5处易制毒场所开展排查24次；对登记在册71名吸毒人员全部纳入网格化管控，对1名社区戒毒人员、1名社区康复人员，5名社会面吸毒人员开展尿检累计12次，开展谈心谈话累计12次。持续开展反诈骗宣传工作，召开反诈工作部署会议16次，发布反诈信息300余条，悬挂横幅45条、设置展板31块，发放资料5批次共5万余份，与群众签订不参与电信诈骗承诺书1万余份，发动安装注册“国家反诈中心”APP群众超2.3万人。全力做好安全生产工作，相继开展了危险化学品、非煤矿山、燃气安全和“三小”场所消防安全等重点领域专项整治行动，2021年共出动执法人员578人次，检查非煤矿山3家，危险化学品企业1家，烟花爆竹临时售卖点12家，工贸行业企业9家，“三小”场所221家，排查出安全隐患417多项，现场落实整改411多项，限期整改6项，现全部整改完毕。慎始如终做好疫情常态化防控工作，严格落实各项防疫措施，扎实做好中高风险地区返乡人员排查工作，认真落实“四个一”健康管理；线上线下多渠道宣传发动群众接种新冠疫苗，累计接种疫苗44711剂次，全力以赴推进60周岁以上和3～11周岁的人群接种疫苗，筑牢防控屏障。

【产业发展】 2021年，潭下镇坚持做强做优做精特色优势产业，大力推进“一村一品”项目实施，全力发展鹰嘴桃、红薯、薏米、蛋鸭养殖等主导农业产业，引进广东中柚公司在百安村发展200公顷柚果种植和深加工产业，引进一家红薯深加工企业，引导两家“月光糕”食品加工企业SC认证（食品生产许可认证）。4月创建五华县第一家镇级富玉鲜生鲜电商服务中心，将农业产业发展与电子商务有机结合，有力促进潭下镇农业产业快速发展。7月，五华县第三（北片）农产品初加工和商品化预处理中心落户潭下，进一步提高农村产品商品化率。同时，大力发展光伏产业，不断发展壮大村集体经济。

【新农村建设】 2021年，潭下镇持续推进综合整治，打造美丽宜居乡村。有序推进基础设施建设，结合“我为群众办实事”实践活动，潭下镇大力实施民生工程，对S223线潭下段16.143千米、约4.8万平方米路面进行升级改造。百安村争取上级资金330万元对原长4.3千米、宽3.5米道路，扩宽至5.5米路面、安装200盏路灯，并新建一个党建文化广场；光华村争取上级资金200万元对原长5.2千米，宽4.5米道路，扩宽至6米路面；汶水村争取上级资金及自筹共300多万元新建长59米、宽8米的汶水大桥。新田村筹集40多万元对300米长、7米宽道路进行硬底化；龙田村争取上级资金及自筹20多万元进行河道护坡工程建设；乐道村争取上级资金及自筹约16万元对长300米、宽4米破损路面进行修补；另外，还完成柏洋村龙墩桥拆除重建项目，启动了南华村三级浪至车站道路升级改造工程。持续提升人居环境，年初，在顺利通过“广东省卫生镇”考核验收后，全力推进“创国卫”工作，建立健全长效机制，制定《潭下镇人居环境综合整治月度测评方案》，常态化开展圩镇“六乱”整治行动，镇城监队每天对圩镇市场乱摆乱卖进行整治，镇人居办每月底对各村（社区）进行测评打分。扎实推进精品村创建工作，4月，柏洋、文里村成功竞得特色精品村名额，镇村两级从“建设人行绿道、打造休闲小节点、农房外立面统一改造、绿化美化工程”等方面着手，努力将柏洋、文里村打造为美丽乡村样板，以点带面、辐射带动提高周边村新农村建设水平。深入贯彻生态文明建设，认真贯彻落实河长制工作，严厉打击非法开采河沙行为，镇河长办定期对村级河长履职情况进行抽查，镇环保办定期对全镇30户养殖场所进行监管，共拆除猪舍4600平方米，鸡棚1000平方米，鸭棚7800平方米。落实最严厉的森林防火责任制，全镇未发生山火，是全市未出现林火卫星热点的乡镇之一。

【脱贫攻坚】 2021年，潭下镇持续巩固脱贫攻坚成果，防止返贫致贫，有效衔接乡村振兴。扎实开展防返贫监测工作，对建档立卡脱贫不稳定户，边缘易致贫户，突发严重困难户进行排查，对返贫监测对象做到早发现、早干预，早帮扶，确保不发生规模性返贫风险。积极做好档案移交工作，潭下镇5个省定贫困村扶贫工作队对各类扶贫资金资产登记造册，按时按质完成各类扶贫资料档案的整理归档，顺利通过县档案局的验收并移交；对扶贫资产项目进行确权登记，完善22个扶贫资金投资项目的收益分配方案，规范扶贫资产运营管护，确保资金安全。

【民生事业工作】　2021 年，潭下镇始终把关注民生、改善民生为各项工作的出发点和着力点，不断加大社会事业投入力度，提高广大群众的满足感、获得感、幸福感。用心推动教育事业发展。坚持每年开展奖教奖学活动，表彰一批教育工作者以及成绩优异的学生，营造良好的崇文重教的氛围；努力改善办学条件，建成潭下镇第一小学前栋教学楼拆除重建项目，加快推进新建中心幼儿园前期工作，2021 年已积极向上对接争取，多渠道筹措资金。全力做好社会保障工作，严格落实城乡低保、孤儿供养、特困供养人员、社会救助等惠民政策，加强对特殊人群核定工作，认真完成年度城乡居民基本医疗保险参保缴费工作；扎实做好退役军人及其他优抚对象信息采集工作，不折不扣落实优抚政策，成功创建全国示范型退役军人服务站。同时，加强征兵、档案、妇女儿童、团委、应急、老年人等工作，统筹协调社会各项事业全面发展。

潭下镇 2021 年度领导名录

党委书记：翁俊峰

副 书 记：杨　文

刘志标（6 月）

李广优（6 月）

严汉云（9 月起挂职）

党委委员：陈国平

李常青

邓丽琼

李志强

黄　文（7 月）

人民代表大会主席：温智坚

人民代表大会专职副主席：

周韶钦（7 月）

镇　　长：杨　文

副 镇 长：李常青

翁近明（7 月）

张育柱（7 月）

刘建超（7 月）

李达方（7 月）

纪委书记：陈国平

长布镇

【简况】　长布镇位于五华县西北部，毗邻河源市的紫金县、龙川县、东源县，总面积 284.1 平方千米，耕地面积 2265.2 公顷，其中水田 1791.27 公顷，旱地 473.47 公顷，山地面积 26666.67 公顷，辖 25 个村和 2 个居委会，总人口共 8.2 万人。一般性公共预算收入 0.33 亿元，税收收入 0.0038 亿元。

【项目建设】　依托长布特色生态资源，深入推进“一村一品，一镇一业”项目，因地制宜发展梅占茶、大田柿花、澳洲夏威夷坚果等富硒农产品，结合养蜂、种植金柚等丰富长布镇农业产业结构，全力打造“长布品牌”。截至年底，夏威夷坚果示范种植面积达 100 公顷，梅占茶叶种植面积 6.67 公顷，梅塘金柚种植面积达 43.33 公顷。2021 年度，全镇共发展光伏发电项目 5 个，其中 1 个建设完毕进入并网阶段。全镇光伏发电项目总占地面积约 0.31 公顷，总投资约 267 万元，预计年发电量约 68.8 万度，年创收约 31 万元，可带动 177 户脱贫监测户实现稳定增收。

【环境保护】　2021 年，全面加强森林防灭火隔离带建设，完善森林火灾应急预案，据统计2021年共建立10村38.4千米森林防火隔离带，切实构筑森林防火安全墙，一年投入10万元经费购买树苗开展植树造林，充分发挥林业生态效益。同时强力推进牛蛙养殖专项整治。2021年9月，长布镇组织相关部门依法对琴塘村违规建设2.27公顷牛蛙养殖场进行统一清除整治。严格落实2021年度禁渔期制度，全面查处非法捕捞行为，全年共查处8宗非法捕捞行为。加强管控涉河违章建筑，抓好河道保洁工作和河长巡河制度，年度总巡河次数1308次，已巡1808次，发现问题10宗，已处理10宗。

【民生保障】 2021年，持续推进城市化圩镇建设，已升级改造道路5千米、安装路灯160盏，增设便民停车位50个，计划铺设柏油路面，增加碧道、文明宣传栏等，逐步补齐圩镇基础设施短板。稳步推进“四好农村路”建设，扎实推进太平村村口道路、栋新至栋岭沿河堤道路建设工作；持续优化桥梁建设，通过积极向上争取专项资金，充分发挥上级政策及本地乡贤资源优势，力促重建长中桥、歧梅桥项目落实落地，截至年底，歧梅桥建设工程已完成80%，预计2022年4月投入使用，长中桥已拆除并开始重建，预计2022年7月建成。2021年，完成长生村、粘坑村沿河亮化工程共2.8千米、外墙风貌改造面积8000平方米，新增绿道约1千米，计划新建6个小型休闲广场，3个已建成并投入使用。

【平安建设】 2021年，认真做好平安建设工作，对全镇27个村（居）网格员进行专项培训，常态化开展反诈骗教育工作，发动群众实名注册“国家反诈中心”APP工作，积极入户推广工作，切实提高群众防诈反诈意识。截至年底，长布镇“国家反诈中心”APP安装注册数已超过28113人。稳步推进人民调解工作，长布镇2021年来共受理各类信访事项和矛盾纠纷案件69宗，办结60宗。多措并举推进禁毒工作，对辖区内20个易制毒场所进行6次全覆盖式排查，未发现异常。

【文教卫生】 2021年，长布镇积极推进2022年度城乡居民医疗保险和养老保险工作；全面营造尊师重教的良好氛围，牵头成立长布镇教育发展基金会，截至年底，基金会共收到捐款265.62万元；积极开展奖教教学活动，激励全镇教师勤教乐教，激励长布学子积极向上，2021年发放奖教奖学基金11.96万元。继续做好“互联网+政务服务”，完善公共服务设施，提高公共服务水平。

五华县长布镇2021年度单位领导名录

党委书记： 曾繁展

党委副书记、镇长： 陈思德（任至6月）
廖水清（9月任职）
李坤源（任至5月）
罗善文
曾国军（8月任职）

党委委员： 赖伟国党委委员、副镇长
1月—8月任党委委员
杨　静（8月任职）
黄小勤（6月任职）
万新文
周灵方（8月任职）
曾文钊（8月任职）
张海军（任至8月）

人民代表大会主席： 张善初

人民代表大会副主席：

张海军（9月任职）

镇　　长：陈思德（任至6月）

廖水清（9月任职）

副 镇 长：周东雷

万嘉奇

吴居滨（9月任职）

张雯瑞（9月任职）

谢创辉（9月任职）

周 江 镇

【简况】 周江镇位于五华县西南部，距离县城38千米，总面积199.4平方千米，其中山地面积17266.67公顷，耕地面积1563.2公顷。全镇下辖22个村委会和2个居委会。有14459户63915人，其中农业人口57173人、非农业人口6742人。

【经济发展】 周江镇认真贯彻落实中央经济工作会议精神和省委、市委、县委的工作部署，统筹疫情防控和经济社会发展，重实体、兴实业，扎实做好“六稳”“六保”工作，全力推动“红色”“绿色”经济发展，持续增强人民群众获得感、幸福感、安全感。2021年全镇经济稳步增长，全镇农村经济总收入5.11亿元，同比增长4.9%；镇级财政收入15928万元，同比增长5.2%；农村居民年人均收入11458元，同比增长5.2%。

【特色产业】 做强做大三河大棚蔬菜、蓝坑沉香、联太有机绿茶、增洞百香果、红源优质茶叶、利洋沙糖桔、利河辣木、黄布年橘、龙洞高山茶油等特色农业品牌，力争打造湾区“特色农场”。培育好“鱼菜共生”项目，在新良村引进梅州市春泥生态农业发展有限公司建设运营，每套养鱼池预计年产鱼5000公斤，蔬菜预计年产值为2万公斤。打造好现代化蔬菜产业园，新良村集约冷水坑撂荒耕地3.33公顷建设绿色果蔬基地，加紧完善相关基础设施建设。开拓好现代园艺种植产业，在黄布村集约6.67公顷撂荒土地引进深圳市华万投资发展有限公司发展园艺种植业。发展丝苗米产业园项目，在原龙堵村垦造水田约1.67公顷的基础上加大撂荒土地集约力度，2021年集约13.33公顷撂荒耕地发展丝苗米种植。围绕“红色资源”和“党建示范”两个重点，聘请专业设计公司对红源村进行整体规划，将特色产业、红色资源、党建文化和红色旅游、乡村旅游有机结合，充分挖掘利用红源村红色资源，打造“农村党建+四小园+红色旅游”的“1+1+1”旅游模式，发挥红源村地理优势鼓励各农户房前屋后种植茶叶，鼓励外出乡贤返乡投资成立农业专业合作社发展集茶园、旅游、养殖于一体的立体现代生态茶园。

【城乡建设】 完成中兴圩镇街道（一期）升级改造工程，稳步推动中兴至周江Y193单改双和冰坎至甘茶村河堤路建设工程，启动周江圩镇街道（二期）升级改造工程，谋划Y194（利洋—增洞—三河—中兴）单改双等重点项目。大力推进生活污水治理、集中供水工程建设等工作。实施周江圩镇河道治理工程、焦坑水库除险加固工程、完善道路基础设施。

【乡村振兴】 健全防止返贫动态监测和帮扶机制，巩固拓展脱贫攻坚成果同乡村振兴有效衔接。按照产业兴旺、生态宜居、乡风文明、治理有效、生活富裕的总要求，加强与驻镇帮镇扶村工作队的沟通，聘请第三方进场设计编制镇域五年规划；建立健全防止返贫动态监测和帮扶机制，在2021年驻镇帮镇扶村资金中安排一部分用于防返贫动态监测，发现情况提前介入，采取针对性的帮扶措施，持续加强对边缘易致贫户、脱贫不稳定户全程跟踪帮扶，持续巩固拓展脱贫攻坚成果；根据省、市、县《关于做好易返贫致贫人口防止返贫监测信息管理工作的通知》，将2020年底建档立卡信息系统有效在册的脱贫人口全量纳入监测范围，其中重点关注大病重病患者、重度残疾人、失能特困老年人等特殊群体，重点核查其家庭收支变化和“两不愁三保障”及饮水安全情况。大力发展光伏发电项目。全镇14个村共建设15个光伏发电项目，总占地面积约1.826公顷，总投资约1102.35万元，预计年发电量约254.65万千瓦时,年创收约106.7万元，发展壮大村集体经济收入。

【生态环境】 圩镇建设凸显成效。成功创建“广东省卫生镇”，制订《周江镇创建“国家卫生镇”工作实施方案》，对国家卫生镇创建工作内容进行层层细化，将工作落实到人。持续推进镇辖村卫生工作，长期坚持开展周末卫生日活动和爱国卫生大清洁行动。生态建设有效推进。坚持管护并重抓好林业生态，深化落实林长制，着力在“林”上精准发力、“长”字上履职尽责、“制”字上探索创新。投入10万多元购置镇村两级护林防火设施装备、维护管养好23个消防水池，制订《周江镇打击森林违法用火行为专项行动工作方案》，严厉打击森林违法用火行为。坚持建管齐下落实河长制工作，加强镇村两级河道巡查，不定期组织机械、人力清理河道淤泥及障碍物。

【民生保障】 全力稳就业保民生。鼓励镇域范围内留守劳动力参加“粤菜（客家菜）师傅”“广东技工”“南粤家政”技能培训学习。全面提高服务中心办事服务质量。规范镇、村公共服务中心（站）运行，让群众办事变得更加流畅、方便、满意。各项事业协调发展。扎实推进削坡建房整治、泥砖危房改造、殡改等工作，落实优抚安置政策，加强救灾扶助、民兵兵役、“三防”、应急、工青妇等工作，促进社会各项事业协调发展。

【社会治理】 积极稳妥处置化解在重点项目、民生实事中的各类矛盾纠纷；“中心+网格化+信息化”作用有效发挥，对各领域风险的排查化解和监测预警得到加强，重大精神障碍患者排查管控工作扎实开展，全力防范化解禁毒、电信诈骗、非法集资等领域风险。强化对重点领域和重点行业监管，严格落实安全生产责任，全面摸排整治重点安全隐患。

【文教卫生】 积极撬动社会资源参与文教事业发展，定期举办各类群众喜闻乐见的文化展演活动；进一步完善中小学校硬件设施，巩固提升“教育强镇”复评成果。创建运行镇级教育发展基金会，截至年底共筹集教育基金429万元，认捐资金超过550多万元，2021年举办周江镇教育发展基金会奖教奖学大会，发放奖教奖学金34.95万元，学校教育教学质量稳步提升。全面推进“卫生强镇”创建，强化周江、中兴卫生院软硬件建设，进一步提升农村卫生站服务能力，更好地为广大农村群众提供医疗保障、基本公共卫生服务等。抓严抓实抓细各项疫情防控工作，全面排查中高风险地区到五华人员，充分发挥“人工网格化+大数据”作用，科学有序加强“一老一少一加强”疫苗接种，确保防控工作高效有序。（赖梓涛）

周江镇2021年度领导名录

党委书记：张志军（6月任）
温全瑞（任至6月）
党委副书记：张志远（6月任）
刘翠玉（任至6月）
李力文
李茂浩（6月任）
郭程望（挂任）（9月任）
李伟生（任至5月）
党委委员：周炎君（8月任）
黄志辉（8月任）
古惠雄（任至7月）
李　娟（8月任）
叶大辽（8月任）
汤燕雄
翁强民（任至5月）
缪翠兰（任至5月）
人民代表大会主席：
李伟生（9月任）
曾志雄（任至5月）
人民代表大会副主席：邹汉森
镇　　长：张志远（9月任）
刘翠玉（任至5月）
副镇长：周炎君
薛　威
刘　玲（9月任）
李辉群（9月任）
李万青（9月任）
纪委书记：黄志辉（8月任）
古惠雄（任至7月）

横陂镇

【简况】 横陂镇位于五华县城西南8千米，总面积236平方千米，辖35个村委会和3个居委会。2021年末，全镇有耕地面积3248.07公顷，其中水田2291.67公顷，旱地925.67公顷，水浇地30.73公顷。2021年，全镇农村经济总收入为138093万元，人均收入为12680元。全镇一般公共预算总收入5197.81万元，政府性基金预算财政拨款收入2697.61万元，税务收入3700万元。

2021年12月6日，新建小都实验学校全景（小都实验学校提供）

【重点项目建设】 2021年，横陂镇坚持把项目建设作为拉动经济增长的关键引擎来抓，抽调精干力量全力加快重点项目征拆工作，全力推动横陂建设迈上新台阶。其中足球小镇一期在完成原征地基础上，完成相关道路、安置区的征地拆迁，足球小镇二期正在稳步推进中。谷城三级民营医院一期主体已完工，二期、三期征拆工作正稳步推进。小都中学已建成使用，横陂第三小学稳步推进中。远恒佳教育城完成征地64多公顷，基础配套设施建设稳步推进。横陂新城首期1公顷已完成征收并放红线。长乐谷国防教育基地征拆工作全面推进，配套建设的水寨镇罗湖村至新联村乡道改建工程已基本完成征地工作。

2021年6月1日，足球小镇全景（足球小镇提供）

2021年9月2日，叶湖灵芝种植基地（叶湖村提供）

【特色产业】 2021年，横陂镇坚持生态保护与发展并重，立足资源和比较优势，大力发展特色农旅产业，发展绿色经济。利用好“一镇一业、一村一品”政策，抓住产业兴旺这个关键，对集约土地进行规模化、现代化、信息化经营，发展壮大叶湖灵芝种植基地、新联村黄喉拟水龟养殖基地、叶湖光伏发电场、东方红水库水产养殖等。依托李惠堂故居、足球小镇、球王博物馆、双龙山旅游景区、横陂江南温泉、都督府、东方红水库等特色旅游景点，利用交通的便利，结合横陂“三宝”特色美食，优化乡村旅游发展环境，持续打造观光休闲、吃住一体化旅游。

【社会保障】 2021年，横陂镇聚焦特殊群体、聚焦群众关切，创新举措、主动救助，着力提升社会救助服务水平。继续巩固脱贫攻坚成果，健全防止返贫动态监测和帮扶机制，对全镇11户易返贫致贫人口实施常态化监测。落实最低生活保障政策，切实保障困难群众基本生活，全年发放低保五保金、残疾人津补贴残疾两项补助合计2285万元，覆盖全镇4741人。开展违规领取惠民资金追缴工作，共追缴死亡人员仍领取高龄津贴、低保等各项惠民资金约33万元。开展残疾认证工作，完成2048人次残疾认证工作。全面核实全镇低保户、五保户详细基本生活状况，做到应保尽保、应出尽出，全年共完成低保984户、五保268户的核查工作。

【文教体卫事业】 2021年，横陂镇坚持发展为民、造福百姓的政治情怀和工作理念，努力让人民群众拥有更好的教育、更稳定的工作、更满意的收入、更可靠的社会保障。弘扬尊师重教传统美德，统筹81.7万元用于奖教奖学和助学活动。强化培训就业服务工作，以创业带动就业，全年协助企业招工200人，组织开展粤菜师傅培训2次。全面推进“创卫”工作，成功创建广东省卫生镇。扎实做好疫情防控和疫苗接种，抓好重点地区返来人员、重点行业、重点人员的排查、管控；加强宣传，引导群众自觉接种疫苗，全年共接种新冠疫苗78000多人次。全面完成卫健日常服务管理工作，完成“两癌”筛查

900 多人次，发动 381 名干部群众参与献血，超额完成上级下达任务。全域推进农村集体产权制度改革，保障农民合法权益，增加农民财产性收入，全镇 35 个村共 584 个经济组织已全部完成登记赋码颁证工作，已颁发农村集体经济组织登记证 584 本、股权证 23058 本。

【美丽乡村建设】　2021 年，横陂镇坚持高标准建设、精细化管理的要求，不断完善常态化、规范化环境管理机制，推动美丽乡村建设再上新台阶。持续开展“三清三拆三整治”，充分发挥党组织义工团先锋作用，定期开展人居环境整治行动，全年累计完成“三清理”5650 处 197200 平方米、“三拆除”4214 处 304380 平方米、“三整治”3978 处 278020 平方米。因地制宜全面推进农村污水处理、农村公厕、垃圾中转站等基础设施建设，新建 8 座村级生活污水处理设施，新建农村公厕 7 座。田布、湖塘、石下、章联、联长垃圾中转全部建成已投入使用。

【乡村振兴发展】　2021 年，横陂镇坚持以“五大振兴”为抓手，大力发展特色精品农业，实施品牌战略，努力构建现代农业产业体系、生产体系，不断壮大农村集体经济。投入 1260 万元对原横陂人民体育场进行升级改造，进一步丰富群众业余文化生活。深入推进四好农村公路建设，共完成四好农村公路 7 条 4.429 千米。全力抓好农村集中供水工作，红光、新寨、联长、东升等村主管道已铺设到位，等待安表入户；超群、长兴、杨恩等村已完成设计，正在招标中。超群村新农村建设示范点已完工。持续改善农村基础设施，全年统筹 360 余万元资金用于农村道路硬底化、水利修复、人居环境提升等。坚持党建引领，发挥党员致富带头作用，发展特色种养，新联村发展沃柑种植产业，累计种植 20 余公顷；罗陂村、崇文村、华阁村发展了梅州柚种植产业，累计种植 40 余公顷。发挥驻镇帮镇扶村工作队人才及资源优势，发展光伏产业，对村集体经济收入低于 5 万元的村，鼓励其进行贷款贴息发展光伏项目，壮大农村集体经济。

2021 年 9 月 1 日，横陂镇球王公园全景（横陂镇提供）

【自然资源管理】　2021 年，横陂镇坚决制止耕地“非农化”，统筹推进撂荒水田复耕复种、植树造林等，严厉打击占耕建房行为，规范农民建房行为。全力推进撂荒地复耕复种工作，扩大早、晚稻种植面积，全镇全年新增早稻种植面积约 63.73 公顷，新增晚稻种植面积约 36.27 公顷。积极做好植树造林护育工作，共植树 2 万余棵，33.33 余公顷。从严打击违法建设和违法用地，通过上下联动、联合执法，坚决打击新增违法用地和违法建设，全年共制止违章建筑 150 余宗，开展拆违行动 9 场次，拆除违章建筑面积 600 多平方米。认真开展

2021年卫片执法疑似问题图斑的核查、判定、整改工作，完成整改图斑2个，合计0.24公顷。

【生态保护】 2021年，横陂镇聚焦生态环境突出问题，统筹推动污染防治攻坚战和交办案件整改，加快生态环境治理体系和治理能力现代化建设，全镇生态环境质量持续优化。坚持结果导向，高站位高标准做好中央生态环保督察交办案件整改工作，全年共接到中央生态环境保护督察组交办信访案件11宗，已全面完成办结。持续开展污染防治攻坚战，深入推进畜禽养殖污染治理，依法拆除污染环境养殖场1座约70平方米；加强日常巡查监管，依法整治非法采砂堆砂行为，及时制止违法行为并跟踪整改，共发出督办通知书16份；开展河湖“五清”行动，治理河流总长5.3千米，清理水浮莲、垃圾等3000余吨；深入推进蓝天保卫战，查处露天焚烧秸秆行为25宗。

【社会治理】 2021年，横陂镇积极推进党建引领下的基层治理，按照“网格化”管理原则，积极做好初信初访和历史积案的调处，加强排查各类重点群体、敏感事件等风险隐患，切实做到将矛盾化解在基层，将问题解决在萌芽状态。全镇共办结上级交办案件127宗，指导协助各村调处矛盾纠纷144宗，化解群众关心关注的重点突出信访案件17宗。广泛深入地开展禁毒宣传教育活动，全年共悬挂各类宣传横幅70多条，发放宣传手册2万多份。扎实开展防电信诈骗宣传，进一步引导群众安装注册“国家反诈中心”APP，守护好群众“钱袋子”，共安装注册4.8万多人。做好精神障碍患者救治救助管理工作，对539名一般性患者和62名3级以上严重患者共601名精神障碍患者落实家属监护责任，全年无因精神障碍患者引发不稳定事件。

【法治建设】 准确把握新时代政府工作的新要求，深入贯彻法治理念，全力做好法治政府建设。推进社会治理机制创新，发挥村（社区）法律顾问作用，切实增强人民群众的法治获得感、幸福感和安全感，村（社区）法律顾问共走访群众1707人次，接访咨询人数1450人次，为村居委出具书面法律意见书30件，开展法治讲座32场，调解矛盾纠纷18件，审查合同93份。抓住综合行政执法示范创建机遇，深入推进乡镇综合行政执法改革，全面提升综合行政执法能力和水平。

横陂镇2021年度领导名录

党 委 书 记： 李国昌（任至3月）
卓伟强（3月任职）
党委副书记： 卓伟强（任至5月）
刘翠玉（9月任职）
饶　科（任至5月）
张恕根
曾志辉（6月任职）
罗东斌（9月挂任）
党 委 委 员： 陈展芳（任至9月）
宋柏强
李展培
李明新（任至6月）
周伟城（任至6月）
戴荣忠（任至6月）
魏国斌
陈威宏（任至6月）

周梦丽（6月任职）

人民代表大会主席：刘梅英

人民代表大会副主席：

周新辉（任至6月）

戴　文（9月任职）

副　镇　长：陈展芳（9月任职）

李茂浩（任至6月）

邹千友（任至6月）

周梦丽（任至6月）

周伟城（9月任职）

戴荣忠（9月任职）

戴建锋（9月任职）

李振萍（9月任职）

刘骁棠（9月任职）

曾俐敏（9月任职）

郭田镇

【简况】 郭田镇位于五华县东南部，地处海拔1277米的鸿图嶂下，距离县城25千米，与丰顺县、兴宁市相邻，是五华县三个革命老区镇之一，也是古大存入党介绍人、五华县第一个共产党员黄国梁的故乡。辖区总面积142平方千米，下辖12个村委会和1个居委会，共247个村民小组。圩镇规划面积3.13平方千米，耕地面积900公顷，山地面积1086.67公顷，镇建成区面积1平方千米；全镇森林总蓄积量30万立方米，森林覆盖率78.41%，林木绿化率达到79.47%，古树名木众多、保护率达到100%；红色革命文化底蕴深厚，有龙潭村黄国梁故居，双光村烈士纪念碑，横塘村江震东烈士纪念墓，布美村红军标语群，湖华村战壕遗址等。镇内有初中学校1间，小学10间，公办中心幼儿园1间，卫生院1间；交通区位优势明显，S226线、丰华高速贯穿全镇而过，并在坪上村设有一个高速出口。2021年有6786户，46321人，其中农业人口39277人，非农人口7044人。全镇地方财政总收入4710万元，一般公共预算收入2875万元，税收收入126万元。

【重点项目】 2021年，郭田镇强化服务保障，着力解决景田矿泉水项目推进中遇到的难点堵点问题，全面完成项目用地19.804公顷的征地拆迁和2.73公顷的补征地任务，稳步有序推进控制区范围内33.33公顷的租地工作，确保无障碍施工；配合上级部门做好三渡水抽水蓄能电站项目前期准备工作，加强控制性保护区巡查监管，安装2个录影监控设备，严防抢栽抢种抢建“三抢”行为，为项目顺利推进打下坚实基础。

【农业农村】 2021年，严格落实复耕复种奖补政策，大力开展撂荒土地复耕复种和耕地保护补贴面积核减工作，做强做大“五村联动”高山红薯产业，借助“一村一品”，大力发展龙潭村马铃薯、蚕豆，三坑村田螺养殖、时蔬种植，湖华村“稻虾共作”等农业特色产业，并发挥合作社引领作用，鼓励村民进行土地流转，发展规模化种植，共享产业发展红利；龙潭村、石团村高标准基本农田项目预计2022年5月建设完成。

【乡村振兴】 2021年，全域优化农村人居环境，深入推进“厕所、污水、供水”三大革命，实现全镇无害化卫生户厕全覆盖，全镇卫生户厕率达100%；采取“以奖代补”方式，在坪上、布美2个面上村建设3座村级污水处理设施；全部行政村完成村村通自来水供水管网铺设工作，自然村供水管道铺设正在稳步推进中，切实保障人民群众用水充足、饮水安全；全力推进“三清三拆三整治”“回头看”工作，累计拆除危旧房、废旧猪牛栏、厕所、残垣断壁等49宗，面积逾4299平方米；利用闲置土地、办公场所和农户屋顶大力发展光伏发电项目，铺设光伏板面积约2000平方米，并网发电总容量达230多千瓦，为村民和村集体经济创造10余万元的“阳光收入”。

【基础设施建设】 2021年，如期完成丰华高速郭田段收尾工作，妥善解决一批涉高速公路遗留问题，实现顺利通车，进一步拓展交通区域网；联合上级部门加快推进丰华高速郭田互通案下至圩镇连接线改建工程，全面完成放线征地工作，协调解决连接线征地纠纷20多宗。

【生态建设】 2021年，以林长制为抓手，全力推进“一网三行动”，实现森林资源网格化管理，持续推进山边住户森林火灾隐患清理整治行动，开设70千米的森林防火隔离带，定期开展以水灭火演练，更新替换一批应急物资储备，强化日常值守查验和巡逻管护，严厉打击野外违规用火行为；紧紧围绕“碳达峰、碳中和”战略目标，持续开展禁止露天焚烧秸秆整治和火烧迹地、一河两岸、休憩公园、弃土场等植树复绿工作，植树复绿面积达1.33公顷；协助县林业局及第三方公司完成约7333.33公顷省级生态公益林完善落界工作，严厉打击非法破坏林业资源30起，有效推动生态公益林保护；严格落实河长制和“禁渔期”规定，定期开展水面漂浮物清理专项行动，全年清运垃圾41.58吨，清理河道长度18.78千米，面积1540平方千米；深入推进龙潭村、郭田村和双光村的广东省绿美古树乡村建设，对辖区古树名木分批进行挂牌保护，建设龙潭村、郭田村古树公园。

【科教文卫】 2021年，大力发展教育事业，落实“双减”政策，持续加强校外托管机构监管；高规格召开第二届郭田镇奖教奖学大会，发放32.67万元奖励优秀师生、教育工作者，营造尊师重教浓厚氛围；郭田中学新建教学楼投入使用，借助乡贤力量，石团、湖华小学增添一批多媒体教学设备，教学条件不断提高；建设13个村级综合性文化服务中心和2个新时代文化讲习所；完成新时代文明实践中心“一站两所”建设和13个村（社区）志愿服务队挂牌成立工作，全年开展志愿服务活动200多次，不断打响“文明郭田”招牌。

【社会稳定】 2021年，坚持以大概率思维应对小概率事件，始终把安全生产摆在重中之重的位置抓好落实，紧盯交通运输、食品药品、建筑施工、消防等重点行业和烟花爆竹、煤气燃油经营点，“三小”场所、山塘水库等重点场所，常态化深入开展安全生产大排查大整治，全年排查整改各类大小隐患100多宗；完成圩镇下径塘重大地质灾害隐患整治，三坑村岗塘地质灾害整治工作正稳步推进中，切实保障人民群众的生命财产安全。

【民生保障】 2021年，持续增进民生福祉，按照“应保尽保”原则，对全镇484位“五保”、低保人员开展入户走访调查，精准发放兜底保障资金；全面完成离任村干信息采集工作；全面推进遗体火化、严厉打击违规建坟行为；扎实开展社会救助，持续做好残疾人补贴发放工作，全年开展“送温暖”等慰问活动20多次；全力做好县级下放第一、二批共计489项政务服务业务承接工作，截至年底，镇级业务办理量为1100多件，村级业务办理量为340多件，不断提高便民惠民服务；组织郭田卫生院开展“送医下乡”活动4次、“送苗下乡”80多次，服务老年群众6000多人次。

【社会治安】 2021年，持续推进扫黑除恶专项斗争，办结相关线索10余条，有效维护社会和谐稳定；充分发挥综治、信访、维稳“中心+网格化+信息化”平台作用，落实初信初访和领导包案制，全力做好重要会议、重大节日等节点的社会维稳工作，全年共解决矛盾纠纷104宗；持续打击治理电信网络诈骗，深入开展易制毒场所巡查50多次。

【基层党建】 2021年，选优配强“两委”干部。选拔10余名致富带头人、熟悉“三农”、经验丰富的党员和年轻、高素质的人员担任村“两委”班子成员，新一届村“两委”班子平均年龄降低至45.4岁，大专及以上学历占16.5%；积极开展新晋干部培训，依托镇党校阵地，对新一届61名支委干部开展党建工作培训8次，不断加强党务工作人员驾驭新时代党建工作的能力；积极发展农村党员，全年共培养75名入党积极分子，发展33名党员，不断增强党支部的生命力和战斗力；完成机构改革工作，严格落实《中国共产党机构编制工作条例》及配套法规制度，严格执行“三定”规定，调整后的编制职数为行政编制46名，行政执法专项编制10名；组建临时党支部，协助驻镇帮镇扶村工作队建立工作协调机制，组建临时党支部，为推进乡村振兴驻镇帮镇扶村提供坚强组织保障；发挥先锋模范作用，持续开展“党建+”志愿活动，成立党员先锋队13支，发动年轻党员干部参与厕所革命，带头摸查户厕6399户；打造“党建+群防群治”治理体系，各党员先锋队累计摸排返乡人员93人，带动年老群众接种疫苗300余剂次；积极号召50余名党员干部带头参与景田矿泉水项目建设，完成征地拆迁2公顷，协调解决矛盾纠纷12宗；开展执纪监督工作，做好换届选举“前后文章”，对13个村的89名村干部进行集体廉政教育，对8名新任村干部开展任前廉政谈话，对13名新任村级党组织一把手发出13份提醒函和签订13份承诺书；全年开展重点工作监督检查84次，发现问题13个，完成整改13个，发出督查整改通知书14份，发出建议意见书8份，批评教育12人；坚持“每月一案例”警示教育，持续紧盯隐形变异“四风”和群众身边微腐败问题，运用“四种形态”，对苗头性倾向性问题谈话提醒24人，立案3件办结3件，党纪处分3人，在全镇形成惩治“微腐败”的高压态势。

郭田镇2021年度单位领导名录

党委书记： 刘伟炎

党委副书记： 魏耿华
张美茹
李宏栋（5月任职）

党 委 委 员： 黄运辉
陈汉森
陈标坤（8月任职）
李海晋（8月任职）
人民代表大会主席： 黄育辉
人民代表大会副主席：
江　育（10月任职）
镇　　　长： 魏耿华
副　镇　长： 黄运辉（10月任职）
黄文华（10月任职）
薛茂恩（10月任职）
翁柳玲（10月任职）
江林樾（10月任职）

双华镇

【简况】 双华镇位于五华县东南部，距县城28千米，总面积141平方千米，下辖16个行政村和1个居委会。2021年末，双华镇共有7943户43606人，耕地面积1000公顷，林地面积12466.67公顷，生态公益林面积8733.33公顷。2021年，双华镇经济稳步发展，全镇农村经济总收入达4.8亿元，完成固定资产投资6300万元，同比增长8.5%，农村居民人均年收入13826元，同比增长7.6%。

【党建工作】 2021年，双华镇高质量完成全镇17个村（社区）党组织和村民委员会的换届选举工作，村书记、主任均实现“一肩挑”，实现“两委”班子学历、年龄“一升一降”的目标，其中，全日制本科3名，筑牢基层堡垒，为推动乡村振兴、强化基层治理、夯实基层基础提供有力保证。

党史之光照亮奋进之路。双华镇扎实推进党史学习教育活动，2021年全年召开党委理论学习中心组专题学习研讨11次，举办专题宣讲会3场，紧密结合双华红色史实，推出“十大党史学习红色教育暨乡村振兴打卡点”，并将“我为群众办实事”贯穿始终，2021年全年完成道路硬底化约6千米，扩宽道路约7千米；党员领导干部共为群众办实事522人次，面对面解决群众实际困难38个，办理落实重点民生实事清单11项。

【疫情防控】 双华镇严格按照上级关于新冠肺炎疫情防控工作精神，全面压实“三人小组”职责，重点做好国内中高风险地区来（返）双华人员的排查管控，严格落实“四个一”防控措施，慎终如始抓好常态化疫情防控各项措施；做好日常防控的同时，突出抓好疫苗接种工作。截至2021年12月21日，双华卫生院已接种第一针次16281人、第二针次16220人、加强针1098人，筑牢疫情防控屏障。

2021年4月29日，双华镇党委书记张小玲（居中）带领新一届村（社区）支部书记到郭田镇开展党史学习暨乡村振兴现场教学活动（双华镇提供）

【文教卫生】 2021年，双华镇广泛开展“镇星级文明户、好家风、好媳妇及双华好人”等道德模范创建评选活动，辖区竹山村获评市“美丽家园”示范村，全镇获评市“美丽家园”示范户1户，获评县“最美家庭”2户，获评市“好媳妇”1人，获评县“好媳妇”1人。全年趁圩日开展法治摆摊宣讲13场次，夯实农村法治基础。

2021年双华中学初三升中考试，参考人数420人，考入市县重点高中123人，占比29.29%，其中东山中学、市曾宪梓中学入围最低控制分数线40人，占比9.52%。双华中学获评“2020—2021学年度初级中学教育综合评价奖”第一名，连续8年被五华县教育局评为“先进学校”。双华镇教育发展基金会连续9年为双华镇中高考优秀学子发放奖学金，禾沙村、苏区村相继成立教育基金会，重教兴学氛围浓。

持续推进门诊“镇村一体化”医保报销的惠民政策，双华群众真正实现小病、轻病不出村，在家门口报销医保的愿望。持续深化卫健优质服务，完成237名妇女免费“两癌”筛查，发动135人参加无偿献血，累计献血2.8万毫升。

2021年1月7日，广东省医保局局长肖学（左十）率队到双华镇实地调研医保普通门诊“镇村一体化”试点工作（双华镇提供）

【乡村振兴】 2021年，双华镇巩固脱贫成果，有效衔接乡村振兴。健全防止返贫动态监测和帮扶机制，识别纳入边缘易致贫户、突发困难户、脱贫不稳定户“三类人员”13户57人。持续推进乡村风貌提升行动，圩镇升级改造完成，全年拆除危旧房112栋16700平方米；镇级污水处理设施正常运营，建成村级生活污水处理设施9座，覆盖30个自然村；积极推动新农村示范村建设，注重统筹山水林田、革命遗址等历史人文自然资源，集中打造虎石村红色主题文化公园、矮畲村居家养老服务广场、大陂村一河两岸、禾沙村一河两岸、军营村小公园等景观点，让人民群众望得见青山绿水，记得住浓浓乡愁。充盈农村发展之“实”。2021年打造乡村振兴示范点——天堂山枫华农业茶旅园，采用“党支部+合作社+基地+农户”模式，通过周边农户入股茶旅园基地建设或者参与茶旅园种植管理等形式，不断拓宽当地农户增收渠道。大力发展“红色+绿色+古色”休闲旅游产业，探索“红色教育+农事体验+绿色采摘”的一日休闲旅行路线，主动擦亮“广东省休闲农业与乡村旅游示范镇”品牌，将全镇景观点串珠成链，形成环镇旅游线路，打造全域旅游示范区，做足融合文章。

【民生保障】 2021年，双华镇完善社会救助、社会治理服务体系建设，全年医疗救助2684人，临时应急救助29人，帮助5名退役军人成功申请省应急救助资金，向全

2021 年 6 月 18 日，双华镇退役军人志愿服务队授旗成立（双华镇提供）

镇 255 名优抚对象发放抚恤金及优待金。认真做好“五保”、低保户评审工作，符合低保条件的全部纳入低保范围，农村低保标准由每人每月 532 元调整为每人每月 551 元，向 107 名“五保户”及 387 户低保户 1203 人发放“五保金”、低保金。落实办理残疾人证件及护理补贴发放工作，实现“应保尽保、规范运作、分类施保、动态管理”。

【社会治理】 2021 年，双华镇严格落实社会治安综合治理网格化管理，常态化开展普法、禁毒、重点人员管控等工作，2021 年全年双华镇共受理信访案件及矛盾纠纷 27 宗，调处 25 宗。高规格召开政法队伍教育整顿动员会，成立领导小组，及时制定镇级工作方案，扎实推进政法队伍教育整顿工作。扎实排查涉电诈三类重点人员，加强日常管控，坚持每月至少开展一次“反电信诈骗”宣传活动，大力开展“国家反诈中心”APP 推广工作，保质保量完成上级下达的安装注册任务。全覆盖抓好国土资源巡查监管，“两违”专项整治成效明显，农村建房管理秩序得到进一步规范，共拆除违章建筑 14 处。在全县率先成立镇级退役军人志愿服务队，弘扬退役军人正能量，共同维护社会和谐稳定。

双华镇 2021 年度领导名录

党委书记：张小玲

党委副书记：张志军（任至 5 月）
廖天华（5 月任职）
魏伟雄
陈少才（任至 3 月）
曾益锋（6 月任职）

党委委员：汤宇雄
孔治南
邓玉芳（任至 6 月）
钟　亮（任至 6 月）
杨想青（任至 7 月）
张玉良（5 月任职）
黄新强（7 月任职）
李家豪（7 月任职）

人民代表大会主席：陈宏忠

人民代表大会副主席：
杨想青（7 月任职）
温楚辉（任至 7 月）

镇　　长：廖天华（5 月任镇长人选）
张志军（任至 5 月）

副 镇 长：张玉良
杨丽娟
李惠龙（7 月任职）
陈育怀（7 月任职）
黄　敏（7 月任职）

纪委书记：李家豪（7 月任职）
杨想青（任至 7 月）

安 流 镇

【简况】 安流镇位于广东省梅州市五华县南部，东与棉洋镇相接，南与梅林镇接壤，西与周江镇相连，北与横陂镇交界，距县城33千米，琴江河贯穿全镇，是五华县中心镇、人口大镇。全镇共有42个村，4个社区，人口16.16万人，常住人口数9.3万人，农业人口数15.3万人，5000人以上的大村有13个，镇域面积238平方千米，耕地面积约4333.33公顷（其中水田面积2733.33公顷，旱地面积1600公顷），林地面积14466.67公顷，生态公益林面积约6666.67公顷。2021年，安流镇在县委、县政府的正确领导下，坚持以习近平新时代中国特色社会主义思想为指导，全面贯彻落实中共十九届历次全会精神，紧紧围绕县委、县政府高质量构建“一城两带四区”的发展新格局和安流镇打造强镇富民先行区的发展定位，统筹推进疫情防控和经济社会发展。

【基层党建】 抓好基层党建工作，筑牢基层党组织战斗堡垒。积极开展党史学习教育，征订《论中国共产党历史》《习近平新时代中国特色社会主义思想学习问答》等党史学习必备书籍320本，组织全体党员干部到红色教育基地参观学习48次，组织专题学习67次，利用微信公众号按时发布“党史百年天天读”文章，营造浓厚的学习宣传氛围，推动党史学习教育入脑入心。以实施《五华县加强党的基层组织建设三年行动计划（2021—2023年）》为抓手，将蓝田村党委、龙中村党委和半径村党委建设为党建示范点，辐射全镇党组织规范化建设，以党建工作促进基层各项工作顺利开展。于10月21日至26日分2期在五华县委党校成功举办镇村（社区）党组织干部乡村振兴培训班，进一步提升农村基层党组织的领导力，将党建和乡村振兴建设有效衔接起来，推动村集体经济加快发展，助力乡村振兴，获得省、市、县乡村振兴主管部门的充分肯定。2021年度安流镇累计举办集中培训14次，集中培训约1300人次；现场教学培训4次，培训人次约840人次。

【疫情防控】 抓好疫情防控工作，构筑强力安全免疫屏障。对中高风险地区、有外省旅居史来（返）安流人员及时做好排查登记，组织值班组不定期对辖区KTV、酒店、网吧、棋牌室等密闭场所检查，筑牢疫情防线。大力宣传接种新冠疫苗的必要性与安全性，耐心化解群众对疫苗接种的疑虑，统筹安排各卫生院提供“送苗下乡”服务，为行动不便的老年群众提供暖心疫苗接种服务，2021年，安流镇三间医院共接种新冠疫苗126234人份，其中接种第一针疫苗61387人，接种第二针疫苗59137人，接种第三针疫苗5710人。

【乡村振兴】 抓好乡村振兴工作，打造强镇富民先行区。建成运营村级生活污水处理设施30座（其中：省定贫困村17座，面上村13座），正在施工的生活污水处理设施15座；建成公共厕所109座，完成户厕改造656座。大力推进广东汉光超顺蔬菜产业园、蓝田村稻虾综合种养示范基地、长江、半径特色精品村建设，围绕“一镇一业，一村一品”发展特色产业，2021 年全镇共发展形成以种植丝苗米、烤烟、红薯、灵芝、柚子、油茶、蔬菜和养殖蛋鸭、黑凤鸡、三黄鸡、淡水鱼、小龙虾为主的产业基地 12 个。全力创建特色精品村。截至年底，长江村和半径村特色精品村均已进场施工。11 月 21 日至 12 月 31 日举办安流镇首批“乡村振兴共同富裕”带头人擂台赛活动，竞选出 20 名的共同富裕带头人，在全镇形成“比、学、赶、帮、超”的浓厚氛围，进一步促进安流镇乡村全面振兴，实现共同富裕，为全县“乡村振兴共同富裕”带头人擂台赛活动拉开序幕。

【民生福祉】 抓好民生福祉实事，营造和谐稳定平安安流。2021 年，安流镇共接访来访群众 160 批 255 人次，办结来访案件 109 宗，其中签订调解协议书 28 份，共接收信访信息系统案件 83 宗，与 2020 年 176 宗相比减少 93 宗，镇域社会不稳定因素有效减少。落实残疾人保障 3845 人，困难群众大病医疗救助 31 人，临时“应急”救助 138 人，至 2021 年底，全镇共有五保户 392 户，与 2020 年 433 户相比减少 41 户，脱贫成果取得成效。按时按质完成县征兵办下达的征兵工作任务；面对旱情完成撂荒水田复耕复种 68.8 公顷，为农户提供抽水机 20 多台，发放救灾应急玉米种子共 236.5 公斤，解决群众“急愁难盼”揪心事；截至年底，完成城乡居民医保征缴 90267 人，为群众生命健康提供保障；检查各类企业、“三小”场所、重点场所 2542 次，发现安全隐患 1569 处，整改事故隐患 1377 处；大力开展食品安全专项整治行动，共检查 304 家次，办结行政处罚案件 7 宗，罚款 55673 元。成功帮助优抚对象完成认证，走访退役军人，走访率 95.78%，300 人以上村（社区）星级示范创建已完成第三方验收组验收。

【生态保护】 抓好生态环境保护，切实守护安流绿水青山。完成全镇护林员更换并签订合同，组建 60 名身体素质过硬、专业本领过强的护林员队伍。严格执行森林防火“网格化”管理制度，持续开展“五清”行动，及时排查消除火灾隐患，组织护林员加强巡逻，查处违规野外用火 7 宗，违规挖山行为 5 宗。投入 100 多万元购置各类扑火装备，建设防火蓄水池 18 个，同时加强森林防灭火宣传，提高群众防火意识。大力开展牛蛙养殖污染整治。截至年底，全镇 6 家牛蛙养殖场的牛蛙已全部清理完毕。重视环保投诉案件，安流镇涉及环保督察的案件共 6 宗，已全部完成整改办结并进行持续监管。

【党风建设】 抓好党风廉政建设，锻造风清气正干部队伍。严格实行“上下班签到签退”制度，确保工作纪律落实到位。通过组织全体镇村干部定期参加党风廉政课、观看“警钟长鸣”违法违纪警示片等形式开展党风廉政建设，营造风清气正的政治环境。镇纪委定期与班子成员及部门负责人进行提醒谈话，不断加强领导干部的廉洁从政意识，坚决抵制“四风”。2021 年，安流镇纪委收到县纪委移交信访件 9 件，办结信访件 5 件；立案案件方面，党内立案 9 宗，结案 6 宗。

安流镇2021年度单位领导名录

党委书记：邓日新（任至6月）
张　勇（6月任职）
党委副书记：李　权（任至3月）
戴俊浩（5月任职）
汤　华（任至5月）
李巧文（任至5月）
宋锦棠（5月任职）
张宏南（5月任职）
党委委员：宋锦棠（任至5月）
林建辉
古爱常（任至5月）
黄志平
陈志坚（任至7月）
张伟鹏
宋锦棠（任至5月）
林建辉
陈伟华（任至5月）
黄胜才（任至5月）
陈志坚（任至7月）
田润民（5月任职）
李红娇（8月任职）
人民代表大会主席：陈展略
人民代表大会副主席：
陈周祥（9月任职）
镇　长：李　权（任至3月，主持党委、政府全面工作）
戴俊浩（9月任职）
副镇长：宋锦棠（任至5月）
林建辉（9月任职）
李自雄
张宏南（任至5月）
李小琴（任至5月）
陈志坚（9月任职）
张　强（9月任职）
李吉辉（9月任职）
李志锋（9月任职）
李治中（9月任职）
综合行政执法办公室（综合行政执法队）主任（队长）：
汤　华（任至5月）
陈忠红（5月任职）
纪委书记：古爱常（任至5月）
黄志平（8月任职）

棉洋镇

【简况】 棉洋镇位于五华县最南端毗邻揭西县，辖区总面积达254平方千米，距离县城45千米。全镇下辖26个行政村和2个居委会。2021年末，全镇有耕地面积2567.1公顷，其中水（旱）田2299.1公顷，旱地250.4公顷；总人口有27416户115458人，其中农业人口103428人，非农人口12030人。一年来，全镇经济总产值实现10.388亿元，同比增长6%，全年财政收支约3872万元。

【农业】 全力推动特色茶产业发展。坚持以茶叶为主导产业，围绕茶叶基地标准化创建、品牌创建、制茶工艺、茶文化培育四大工程，加快建设茶旅小镇。2021年，全镇82个农民合作社中新增2个县示范社、2个县龙头企业，其中11个茶企已获SC认证（食品生产许可认证），新增茶叶种植面积46.67公顷，其中“七畲径茶”荣获2021年第四届亚太金奖，“定乙绿茶”获粤茶杯金奖。据不完全统计，2021年全年全镇茶叶产量达150多万公斤。

借力企业助力蔬果产业发展。引进超

顺、粤之杉两个农业龙头企业，采取“基地+农户”模式，在荣华、棉洋村集约共13.33公顷土地发展大棚蔬果种植。与广东天池茶叶有限公司签订战略合作协议，借力企业先进发展理念，结合自身优势，不断形成规模化、产业化茶叶经营模式。同时，全面动员各村加大土地集约力度，正在推进平安、富强等村的稻虾共作项目。

扎实推进撂荒水田复耕复种工作。采取“四个到位”的有效措施，全力抓好撂荒水田复耕复种工作，加大政策宣传力度，鼓励农户自行复耕复种撂荒水田，协助种养大户调配农用机械做好备耕工作。2021年来共新增撂荒水田复耕复种面积达98.4公顷，100%完成县下达任务数，进度排名位于全县第4。

【文教卫生】 公共文化服务体系逐步建立，重教兴学，不断优化完善教育教学环境，学校的办学条件明显改善，教师队伍整体素质得到较大提高，教育教学质量稳步提升，有力地巩固教育创强成果。加强文化设施设备的建设，完善农村文化俱乐部建设，为开展文化体育活动提供硬件保证，人民群众的精神文明生活得到不断丰富。大力推进新时代教育事业发展，持续壮大棉洋教育发展基金会，接收捐款200多万元。在2021年的中招考试中，棉洋学子达东中、宪梓线的有33人，达第一批录取线的有183人；2021年高考，棉洋中学本科线以上的有29人，重本线有16人，本科上线率达11.37%，县排第六名。为肯定棉洋广大师生取得的优异成绩，各村（社区）、姓氏、宗族及镇级教育发展基金会累计表彰奖励2020—2021学年度优秀师生300多人，发放奖教奖学金近100万元。

大力提升计生服务水平，发动适龄妇女和农村低保女性参加“两癌”检查，2021年，棉洋镇共为502名35～64周岁妇女提供免费“两癌”检查，“两癌”检查任务完成率达到91.27%。同时，全面做好重大传染性疾病的预防控制，确保无重大疫情发生。

【基础设施建设】 圩镇管理大力规范。持续完善圩镇配套设施，坚持以管理为抓手，全覆盖巡查整治圩镇“六乱”行为，强化圩镇道路等基础设施日常管护，大力开展交通治理宣传，对G238线实行划线停放，进一步规范交通管理、车辆停放秩序，营造整洁、有序的道路环境。编制完善圩镇规范化建设三年实施方案，积极与上级沟通协调，统筹推进圩镇规范化建设项目。G238棉洋圩镇段已完成规划设计，正在向省级报批；农贸市场升级改造工程已与运营商签订市场升级改造合同，设计方案已定稿；圩镇升级改造项目已完成全部项目规划设计，正在走县常委会及立项程序。

交通道路不断完善。围绕巩固拓展脱贫攻坚成果，积极开展“我为群众办实事”系列活动，完成中心小学年久失修的上坡路修缮、平安村打通井头—樟树片便民路、洛阳村一河两岸建设、平安学校桥重建工程、桥江中学桥建设工作等系列民生实事，着力解决群众最关心、最直接、最现实的问题，保障基本民生需求。沿河路项目已基本完成路基建设（可实现临时通行），其中含联西至群星段长1000米、宽12米路面，群星段长1000米、宽10米路面，同时为满足临时通行，已对路面再次进行清理、加铺石粉、路面压实，并对应树立路标指示牌、警示牌、警示线。沿河休闲绿道项目已完成联西至洛阳休闲绿道全线900米土地集约和路基平整工作，河道两侧筑坡工程已完成400米，圩镇段200米长已基本建设完成。

人居环境稳步提升。结合“创省卫”工作，严格落实网格责任制，建立健全网格化管理工作机制，落实保洁人员和镇村两级监督管理人员，实现镇域农村人居环境综合整治工作规范化、制度化、常态化；2021年来，棉洋镇开展环境整治志愿服务活动10次，出动镇干部职工、保洁员和发动志愿者、群众2500多人次，镇村（社区）及各企事业单位共计出动运输车400多辆次、大型机械100多部，清理整治生活垃圾8000余处，清理六乱现象3000多处。12月底，棉洋镇成功获得“广东省卫生乡镇”称号。扎实推进“三清三拆三整治”。以乡村风貌提升、村庄环境整治工作为抓手，围绕重点地段重点问题，按照目标任务和具体要求，全域全村推进“三清三拆三整治”工作，形成“拆有方法、学有榜样、赶有先进”的良好氛围。2021年，棉洋镇共清理269处面积24422平方米，拆除危旧房屋、废弃猪舍、牛栏、露天厕所603座面积共74529.3平方米，整治263处面积共27403平方米。深入落实县委县政府决策部署，围绕县下达的10个生活污水处理设施建设任务，由乡村振兴办牵头，积极谋划，会同专业设计、测量团队逐村调研，科学选址，全面铺开农村生活污水处理设施建设工作。确定罗城村福铭片、阳光村排上片等19个自然村选点实施项目建设。截至年底，25座污水设施已全面完成设计工作，其中10座污水设施已完工，15座污水设施正在动工建设。

林业生态不断改观。牢固树立和践行“绿水青山就是金山银山”的发展理念，筑牢生态屏障，充分发挥棉洋镇生态优势，抓好绿化造林和资源保护等基础性工作，不断提高森林覆盖率。深入开展形式多样的宣传教育，全面提高群众森林防火意识。根据防灭火物资储备需要和库存情况，投入资金近20万元，添置风力灭火机、扑火把、防火服、消防水带等各类防灭火物资若干，补齐物资短板。加强镇村扑火队伍建设，足额配备扑救工具，严格落实网格化责任，细化人员分工，确保职责落实，全年开展森林防火应急演练10余次。同时，坚决打击挖山取土、挖山建房、毁林建坟和野外违规用火行为，不断强化巡查监管和执法力度。

生态环保狠抓落实。认真落实上级有关全面推行河长制工作安排部署，加强河长日常巡河履职，全镇各级河长累计巡河1474次，人均巡河率达121.62%。由各村（社区）组织人员300余人次，就辖区河道岸边垃圾进行清理，打捞河道漂浮物近20吨，水葫芦等水生植物近0.6吨。坚决抓好中央环保督察组交办案件“回头看”工作，扎实推进畜禽养殖污染专项整治，建立畜禽养殖污染防治长效机制，规范引导畜禽养殖产业健康有序发展。全面制止倾倒垃圾行为，严厉打击非法采砂和占河违建行为，严禁露天焚烧秸秆，持续保持优良大气环境质量，抓好非煤矿山、黏土类砖厂、固体废弃物非法处置整治等工作。

【安全生产】 消防安全方面。抓好消防安全排查整治工作。镇相关部门多次组织相关部门对“三小”场所、加油站、超市、宾馆、KTV等开展消防安全大检查，坚持日查、夜查相结合，对检查发现的安全隐患，坚决及时整改到位；对一时难以整改的做好登记、下发限期整改通知书，并及时跟踪、指导、督查，确保整治不留盲区。抓好烟花爆竹专项整治工作。为有效预防、坚决遏制烟花爆竹事故的发生，棉洋镇进一步加强烟花爆竹旺季安全监管工作，组织综合行政执法队成员、派出所民警到市场、商铺、仓库检查收缴违规贩卖烟花爆竹，对非法储存、运输、销售烟花爆竹等违法行为进行严厉打击。自专项整治行动开展以来共出动专项整治车辆100多台次，共检查烟花爆竹零售店50余间，依法收缴无证经营烟花60箱、鞭炮120件，其他各类儿童小烟花若干。同时，棉洋镇组织值班人员分片区进行禁燃烟花爆竹夜查，切实加大巡查监管力度，营造全域禁燃禁放的氛围，提高人民群众防火意识，杜绝燃放烟花爆竹等行为。

重点行业安全监管方面。抓好燃气安全专项整治工作。棉洋镇不定期组织规建办、综合行政执法队、应急办、城监、派出所等多部门联合排查检查整治燃气行业。棉洋镇共有15间燃气代充点（销售点），其中8间办理相关证照，7间无证经营。经发现，存在的主要问题是证照不齐、气瓶不达标、消防设施设备不完善等。对发现的问题要求限期整改，对不合格气瓶没收查封一批（58瓶），要求无证经营户办理相关证照并配备相关设施设备后方可经营。截至年底已全部整改完毕。抓好非煤矿山安全生产整治工作。为吸取外地安全生产事故教训，持续开展石场、砖厂等非煤矿山安全生产整治工作，监督企业主要负责人、安全管理人员、岗位作业人员清晰明了岗位职责和安全责任制，履行安全生产职责和义务，层层落实，采取有力措施，狠抓作业现场安全。2021年，累计联合出动120人次，检查企业单位25家，排查安全隐患11宗，现场整改10宗，正在整改1宗。抓好建筑工地安全整治工作。为吸取他地因建筑工地脚手架坍塌导致施工人员坠落事故经验教训，规建部门不定期对镇域建筑工地开展专项检查，镇相关部门通过加大对施工场所的监管力度，坚决杜绝违规、违章作业；做好危险作业的管控旁站指导；加强对施工管理人员、作业人员的培训，提高安全意识；严格落实各级安全生产责任制；要求施工方认真执行附着式脚手架升降前检查和升降后验收程序，实现规范作业，降低施工安全隐患。

【社会综合治理】 社会稳定工作有新局面。牢固树立“稳定压倒一切”思想，持续保持高压态势，大力开展信访矛盾纠纷排查调处工作，高度重视初信初访办理，积极妥善化解信访积案和矛盾纠纷，按照“中心+网格化+信息化”的工作架构，加强源头治理，强化重点人员稳控，落实领导包案责任制，每月定期研判当前矛盾纠纷事项，千方百计解决群众的合理合法诉求，及时有效化解不稳定因素。深入开展扫黑除恶专项斗争，强化线索排查和打击力度，全面铲除黑恶势力滋生土壤。扎实做好普法宣传、法律援助、社区矫正、安置帮教等工作，加强群防群治队伍建设，维护全镇经济社会和谐稳定。2021年，全镇累计接收社区矫正对象8人，安置帮教66人，全面落实“一对一”的防控措施，社区矫正对象重新违法犯罪率为零；全镇共受理各类矛盾纠纷案件193宗，其中，上级交办转来49宗，来镇上访以及村级移交矛盾纠纷案件共146宗。镇级回复当事人193宗，调解成功案件57宗，办结率98.97%。

禁毒工作有新提升。全面开展禁毒和禁种铲毒工作，每月对辖区内易制毒场所排查两次以上，每月开展至少两次超过三十人的宣传活动，并设立禁毒长廊、禁毒宣传栏、有奖举报宣传牌。对社区戒毒人员组织开展心理辅导、生活救助、技能培训等援助，让社区戒毒、社区康复人员困有所帮、病有所医、有业可就，彻底摆脱生理和心理对毒品的依赖，禁毒长效机制初步建立。全面落实禁毒“打、防、管、控”各项措施，全力打击涉毒违法犯罪，切实提高社区戒毒、社区康复人员管控率和执行率。截至 2021 年底，棉洋镇实际在册吸毒人员 2 人，其中社区戒毒 2 人，社区康复 2 人，社区戒毒社区康复执行率 100%。

扫黑除恶工作有新进展。棉洋镇坚决把思想和行动统一到以习近平同志为核心的党中央决策上来，增强责任感和使命感，把专项治理和综合治理、依法治理、源头治理结合起来，把扫黑除恶和加强基层组织建设结合起来，在营造氛围、线索摸排、工作督导上下足功夫，严格按照“有黑扫黑、无黑除恶、无恶治乱”的工作要求，强化组织领导，采取有力措施，攻坚克难，有力推动专项斗争深入开展。棉洋镇共排查 0 条扫黑线索，上级交办 7 件（含政法整顿），已办结 6 件，余下 1 件正在办理中。

棉洋镇 2021 年度单位领导名录

党委书记： 李　权（3 月任职）
古菊开（任至 3 月）
党委副书记： 李清华（5 月任职）
张志远（任至 5 月）
魏明星（5 月任职）
李汉文（5 月任职）
廖赛增（任至 5 月）
党委委员： 李汉文（任至 5 月）
黄　东（任至 5 月）
李保中（5 月任职）
古玉轩（6 月任职）
谢宁华
廖远枢（任至 5 月）
陈捷灵（任至 5 月）
丘翠娇
张怡龙（7 月任职）
人民代表大会主席： 吴国华
人民代表大会副主席：
廖仲权（9 月任职）
杨帆豪（任至 5 月）
镇长： 李清华（5 月任职）
张志远（任至 5 月）
副镇长： 李汉文（任至 5 月）
张广秋（任至 6 月）
周益恒
李展祥（9 月任职）
陈秋平（9 月任职）
宋浪忠（9 月任职）
胡海标（9 月任职）
纪委书记： 黄　东（任至 5 月）
张怡龙（7 月任职）

梅林镇

【简况】 梅林镇位于县城西南部 51 千米，是革命家古大存的故乡。全镇总面积 128.4 平方千米，辖 18 个村委会和 1 个社区。2021 年末，耕地 1546.67 公顷，其中水田 1393.37 公顷，旱地 106.67 公顷，其他耕地 46.63 公顷。全镇户籍人口有 15664 户、62493 人，其中城镇人口 19185 人、乡村人口 43308 人。

2021年全镇经济稳定增长，实现财政收入7892万元；地方生产总值5.25亿元，比上年增长5%；农村人均年收入12029元，比上年增长6%。

【农业】 2021年，梅林镇坚持以“科技服务三农”为宗旨，以“农业增效、农民增收、农村稳定”为目标，扎实推进“一村一品、一镇一业”项目，努力做好2021年度琴口村和梅东村两个实施主体申报工作，大力发展特色种植产业，全镇新增种植三红柚、沙田柚等柚果76.67公顷，新增种植茶叶6.67公顷。继续夯实农业产业基础，全力抓好撂荒水田复耕复种工作，完成撂荒水田复耕复种63公顷。坚持科技推广促进增产增收，对全镇农户开展面对面农业新技术讲解和指导达1250余人次，印发农业病虫害防治情报等技术资料6期，印发技术资料1250余份，积极开展病虫害防治、水稻参保工作，防治面积533.33多公顷，防治效果达96%以上，水稻投保面积1266.67多公顷，避免水稻种植户因自然灾害造成低产低收。

【人居环境】 2021年，梅林镇积极推进美丽乡村建设，持续推进人居环境综合整治，一方面依托镇村生活垃圾中转站，实现“户投放、村收集、镇转运、县处理”长效保洁机制。另一方面，结合国家、省“卫生镇”创建工作，组织全镇19个村（居）持续开展“三清三拆三整治”，深入开展“六乱”整治，改善镇容镇貌。全力加快基础设施建设和完善基本公共服务配套，全面改善人居环境。先后建成宣优村惠民绿道、11座村级生活污水处理设施，15个自然村标准化公厕等一批民生实事项目。

【基础设施建设】 2021年，梅林镇持续推进城镇建设工作有序实施。结合梅州市美丽圩镇示范镇建设，规划建设好X003线两旁门店外立面改造，竖立“红色印象街”和党旗标识，突出“红色”元素，打造梅林红街。筹资20多万在镇级森林公园山顶建设梅花形休闲凉亭一座，建设完成占地2664平方米的中共五华县委诞生旧址党建主题公园项目，擦亮梅林红色文化旅游又一新名片。对古大存故居、中共五华县委诞生旧址、农民协会旧址等红色遗址进行修缮保护和陈列布展，并作为梅林重要的红色文化传承基地、革命传统教育基地、践行社会主义核心价值观教育基地，免费向公众开放。顺利完成X003线梅林境内路灯亮化工程，实现X003线涉及梅林镇境内新塘、琴口两村沿路约6千米全境亮化，改变龙村至梅林、琴口、新塘出行“一路黑”的现状。圩镇街道增设200多个汽车车位及85个摩托车位，定点投放垃圾分类回收桶282个；投入200多万元改建农贸市场，进一步改变梅林圩镇市场零散分布格局，建立健全整治圩镇“六乱”机制，并于2021年喜获“梅州市文明镇”称号。

【新农村建设】 2021年，大力实施新农村“以奖代补”和提升工程EPC（设计采购施工）项目，建成镇级污水处理厂1座，农村生活污水处理设施11座、镇村生活垃圾中转站4座，污染治理成效不断显现；大力推进全镇美丽乡村和美好家园建设，持续推进“四级联创”，提升全镇文明乡风水平。梅林镇新成村和上礤村于2021年7月喜获梅州市“百佳乡风文明村”称号。

2021 年，梅东田园大道（梅林镇提供）

2021 年，休闲凉亭（梅林镇提供）

2021 年，新塘、琴口亮化路段（梅林镇提供）

【公共服务】 2021 年，梅林镇严格遵循“为民、务实、清廉”的服务宗旨，进一步提升镇村两级公共服务平台服务效能。镇公共服务中心全年共受（办）理业务 4991 件，为城乡居民养老保险人员办理认证 1800 多人，新增医保参保对象 945 人，共接收群众反映投诉问题 110 件并在规定时间内全部回复。各村（社区）在梅州市统一申办平台共办理业务 756 件，打通联系服务群众的“最后一公里”，群众满意度、认可度越来越高。

【社会综合治理】 2021 年，梅林镇持续深入推进“两违”专项整治工作，打击违法用地和违法建设行为。加强巡查监管力度，2021 年共巡查累计约 400 人次，自然资源巡查终端机在线巡查率排名全县第一，累计发现并制止违建 50 宗，制止违法推填土 7 宗，拆除违建 3 宗，拆除占地面积约 310 平方米，拆除建筑面积 310 平方米。持续做好“违章小产权房”管控整治工作，2021 年全镇无新增“违章小产权房”建设，现存 11 座“违章小产权房”中有 1 座已完善手续，剩余 10 座均已实行围蔽和停水停电处理。扎实推进开展农村削坡建房风险排查整治工作，2021 年全镇削坡建房整治任务数量共 295 户，至年底完成验收 304 户，竣工率 103%，按时按量超额完成削坡建房风险点整治工作。持续开展农村房屋安全隐患排查工作，推进农房安全隐患排查动态管理工作。经排查，全镇农村房屋安全隐患共 8377 户，存在风险 58 户，现已全面完成摸排工作，完成率为 100%。全力做好信访工作。全镇 2021 年共接访群众 70 余人次，网上信访及各级专案共 40 宗，限时答复率达 100%，完成化解重复信访疑难案件 4 宗。严抓安全生产及应急工作。定期组织开展好安全生产大排查大整治工作，对辖区内的各类企业、加油站、燃气供应站、烟花爆竹零售点、三合一经营场所等企业门店进行安全生产检查。共开展安全生产大检查 7 次，检查出动 500 余人次，发现各类隐患共 150 多处，立即整改 140 多处，限期整改 10 多处。开展基层应急管理建设试点工作，对镇政府、各村（居）40 个灾害信息员AB角进行信息登记，全部实现"应急一键通"APP使用，发挥灾害信息员的作用，遏制灾害事故的发生扩大。

【扫黑、禁毒、反电诈工作】 2021年，梅林镇深入开展扫黑除恶专项斗争工作，持续做好法治宣传、特殊人群教育管控、线索摸排等各项工作，进一步建立健全扫黑除恶专项斗争长效机制。每月开展2次以上宣传活动，累计发放宣传手册3000余份。扎实开展防电信诈骗宣传，充分发挥微信公众号作用，每周发布防诈骗宣传信息，拓展防诈骗宣传覆盖面；"国家反诈中心"APP累计安装注册26637人，全面提升群众防骗意识，全力守护群众的"钱袋子"，显著降低电诈案件的发生率。全面推进禁毒工作，广泛深入地开展各种宣传教育活动，通过禁毒人员管控APP按期对吸毒人员进行尿检和谈心谈话；组织人员对辖区内易制毒场所进行常态化巡查，加大对辖区内的线索摸排、核查力度。

【疫情防控工作】 2021年，梅林镇疫情防控常态化有序开展，对镇域公共场所、大型商超、红色革命文化遗址、宾馆酒店等人员聚集场所落实常态化疫情防控措施，全面核查大数据推送的疑似中高风险地区来人7000多人次，及时对重点地区和重点人员开展健康检测管理措施。建立"镇+村"联动工作机制，采取"送苗下乡+专车接送+定点接种"等多种方式，2021年，梅林镇累计完成3~11周岁儿童接种5642人，累计接种率83.42%；完成加强针接种4639人，完成率为72.03%；完成60周岁以上人群新冠疫苗第一针接种4762人，接种人群覆盖率为79.78%，免疫屏障保护圈基本形成。

【生态保护工作】 2021年，梅林镇构建碧水保卫机制，深入实施河长制，开展巡河护河和检查督查工作，全面掌握河道和水库、山塘周边的污染源，投入17万元对河湖进行清理和保洁，对涉河湖违法违建进行全面清理和拆除。全镇相关河长通过智慧河长平台巡河400人次，其中整改问题30个，共拆除涉河违建2处，清理河道长度为18.5千米，清理水域面积约2100平方米，清理沿河乱倒垃圾及渣土8处约200吨，清理杂草5处、河道内农作物1处，共约3000平方米。加大对偷采河砂打击力度，加强不定期巡逻力度。每月出动巡逻达100多人次、查扣三轮摩托车4部、手推车2部、打砂机4部、铲车1部、挖机1部、毁除下河道路12条、拆除制砂洗砂点1处。加快推进集中供水项目工程，配合协助村村通和集中供水的施工工作，解决施工遇到的问题22个，确保无障碍施工。做好抗旱工作，累计投入资金34万，调配抽水设备54部投入抗旱工作，全镇未发生人畜饮水安全事件，较好地解决了因旱情影响农作物的灌溉问题，确保梅林镇人民群众正常的生产生活。织密养殖防疫网格，严格开展动物产地检疫工作，规范产地检疫申报制度，监督屠宰场每天进行消毒；切实开展违禁品和饲料添加剂抽样检查行动，杜绝病死或死因不明的畜类进入屠宰场和市场。筑牢森林防火屏障，巡查发现野外违规用火16件，处罚3件，合计金额达到2400元，制定《森林防火村规民约》，发放森林防火责任书、致广大农户公开信各6000份，每村张挂防火横幅标语20条，张贴森林防火通告108张，购买配齐防火物资——

防火服、宣传喇叭、扑火把、灭火电动水枪等共 10 多万元，强化隐患排查清理，对存在森林火灾隐患的 298 户山边住户进行整治，截至年底已整治 245 户，有序推进森林防火隔离带建设，已开设 13 多千米森林防火隔离带。

【党建】 2021 年，梅林镇持续深入推进“不忘初心、牢记使命”主题教育常态化、制度化，加强对习近平新时代中国特色社会主义思想、党章党规、中共十九届六中全会、习近平总书记视察广东重要讲话重要指示精神等内容的培训学习，达到学习理论有收获、指导工作有方法的目标，全年共培训全镇党员干部 1103 多人次，组织召开党组中心组学习会议 14 次；组织党员观看党史教育片等活动 12 次，举办“学党史、感党恩、跟党走”等教育宣讲活动 4 次，组织机关党员干部到中共县委旧址、古大存故居缅怀革命先烈、学习党性党魂 2 次。充分利用“沃视通”系统定期开展村（社区）党员和流动党员线下培训课程。进一步完善机关干部管理的各项制度，包括考核、出勤、请假、驻村等，全镇的会风、作风有明显好转；认真落实村干部坐班值班制度，成立由组织办、纪委办干部组成的督查组，不定期到各村（社区）督查。全面完成 19 个村（社区）换届选举工作，换届后村“两委”班子成员共 119 名，交叉任职比例 77.5%，平均年龄 45 岁，大专以上学历 16 人，各村（社区）书记、主任全部实现一肩挑。

2021 年，县委旧址（梅林镇提供）

梅林镇 2021 年度领导名录

党 委 书 记： 邓清华
镇　　　长： 刘剑锋
党委副书记： 刘剑锋
廖旭辉
宋振团（5 月任职）
王永锋（9 月任职）
陈活祥（任至 5 月）
人民代表大会主 席： 饶　科（9 月任职）
人民代表大会副主席：
刘发胜（9 月任职）
廖仲.权（任至 6 月）
党委委员： 廖许新
古锦腾（8 月任职）
张秀华
魏汉琼（8 月任职）
江谷山（8 月任职）
温肖华（任至 6 月）
副 镇 长： 李华中（9 月任职）
宋大声
李小琴（9 月任职）
曾祥锋（9 月任职）

华 阳 镇

【简况】 五华县华阳镇位于县城西南部，距离县城 62 千米，东邻梅林镇、南邻龙村镇、北连周江镇、长布镇，西与河源市紫金县接壤，下辖 13 个村委会和 1

个居委会，共405个村民小组，有12013户65513人，总面积153.5平方千米。其中山地面积12000公顷，耕地面积1466.67公顷，境内主要有花岗石、大理石、稀土矿和水晶石等矿产资源。基层党组织27个，其中“两新”组织2个，党员共1107名。现有镇干部、职工120人，村（社区）“两委”干部104人。2021年，全镇生产总值7.74亿元，同比增长4.7%，工业生产总值2.83亿元，同比增长5.1%，农业总产值3.74亿元，同比增长4.6%。

【基础设施】 全力推进S120线升级G355线建设。华阳段全长约16千米，改造任务已全部完成；圩镇段全长约3.5千米，已全部铺设沥青；同时积极主动向县政府申报圩镇公路扩容提质工程，圩镇段市政工程全长约2.65千米，项目投资概算约2205万元，其中争取县财政统筹解决1500万元。在2020年的基础上，2021年已完成道路单边建设人行道、安装路灯、高压线落地等项目；华阳大桥投入700多万元资金对桥梁进行重建，截至年底大桥已投入使用；扎实做好坪田水生态清洁小流域治理工程建设，该项目总投资2869.89万元，途经华南、华阳、华新3个村，截至年底已建设完成，生态治理成效显著。

【农业发展】 2021全年水稻种植2389.13公顷，其中撂荒水田复耕复种面积达65.67公顷（含连片1公顷撂荒复耕面积以上22.4公顷），实现复耕复种面积占县下达任务数104%、稻渔综合种养面积13.33公顷。全镇因旱改种玉米面积58.37公顷，并免费发放优质玉米种子586.5万斤。2021年积极发动合作社、群众扩种梅州柚41.33公顷。全年种植红薯面积达100公顷，其中种植连片0.67公顷以上（含0.67公顷）的红薯有4个基地有20公顷。另外，华阳镇全年种植李果100公顷，总产量750吨，总产值达450多万元；种植柚果106.67公顷，总产量9600吨，总产值达1712多万元；种植油茶106.67公顷，名贵树木33.33公顷；高塘村13.33公顷无公害蔬菜基地巩固发展；华阳供销社养猪场为代表的生猪养殖示范基地不断壮大；农业机械化取得新突破，全镇拥有收割机16台，机收率达到90%；各种农业机械1040台，机耕率达82%。推进现代农产业园和人才培训基地建设，借助梅州市农林科学院的资源、技术、项目支持，建设现代农产业园，清理和集约约93.33公顷空闲土地，通过“基地+合作社+农户”的方式，大力发展丝苗米、有机蔬菜等。

【人居环境】 全力推进“三清三拆三整治”工作，2021年，拆除危旧房、废弃猪牛栏12处，约1000平方米，出动人数896人次，共清理村庄生活垃圾76吨、建筑垃圾117吨、乱堆乱放256宗，乱贴乱画36宗，乱拉乱挂54宗。加快推进污水处理设施建设，省定贫困村3个污水处理设施建设项目已完工投入使用，其余村级生活污水处理设施已完工6座、在建4座，配套完成生活污水收集管网、改造污水塘等，改变农村污水横流、臭气熏天的情况，消灭臭水沟、黑臭水体，村庄环境卫生全面持续改善，生活环境更加宜居。持续推进“厕所革命”。全力推进集中供水管网建设，已完工3个村，正在建设1个村。成功创建“广东省卫生镇”，有效改善圩镇人居环境状况。

【巩固脱贫攻坚成果】　2021年，严格按照省、市、县关于实现巩固拓展脱贫攻坚成果同乡村振兴有效衔接的实施意见的有关部署，保持现行脱贫攻坚政策总体稳定，巩固拓展脱贫攻坚成果，统筹发展城乡社会救助制度，加强返贫致贫人口动态监测，制订《华阳镇关于健全防止返贫动态监测和帮扶机制的实施方案》，开展排查工作，共排查出符合条件的监测对象13户，其中12户为脱贫不稳定户，1户为边缘易致贫户。采取“缺什么补什么”的原则对监测对象进行帮扶，围绕县“8+1”的脱贫标准，逐项落实，补齐短板，使监测对象的收入有劳动能力户达到9600元以上，无劳动能力户达到6612元以上。

【生态保护】　严格执行《华阳镇关于进一步明确森林防火工作责任追究办法》，成立镇村二级的护林员和扑火队伍，划分包干责任区域，加强巡查，做到“见烟就查，见火就罚”。2021年，共查处5起野外违规用火，拘留4人。进一步规范林木采伐办理程序，对非法占用林地的违法行为“发现一宗，查处一宗”；查处违法林业案件5宗，确保森林资源的永续增长。加强营林抚育力度，为提高生态功能等级，充分发挥林业生态效益，2021年来，全镇共造林6.67公顷，同时，做好引资选林工作，共营造速生丰产林446.67公顷。坚持河道巡查监管，规范河道管理秩序，严厉打击非法采砂行为，发现一宗打击一宗。全面清理非法堆积在村道和河堤两旁等公共区域以及群众房前屋后非法来源的河砂，废除非法下河道路，消除一切非法采砂的痕迹。同时，镇村两级河长认真履职，加大巡河力度。同时，严厉打击非法采砂行为，发现一起打击一起。暂扣大型机械4台、农用车1辆、手推车10辆、卷扬机4台、锄头、铁锹22把，坚决杜绝偷采河砂现象。

【科教文体】　深入贯彻落实中共十九届四中、五中、六中全会精神，坚持教育优先发展的理念，以办人民满意的教育为目标，加大教育投入，努力改善办学条件，优化教育资源配置，加强师资队伍建设，全镇教育事业呈现良好态势。成功建立华阳镇教育发展基金会。截至年底社会各界认捐金额已达430万元，为全镇教育激励、资助体系提供有力支持，提高学生的学习热情，激发教育工作者的教学激情，提升整体教学水平，促进教育加快实现新发展。

【疫情防控】　充分发挥基层网格员在疫情防控工作中的作用，通过张贴宣传海报、拉横幅、流动广播宣传等方式向居民开展面对面宣传，提醒居民出门戴口罩，减少到人流密集场所，进一步落实好疫情防控常态化工作。各村（居）网格员积极配合镇防疫指挥部、排查重点地区返回（来）华人员，落实“一人一户一车一档”管理制度，利用综治信息系统及时报送人员聚集、环境卫生、网络言论等涉及疫情防控的网格事件，落实网格化排查包干责任。2021年华阳镇共接收县级公安部门推送数据693条，经镇、村两级“三人小组”排查，落地华阳数据168条，涉195人，并全部按照“一人一户一车一档”的方式建立台账档案。持续推进新冠疫苗接种工作，加大新冠疫苗接种宣传力度，截至2021年底，华阳镇3周岁以上人群累计完成25736剂次接种，接种覆盖率排在全县前列。

【社会保障】 积极与税务银行等部门沟通，及时将征收过程中的问题反馈给相关部门，确保医保征缴能顺利进行。经过多方努力,华阳镇城乡居民医疗保险人38712参保，参保率达78.21%，为3355个建档立卡贫困人员、低保户、“五保户”、重残等特殊人员缴交城乡居民医疗保险及城乡居民养老保险，已全部由政府统缴纳入保障范围。加强复退军人服务保障工作，持续做好复退军人信息采集工作，建立“一人一档”，并做好优抚安置、慰问等工作，2021年为华阳镇3名退役军人优抚对象申请应急救助资金34000余元。

【安全生产】 结合日常监管、行业领域、属地管辖等职责要求，开展安全生产隐患大排查、大检查活动和各村（居）委属地管辖巡查监管工作。重点对烟花爆竹专项整治、非煤矿山专项整治、特种设备专项整治、打非治违专项整治等工作进行检查，对安全大检查发现的隐患问题实行“零容忍”的态度，坚持“严”字当头、敢抓敢管，切实做到不留死角、不留盲区、不走过场。在排查过程中排查出有安全隐患的单位能当场整改的当场整改，不能当场整改的发出限期整改书责令其限期落实整改，到期组织人员进行复查。2021年来集中开展安全生产各项专项行动，共排查出安全隐患42宗，上报县安委办6宗,经复查,安全隐患整改率达到100%。严格落实行业监管部门安全监管责任和企业安全生产主体责任。明确行业监管部门的行业领域安全生产直接监管责任，推动各有关行业监管部门将安全生产职责纳入“三定”规定。督促企业依法履行安全生产主体责任，严格落实企业主要责任人的第一责任，切实做好安全生产工作。

【自然资源管理】 为切实抓好违法用地和违法建设专项整治工作，华阳镇成立“两违”专项整治工作领导小组，对全镇违法用地和违法建设专项整治行动进行统一指挥和部署，逐步分类整治历史存量违法建设，建立健全长效管控机制，全面规范私人建设行为，优化城乡发展环境，有效遏制占用耕地、林地、河道、道路等和违反规划许可私人建房等新增违法用地和违法建设行为，2021年违建巡查小组共出动30次，制止违法用地和违法建设行为15起，有效遏制“两违”行为，规范建设秩序，维护耕地安全；完成2021年度卫片执法图斑整改工作，共需整改47个卫片执法图斑，已完成整改47个，整改率高达100%。

【行政效能建设】 2021年，华阳镇认真贯彻落实习近平新时代中国特色社会主义思想，依法履职尽责，自觉接受人大、政协和社会各界监督。以建设服务型政府为目标，进一步转变政府职能，逐步实现从管理型政府向服务型政府的转变，按照“压缩项目、规范程序、提高效率、强化服务”的要求，改革管理体制，减少行政审批事项，积极推行行政审批制度改革，确保行政管理工作逐步向规范、快捷、便民、廉洁的方向运行。严格落实中央八项规定实施细则精神和省市县实施办法，扎实开展“以案促改”，坚决纠正“四风”，始终保持反腐败高压态势，用好巡察利剑，纠正各种不正之风，营造风清气正的政治生态。

华阳镇2021年度领导名录

书　　记：邹总根

副 书 记：张建城

李来泉
宋红扬
刘　科（11月挂任）
党委委员：何汉英（6月任职）
刘伟枢
李汉高
李苑红
李春祥（7月任职）
人民代表大会主席：邹焕模
人民代表大会副主席：
刘文斌（9月任职）
镇　　长：张建城
副 镇 长：何汉英　古达院
黄益宁
邹　铃（9月任职）
温　勇（9月任职）
纪委书记：刘伟枢（7月任职）
综合行政执法队长：古景清

龙村镇

【简况】　龙村镇地处五华县最南端，镇政府驻地距离县城65千米，距离汕湛高速华阳出口8千米，毗邻揭阳市揭西县上砂镇，河源市紫金县龙窝镇、水墩镇、南岭镇，汕尾市陆河县螺溪镇，区域面积349.1平方千米，是梅州市第二大乡镇，下辖37个村和3个社区居民委员会。梅州市“一号工程”——梅州（五华）抽水蓄能电站项目及龙狮殿风电场项目落户该镇。2021年末，全镇有山地面积2.73万公顷，耕地面积2337.4公顷，全镇人口有23091户109961人，其中非农业人口12947人，农业人口97014人，镇级财政总收入5510.23万元，对比上年增加23.43%。

【疫情防控工作】　加强组织领导。新冠肺炎疫情发生以来，龙村镇认真贯彻落实中央、省、市、县的工作部署，按照“外防输入、内防扩散”的工作思路，根据疫情发展态势，多次召开新型冠状病毒肺炎疫情防控工作会议，布置当前工作重点，制定符合镇情的新冠肺炎疫情防控工作方案。强化组织实施。“三人小组”筑牢“抗疫防线”，对于公安部门推送的涉疫地区重点人员，成立大数据排查组，逐一拨打电话了解对象姓名、抵达龙村时间、现居住住址、核酸检测结果、“粤康码”及疫苗接种情况等信息，为“地毯式”摸排提供数据支撑；村（居）干部共织“抗疫密网”，落实包片干部责任，加强对涉疫地区返乡人员的摸排登记，严格落实各类返乡人员的管控措施，做好重点地区返乡人员“一人一户一车一档”登记，村委设置测温点、外来人员登记进入，落实密切接触者集中隔离转运工作和次密切接触者居家隔离管理措施，严防外来人员的疫情输入；镇干部增强“抗疫队伍”，抽调镇干部，作为转运隔离人员、上门核酸采样专职司机。同时，部署转运安置流程与环节，精心做好人员分类、转运安置、人员离场、后续服务等准备工作，并落实各项服务及保障措施，做到环环紧扣，以保障人员转运安置实现“人车对接、人物对接、人人对接”的闭环管理，确保转运安置工作安全有序。持续推进新冠疫苗接种进度。通过微信公众号、融媒管理系统、喇叭村村响、包片干部入门入户等线上线下相结合的方式，积极动员符合条件的人群主动接种疫苗，同时优化接种服务，镇指挥部协调联系龙登硝三间卫生院“送苗下乡”接种。未报告有疑似预防接种异常反应和疫苗质量事故。

2021 年 10 月 6 日，市委常委、副市长陈金銮（前排右二）调研梅蓄项目（钟友清 摄）

【重点项目建设】 全力服务保障总投资 120 亿元的市县“一号工程”梅州（五华）抽水蓄能电站建设，积极协调解决征地拆迁遗留问题，主动沟通协调解决施工引发的各种问题，切实维护群众合法权益。12 月 17 日，南方电网调峰调频公司在梅州（五华）抽水蓄能电站举行首台机组移交生产见证会，至此，梅蓄电站首台机组正式移交生产，梅蓄电站主体工程于 2018 年 6 月开工，至 2021 年 11 月 30 日正式投产发电，2000 多个日夜交替，2800 余名建设者奋战不休，攻坚克难，最终实现电站主体工程开工至首台机投入试运行仅 41 个月，创造国内抽水蓄能电站最短建设工期纪录。

【基础设施建设】 持续推进危桥重建。为及时消除龙村大桥危桥安全隐患，2021 年 12 月 24 日，龙村镇人民政府制定关于对 S238 线五华县龙村大桥实行交通管制的方案，根据龙村现有交通状况，确定交通管制时间、方式和绕行路线，制作绕行路线指示牌，利用公众号和发放宣传单方式进行宣传。完善交通公路建设。完成 X960 线接宫前凹上经连塘、樟华至梧溪黄田岗衔接 X003 线的西外环过境公路共 7.5 千米的征地拆迁及路面硬底化，西外环线路的建成通车，进一步缓解龙村圩镇交通拥堵压力。

【乡村振兴】 加快村级污水处理设施建设。2021 年，龙村镇计划建设村级生活污水处理终端设施 10 座，分别是湖中村 1 座、登畲村 1 座、南洞村 1 座、塘湖村 2 座、榕溪村 1 座、硝芳村 1 座、翻新村 1 座、金龙村 2 座，截至年底已全部动工，竣工 1 座，投入资金约 676 万元。持续开展人居环境整治。龙村镇以农村人居环境“五清一改”为重点，持续推动“三清三拆三整治”，2021 年完成“三清理”14990 处，“三拆除”1338 座，“三整治”920 处。同时，有效推进“两美行动计划”，开展镇村环境综合整治，解决生活垃圾乱堆乱放、背街小巷卫生死角问题。全镇共有 260 多个垃圾收集点，建成 5 座垃圾中转站，同时建立生活垃圾清运、卫生保洁长效机制以及落实情况的督查机制，有效治理农村生活垃圾，促进农村人居环境改善。做好“中央环保督察”工作。对于“督查整治”问题，切实到现场了解情况解决问题，做好相应的案件调处报告、办理情况信息汇总表、会议记录、现场照片留底等相应工作，对违规违建污染扰民的问题案件进行研判，及时解决反映的问题。对于“中央环保督察组”反映的问题龙村镇完成率达 80% 以上。注重塑造特色农产品品牌形象。积极实施“一村一品、一镇一业”工程，立足打造“万亩茶叶、万亩油茶、万亩三红

2021 年 3 月 8 日，县委吴晖书记（右二）到龙村镇调研集中供水及产业发展工作（钟友清 摄）

柚”的目标，致力于塑造三红柚、茶叶、丝苗米等特色农产品品牌，其中位于留畲村的五华昌源茶叶发展专业合作社生产的茶产品获评为 2021 年“梅州茶王”；2021 年 9 月举办龙村镇第三届金柚丰收节，对拓宽农特产品销售渠道，保增收、塑造品牌形象具有推动作用。

【党史学习教育】 积极开展党史党课学习。以“学党史、悟思想、办实事、开新局”为总体要求，扎实推进党史学习教育，积极开展党员自学、党日活动、专题宣讲等多种形式的党史学习教育，2021 年，龙村镇共组织党员干部自学 575 人次，发放教材 613 本，开展主题党日活动 105 次，组织党史学习教育专题宣讲 3 场，共 696 人次。践行“我为群众办实事”实践活动。自开展党史学习教育以来，龙村镇以“学”促“行”，扎实推进“我为群众办实事”实践活动，切实“把好事办好，把实事办实”，制定办实事清单 12 项，其中贯彻新发展理念办实事 2 项、巩固扩展脱贫攻坚成果办实事 2 项、保障基本民生需求办实事 7 项、深化政务服务改革便民利民办实事 1 项，至 2021 年末，已全部完成。

【民生保障】 巩固脱贫攻坚战果。对全镇所有已脱贫户进行摸查，重点关注重病大病患者、重度残疾人、失能特困老年人等特殊群体。对于“脱贫不稳定户”，要求各村落实工作责任，及时评估研判，主动对接开展帮扶，做到早发现、早干预、早帮扶。截至年底，龙村镇已上报防返贫监测对象 24 户 87 人，涉及 15 个村，其中脱贫不稳定户 20 户 73 人，边缘易致贫户 2 户 7 人，突发严重困难户 2 户 7 人。加快推进危房改造工作。2021 年度完成全镇 1997 户建档立卡贫困户住房安全排查。符合危房改造条件共 3 户，全部完成验收并入住。持续开展削坡建房工作。2021 年完成对全镇 4778 削坡建房户进行安全隐患排查登记。截至 12 月底，全镇纳入 2021 年削坡建房治理任务中，442 户已进入施工阶段，440 户已完成削坡建房整治工作，开工率 103%，竣工率 103%，已验收 416 户，解除威胁人数 2389 人，顺利完成 2021 年的整治任务。

【社会综合治理】 全力抓好社会综合治理工作。坚持“排查一批、梳理一批、解决一批”的要求，梳理全镇信访问题，进一步完善并落实班子领导“包案”制度，依法依规处理信访事项。2021 年全年龙村镇共受理各类信访事项和矛盾纠纷案件 92 宗，办结 81 宗。同时，还建立信访案件专门档案，加强“一事一案、一案一档”的管理。对重点人员和群体制订有应急处置预案，成立应急处置小组，按照“规范有序、灵活高效”的原则，切实提高预防群众性事件和突发公共事件、越级上访事件的处置能力。多措并举开展反电信诈骗工作。龙村镇积极开展发动群众实名注册“国家反诈中心”APP工作，完成任务数50500个。同时，与公安部门加强沟通，通过线索排查，全面掌握电信诈骗重点人员底数，建立56名重点人员“一人一策”档案，采取有效措施进行跟踪管控，遏制案件高发态势。积极做好精障人员救治管理工作。为进一步做好精神障碍人员救治管理专项工作，保障精神障碍人员的合法权益，在通过前期摸清底数的基础上，对每一个在家居住的精神障碍患者落实村（居）干部、民警和监护人“三位一体”的包户责任。

【纪检监督】 聚焦主责主业，提升监督实效。2021年，龙村镇纪委组织开展督查17次，协助县纪委督查22次，覆盖40个村（社区），发现问题32个，通报2村，发送提醒函8封，问题清单均已反馈给相关村（社区）挂点联系责任人进行跟进整改。突出教育引导，营造风清气正良好氛围。2021年龙村镇面向全体镇村干部、企事业单位、“两新”党组织书记等人群，共开展3场次专题廉政教育，覆盖人数300余人；向全体镇干部职工、村“两委”干部发送廉洁过节短信，形成廉洁过节的良好风尚，共计428条；对2020年以来受到党纪处分、政务处分的党员干部，开展回访教育，覆盖人数21人，切实做好心理疏导工作。

【行政执法】 私人违法建房清查与“两违”整治齐头推进。根据县清违办的具体要求，制定工作方案，落实考核办法，制定工作计划。每月组织人员进行2次以上违建巡查。专项行动与日常监管工作的有机结合。全面推行“双随机、一公开”监管工作，对随机抽查的64户个体工商户、2户农民专业合作社、12户企业进行实地核查。强化落实活禽市场主体“1110制度”，落实每月15日休市监督检查工作，切实保障每月至少“一提醒、一监督”。截至12月20日，共出动执法车辆22辆次，执法人员46人次，开展联合行动8次，检查市场主体116户次。加大“查无”工作力度。落实无照经营专项整治行动，做好无照经营清查工作。2021年共开展无照经营专项整治行动2次，引导办理注册登记业务187笔，其中开业登记142户，变更登记45户。做好市场主体清查工作。对未实际开展经营活动、两年及以上未按期年报、经营地址与登记场中队不符的市场主体进行清查。已完成清查企业4家，个体工商户50户。落实专项整治行动，促进综合执法，集中执法力量针对重点领域、重点行业和薄弱环节开展专项检查，开展打击“云联惠”违法经营、非法集资、精神传销等专项行动。

龙村镇2021年度领导名录

党委书记： 曾映贤（任至11月）
刘伟炎（11月任职）

党委副书记：
李世忠（任至5月）
李冬强（5月任职）（党委副书记、镇长人选，9月任镇长）
李志征（9月挂任）

龙夏辉（任至4月）
刘锡贤
黄锡冠（5月任职）

党委委员： 李嘉彬
蓝坚华
甘永锋
魏碧珍（8月任职）
魏　裕（8月任职）
刘晓宇（任至9月）
田细文（任至5月）

人民代表大会主席： 黄赐奎

人民代表大会副主席：
魏碧珍（任至8月）
刘晓宇（8月任人大副主席人选，9月任人大副主席）

副　镇　长：
李嘉彬（5月任副镇长人选，9月任副镇长）
钟友清
廖永铎（7月任副镇长人选，9月任副镇长）
余崇兵（7月任副镇长人选，9月任副镇长）
胡景雄（7月任副镇长人选，9月任副镇长）
张德权（7月任副镇长人选，9月任副镇长）
徐　斌（7月任副镇长人选，9月任副镇长）
温跃胜（一级主任科员）
黄伟雄（一级主任科员副镇长任至6月）
邓科威（任至6月）
廖剑龙（任至7月）

纪委书记： 蓝坚华

综合行政执法办公室主任： 黄　龙

名 录

2021年度先进单位一览表

单位名称	授予单位	荣誉称号	授予时间
五华县退役军人服务中心	退役军人事务部、中央军委政治工作部	退役军人服务保障先进单位	2021年11月
中共五华县纪委监委机关委员会	中共梅州市委	梅州市先进基层党组织	2021年6月
五华县纪委监委	梅州市扫黑除恶专项斗争领导小组	扫黑除恶专项斗争（2018—2020年）先进集体	2021年7月
梅州市生态环境局五华分局	广东省第二次全国污染源普查领导小组办公室	广东省第二次全国污染源普查表现突出集体	2021年2月5日
国家税务总局五华县税务局	梅州市妇女联合会	梅州市“我心中的巾帼文明岗”	2021年3月2日
国家税务总局五华县税务局	梅州市总工会	“梅州市模范职工之家”	2021年8月19日
国家税务总局五华县税务局	广东省总工会	“省模范职工之家”	2021年11月15日
五华惠民村镇银行	广东省普法办公室、广东省司法厅、广东省工业和信息化厅、广东省人民政府国有资产监督管理委员会、广东省工商业联合会、广东省总工会	2020年度广东省法治文化建设示范企业	2021年6月

续表

单位名称	授予单位	荣誉称号	授予时间
广东五华农村商业银行股份有限公司	中国人民银行梅州市中心支行	2021 年梅州市第二届金融支持实体经济十大典型案例	2021 年 12 月
五华县工商业联合会（商会）	中华全国工商业联合会	全国县级“五好”工商联	2021 年 12 月 27 日
五华县创新创业协会	广东省工商业联合会（总商会）	广东省工商联法律服务示范点	2021 年 12 月 30 日
五华县妇女联合会	梅州市妇女联合会	梅州市“我心中的三八红旗集体”	2022 年 3 日
五华县人民检察院	梅州市委、梅州市人民政府	“2016—2020 年梅州市全面推行河长、湖长制先进集体”	2021 年 4 月
南山小学党支部	中共梅州市委	梅州市先进基层党组织	2021 年 6 月
示范幼儿园党支部	中共梅州市委	梅州市先进基层党组织	2021 年 6 月
五华县永盛食品有限公司	广东省肉类协会	2021 年度先进企业	2021 年 12 月
广东省五华县农业技术推广中心	广东省农业技术推广奖评审委员会	广东省农业技术推广奖一等奖	2021 年 12 月
五华县人力资源和社会保障局	中共梅州市委平安梅州建设领导小组	2019—2020 年度梅州市平安建设先进集体	2021 年 7 月
五华县法律援助中心	广东省人力资源和社会保障厅、广东省司法厅	第四届全省法律援助工作先进集体	2021年12月
五华县水寨镇罗湖村人民调委会	梅州市司法局	客都先进人民调解委员会	2021年12月
五华县安流镇人民调委会	梅州市司法局	客都先进人民调解委员会	2021年12月
五华县统计局	广东省第七次全国人口普查领导小组	广东省第七次全国人口普查先进集体	2021 年 10 月 21 日
五华县博物馆	中共梅州市委	梅州市先进基层党组织	2021 年 6 月

续表

单位名称	授予单位	荣誉称号	授予时间
五华县政务服务数据管理局	广东省政务服务数据管理局	广东首届市县级政务服务标杆大厅评估标杆培育大厅	2021年7月
五华县公园事务所	梅州市精神文明建设委员会	2019—2020年度梅州市文明单位	2021年1月
五华县城镇环境卫生管理所	梅州市发展和改革局、梅州日报社	“2020年度我心目中的梅州速度”	2021年3月
五华供电局龙村供电所支部委员会	中共梅州市人民政府国有资产监督管理委员会	梅州市国资系统先进基层党组织	2021年7月1日
五华县公安局国保大队	广东省公安厅	集体二等功	2021年7月16日
五华县公安局交警大队	梅州市精神文明建设委员会	2019—2020年度梅州市精神文明建设先进集体	2021年1月14日
龙村镇党建工作办公室（组织人事办公室）	梅州市关心下一代工作委员会、梅州市精神文明建设委员会办公室	全市关心下一代工作先进集体	2021年3月
龙村镇梅蓄新村	梅州市爱国卫生运动委员会	梅州市卫生村	2021年12月31日
中国共产党岐岭镇皇华村总支部委员会	中共梅州市委	梅州市先进基层党组织	2021年6月
双华镇人民政府	广东省爱国卫生运动委员会	广东省卫生镇	2021年1月
双华镇人民政府	广东省爱国卫生运动委员会	广东省无烟单位	2021年11月
双华镇人民政府	五华县精神文明工作指导委员会	五华县镇级精神文明建设先进集体	2021年8月
双华镇竹山阻击战纪念园	梅州市社会科学界联合会	梅州市人文社会科学普及基地	2021年5月
双华镇竹山阻击战纪念园	梅州市委党史研究室	梅州市中共党史教育基地	2021年6月

续表

单位名称	授予单位	荣誉称号	授予时间
双华镇苏区村	广东省林业厅	2020 年广东省森林乡村	2021 年 9 月
竹山阻击战纪念园	广东省社会科学界联合会	广东省人文社会科学普及基地	2021 年 10 月
安流镇龙中村	广东省委	广东省先进基层党组织	2021 年 6 月
五华县水寨镇澄湖村党委	中共梅州市委	梅州市先进基层党组织	2021 年 6 月
五华县华城镇	广东省爱国卫生运动委员会	广东省卫生镇	2021 年 1 月
五华县华城镇人民政府	广东省第七次全国人口普查领导小组	广东省第七次全国人口普查先进集体	2021 年 10 月
五华县华城镇	广东省信访工作联席会议办公室 广东省信访局	广东省 2021 年信访工作示范乡镇	2022 年 2 月
五华县棉洋镇团委	共青团梅州市委员会	梅州市五四红旗团委	2021 年 5 月
中共周江镇冰坎村总支部	中共梅州市委员会	梅州市先进基层党组织	2021 年 6 月
周江镇三河村	梅州市精神文明建设委员会	梅州市文明村	2021 年 1 月
转水镇青西村党总支	中共梅州市委	梅州市先进基层党组织	2021 年 6 月 29 日
长布樟村村委会	中共梅州市委	梅州市先进基层党组织	2021 年 6 月

2021 年度先进个人一览表

姓名	单位及职务	授予单位	荣誉称号	授予时间
曾繁活	县委组织部副部长	中共中央组织部人力资源和社会保障部	全国先进老干部工作者	2021 年 12 月
田爱平	县发改局党组书记、局长	中共梅州市委	梅州市优秀共产党员	2021 年 6 月

续表

姓名	单位及职务	授予单位	荣誉称号	授予时间
钟冠寰	五华县审计局党组书记、局长	梅州市委市政府	优秀党务工作者	2021 年 05 月 31 日
刘振江	五华县应急管理局安全生产基础股股长	广东省安全生产委员会	2018—2020 年度广东省安全生产工作先进个人	2021 年 6 月 3 日
江谷山	服务中心主任	中共广东省委农村工作领导小组	在 2019—2020 年脱贫攻坚工作中表现突出	2021 年 06 日
邓瑜文	梅州市生态环境局五华分局党组书记、局长、一级主办	广东省第二次全国污染源普查领导小组办公室	广东省第二次全国污染源普查表现突出个人	2021 年 2 月 5 日
温浪文	梅州市生态环境局五华分局党组成员、副局长、一级主办	广东省第二次全国污染源普查领导小组办公室	广东省第二次全国污染源普查表现突出个人	2021 年 2 月 5 日
陈近林	梅州市生态环境局五华分局综合股股长、三级主办	广东省第二次全国污染源普查领导小组办公室	广东省第二次全国污染源普查表现突出个人	2021 年 2 月 5 日
赖光波	梅州市生态环境局五华分局九级职员	广东省第二次全国污染源普查领导小组办公室	广东省第二次全国污染源普查表现突出个人	2021 年 2 月 5 日
陈近林	梅州市生态环境局五华分局综合股股长、三级主办	广东省生态环境厅	广东省固定污染源排污许可全覆盖工作表现突出个人	2021 年 1 月 26 日
邓　慧	梅州市生态环境局五华分局九级职员	广东省生态环境厅	广东省固定污染源排污许可全覆盖工作表现突出个人	2021 年 1 月 26 日

续表

姓名	单位及职务	授予单位	荣誉称号	授予时间
魏少灵	梅州市生态环境局五华分局中级工	广东省生态环境厅	广东省污染防治攻坚战执法工作表现突出个人	2021年1月27日
曾晓辉	梅州市生态环境局五华分局监测站负责人、高级工程师	广东省生态环境厅	广东省生态环境监测工作表现突出个人	2021年1月28日
李　煌	营业部柜员	中国金融工会	2021年全国五一劳动奖章	2021年12月
张国财	财政局党组成员、副局长	中共梅州市委	梅州市优秀共产党员	2021年6月
张玉珍	五华县妇联党组书记、主席、一级主任科员	中华人民共和国人力资源和社会保障部、中华全国妇女联合会	全国妇联系统先进工作者	2021年12月30日
钟文宗	中兴学校党支部书记、校长	中共梅州市委	梅州市优秀共产党员	2021年6月
何裕平	龙村镇第一小学教师	中共梅州市委	梅州市优秀共产党员	2021年6月
叶钦彩	长布镇中心小学党总支宣传委员、副校长	中共梅州市委	梅州市优秀共产党员	2021年6月
刘梅玲	安流镇中心小学党委组织委员、副校长	中共梅州市委	梅州市优秀党务工作者	2021年6月
吴浩东	安流镇中心小学党委书记、校长	中共梅州市委	梅州市优秀党务工作者	2021年6月
江祖相	郭田镇中心小学党支部组织委员	中共梅州市委	梅州市优秀党务工作者	2021年6月
傅培强	五华县市场监督管理局党组书记、局长、直属机关党委书记	梅州市委	优秀党务工作者	2021年6月

续表

姓名	单位及职务	授予单位	荣誉称号	授予时间
温燕方	五华县农业农村局干部	广东省委、省政府	广东省脱贫攻坚先进个人	2021年6月
杨炜宏	五华县农业农村局党组成员	中共广东省委农村工作领导小组	2019—2020年脱贫攻坚工作中表现突出，得到表扬	2021年6月
张贺让	五华县永盛食品有限公司副总经理	中共广东省委农村工作领导小组	2019—2020年脱贫攻坚工作中表现突出，得到表扬	2021年6月
苏惠玲	五华县农业农村局干部	农业农村部管理干部学院	2021网上冬训“十百千”行动优秀学员	2021年5月
张国泉	五华县农村能源办公室主任	广东省生态环境厅、广东省农业农村厅、广东省自然资源厅	全省农用地详查表现突出个人	2021年2月
钟运源	五华县农业技术推广中心副主任	广东省农业技术推广奖评审委员会	广东省农业技术推广奖一等奖	2021年12月
曾桓炜	五华县人力资源和社会保障局干部	中共广东省委农村工作领导小组	2019—2020年脱贫攻坚突出贡献个人	2021年6月
邹裕先	五华县社会保险基金管理局工伤保险股股长	中共广东省委农村工作领导小组	2019—2020年脱贫攻坚突出贡献个人	2021年6月
朱旭红	五华县司法局副局长	广东省普法办公室	全国普法工作先进个人	2022年1月
魏春荣	五华县司法局法治调研督察股股长、二级主任科员	中共广东省委农村工作领导小组	广东省2019—2020年脱贫攻坚工作优异奖	2021年6月
刘运金	岐岭司法所所长	梅州市司法局	客都先进人民调解员	2021年12月
何　苑	转水司法所所长	梅州市司法局	客都先进人民调解员	2021年12月

续表

姓名	单位及职务	授予单位	荣誉称号	授予时间
张锦友	河东司法所所长	梅州市司法局	客都先进人民调解员	2021 年 12 月
庄旭源	五华县统计局副局长	广东省第七次全国人口普查领导小组	广东省第七次全国人口普查先进个人	2021 年 10 月 21 日
古伟良	五华县统计局股长	广东省第七次全国人口普查领导小组	广东省第七次全国人口普查先进个人	2021 年 10 月 21 日
刘松和	五华县统计普查中心副主任	广东省第七次全国人口普查领导小组	广东省第七次全国人口普查先进个人	2021 年 10 月 21 日
李　婷	五华县统计普查中心副主任	广东省第七次全国人口普查领导小组	广东省第七次全国人口普查先进个人	2021 年 10 月 21 日
张政浪	中共五华县直属机关工作委员会副书记	中共梅州市委	梅州市优秀党务工作者	2021 年 6 月
钟国林	五华县人武部政治工作科干事	梅州军分区	嘉奖	2022 年 2 月
张雄辉	五华县市政公用事业服务中心党组书记、主任	梅州市精神文明建设委员会	2019—2020 年度梅州市精神文明建设先进工作者	2021 年 1 月
张雄辉	五华县市政公用事业服务中心党组书记、主任	中共梅州市委员会	梅州市优秀党委工作者	2021 年 6 月
张应兴	五华供电局长布供电所营配综合一班班长	中共梅州市人民政府国有资产监督管理委员会	梅州市国资系统优秀党员	2021 年 7 月 1 日
钟金旺	华源公司总经理	中共梅州市人民政府国有资产监督管理委员会	梅州市国资系统优秀党务工作者	2021 年 7 月 1 日

续表

姓名	单位及职务	授予单位	荣誉称号	授予时间
黄光辉	五华分公司项目经理	中共梅州市人民政府国有资产监督管理委员会	梅州市国资系统优秀共产党员	2021年6月30日
邓　锐	五华县公安局党委委员、副局长	广东省公安厅	新时代南粤刑侦之星	2021年3月9日
徐世强	五华县公安局桥江派出所所长	广东省公安厅	个人二等功	2021年5月25日
周泽嘉	五华县公安局治安管理大队内勤中队中队长	广东省公安厅	个人二等功	2021年6月10日
宋汉林	五华县公安局硝芳派出所教导员	广东省公安厅	岭南百佳社区民警	2021年11月4日
侯　令	五华县消防救援大队、中级专业技术职务	广东省消防救援总队	优秀干部	2021年
钟　宇	五华县水寨消防救援站、站长	广东省消防救援总队	优秀消防救援站指挥员	2021年
陈　林	五华县华城镇专职消防队、队长	广东省消防救援总队	优秀专职消防队指挥员	2021年
赖军儒	五华县消防救援大队、初级专业技术职务	广东省消防救援总队	纪检工作先进个人	2021年
侯　令	五华县消防救援大队、中级专业技术职务	广东省消防救援总队	优秀共产党员	2021年
吴涵博	五华县水寨消防救援站、政治指导员	广东省消防救援总队	三等功	2021年
吴涵博	五华县水寨消防救援站、政治指导员	广东省消防救援总队	“风华百年、蓝焰闪耀”主题作品创作征集评选	2021年

续表

姓名	单位及职务	授予单位	荣誉称号	授予时间
周桢武	五华县水寨消防救援站、班长	共青团梅州市委员会	优秀共青团员	2021年
王德虎	五华县消防救援大队、党委书记、政治教导员	梅州市消防救援支队	优秀党务工作者	2021年
吴涵博	五华县水寨消防救援站、政治指导员	梅州市消防救援支队	优秀干部	2021年
周桢武	五华县水寨消防救援站、班长	梅州市消防救援支队	优秀消防员	2021年
何嘉诚	五华县水寨消防救援站、副班长	梅州市消防救援支队	优秀消防员	2021年
荣政权	五华县水寨消防救援站、班长	梅州市消防救援支队	优秀共产党员	2021年
李文婷	五华县消防救援大队、文员	梅州市消防救援支队	梅州市消防救援支队优秀女文员	2021年
荣政权	五华县水寨消防救援站、班长	梅州市消防救援支队	中国共产党成立100周年庆祝活动第一期“消防安保岗位标兵”	2021年
张法清	五华县水寨消防救援站、战斗员	梅州市消防救援支队	中国共产党成立100周年庆祝活动第二期“消防安保岗位标兵”	2021年
张嘉顺	五华县华城专职消防队、驾驶员	梅州市消防救援支队	三等功	2021年
钟伟权	五华县华城专职消防队、驾驶员	梅州市消防救援支队	三等功	2021年
周桢武	五华县水寨消防救援站、班长	梅州市消防救援支队	个人嘉奖	2021年
赖军儒	五华县水寨消防救援站、初级专业技术职务	梅州市消防救援支队	个人嘉奖	2021年

续表

姓名	单位及职务	授予单位	荣誉称号	授予时间
荣政权	五华县水寨消防救援站、班长	梅州市消防救援支队	个人嘉奖	2021 年
杨春林	五华县水寨消防救援站、驾驶员	梅州市消防救援支队	个人嘉奖	2021 年
李　斌	五华县水寨消防救援站、驾驶员	梅州市消防救援支队	个人嘉奖	2021 年
张建明	五华县长布专职消防队、驾驶员	梅州市消防救援支队	个人嘉奖	2021 年
邹育活	五华县龙村专职消防队、战斗员	梅州市消防救援支队	个人嘉奖	2021 年
曾天生	五华县水寨消防救援站、战斗员	梅州市消防救援支队	个人嘉奖	2021 年
郑志荣	龙村镇党建办公室主任	梅州市委	梅州市优秀党务工作者	2021 年 6 月
何俊霞	龙村镇湖中村党总支部书记、村委会主任	广东省妇女联合会	广东省最美妇联执委	2021 年
何俊霞	龙村镇湖中村党总支部书记、村委会主任	广东省妇女联合会	广东省三八红旗手	2021 年
黄桂香	龙村镇金龙村村民	市妇联、市委宣传部、市文明办、市教育局、广东省雁洋公益基金会	第六届梅州市“孝老敬亲好媳妇”	2021 年 12 月
张小娟	岐岭镇党委副书记	广东省第七次人口普查领导小组	广东省第七次人口普查先进个人	2021 年 7 月
钟婷裕	岐岭镇党建工作办公室主任、妇联专职副主席	中共梅州市委	梅州市优秀共产党员	2021 年 3 月
张小玲	双华镇党委书记	中共梅州市委	2020 年度梅州市“我心中的三八红旗手”	2021 年 3 月

续表

姓名	单位及职务	授予单位	荣誉称号	授予时间
蔡其梅	双华镇竹山村党支部书记	中共广东省委	广东省优秀共产党员	2021年6月
汤万兵	安流镇吉水村党委书记	梅州市委	优秀共产党员	2021年6月
邓丽芳	五华县水寨镇公园社区党委书记、居委会主任	中共梅州市委	梅州市优秀共产党员	2021年6月
李辉强	五华县水寨镇纪委副书记	中共梅州市委	梅州市优秀共产党员	2021年6月
张锦贵	原河东人大副主席	广东省第七次全国人口普查领导小组	广东省第七次全国人口普查先进个人	2021年10月
吕中华	华城镇人大主席	广东省第七次全国人口普查领导小组	广东省第七次全国人口普查先进个人	2021年10月
邹总根	党委书记	市委组织部	梅州市优秀共产党员	2021年6月
邹　铃	副镇长	市委组织部	梅州市优秀党务工作者	2021年6月
薛　亮	棉洋镇人民政府应急办副主任	梅州市应急管理局	2021梅州最美应急人	2022年2月
叶俊兴	周江镇退役军人服务站站长	中共广东省委农村工作领导小组	脱贫攻坚先进个人	2021年6月
黄佰添	转水镇人民政府新丰村党支部书记	中共梅州市委	梅州市优秀共产党员	2021年6月
谢沁华	转水镇人民政府里塘村党支部第一书记	中共梅州市委	梅州市优秀共产党员	2021月6月
温　勇	转水镇人民政府党建办干部	中共梅州市委	梅州市优秀党务工作者	2021月6月

五华县国家地理标志保护产品一览表

时间截至 2021 年 12 月 31 日

产品名称	授予单位	授予时间
长乐烧酒	国家市场监督管理总局	2016 年 11 月
大田柿花	国家市场监督管理总局	2018 年 1 月
七畲径茶	国家市场监督管理总局	2018 年 1 月

五华县非物质文化遗产一览表

时间截至 2021 年 12 月 31 日

国家级保护项目 1 项，省级保护项目 6 项，市级保护项目 7 项，县级保护项目 44 项。

序号	项目名称	级别	类别	保护单位
1	木偶戏（五华提线木偶）	国家级	传统戏剧	五华县提线木偶传习所
2	竹马舞	省级	传统舞蹈	五华县文化馆
3	五华石雕	省级	民间美术	五华县一建工程有限公司
4	采茶戏	省级	传统戏剧	五华县采茶戏演艺有限公司
5	锣花舞	省级	传统舞蹈	五华县文化馆
6	蒸馏酒酿造技艺（长乐烧酒制作工艺）	省级	传统技艺	广东长乐烧酒股份有限公司
7	下坝迎灯	省级	民俗	五华县文化馆
8	七盏灯	市级	民俗	五华县文化馆
9	梅石宫醮会	市级	民俗	五华县文化馆
10	五华酿豆腐	市级	传统技艺	五华县华城镇文教体育服务中心
11	五华金木雕工艺	市级	传统技艺	广东薪火文化传媒有限公司
12	毛糕制作工艺	市级	传统技艺	五华县岐岭镇文教体育服务中心

续表

序号	项目名称	级别	类别	保护单位
13	大布七月七药粄制作技艺	市级	传统技艺	五华县水寨镇文教体育服务中心
14	横陂小炒	市级	传统技艺	五华县横陂镇文教体育服务中心
15	花潮戏	县级	传统戏剧	五华县安流镇文教体育服务中心
16	春牛舞	县级	传统舞蹈	五华县华阳镇文教体育服务中心
17	华城老子寿诞	县级	民俗	五华县华城镇文教体育服务中心
18	周潭文昌祠	县级	民俗	五华县长布镇文教体育服务中心
19	安流竹器编织	县级	传统技艺	五华县安流镇文教体育服务中心
20	扮古事	县级	民俗	五华县安流镇文教体育服务中心
21	华城“三月三”	县级	民俗	五华县华城镇文教体育服务中心
22	尖山草席	县级	传统技艺	五华县梅林镇文教体育服务中心
23	彩旗岭重阳庆典	县级	民俗	五华县水寨镇文教体育服务中心
24	长布山歌	县级	曲艺	五华县长布镇文教体育服务中心
25	水草席制作工艺	县级	传统技艺	五华县潭下镇文教体育服务中心
26	客家床画	县级	民间美术	五华县河东镇文教体育服务中心
27	长布花灯	县级	传统技艺	五华县长布镇文教体育服务中心
28	大田柿花制作工艺	县级	传统技艺	五华县长布镇文教体育服务中心
29	青塘舞龙	县级	传统舞蹈	五华县转水镇文教体育服务中心
30	郭田舞狮	县级	传统舞蹈	五华县郭田镇文教体育服务中心
31	上刀山	县级	民俗	五华县棉洋镇文教体育服务中心
32	岐岭杂技	县级	传统技艺	五华县岐岭镇文教体育服务中心
33	石楼伯公坛	县级	民俗	五华县横陂镇文教体育服务中心

续表

序号	项目名称	级别	类别	保护单位
34	泥塑	县级	民间美术	五华县转水镇文教体育服务中心
35	坐刀轿	县级	民俗	五华县棉洋镇文教体育服务中心
36	石灰制作工艺	县级	传统技艺	五华县潭下镇文教体育服务中心
37	红木家具制作工艺	县级	传统技艺	五华县双华镇文教体育服务中心
38	七圣仙娘巡游庆典	县级	民俗	五华县周江镇文教体育服务中心
39	洛阳围庙会	县级	民俗	五华县棉洋镇文教体育服务中心
40	红釉制作工艺	县级	传统技艺	五华县转水镇文教体育服务中心
41	锡制品制作工艺	县级	传统技艺	五华县周江镇文教体育服务中心
42	天柱山绿茶制作技艺	县级	传统技艺	五华县棉洋镇文教体育服务中心
43	紫云洞观音庙会	县级	民俗	五华县周江镇文教体育服务中心
44	雕塑	县级	传统技艺	五华县河东镇文教体育服务中心
45	三山国王庙会	县级	民俗	五华县周江镇文教体育服务中心
46	华光大帝巡游庆典	县级	民俗	五华县梅林镇文教体育服务中心
47	邹公宫庙会	县级	民俗	梅林镇宣优村文化艺术研究会
48	“廖昌记酒饼”制作技艺	县级	传统技艺	五华县转水镇文教体育服务中心
49	花灯版画	县级	传统技艺	五华县龙村镇文教体育服务中心
50	五华足球	县级	传统体育和游艺	五华县文化广电旅游体育局
51	奇怪酒制作工艺	县级	传统技艺	五华县棉洋镇文教体育服务中心
52	义学客家老酒制作工艺	县级	传统技艺	五华县河东镇文教体育服务中心
53	柯树潭糯米醋酿制工艺	县级	传统技艺	五华县转水镇文教体育服务中心
54	炭画	县级	传统美术	五华县棉洋镇文教体育服务中心
55	客家土陶工艺	县级	传统技艺	五华县安流陶瓷厂

续表

序号	项目名称	级别	类别	保护单位
56	五方状元蒜	县级	传统技艺	梅州市状元蒜业有限公司
57	客家擂茶	县级	传统技艺	五华县梅林镇文教体育服务中心
58	五华口腔义齿制作技艺	县级	传统技艺	五华县口腔健康研究会

五华县非物质文化遗产项目代表性传承人一览表

时间截至 2021 年 12 月 31 日

国家级代表性传承人 1 人；省级代表性传承人 6 人；市级代表性传承人 6 人；县级代表性传承人 59 人。

序号	项目名称	级别	类别	传承人
1	木偶戏（五华提线木偶）	国家级	传统戏剧	李新贤
2	五华石雕	省级	民间美术	朱镜文
3	采茶戏	省级	传统戏剧	魏远芳
4	竹马舞	省级	传统舞蹈	罗爱青（女）
5	锣花舞	省级	传统舞蹈	黄永红
6	采茶戏	省级	传统戏剧	陈翠媚（女）
7	蒸馏酒酿造技艺（长乐烧酒制作工艺）	省级	传统技艺	詹汉林
8	竹马舞	市级	传统舞蹈	吴小雄
9	七盏灯	市级	民俗	彭炽宏
10	蒸馏酒酿造技艺（长乐烧酒制作工艺）	市级	传统技艺	黄名扬
11	下坝迎灯	市级	民俗	周林叨
12	梅石宫醮会	市级	民俗	宋杏文
13	五华金木雕工艺	市级	民间美术	陈汉标

续表

序号	项目名称	级别	类别	传承人
14	采茶戏	县级	传统戏剧	邓苑雄
15	采茶戏	县级	传统戏剧	李展锋
16	五华石雕	县级	民间美术	李思焕
17	客家床画	县级	民间美术	曾华金
18	泥塑	县级	民间美术	范松先
19	五华酿豆腐	县级	传统技艺	曾梅迁（女）
20	五华酿豆腐	县级	传统技艺	詹阿文
21	木偶戏（五华提线木偶）	县级	传统戏剧	钟远香（女）
22	七盏灯	县级	民俗	彭让先
23	客家山歌	县级	曲艺	彭　强
24	竹马舞	县级	传统舞蹈	钟远泉
25	五华石雕	县级	民间美术	曾柏强
26	五华石雕	县级	民间美术	赖伟军
27	五华石雕	县级	民间美术	赖汉杰
28	尖山草席	县级	传统技艺	黄国方
29	毛糕制作工艺	县级	传统技艺	黄雄涛
30	水草席制作工艺	县级	传统技艺	陈献中
31	水草席制作工艺	县级	传统技艺	陈景荣
32	竹马舞	县级	传统舞蹈	卓尚基
33	竹马舞	县级	传统舞蹈	魏伟霞（女）
34	春牛舞	县级	传统舞蹈	邹灵祥
35	青塘舞龙	县级	传统舞蹈	吴展洪
36	下坝迎灯	县级	民俗	周玉胜

续表

序号	项目名称	级别	类别	传承人
37	长布山歌	县级	曲艺	曾国香（女）
38	五华石雕	县级	民间美术	李国雄
39	五华石雕	县级	民间美术	赖会龙
40	水草席制作工艺	县级	传统技艺	孔远良
41	洛阳围庙会	县级	民俗	曾培方
42	五华酿豆腐	县级	传统技艺	周宝光
43	酒饼制作技艺	县级	传统技艺	廖新禄
44	泥塑	县级	民间美术	范国辉
45	花灯版画	县级	民间美术	温治邦
46	邹公宫庙会	县级	民俗	彭伟华
47	下坝迎灯	县级	民俗	周利泉
48	木偶戏（五华提线木偶）	县级	传统戏剧	魏明华
49	木偶戏（五华提线木偶）	县级	传统戏剧	钟广新
50	木偶戏（五华提线木偶）	县级	传统戏剧	李广云
51	采茶戏	县级	传统戏剧	罗美青（女）
52	五华石雕	县级	民间美术	杨育林
53	锣花舞	县级	传统舞蹈	黄焕君
54	五华金木雕工艺	县级	传统技艺	陈　杰
55	五华酿豆腐	县级	传统技艺	张志雄
56	义学客家老酒制作工艺	县级	传统技艺	陈文锋
57	七盏灯	县级	民俗	何国辉
58	毛糕制作工艺	县级	传统技艺	黄文峰
59	长布山歌	县级	曲艺	张惠红

续表

序号	项目名称	级别	类别	传承人
60	五华酿豆腐	县级	传统技艺	钟远妹
61	五华酿豆腐	县级	传统技艺	曾成汉
62	客家土陶工艺	县级	传统技艺	汤可珍
63	炭画	县级	传统美术	宋柏棠
64	炭画	县级	传统美术	甘晓南
65	采茶戏	县级	传统戏剧	郑越顺
66	采茶戏	县级	传统戏剧	李鹏辉
67	采茶戏	县级	传统戏剧	彭桂顺
68	采茶戏	县级	传统戏剧	刘清丽
69	采茶戏	县级	传统戏剧	李小媛
70	木偶戏（五华提线木偶）	县级	传统戏剧	周鹏润
71	大布七月七药粄制作技艺	县级	传统技艺	李庆泉
72	五华足球	县级	传统体育	钟金玉

五华县文物保护单位一览表

时间截至 2021 年 12 月 31 日

全国重点文物保护单位 1 个，省级文物保护单位 7 个，市级文物保护单位 11 个，县级文物保护单位 68 个。

序号	名称	级别	年代	类别	所在地
1	狮雄山遗址	全国	秦汉	古遗址	华城镇塔岗村
2	长乐学宫	省级	明代	古建筑	华城镇十字街
3	狮雄山塔	省级	明代	古建筑	华城镇塔岗村
4	英烈庙	省级	明代	古建筑	双华镇大陂村

续表

序号	名称	级别	年代	类别	所在地
5	李惠堂旧居	省级	清代	古建筑	横陂镇老楼村
6	李威光故居	省级	清代	古建筑	华城镇黄埔村
7	荣槐楼	省级	清代	古建筑	转水镇三源村
8	兰芳楼	省级	清代	古建筑	安流镇楼江村
9	水寨大桥	市级	近代	代表性建筑	河东镇居委会
10	古氏宗祠	市级	清代	古建筑	华阳镇华新村
11	潜斋邹公祠	市级	清代	古建筑	龙村镇宫前村
12	魏大斌故居	市级	清代	古建筑	横陂镇夏阜村
13	古大存故居	市级	民国	近现代重要史迹及代表性建筑	梅林镇优河村
14	东征军政治部旧址（宗圣祠）	市级	清代	古建筑	华城镇城镇村
15	皇恩宠锡	市级	明代	古建筑	棉洋镇联西村
16	坑口刘氏宗祠	市级	明代	古建筑	棉洋镇棉洋村
17	元坑足球旧址	市级	清代	遗址	长布镇元坑村
18	新一戴氏宗祠（桂园围）	市级	清代	古建筑	华城镇新一村
19	刘氏二世祖墓	市级	清代	古墓葬	棉洋镇罗城村
20	联珠塔	县级	清代	古建筑	水寨镇坝心村
21	布美红军标语	县级	1929 年	革命文物	郭田镇布美村
22	烈士纪念碑	县级	1958 年	纪念建筑	水寨镇祖狮岭
23	风围水口碑	县级	明代	石刻	双华镇军营村
24	喜雨宫	县级	清代	古建筑	棉洋镇罗城村
25	矮车塔	县级	清代	古建筑	转水镇矮车村
26	培风塔	县级	清代	古建筑	岐岭镇联安村

续表

序号	名称	级别	年代	类别	所在地
27	董源桥	县级	明代	古建筑	华城镇董源村
28	龙门第牌坊	县级	明代	古建筑	水寨镇七一村
29	李江墓	县级	清代	古墓葬	安流镇低坑村
30	五华县农民自卫军训练旧址	县级	清代	古建筑	梅林镇梅中内
31	缪培南故居	县级	民国	近现代重要史迹及代表性建筑	周江镇早成村
32	五华县人民政府旧址	县级	民国	近现代重要史迹及代表性建筑	周江镇冰坎村
33	钟天心故居	县级	民国	近现代重要史迹及代表性建筑	周江镇冰坎村
34	百安烈士纪念碑	县级	1970 年	近现代重要史迹及代表性建筑	潭下镇百安村
35	五华县农军指挥部旧址	县级	清代	古建筑	潭下镇百安村
36	李尧用夫妇墓	县级	清代	古墓葬	潭下镇南华村
37	转水光德楼	县级	清代	古建筑	转水镇龙洞村
38	新月桥	县级	明清	古建筑	横陂镇双联村
39	李南馨墓	县级	清代	古墓葬	横陂镇罗陂村
40	儒林第	县级	清代	古建筑	横陂镇近江村
41	中共五华县委旧址	县级	1928 年	近现代重要史迹及代表性建筑	梅林镇琴口村
42	黄国梁故居	县级	民国	近现代建筑	郭田镇龙潭村
43	湖华村战壕遗址	县级	1927 年	遗址	郭田镇湖华村
44	薛云端夫妇合葬墓	县级	明代	古墓葬	水寨镇岗阳村
45	五云楼	县级	清末	古建筑	水寨镇良美村
46	五华革命烈士纪念碑	县级	2006 年	近现代重要史迹及代表性建筑	水寨镇七都村

续表

序号	名称	级别	年代	类别	所在地
47	李敏公石墓	县级	明代	古墓葬	水寨镇协和村
48	平安寺	县级	明代	古建筑	水寨镇大沙村
49	李槐千长仁爷纪念亭	县级	明代	古建筑	水寨镇协和村
50	张慎故居	县级	明代	古建筑	长布镇大客村
51	基督教堂	县级	清代	古建筑	长布镇樟村村
52	张洪恩墓	县级	明代	古墓葬	长布镇大客村
53	峰公祠	县级	明代	古建筑	长布镇栋岭村
54	曾国华故居	县级	民国	近现代重要史迹及代表性建筑	岐岭镇凤凰村
55	岐岭大夫第	县级	清代	古建筑	岐岭镇凤凰村
56	鳌背乡农民协会旧址	县级	民国	近现代重要史迹及代表性建筑	龙村镇大梧村
57	石铺古驿道遗址	县级	清代	古遗址	龙村镇塘湖村
58	徐良宽墓	县级	民国	近现代重要史迹及代表性建筑	安流镇楼江村
59	秋前湖义冢	县级	清代	古墓葬	安流镇三江村
60	白云庵	县级	明代	古建筑	双华镇军营村
61	三僧库冢	县级	清代	古墓葬	双华镇军营村
62	凤凰台摩崖石刻	县级	明代	石刻	华城镇城东村
63	新民楼	县级	清光绪二十八年（1902）	近现代重要史迹及代表性建筑	华城镇西林村
64	上新屋	县级	清代	古建筑	华城镇河坑村
65	观音宫	县级	清代	古建筑	棉洋镇溜沙村
66	福寿宫	县级	清代	古建筑	棉洋镇绿水村
67	曾国士墓	县级	清代	古墓葬	棉洋镇洛阳村
68	水寨门楼	县级	明代	古建筑	河东镇寨顶巷
69	熊德楼	县级	明代	古建筑	河东镇高榕村

续表

序号	名称	级别	年代	类别	所在地
70	亢公祠	县级	明代	古建筑	河东镇下二村
71	城皇庙	县级	明代	古建筑	华城镇城镇村
72	瑬公祠	县级	明代	古建筑	水寨镇坝尾村
73	罗城张氏宗祠	县级	明代	古建筑	棉洋镇罗城村
74	碗窑坪窑址	县级	明代	古建筑	梅林镇梅南村
75	魏言兴墓	县级	明代	古墓葬	横陂镇杨恩村
76	张慎墓	县级	明代	古墓葬	长布镇大客村
77	张氏宗祠	县级	清代	古建筑	棉洋镇罗城村
78	保太楼	县级	清代	古建筑	双华镇虎石村
79	健德楼	县级	清代	古建筑	横陂镇崇文村
80	县农会、苏维埃政府旧址（东灵寺）	县级	1926 年	近现代重要史迹及代表性建筑	安流镇福岗村
81	弹亭	县级	1939 年	近现代重要史迹及代表性建筑	横陂镇崇文村
82	詔詒楼	县级	民国	近现代重要史迹及代表性建筑	周江镇艮头村
83	李法宠公祠	县级	明代	古建筑	横陂镇石下村
84	李大超故居（光华楼）	县级	民国	近现代重要史迹及代表性建筑	横陂镇湖塘村
85	戴恩赛·孙婉故居（国士端芳）	县级	清代	古建筑	河东镇澄塘村
86	大夫第（新屋嘴）	县级	清代	古建筑	转水镇黄龙村
87	黄氏景昇公祠	县级	宋代	古建筑	龙村镇梧溪村

主题索引

☆☆☆☆☆☆☆☆☆☆☆☆☆☆☆☆☆☆☆☆☆☆☆☆☆☆☆☆☆☆☆☆☆☆☆☆☆☆☆

索引说明：

一、本索引采用主题分析方法，款目按汉语拼音字母（同音字按声调）顺序排列。

二、文中的类目题、分目题用黑体排版，其余用宋体排版。表格在其款目后注明“表”。

三、索引款目后的数字表示内容所在的页码，数字后面的拉丁字母（a、b）表示栏别（即版面的左右栏）。

四、同一主题的内容在文中多次出现的，在其款目后用不同的页码标明。

五、本索引对“特辑”“大事记”“名录”等篇不做内容主题分析。

☆☆☆☆☆☆☆☆☆☆☆☆☆☆☆☆☆☆☆☆☆☆☆☆☆☆☆☆☆☆☆☆☆☆☆☆☆☆☆

A

B

C

D

E

F

G

H

J

N

P

Q

R

S

T

W

X

Y

Z